HEXEN

Mythos und Wirklichkeit

Impressum

Ausstellung

Gesamtleitung
Alexander Koch

Ausstellungsleitung
Wolfgang Leitmeyer

Wissenschaftliches Konzept
und Projektleitung
Lars Börner

Koordination Objekte und Leihverkehr
Miriam Blümel

Koordination Begleitpublikation
Andrea Rudolph

Ausstellungsdidaktik
Lars Börner

Ausstellungsgestaltung
Wolfgang Leitmeyer

Junges Museum, Ausstellung „Hexen. Krötenschleim und Spinnenbein"
und Begleitprogramm für Schulen
Cathérine Biasini, Daniel Krämer, Almut Neef, Christine Nitsche, Verena Schermer

Wicca, Hexenkult und moderne Hexen
Wissenschaftliches Konzept
Kathrin Fischer

Hexenforschung im Nationalsozialismus
Wissenschaftliche Mitarbeit
Joachim Paul

Medien- und Öffentlichkeitsarbeit
Sabine Karle-Coen (Leitung), *Franziska Keller, Julia Heiser*

Medientechnik und
Netzwerkadministration
Dieter Becker

Technik
Winfried Grundhöfer (Leitung), *Michael Beck, Christian Grewenig, Igor Illnitzkyy, Ralf Klein, Walter Maschner, Wolfgang Völlmann, Hubert Wilhelm*

Transport und Logistik
Lucius Alsen

Restauratorische Betreuung
Martin Spies (Leitung), *Lucius Alsen, Anja Schäfer, Kerstin Schulz, Sigrun Thiel*

Verwaltung
Gerhard Bossert (Leitung), *Nicole Butteweg, Martina D'Angelo, Karoline Kälber, Anita Rock, Lilli Schengel, Pia Scherb, Alexandra Schreiber, Elke Schuller*

Besucherservice
Colette Neufurth (Leitung)
Heike Eberhard, Johanna Sohn

Direktionsbüro
Beate von Fleischbein-Mohn

Begleitbuch

Herausgeber
Historisches Museum der Pfalz Speyer

Konzept Begleitbuch
Lars Börner, Andrea Rudolph

Redaktion und Lektorat Begleitbuch
Andrea Rudolph

Mit besonderem Dank an Rita Voltmer.

Fotografie und digitale Bildbearbeitung
(soweit nicht anders im Abbildungsverzeichnis vermerkt)
Peter Haag-Kirchner

Historisches Museum der Pfalz
Domplatz 4
67346 Speyer
www.museum.speyer.de
info@museum.speyer.de
Telefon 06232 / 1325-0
Telefax 06232 / 1325-40

Grafische Gestaltung
Art-Direction: *Uwe Göbel*

Grafik-Design: *Katrin Diekhof & Daniela Gaus*
Designbüro Zweiender

Korrektorat
Cathérine Biasini, Lars Börner, Sabine Kaufmann, Anja Schäfer, Ludger Tekampe, Susanne Völker

Gesamtherstellung
Peschke Druck, München

Bibliografische Information der Deutschen Nationalbibliothek
Die Deutsche Nationalbibliothek verzeichnet diese Publikation in der Deutschen Nationalbibliografie; detaillierte bibliografische Daten sind im Internet über http://dnb.d-nb.de abrufbar.

Edition Minerva Hermann Farnung GmbH
Schatzbogen 35, D-81829 München
www.edminerva.de

ISBN 978-3-938832-54-7

Die Ausstellung und das Begleitbuch wurden ermöglicht mit der großzügigen Unterstützung von:

KTS
Klaus Tschira Stiftung
gemeinnützige GmbH

Stiftung
Rheinland-Pfalz
für Kultur

Inhalt

Inhalt

Inhalt

Vorwort

Alexander Koch

Das Schicksal des in Lemgo der Hexerei angeklagten und am 2. Juni 1666 hingerichteten evangelischen Pfarrers Andreas Koch liest sich wie die Geschichte aus einer anderen Welt. Und doch ist sie schreckliche Wahrheit – ein Fallbeispiel, das für Zehntausende von Opfern steht, die von Menschen verfolgt, gequält und getötet worden sind. Andreas Koch, dessen Eltern der bürgerlichen Oberschicht angehörten, wurde 1647 Pfarrer an der Kirche St. Nicolai in Lemgo. Er übernahm damit das Amt seines im gleichen Jahr verstorbenen Vaters. Als Pfarrer kam ihm die Aufgabe zu, die bei Hexenprozessen Angeklagten auf die Bibel schwören zu lassen, sie zu Reue und Buße zu ermahnen und nach ihrer Verurteilung zur Hinrichtung zu führen. Widersprüche bei den unter Folter gemachten Aussagen der Angeklagten ließen Koch jedoch wiederholt an deren Wahrheitsgehalt zweifeln. So sprach er sich schon bald bei seinen Predigten für größere Sorgfalt und Vorsicht bei Hexenprozessen in der Stadt aus, warnte vor übereilten Verdächtigungen, unter Folter erzwungenen Falschaussagen und der Hinrichtung Unschuldiger. Im Jahr 1665 geriet Andreas Koch selbst ins Visier der Hexenverfolger. Er wurde bezichtigt, ein Feind Gottes und Verbündeter des Teufels zu sein, wurde vom Dienst suspendiert und unter Hausarrest gestellt. Per Gerichtsentscheid eröffnete man im April 1666 das Verfahren gegen ihn. Unter Folter gestand Koch, ein Hexenmeister zu sein, und wurde daraufhin zum Tod durch Verbrennen verurteilt. Auf Betreiben seiner Ehefrau begnadigte man ihn jedoch zur Enthauptung mit dem Schwert und anschließender Verbrennung. Das grausame Urteil wurde in den frühen Morgenstunden des 2. Juni 1666 unter dem Regenstor in Lemgo vollstreckt.

Der Pfarrer Andreas Koch gehört neben Maria Rampendahl zu den bekanntesten Opfern der frühneuzeitlichen Hexenverfolgung in Lemgo, wo überwiegend zwischen 1509 und 1681 Hexenprozesse stattfanden. Die Erinnerung an die Schicksale der Opfer ist uns heute Mahnung und Erinnerung. Sie zeigt zugleich, wozu Menschen und Gerichte, Vertreter der weltlichen und kirchlichen Macht, ungeachtet von Status, Herkunft, Bildung und Vermögen, in der Lage waren – ein fürwahr düsteres Kapitel unserer europäischen Geschichte.

Aber wie kam es zu solchen heute kaum noch vorstellbaren, überhaupt schwer nachvollziehbaren Entwicklungen und Irrwegen vor weniger als 500 Jahren in Lemgo wie auch in vielen anderen Städten und Territorien? Was waren die Hintergründe, Ursachen und Beweggründe für das, was unter den Stichworten Hexenbild, Hexenglaube, Hexenverfolgung und Hexenprozesse in die Geschichte eingegangen ist? Welche Vorgänge, welche konkreten Umstände lagen solchen Entwicklungen zugrunde?

Diese Fragen stellten sich auch in der Vorbereitung der Ausstellung Hexen – Mythos und Wirklichkeit. Von der Forschung sind längst multikausale Modelle zur Erklärung solcher Phänomene entwickelt worden. Sie belegen die Abhängigkeit von Zeit und Raum sowie von individuellen Rahmenbedingungen und dem sozialen Umfeld von Opfern und Tätern, Verfolgten und Verfolgern. Pauschale Beurteilungen und Sichtweisen, wie sie noch um die Mitte des 20. Jh. formuliert wurden, mit Begriffen wie ‚Hexenwahn' verknüpft waren und antiklerikale Vorstellungen transportierten, erscheinen heute als überholt und unzulässig.

Die Realisierung einer Ausstellung zu einem so komplexen und vielschichtigen, zeitlosen und stets aktuellen Thema wie das der ‚Hexen' stellte für das Team des Historischen Museums der Pfalz zweifellos eine große Herausforderung dar. Zugleich bot sie jedoch die Möglichkeit, die jüngsten Ergebnisse und aktuellen Vorstellungen der interdisziplinären Hexenforschung einem breiteren Publikum zu präsentieren, dabei Hintergründe verständlich zu machen, Korrekturen an überkommenen Geschichtsbildern vorzunehmen und sogar unserer modernen, von nahezu grenzenloser Individualität geprägten Gesellschaft den Spiegel vorzuhalten. Die Hexenverfolgung der Frühen Neuzeit als Teilgebiet des Hexenthemas, bis heute emotional aufgeladen und zeitweilig instrumentalisiert, forderte geradezu eine vorsichtige Herangehensweise, eine differenzierte Betrachtung und sachliche Beurteilung. Bei der Vermittlung galt es, höchste Sensibilität und Seriosität gegenüber dem Thema walten zu lassen. Mit der Unterstützung namhafter Hexenforscher aus dem deutschsprachigen Raum ist uns eine ganzheitliche, dabei außerordentlich eindrückliche Darstellung des Themas ‚Hexen' gelungen, die Voraussetzungen und Hintergründe erläutert, Erklärungsmodelle anführt, Vorstellungen vom Hexenwesen verständlich macht, unterschiedliche Hexenbilder vom ausgehenden Mittelalter bis heute diskutiert, anhand von Fallbeispielen, Einzelstudien und übergreifenden Untersuchungen die Hexenverfolgungen als historisches Phänomen behandelt und schließlich den inhaltlich-konzeptionellen Bogen bis zum modernen Wicca schlägt.

Für die Konzeption und Realisierung der Ausstellung Hexen – Mythos und Wirklichkeit sowie des gleichnamigen Begleitbuches zur Ausstellung gebührt vielen Menschen, Einrichtungen, Museen und Gremien mein aufrichtiger Dank. Ohne die großartige Unterstützung, das enorme Engagement, die großzügige Mithilfe und den unermüdlichen Einsatz aller Beteiligten in den vorausgegangenen Monaten hätte man das gesamte Ausstellungsvorhaben nicht unter den gegebenen Rahmenbedingungen umsetzen können. Diesen Dank allen Mitwirkenden und Partnern, Kolleginnen und Kollegen übermitteln zu dürfen, ist mir heute gemeinsam mit dem Team der Stiftung Historisches Museum der Pfalz eine große Ehre und Freude zugleich. So danke ich zunächst den Trägern der Stiftung Historisches Museum der Pfalz mit Stiftungsvorstand und Stiftungsrat, deren Vertreter dem ambitionierten Ausstellungsprojekt von Beginn an großes Vertrauen entgegenbrachten und seinen Fortgang mit Interesse verfolgten. Für die finanzielle Unterstützung des Projekts gebührt der Stiftung Rheinland-Pfalz für Kultur, vertreten durch Herrn Ministerpräsidenten Kurt Beck, Frau Staatsministerin Doris Ahnen sowie Herrn Geschäftsführer Edmund Elsen, mein aufrichtiger Dank. Ebenso großen Dank möchte ich der Klaus Tschira Stiftung in Heidelberg, vertreten durch ihren Vorsitzenden, Herrn Dr. h. c. Klaus Tschira, und der Leiterin der Geschäftsstelle, Frau Beate Spiegel, abstatten. Sie förderten das Vorhaben in großzügiger Weise und brachten ihm großes Interesse entgegen. Ohne die tatkräftige Unterstützung solcher Projekte durch die genannten Einrichtungen sähe sich das Historische Museum der Pfalz außer Stande, seinen bisherigen Erfolgsweg fortzusetzen.

Des Weiteren gilt mein Dank allen am Projekt des Historischen Museums der Pfalz beteiligten Wissenschaftlern, Leihgebern und Kooperationspartnern, die in ganz unterschiedlicher Weise zum Gelingen des Vorhabens beigetragen haben. So danke ich zunächst den Mitgliedern unseres wissenschaftlichen Beirats zur Hexen-Ausstellung, namentlich Frau Dr. Rita Voltmer sowie den Herren Prof. Dr. Christoph Daxelmüller, Dr. Walter Rummel, Jürgen Scheffler und Prof. Dr. Wolfgang Schild. Sie haben unser Vorhaben in vielerlei Hinsicht fachlich unterstützt, unsere Arbeit konstruktiv begleitet, wichtige Ideen in die laufende Diskussion um das Ausstellungskonzept eingebracht und uns mit Rat und Tat zur Seite gestanden. Im Zusammenhang mit der Realisierung der ausstellungsbegleitenden Publikation verdient die Unterstützung und Mithilfe von Frau Dr. Voltmer besondere Erwähnung.

Keinen geringeren Dank möchte ich den zahlreichen Leihgebern unserer Präsentation aussprechen, namentlich Museen, Archiven, Bibliotheken, privaten und öffentlichen Sammlungen sowie archäologischen Fachstellen in Deutschland, Belgien, Luxemburg, Österreich, Frankreich und Italien sowie der Schweiz, für die großzügige Bereitschaft, uns ihre Objekte auf Zeit zur Verfügung zu stellen und unsere Ausstellung damit in vielfältiger Weise zu bereichern. Viele Leihgeber haben unsere Bemühungen aktiv unterstützt, sich durch eigene Vorschläge eingebracht und immer wieder auch spontan und in unkonventioneller Weise Amtshilfe geleistet. Dafür gebührt ihnen allen mein aufrichtiger Dank.

Ohne das großartige Engagement und den Einsatz, die Mithilfe und Tatkraft vieler Mitarbeiterinnen und Mitarbeiter des Historischen Museums der Pfalz hätte man die Ausstellung Hexen – Mythos und Wirklichkeit und dieses Begleitbuch nicht in dieser hohen Qualität und unter den gegebenen Rahmenbedingungen verwirklichen können. Sehr danken möchte ich daher zunächst dem ergebnisorientiert zusammenwirkenden Kernteam des Projekts, namentlich Herrn Wolfgang Leitmeyer (Ausstellungsleitung und -gestaltung), Herrn Lars Börner M.A. (Projektleitung sowie wissenschaftliches Konzept von Ausstellung und Begleitbuch, ferner Ausstellungsdidaktik), Frau Miriam Blümel M.A. (Objektkoordination und Leihverkehr), Frau Andrea Rudolph M.A. (Koordination und Redaktion sowie Mitwirkung am Konzept der Begleitpublikation), des weiteren Frau Dr. Kathrin Fischer (wissenschaftliches Konzept für den Bereich Wicca, Hexenkult und moderne Hexen) und Herrn Joachim Paul (wissenschaftliche Mitarbeit für den Bereich Hexenforschung im Nationalsozialismus). Mit ihrem unermüdlichen Engagement und ihrem großen Arbeitseinsatz haben Sie wesentlich zum Gelingen der Ausstellung und der gleichnamigen Begleitpublikation beigetragen.

Für das schulische Begleitprogramm zur Ausstellung Hexen – Mythos und Wirklichkeit ist dem Team unseres Jungen Museums zu danken, namentlich Frau Cathérine Biasini M.A., Frau Almut Neef Dipl.-Sozialpädagogin, Frau Christine Nitsche M.A., Frau Verena Schermer M.A. sowie Herrn Daniel Krämer, FSJ-Kultur. Sie haben darüber hinaus unter dem Titel Hexen – Krötenschleim und Spinnenbein eine gleichzeitig stattfindende Familienmitmachausstellung realisiert, die dem Generalthema verpflichtet ist und doch ganz eigene, zielgruppenspezifische Akzente zu setzen vermag. Der alterslosen Faszination des Themas ‚Hexen' wird sich damit kaum ein Betrachter entziehen können. Kleine wie große Museumsbesucher werden ihm, so meine Vermutung, erliegen.

Des weiteren möchte ich den Mitarbeiterinnen und Mitarbeitern der Medien- und Öffentlichkeitsarbeit (Leitung Frau Sabine Karle-Coen M.A., Frau Franziska Keller M.A. und Frau Julia Heiser, Dipl.-Germ.), der Verwaltung (Leitung Herr Gerhard Bossert, Nicole Butteweg, Martina D'Angelo, Beate von Fleischbein-Mohn, Karoline Kälber, Anita Rock, Lilli Schengel, Pia Scherb, Alexandra Schreiber, Elke Schuller), der Restaurierung/Konservierung (Leitung Martin Spies, Lucius Alsen, Anja Schäfer, Kerstin Schulz, Sigrun Thiel, Dipl.-Restaurat.), der Technik (Leitung Winfried Grundhöfer, Michael Beck, Christian Grewenig, Igor Illnitzkyy, Ralf Klein, Walter Maschner, Wolfgang Völlmann, Hubert Wilhelm), des Besucherservices (Leitung Colette Neufurth, Heike Eberhard, Johanna Sohn), Herrn Dieter Becker (Medientechnik und Netzwerkadministration) und Herrn Peter Haag-Kirchner (Fotografie und Bildbearbeitung) sowie allen weiteren hier nicht namentlich genannten Personen für tatkräftige Mitarbeit und stetige Unterstützung des Hexen-Projekts in den vergangenen Monaten meinen ausdrücklichen Dank übermitteln. Danken möchte ich auch den an der Ausstellung beteiligten Firmen, Künstlern und Handwerkern für die hervorragende Kooperation mit unserem Haus. Sie alle haben unsere Arbeit in vielfältigster Art und Weise unterstützt und damit ganz wesentlich zum Erfolg des Projekts beigetragen.

Mit diesem Begleitbuch zur Ausstellung ist eine Veröffentlichung entstanden, die eine außerordentlich komplexe, zuweilen kontrovers diskutierte Thematik nach heutigem Stand der interdisziplinären Forschung in inhaltlich-konzeptionell wie gestalterisch höchst attraktiver Weise vor uns ausbreitet. Der dem Ausstellungskonzept zugrunde liegende Ansatz einer ganzheitlichen Betrachtung und Darstellungsweise des Themas ‚Hexen' findet in der Publikation seine sinnfällige Entsprechung. Er unterstreicht damit die gleichermaßen sensible wie seriöse Herangehensweise an ein kulturgeschichtliches Thema, das Aspekte der politik-, sozial-, landes- und wirtschaftsgeschichtlichen als auch der mentalitäts-, glaubens- und rechtsgeschichtlichen sowie kulturanthropologischen Forschung behandelt. Nur so konnte eine der kulturgeschichtlichen Bedeutung des Phänomens ‚Hexen' angemessene Auseinandersetzung in Text und Bild gelingen, die dem Leser ein vertieftes Verständnis von der Komplexität des gestellten Themas vermittelt, mit manchem Klischee aufräumt, herrschende Vorstellungen korrigiert und dabei den heutigen Forschungsstand stets im Blick behält. So möchte ich an dieser Stelle zunächst den zahlreichen engagierten Autorinnen und Autoren dieses Begleitbuches zur Ausstellung meinen großen Dank aussprechen. Sie haben die wissenschaftlichen Ergebnisse ihrer vielfach langjährigen Forschung bereitwillig zur Verfügung gestellt und in unser Projekt einfließen lassen. Sie sind uns damit zu wichtigen Partnern im Ringen um einen adäquaten Weg des Wissens- und Wissenschaftstransfers rund um das Thema ‚Hexen' geworden.

Für die attraktive grafische Gestaltung der Publikation gebührt darüber hinaus Art Director Prof. Uwe Göbel sowie Frau Katrin Diekhof und Frau Daniela Gaus vom Designbüro Zweiender, für das arbeitsreiche Lektorat des Buches Frau Andrea Rudolph M.A., für das Korrektorat Frau Cathérine Biasini M.A., Herrn Lars Börner M.A., Frau Sabine Kaufmann M.A., Frau Anja Schäfer, Herrn Dr. Ludger Tekampe, Frau Susanne Völker M.A. mein aufrichtiger Dank. Schließlich danke ich der Edition Minerva Hermann Farnung GmbH sowie dem Peschke Druck in München mit ihrem Geschäftsführer Herrn Friedhelm Schwamborn, der unserem Vorhaben von Beginn an großes Interesse und Engagement, sodann unendliche Geduld entgegengebracht hat.

Mit der Ausstellung Hexen – Mythos und Wirklichkeit sowie dem gleichnamigen Begleitbuch präsentiert das Historische Museum der Pfalz erneut ein bis heute aktuelles, ja zeitloses Thema der Kulturgeschichte. Möge die Ausstellung den ihr gebührenden Erfolg beim Publikum und diese Veröffentlichung geneigte Leserinnen und Leser finden! ■

Alexander Koch
Direktor des Historischen Museums der Pfalz Speyer

Hexen zwischen Mythos und Wirklichkeit

Lars Börner

Jeder Mythos trägt ein Stück Wirklichkeit in sich. Diese Binsenweisheit darf auch für den Fall ‚Hexen' Anwendung finden. Man darf aber zurecht die Frage stellen, wie viel Wirklichkeit nun im ‚Mythos Hexen' steckt. Bevor man sich auf die Suche danach begibt, sollte zuerst geklärt werden, was dieser Mythos genau ist. Ein Mythos, nach moderner Definition, kann als eine diffuse, kollektive und vor allem verklärende Erinnerung verstanden werden, die schon allein durch die eigene Wirkmacht Anspruch auf Gültigkeit erhebt. Der Mythos entzieht sich dabei oft dem Versuch, durch Fakten die eigene Gültigkeit überprüfen zu lassen. In unseren Tagen äußert sich dies durch ein gewisses Desinteresse der einzelnen Individuen, ihren lang gehegten und gepflegten Mythos wirklich einer ernsthaften Prüfung zu unterziehen. Im Grunde ist das durchaus nachvollziehbar, wird man doch in der heutigen Zeit quasi an jeder Ecke von entlarvten Mythen angefallen. Ob Fernsehsendung oder Zeitungsmagazin, durch die Häufung der Nullachtfünfzehn-Mythos-Themen kann durchaus der Eindruck einer gewissen Beliebigkeit entstehen. In früheren Zeiten hegte man selten den Gedanken, intensiv die Dekonstruktion von Mythen voranzutreiben. Vielleicht weil der Begriff ‚Mythos' zu diesen Zeiten noch stark an dessen antiken Ursprung angelehnt war. Eventuell aber auch, weil die historisch untersuchenden Wissenschaften gerade erst am Anfang ihrer Entwicklung standen und daher das Bedürfnis, die eigenen Bilder der Vergangenheit kritisch zu hinterfragen, noch nicht ausgebildet war. Heute mangelt es dem modernen Medienmenschen vielleicht durch Übersättigung an Eigenantrieb. Möglicherweise hat die diffuse, kollektive Erinnerung, die in einem Mythos steckt, auch die Funktion eines beruhigenden Platzhalters, der durch seine Allgemeingültigkeit das Vorhandensein von Wissen vortäuscht. Dabei gibt es Mythen, die es trotz alledem ‚verdient' haben, sich mit ihnen auch kritisch auseinander zu setzen. Es besteht bei einigen Themen zudem der dringende Bedarf, sich dem Mythos zu widmen. Es handelt sich vor allem um Themen, die den Bereich eines heute sträflich vernachlässigten historischen Bildungshorizontes betreffen und die sich im Allgemeinen durch gefährliches Halbwissen auszeichnen. Das Thema ‚Hexen' gehört ganz bestimmt dazu.

Um den ‚Mythos Hexen' wiederzugeben, benötigt man lediglich die unkritische Aneinanderreihung bestimmter Schlagwörter: rote Haare, Verfolgung im Mittelalter, neun Millionen unschuldig verbrannte Frauen, katholische Kirche, Inquisition, Frauenhass, uralte Religion, Schamanismus, geheimes Kräuterwissen, Hebammen, selbstbewusste Frauen und nicht zuletzt das ominöse Übernatürliche und Magische.

‚Hexenturm' in Idstein
Das Thema ‚Hexen' ist umgeben von zahlreichen Mythen, Neu- und Falschinterpretationen, die es gilt aufzudecken. So wurden z.B. im Idsteiner ‚Hexenturm' keine angeblichen Hexen inhaftiert. Den Namen erhielt der Turm erst nach den Idsteiner Hexenprozessen der zweiten Hälfte des 17. Jh.

>>

Frans Francken d.J.:
***Die Hexenküche*, 1590**
Die Vorstellungen von Hexen und ihrem Treiben waren von phantastischen Ideen geprägt, die besonders in der Kunst bunten Ausdruck fanden.

Gemeinhin hält sich bis heute sehr hartnäckig der Glaube an die Theorie, Hexen seien Überreste einer steinzeitlichen Religion und in diesem Sinne Priesterinnen. Nicht nur die heutige Hexenforschung hat dabei seit Jahrzehnten intensiv an der Bloßlegung dieses Mythos gearbeitet und wird ihre Arbeit daran trotz ihrer Erfolge nicht einstellen können. Auch Archäologen, Althistoriker und Mediävisten haben nachweisen können, dass es keine fassbaren und vor allem verifizierbaren Quellen gibt, die man als Beleg für die Existenz einer Hexenreligion heranziehen kann.

Tatsächlich taucht der Begriff ‚Hexe' in abgewandelter Form erst vor etwa 1.000 Jahren auf, in einer Zeit, die wir in unserem Drang nach Schematisierung der Geschichte als ‚Beginn des Hochmittelalters' begreifen. Es handelt sich um den mittlerweile berühmtberüchtigten Begriff der ‚hagazussa', jenem Wesen, das etymologisch entschlüsselt als auf der Hecke (‚hag') sitzend (‚zussa') zu verstehen sein mag. So wie es etwa bei der Auffindung der Varusschlacht unzählige Theorien über den wahrhaftigen Ort des Geschehens gibt, so findet sich auch eine Vielzahl von Deutungen über den tieferen Sinn, der sich hinter der ‚Zaunsitzerin' verbergen soll. Die Vorstellung von auf Zaunlatten des Nächtens durch die Lüfte reitenden Damen, quasi den Vorläufern der Besenreiterinnen, könnte man als humoristisch angedachte Deutung verstehen wollen, wäre diese Hypothese leider nicht völlig ernst gemeint.

Weniger humoristisch, dafür wissenschaftlicher verkleidet ist die Erklärungsvariante, die meint, es handele sich um Frauen, die, am Rande eines von der Hecke umschlossenen Dorfes lebend, als Mittlerin zwischen dem Inneren (dem dörflichen Alltag) und dem Äußeren (der Wildnis) fungierten. Auf den ersten Blick mutet dies dem ein oder anderen vielleicht plausibel an. Das Bild weist allerdings starke Züge des ‚romantischen Paradigmas' des 19. Jh. auf. Die Vorstellung, eine mittelalterliche Dorfgemeinschaft bedürfe einer Person, die als Mittlerin zwischen der Gemeinschaft und der bedrohlichen, fremden Umwelt zwischen diesen beiden Welten lebt, entstammt aus einer Zeit, in der die Rezipienten jener Theorie einer solchen Person vielleicht bedurft hätten, da sich ihre Gesellschaft und der Lebensmittelpunkt immer weiter von ihrer natürlichen Umwelt entfernten. Vielleicht ist dies auch ein Grund, warum sich diese Vorstellung gerade heute unter den ‚neuen Hexen' noch so großer Beliebtheit erfreut.

Auf die Spitze getrieben wird dies nur noch von der Vorstellung, jene Zaunreiterin hätte die Funktion einer Mittlerin zwischen der Welt der Lebenden und der Welt der Toten gehabt. Hintergrund dieser Ansicht ist eine Wiederentdeckung des Schamanismus um die Mitte des 20. Jh. durch die westliche Welt. Das geheime Wissen der Schamanen um Heilpflanzen, Rauschmittel und Geisterwelten wurde unkritisch auf den Begriff der Hexe übertragen. Gleichzeitig gelang hier ein klassischer Zirkelschluss. Die Annahme, Hexen hätten eine uralte Tradition in der Menschheitsgeschichte, und die These, Schamanen gälten als älteste religiöse Mittler der Menschheit, führte zu der irrigen Annahme, dass selbstverständlich die Gleichung Hexen = Schamanen gebildet werden konnte. Dies hat viel mit Phantasie, aber wenig mit einem wissenschaftlichen Herangehen zu tun.

Die Herkunft der Hexen aus dem sprachlichen Vorläufer des Wortes ‚Hexe' erklären zu wollen, verdeutlicht indes die Gesamtproblematik des Phänomens. Es handelt sich bei den ‚Hexen' in erster Linie um ein Phänomen der Frühen Neuzeit, das in den berüchtigten Hexenverfolgungen zwischen dem 15. und 17. Jh. kulminierte. An anderer Stelle wird in diesem Begleitbuch herausgearbeitet, wie der elaborierte Hexenbegriff der Verfolgungszeit, bestehend aus Teufelspakt, Teufelsbuhlschaft, Hexenflug, Schadenszauber und Hexensabbat entstand, wo seine Ursprünge liegen und wie sich der Glaube an Hexen in der frühneuzeitlichen Gesellschaft entwickelte.

In jedem Fall ist es eine wichtige Erkenntnis, dass man sich die Entstehung des Hexenbegriffs nicht monokausal erklären kann. Im Gegenteil, es handelt sich um eine äußerst komplexe Angelegenheit. Das Prinzip der Vielschichtigkeit zieht sich durch etliche Sphären der Hexenthematik. Es gelingt ebenso wenig, die Entwicklung des Hexenbegriffs, des Glaubens an Hexen sowie die Hexenverfolgungen der Frühen Neuzeit auf monokausaler Ebene zu erklären.

Um der Herkunft der Hexen auf den Grund zu gehen, bedarf es der Beschäftigung mit jener Zeit, in der das Phänomen seinen Ursprung genommen hat. Getreu dem Motto, Geschichte nur aus sich selbst heraus zu

David III Ryckaert: *Die Hexe / Dulle Griet*, um 1650
Bezugnehmend auf das Sprichwort „Sie konnte einen Raubzug vor der Hölle unternehmen und unbeschadet davonkommen" stellte Ryckaert ein altes Weib dar, das es mit dem Teufel und seinem Heer aufnimmt und sich an den Schätzen der Hölle bedient. Dieses Bild von der kratzbürstigen Hexe steht im krassen Gegensatz zu den späteren romantisierten Vorstellungen von heil- und zauberkundigen Frauen.

erklären, ist dies der Ansatz, um dem Wirklichkeitskern des ‚Mythos Hexen' auf die Spur zu kommen. Erst wenn man die Frühe Neuzeit mit all ihren Entwicklungsströmungen gesellschaftlicher und geistig-philosophischer Natur, mit ihren historisch-politischen Wendungen, mit ihren existenzbedrohenden Krisensituationen, Kriegen, Hungersnöten und Seuchen zu verorten weiß, gelingt es vielleicht, die Entstehung des Hexenbegriffs und des Glaubens an Hexen zu verstehen.

Mit der gleichen Methodik wird man dem ‚Mythos Hexe' zu Leibe rücken können. Viele Aspekte, die diesen Mythos ausmachen, haben nichts mit der historischen Realität der frühneuzeitlichen Hexen zu tun. Sie sind ganz und gar Kinder ihrer Zeit. Sie verdeutlichen viel eher, welche geistigen und kulturellen Strömungen in das Hexenbild bis heute eingeflossen sind. Der ‚Mythos Hexen' ist eine merkwürdige Mixtur geworden, der in sich Hexenbilder vereint, die in einer bewussten Auseinandersetzung mit dem Thema niemals zueinander gefunden hätten. Die Verwässerung mittels Mythos über Generationen hinweg, ohne dass den Rezipienten des Mythos die historische Dimension bewusst ist, geschweige denn eine Rolle spielt, lässt manche moderne Interpretation erklären. Das z.B. vom modernen Feminismus geprägte Bild der selbstbewussten, sich von der männlichen Unterdrückung befreiender Hexen ist durchzogen vom Konstrukt der sinnlichen und in allen Attributen – etwa mittels angeblicher Heilkräfte – ihre Weiblichkeit betonenden Hexen des ganz und gar nicht feministischen 19. Jh., das die Hexen in eine klassische Frauenrolle einordnete. Durch den Mythos gelingt es also unbewusst, zwei Antipoden miteinander zu vereinen.

Es ist daher auch Aufgabe, sich mit der Entwicklung des Hexenbildes, mit den vielen unterschiedlichen Aspekten des ‚Mythos Hexen' auseinander zu setzen. Vor allem im Hinblick darauf, zu welchen Zeiten und warum sie das Hexenbild und dadurch den Mythos prägten. Eine detektivische Spurensuche, die immer näher an unsere eigene Zeit heranrückt. Dazu dient die Ausstellung und dazu dient das vorliegende Begleitbuch. ■

Von dämonischen Zauberern und teufelsanbetenden Ketzern – Die Erfindung des Hexereideliktes und die ersten Verfolgungen

Rita Voltmer

Auf seiner fanatischen Suche nach Häretikern glaubte der 1231 zum Inquisitor ernannte Konrad von Marburg, die Spur einer geheimen Sekte aufgetan zu haben, die sich angeblich den schrecklichsten Verbrechen hingab, vor allem der Anbetung des Teufels in dreierlei Gestalt: als riesige Kröte, als schwarzer, bleicher Mann und als schwarze Katze. Dabei mussten die Anhänger ihren Abfall vom christlichen Glauben (Apostasie) und die Anbetung des Satans (Idolatrie) durch die Huldigung (Homagium) in Form eines Kusses in das Maul der Kröte und auf den Anus der Katze bekräftigen. Die so genannten Luziferaner sollten sich sexuellen Ausschweifungen, Kindermord und Kannibalismus auf ihrem nächtlichen Ketzersabbat hingeben. Diese Phantasien wurden von Papst Gregor IX für wahrhaftig gehalten und 1233 in den rechtlichen Entscheid „Vox in Rama" gefasst. Durch diese Verbindung des Ketzereideliktes mit der Teufelsanbetung wurde ein wichtiger theoretischer Meilenstein bei der theologisch-juristischen Konstruktion des Hexereideliktes gesetzt. >>

Skulptur am Südportal der Kathedrale von Chartres / Frankreich, 13. Jh.
Frauen galten als besonders anfällig für die Verführungskünste des Teufels.

Allerdings konnte sich die Idee von einem neuen, als ‚Superverbrechen' stilisierten Delikt der Hexerei erst Anfang des 15. Jh. in vollem Umfang etablieren. Deshalb sollte man erst ab 1400 von ‚Hexerei' im Wortsinne sprechen, nachdem sich die Vorstellungen von Schadenszauber (‚maleficium', ‚sortilegium') und Teufelspakt mit Dämonenanrufung, Buhlschaft (Beischlaf mit dem Teufel), Flug und Sabbat verbunden hatten. Wie und warum es zu dieser Verschmelzung gekommen ist, wird bis heute diskutiert. Immerhin existierten die meisten Elemente des Hexereideliktes – abgesehen vom Konstrukt des Hexensabbats – unverbunden oder vermischt schon seit dem Frühmittelalter.

Buchmalerei aus Johannes Tinctor: *Traité du crime de Vauderie*, um 1460
Als Ketzer verfolgte Waldenser bei der angeblichen Huldigung des Teufels (Homagium), bei der sie das Hinterteil eines Bockes küssen.

Dass sich diese Fusion zwangsläufig ergeben hat, dass sich die Spuren von Hexerei geradlinig bis zu den höchsten theologischen Autoritäten des Mittelalters zurückverfolgen lassen, ist allerdings ein Konstrukt spätmittelalterlicher und frühneuzeitlicher Dämonologen: Um das ‚neue' Delikt der Hexerei besonders gegenüber Skeptikern argumentativ zu stützen, bezog man sich auf Kirchenväter wie Augustinus oder Thomas von Aquin. Dabei las man in die alten Schriften wie in die relevanten biblischen Texte die neuen Bedeutungen hinein. Insgesamt schwankten die Dämonologen stets dazwischen, zweifelsfreie alte Autoritäten zu bemühen wie die Modernität des Hexereiverbrechens gegenüber den Vertretern der ebenso alten Illusionstheorie des *Canon Episcopi* zu betonen. Um den von Dämonologen gelegten falschen Spuren nicht blind zu folgen, muss man sich verdeutlichen, dass weder Augustinus, noch die beiden Dominikaner Albertus Magnus und Thomas von Aquin sich hauptsächlich für magische Verbrechen interessierten, sondern diese Themen nur neben vielen anderen behandelten.

Augustinus sowie später Albertus Magnus und sein Schüler Thomas von Aquin hatten sich im Zusammenhang mit Schadenszauber Gedanken über den Teufelspakt gemacht, allerdings weniger bewegt von der Angst vor schädigender Magie, als vielmehr beseelt von dem Gedanken, den christlichen Glauben von allen Verunreinigungen durch heidnische, so genannte abergläubische Überreste bzw. von Irrglauben zu befreien. Augustinus bemühte sich im 5. Jh. in Auseinandersetzung mit spätantiken paganen Kulten und christlichen Sekten wie dem Manichäismus, die absolute Überlegenheit des katholischen Christentums zu propagieren. Dabei deutete er die heidnischen Götter und Göttinnen um zu teuflischen Dämonen, die Luzifer, dem gegen Gottes Allmacht rebellierenden Engel, hierarchisch unterstellt wären. Jede Form paganer Kultausübung galt als Götzendienst und Abfall vom wahren Glauben. Wer in diesem Sinne Magie betrieb, machte sich des Teufelspaktes schuldig. Selbst solche, die einfältig die alten Riten, Worte und Gebärden gebrauchten, schlossen damit unabsichtlich, aber nicht weniger wirksam einen Vertrag mit dem Bösen.

Albertus Magnus und besonders Thomas von Aquin griffen im 13. Jh. diese Ideen wieder auf. Thomas entwickelte eine weitreichende Theorie des explizit (ausdrücklich) und implizit (stillschweigend) geschlossenen Teufelspaktes, nach dessen Abschluss die Dämonen aufgrund bestimmter Zeichen dem Magier, Zauberer oder Wahrsager hilfreich zur Seite standen. Zwar konnten Dämonen nur mit göttlicher Zulassung (‚permissio dei') agieren. Doch erlaubten den Dämonen ihr Alter und Wissen, ihre Schnelligkeit und luftige Existenz, den schwachen Menschen allerlei Trugbilder und Illusionen vorzugaukeln. Besonders mit der Unzucht suchten die Dämonen, Christen vom wahren Glauben abzubringen und in die Fänge des Bösen zu locken. Damit erfüllten sie durchaus einen göttlichen Plan, denn ihr Wirken bestrafte die Gottlosen und prüfte die Frommen.

Neben seiner Lehre vom Teufelspakt hatte Augustinus darüber spekuliert, ob der Geschlechtsverkehr zwischen Frau und Dämon möglich sei und ob daraus Nachwuchs hervorgehen könne. Spätere Dämonologen wollten hier die Bestätigung für die Teufelsbuhlschaft finden. Selbst Thomas von Aquin vertrat die Meinung, zwischen Menschen und Dämonen könne es zu Sexualkontakten kommen. Da alle Schöpferkraft nur bei Gott läge, könnten sie aber keine Kinder zeugen. Deshalb müsste der Dämon zuerst in Gestalt einer ‚succuba' (weiblicher, ‚unten liegender' Dämon) einem Mann den Samen entziehen, um ihn dann in Gestalt eines ‚incubus' (männlicher, ‚oben liegender' Dämon) einer Frau einzupflanzen. Diese Annahmen wurden ebenso lange diskutiert, wie die Frage, ob solche im Prinzip von Menschen abstammenden Kinder eine zu taufende Seele hätten oder nur teuflische Wechselbälger seien.

Um 906 spekulierte Regino von Prüm in einem Handbuch zur geistlichen Erziehung der Gläubigen über den Flug, der angeblich Frauen nachts im Gefolge einer heidnischen Göttin über weite Strecken führte. Unter dem Titel *Canon Episcopi* später im Kirchenrecht festgeschrieben, erklärte man dies für teuflische Illusion und für heidnischen Aberglauben, der mit Bußstrafen zu belegen war. Die Vorstellungen von fliegenden Frauen, die entweder Böses im Schilde führten (wie die vampirähnliche ‚striga') oder die zum großen Spiel unter dem Vorsitz einer Herrin bzw. Feenkönigin (Diana, Herodias, Horiente, Perchta, Holda) des Nachts ausfuhren, scheinen laut Beichtspiegeln, Inquisitionshandbüchern und Gerichtsprotokollen im ‚einfachen Volk' verbreitet gewesen zu sein. Doch ist Vorsicht geboten, aus verstreuten Einzelnachweisen generalisierend einen verbreiteten Volksglauben zu postulieren. Sie verweisen zunächst nur auf die klerikale Zwangsvorstellung, der wahre Glaube sei von heidnischen, gotteslästerlichen Verunreinigungen verseucht, welche ausgemerzt werden müssten. Kaum zufällig wird der Glaube an die Nachtschar der Frauen gerade immer nur dort fassbar, wo mit entsprechendem Vorwissen ausgestattete Inquisitoren entsprechende Untersuchungen anstellten.

Giulio Romani: Ausschnitt aus dem Fresko *Bankett der Götter*, Palazzo del Te, Sala di Psiche, Mantua, 1532–1534
Der Geschlechtsverkehr zwischen Mensch und Dämon entwickelte sich zu einem festen Bestandteil der Hexenlehre. Dabei figurierte besonders der als wollüstig geltende antike Gott Pan zum Sinnbild des Teufels überhaupt.

Die Theorie von Schadenszauber und Teufelspakt führte zunächst nicht zu groß angelegten Verfol-

Niederrheinischer Meister: *Der Liebeszauber*, 2. Hälfte 15. Jh.
Der Liebeszauber gehörte schon in der Antike zum breiten Spektrum magischer Handlungen. Im Mittelalter galt er als Teil der hauptsächlich von gelehrten Geistlichen und Mönchen ausgeübten rituellen Magie.

gungen. Allerdings begannen sich diese Vorstellungen zunehmend mit denen von Ketzerei (Häresie) zu vermischen. Damit einher gingen Imaginationen von heimlichen, sektenartigen Verschwörungen. Schleichend kam es zu einer Verketzerung der Zauberei und einer Dämonisierung der Ketzer. Für die Zeiten des Mittelalters kann man überdies von einer klerikalen Unterwelt sprechen, in der Liebesmagie, Totenbeschwörung und Wahrsagekunst betrieben wurden. Diese auch als rituelle Magie bezeichnete Dämonenanrufung erlebte einen besonderen Aufschwung durch den seit dem 12. Jh. ansteigenden Kontakt mit dem östlichen Mittelmeerraum und der mithin begünstigten Verbreitung antiker Magiebücher, die aus dem Griechischen und Arabischen ins Lateinische übersetzt wurden und so breiter rezipiert werden konnten.

Ein besonderes Faszinosum bildete die dunkelste Form der Magie, die Nekromantie, bei der die Toten beschworen wurden, um in die Zukunft schauen zu können und Schätze zu entdecken. Auf diese Weise sollte mit dämonischer Hilfe Macht und Reichtum erlangt werden. Der politische Mord unter Einsatz okkulter Machenschaften, die politische Intrige, in welcher der Magievorwurf zur Vernichtung des politischen Gegners funktionalisiert wurde, prägten besonders im 14. Jh. die Auseinandersetzung mit dem Zaubereidelikt. Gutes Beispiel dafür sind die Vorkommnisse am Hof Papst Johannes XXII., der offensichtlich Verfahren wegen ritueller Magie gegen seine Gegner einsetzte. Als berühmt-berüchtigt muss die Verfolgung des Templerordens gelten (1307–1314). Selbst in der englischen Aristokratie gab es zahlreiche Fälle, in denen Vorwürfe der rituellen Magie, der Dämonenanrufung und der zauberischen Vergiftung erhoben und zu meist tödlich endenden politischen Intrigen verquickt wurden.

Ein Gutachten der theologischen Fakultät zu Paris, das in der Folge derartiger politischer Magie- und Schadenszauberprozesse am Hof des französischen Königs Karl VI. 1398 erstellt wurde, wertete alle Zauberei als Götzen- bzw. Teufelsanbetung. Jean Gerson, Kanzler der Pariser Universität, hatte offensichtlich Einfluss auf diese Entscheidung genommen und äußerte sich 1402 vergleichbar gegen die magischen Künste in seinem Traktat *De erroribus circa artem magicam*. Einen Unterschied zwischen gelehrter Magie und populären magischen Formen ließ Gerson nicht gelten. Magie konnte immer nur mit Hilfe des Teufels ausgeübt werden und war deshalb als Apostasie und Ketzerei zu bewerten. Dabei ging es ihm nicht vordergründig um großangelegte Verfolgungen, sondern um Reinigung des Glaubens von Irrtümern, um innere Mission und Katechese.

Um die Wende des 15. Jh. kristallisierte sich ein völlig neues Delikt heraus, das sich aus Tradition und Praxis der Ketzerverfolgungen speiste sowie aus dem generellen Verdacht gegenüber allen Formen von Magie. Verstärkend wirkten sich die Effekte der politischen Verfahren des 14. Jh. aus. Als vermeintliche Tätergruppe galt die gotteslästerliche, göttliche wie obrigkeitliche Ordnung verleugnende Ketzersekte der schadenstiftenden Hexen, die sich zu ihren nächtlichen Verschwörungsorgien an heimlichen Orten auf allerlei Fluggeräten auf den Weg machte. Die Verschmelzung der einzelnen Vorstellungen (Pakt, Buhlschaft, Flug, Sabbat, Schadenszauber) fand eindeutig in einem bestimmten Raum während eines bestimmten Zeitraumes statt: zwischen ca. 1400 und 1430 in den Tälern der Westalpen sowie deren angrenzenden Gebieten. In einer ersten Phase verknüpften sich dort

1. das Wirken berühmter Bußprediger,
2. die Netzwerke der Dominikaner (und Franziskaner),
3. der spezielle Akteurskreis um Amadeus VIII., Herzog von Savoyen, sowie
4. die Teilnehmer des Basler Konzils.

In einer sich anschließenden, nördlich und südlich der Alpen ausgreifenden Bewegung dominierten zunächst eindeutig dominikanische Inquisitoren das Bild, wenngleich auch italienische Juristen und weltliche Richter eine Rolle spielten.

Ob und in welcher Weise der ‚Erfindung' des Hexereideliktes eine unabwendbare Zwangsläufigkeit eignete, wird mittlerweile angezweifelt. Ob sich darin Verschwörungsängste der geistlichen wie weltlichen Eliten oder rationales Kalkül des Dominikanerordens bzw. einzelner Inquisitoren auf der Suche nach neuen Aufgaben manifestierten, bleibt ebenfalls offen. Übereinstimmend wird jedoch konstatiert, dass der Alpenraum aus verschiedenen Gründen zum ‚Versuchslabor' für das neue Hexereiverbrechen werden konnte. Der Boden war hier zum einen durch die scharfe Inquisitionstätigkeit der Dominikaner und Franziskaner auf der Suche nach Waldensern und sogar noch Katharern (im Piemont) bereitet. Zum anderen versammelte sich auf den Konzilien von Konstanz und Basel die klerikale Elite, auf deren Agenda die grundsätzliche Reinigung und Reform des christlichen Glaubens stand. Bekämpft wurden Juden, Häretiker und damit auch die ‚neuen' Hexen ebenso wie ein (vermeintlicher) Sitten- und Glaubensverfall bei Laien und Klerus. Zahlreiche innere und äußere Krisen (Kirchenspaltung, Religionskonflikte, Vordringen der Osmanen sowie spürbare klimatische Verschlechterungen) stärkten den Glauben an eine Endzeit, in denen die Mächte des Bösen zum letzten Schlag gegen die göttliche Schöpfung ausholten.

Es muss gleichfalls offen bleiben, ob die Fixierung auf eine grundlegende Reform bei gleichzeitig aufgenommenem intolerantem Kampf gegen die Glaubensfeinde allein die Elite beherrschte, ob sich nur vereinzelte Fanatiker als Glaubenskrieger sahen und sich zur Speerspitze dieses ‚Endkampfes' erklärten

Schadenszauber (maleficium)

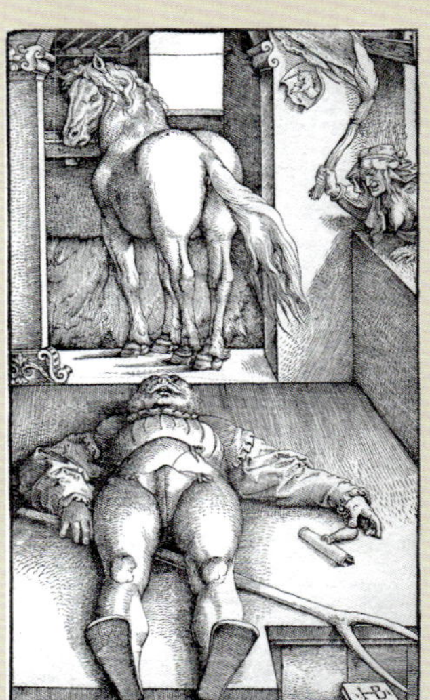

Hans Baldung Grien: *Der behexte Stallknecht*, 1544
Die schadenszauberischen Kräfte von Hexen hatten Auswirkung auf Mensch und Tier.

Die Furcht vor magisch-zauberischer Schädigung war in vielen Kulturen verbreitet. Schon in vorchristlicher Zeit drohten für übelwollende Magie, Wahrsagerei und Totenbeschwörung drakonische Strafen bis hin zur Lebendverbrennung. Auch den christlichen Theologen und weltlichen Gesetzgebungen des Mittelalters galt der Schadenszauber als höchst strafenswert. Volksrechte, Stadt- und Landrechte oder Rechtsspiegel verhängten dafür Leib- und Lebensstrafen. Zur schädigenden Magie zählten Krankheits-, Impotenz- oder Wetterzauber sowie Liebesmagie. Aber auch nützliche Anwendungen (‚beneficia') wie Heil-, Bann- und Hexenabwehrzauber wurden von den christlichen Theologen verdammt, da sie meinten, magische Handlungen könnten nicht ohne die Hilfe von Dämonen vollzogen werden. Grundlage dafür sei ein durch mündliche oder schriftliche Verschreibung geschlossener Pakt mit dem Teufel, der den formellen Austritt aus der christlichen Gemeinschaft bedeutete. Der Pakt konnte auch stillschweigend, allein durch vollzogene magische Rituale oder gesprochene Formeln geschlossen werden. Die Kriminalisierung magisch-zauberischer Handlungen verschärfte sich in den konfessionellen Auseinandersetzungen nach der Reformation. So bewerteten Protestanten manche katholischen Riten wie die Messe, die Sakramentalien oder den Exorzismus als ‚papistischen Aberglaube' oder gar als Hexereiindiz. R. V.

Lit.: Boureau (2006), Kieckhefer (1992), Stephens (2002)

und ob auch die Bevölkerung davon in vollem Umfang erfasst wurde. Letztendlich verwehrt die häufige Eindimensionalität der Quellen, die meist aus der Feder reformeifriger Kleriker stammen, eine multiperspektivische Sicht auf die Vorgänge, so dass eher spekuliert als differenziert gefolgert werden kann. Eine gewisse Zwangsläufigkeit scheint sich jedoch ergeben zu haben: Die Vorstellung von einer Verschwörung übeltäterischer Hexen, die geradezu eine götzendienerische ‚Gegenkirche' bildete, eignete sich hervorragend, um jenes didaktisch einsetzbare Gegenbild zu liefern, mit dessen Hilfe (angeblich) Glaubensmüde wieder zu Disziplin, Gehorsam, Zucht, Ordnung und Frömmigkeit geführt werden konnten. Es ist daher zurecht die These geäußert worden, dass die im 15. Jh. stark werdende innere Reformbewegung mittelbar und unmittelbar Erhebliches zur Ausformung und zur Verfolgung des Hexereideliktes beigetragen hat. Der Glaube an den Schadenszauber und die tatsächlichen Krisenerscheinungen des 15. Jh. passten nahtlos zusammen. Mit der Anzeige von Schadenszauberei erhielt die Bevölkerung eine Erklärungsmöglichkeit und dazu ein Ventil, Unglücksfälle einschlägig zu deuten und vor Gericht zu bringen. Dort konnten die Vorwürfe von schädigender Magie durch entsprechend voreingenommene Inquisitoren und weltliche Richter im Sinne des Hexereideliktes als Zeichen für den Teufelspakt, mithin für die neue Hexenketzersekte umgedeutet werden. Auf diese Weise bestärkten sich latente Verfolgungsbereitschaft und entschlossener Verfolgungswille. Auch schien sich ein Dilemma zu lösen, was viele Inquisitoren zuvor an der Verfolgung ‚harmloser' Ketzer hatte verzweifeln lassen: die manchmal mangelnde Anzeigebereitschaft des nahen sozialen Umfeldes.

Sichtbares Zeichen für die nach 1400 zunehmende Ausdifferenzierung der neuen Hexenketzerei geben die zu Beginn des 15. Jh. zu beobachtenden Verfolgungen im Herzogtum Savoyen, in der Dauphiné, im Piemont, in Oberitalien, in den Bistümern Lausanne, Genf und Sitten, im Wallis, im Waadtland und im Berner Oberland. Zunächst engagierten sich zumeist dominikanische Inquisitoren, denn ihnen oblag seit 1232 die vom Papst übertragene Aufgabe, die Orthodoxie des christlichen Glaubens zu schützen und deren Feinde aufzuspüren. In der Ketzerverfolgung hatten sie sich durch Tradition, Ausbildung und Erfahrung ein Know-how und ein Monopol geschaffen, das sie bestenfalls noch mit den Franziskanern oder bischöflichen Inquisitoren teilten. Da die von ihnen zu betreuenden Diözesen sehr weiträumig waren, vermochten die immer nur ad hoc ernannten Wander-Inquisitoren ohne die Unterstützung der weltlichen Gerichte wie auch der Bevölkerung nur wenig auszurichten. Das zeigen die ersten Hexenprozesse: Inquisitoren der Bettelorden arbeiteten mit weltlichen Gerichten, bischöflichen Amtsträgern und der Bevölkerung nicht selten Hand in Hand.

Dass sich um 1400 ein neues Verbrechen auszubreiten begann, bezeugt ein Brief Papst Alexanders V. von 1409 an den franziskanischen Inquisitor Ponce Feugeyron, der vorwiegend im Südosten Frankreichs, von Avignon bis zur Dauphiné, und im Herzogtum Savoyen agierte. Darin erging die Aufforderung, gegen *„die vielen christlichen und jüdischen Zauberer, Wahrsager, Dämonenbeschwörer, Sprecher von Zauberformeln, Loswerfer, Abergläubischen, Seher, Benutzer sündiger und verbotener Künste"* vorzugehen. Ponce Feugeyron, ausgestattet mit weitgehenden Befugnissen und unter mehreren Päpsten als Inquisitor tätig, zählt zu jenen Schlüsselfiguren, deren praktische wie auch literarische Auseinandersetzung mit dem Hexereidelikt prägend für die kommenden Jahrhunderte werden sollte. Ihm wird die Autorschaft an der Schrift *Errores Gazariorum seu illorum qui scopam uel baculum equitare probantur* (um 1437) zugeschrieben. Gestützt auf Geständnisse aus dem Aostatal, erläuterte dieser Traktat knapp, aber präzise die als materiell existent angenommenen Bestandteile der neu definierten Ketzerverschwörung: Flug, Sabbat, Teufelsanbetung, rituelle Bankette, Kannibalismus, sexuelle Orgien und Hostienschändung. Wenn hier auch niemals das Wort ‚Hexe' erwähnt wird, so machen Kontext und Untertitel doch deutlich, wer die neuen ‚gazari' (abgeleitet von ‚Katharer') sein sollten: jene, welche auf einem Besen ritten! In einer leicht erweiterten zweiten Fassung der *Errores* (um 1438) kam als Ergänzung das ‚freiwillige' Geständnis eines ‚gazarius' hinzu, das aus der Inquisitionspraxis der Westschweiz (Diözese Lausanne) hervorging. Mithin war der Traktat schon in der inquisitorischen Praxis eingesetzt worden.

Der berühmte franziskanische Bußprediger und spätere Heilige Bernardino von Siena durchzog vor allem Nord- und Mittelitalien. Auf seinen Missionsreisen, während derer er vehement gegen Juden, Häretiker, Sodomiten und Ehebrecher predigte, glaubte er allerorten auf magische Praktiken, Wahrsagerei, Zauberei und das Wirken von Dämonen zu treffen. Er apostrophierte Hexerei als eines jener verabscheuungswürdigen Verbrechen, für dessen Duldung Gott die Menschheit hart bestrafte. Ausdrücklich forderte er seine Zuhörer auf, vermeintliche Hexen, Wahrsager und Zauberer aufzuspüren und zu vernichten. Bernardino verdächtigte diese Übeltäter sogar, zur Befestigung des Teufelsbündnisses während des Sabbats Wein mit den pulverisierten Überresten eines Säuglings zu trinken. Der Einfluss seiner Predigten hatte nicht nur eine schärfere Gesetzgebung gegen Hexerei in Siena, Perugia und Todi zur Folge, sondern endete auch in regelrechten Verfolgungen und Hinrichtungen.

Bernardino trat mit seinen Bußpredigten in die Fußstapfen des Dominikaners Vinzenz Ferrer, der bereits um 1400 die Täler des Westalpengebiets mit seinen apokalyptischen Predigten aufgewühlt hatte. Verfolgungsaktivitäten um 1403 in der Dauphiné waren dadurch wahrscheinlich erst ausgelöst worden. Vinzenz Ferrer nahm besonderen Einfluss auf Amadeus VIII., den späteren Papst Felix V., der bereits 1403 schärfere Gesetze gegen sittliche und religiöse Normverstöße erließ. Hier kündigte sich an, was Amadeus 1430 in den fünfbändigen *Statuta Sabaudiae* (gedruckt 1477) ausarbeiten ließ: der Entwurf eines christlichen Idealstaates, in dem keinerlei Normverstöße, erst recht keine Gotteslästerung, Häresie und Zauberei geduldet werden durften. Dabei führte Amadeus das inquisitorische Verfahren gegen Ketzer wie auch gegen Zauberer ein und ermunterte seine Amtleute, mit dominikanischen und franziskanischen Inquisitoren zusammenzuarbeiten. Kurz nach Erlangung der Herzogswürde (1416) wurden dann auch erste einschlägige Verfahren geführt. 1421 schloss Amadeus gar mit dem Lyoner Erzbischof Talaru ein förmliches Abkommen zum Vorgehen gegen Juden, Ketzer, Gotteslästerer, Magier, Zauberer und wohl auch Hexen. Als Gegenpapst Felix V. nahm Amadeus am Konzil von Basel (1431–1449) teil. Sein Sekretär Martin Le Franc verfasste just zu dieser Zeit den Traktat *Le Champion des Dames*, in dem die Vorstellungen einer neuen Hexensekte ausführlich diskutiert wurden. Als Felix V. wurde Amadeus allerdings auch Ziel einer Gegenbulle Papst Eugens IV., der ihm vorwarf, in seinem Territorium ‚stregule', ‚stregonos' und ‚Waudenses' geduldet zu haben. Letzteres ist ein schönes Beispiel dafür, wie unter sich wandelnden politischen Vorzeichen aus einem Kämpfer gegen Zauberer und Hexen allein durch die persönliche Nähe zu diesem brisanten Thema ein ‚patronus sagarum' stilisiert werden konnte.

Auch der französische Richter Claude Tholosan schien von dem Gedanken beseelt gewesen zu sein, mithilfe einer unnachsichtigen Verfolgung von Hexen königliche Macht zu demonstrieren. Zwischen 1426 und 1436 führte er in der französischsprachigen Dauphiné weltliche Verfahren gegen hunderte von Personen, ein Vorgehen, das er in dem unpublizierten Traktat *Ut magorum et maleficiorum errores* ausführlich legitimierte. Er beschrieb detailliert das neue Hexereidelikt und führte an, dass die Verfolgung nicht den Inquisitoren zu überlassen sei, sondern sie in die Hände der weltlichen Justiz gehöre. Hier deutet sich schon an, dass die Kontrolle über und die Führung von Hexereiverfahren zu Konflikten zwischen unterschiedlichen Gerichtsinstanzen und Herrschaftsträgern führen konnte. In diesen Kontext gehören ebenfalls die im oberen Wallis zwischen 1428 und 1436 durchgeführten schweren Verfolgungen mit um die 100 Hinrichtungen. Hier erließen Gemeinden und lokale Adlige neue Statuten zum gerichtlichen Umgang mit dem ‚modernen' Verbrechen der Hexerei. Schnell wurden die Hexenprozesse im Kampf um jurisdiktionelle Rechte instrumentalisiert.

In einer Phase politischer Instabilität wurden auch in der Leventina Hexenprozesse inszeniert, um lokale Autonomie und das Gewohnheitsrecht der Blutgerichtsbarkeit zu untermauern. Während noch 1432 ein Prozessfragment auf ein kirchliches Inquisitionsgericht verweist, fand 1457–1459 die Mehrzahl der Prozesse vor einem Laiengericht statt. Alles deutet daraufhin, dass die Talschaft, welche seit dem 13. Jh. weitgehende Autonomie genoss, in einer Phase großer politischer Unsicherheit versuchte, durch Hexenprozesse ein Machtvakuum mit eigenen Gerichtskompetenzen zu füllen. Auch dies muss als früher Versuch gelten, nicht nur lokale Gerichtshoheiten, sondern sogar politische Selbstverwaltung mittels Hexereiverfahren zu bewahren bzw. zu legitimieren. Begünstigend wirkte die gerichtsrechtliche Zersplitterung des Gebietes. Ein Ende der Prozesse

Buchmalerei aus Martin Le Franc: *Le Champion des Dames*, Mitte 15. Jh.
Die Handschrift von Martin Le Franc enthält die erste Darstellung von auf Besen fliegenden Frauen.

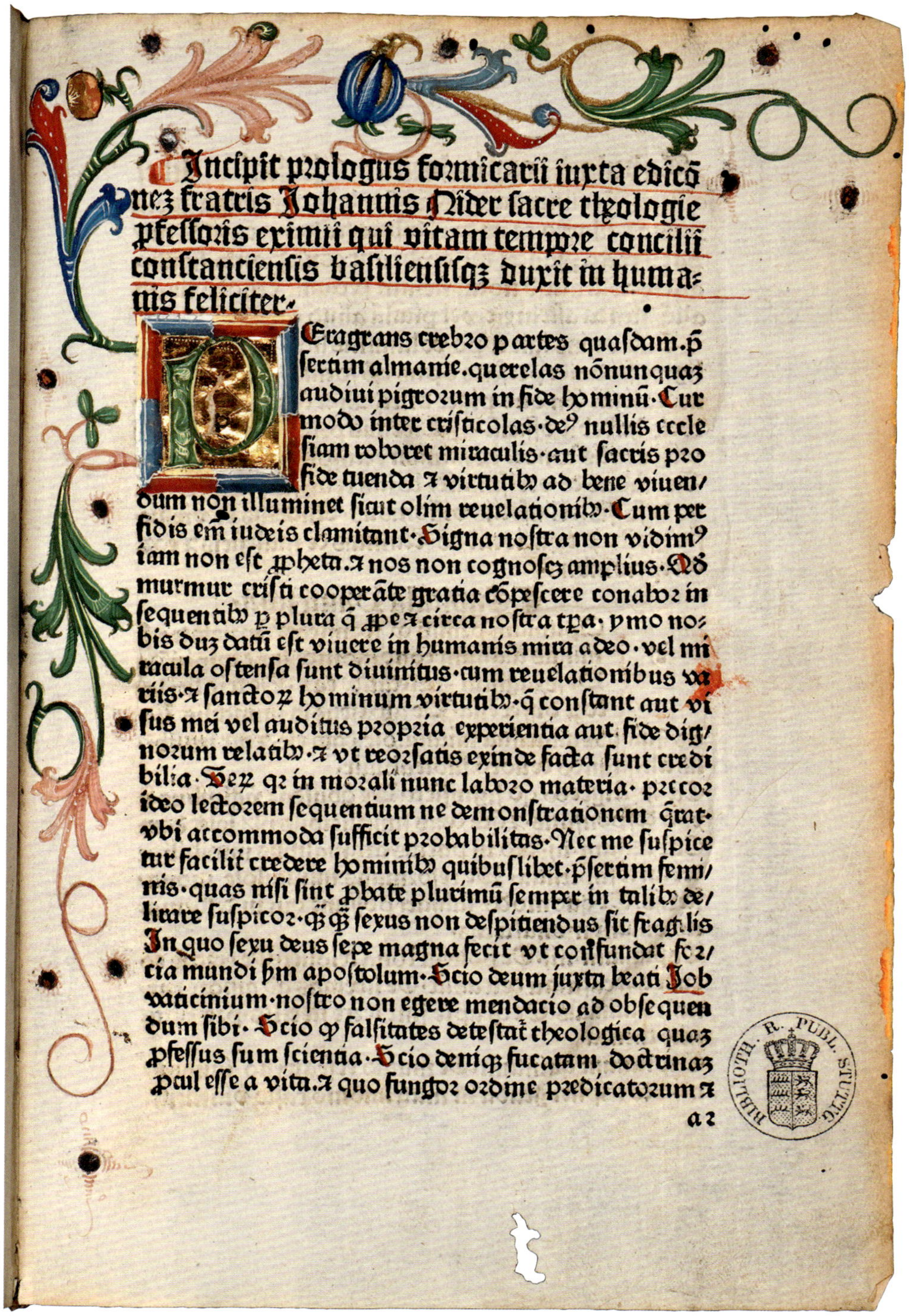

Johannes Nider: Formicarius
Augsburg: Anton Sorg um 1484
Stuttgart, Württembergische Landesbibliothek
Inc. fol. 11832

Der Dominikaner Johannes Nider beeinflusste durch seine Traktate *Formicarius*, *Praeceptorium devine legis* und *De lepra morali* nachhaltig die Hexenlehre. Sein didaktisches Handbuch *Formicarius* (‚Ameisenhaufen') von 1437/38 bildete mit den *Errores gazariorum*, der Chronik des Hans Fründ, dem *Champion des Dames* und dem Traktat des Tholosan jenes Pentagramm literarischer Produktion, welches eindrucksvoll die Konstruktion des neuen Hexereidelikttes in Wechselwirkung mit der tatsächlichen Prozesspraxis widerspiegelt. Nider beschrieb Schadens- und Wetterzauber, nächtliche Zusammenkünfte, Kannibalismus der Hexen und den nur als Illusion gedachten Flug im Gefolge der Diana. Besonders anfällig für diabolische Verführungen seien Frauen aufgrund ihrer physischen wie psychischen Schwäche. Diese und andere Annahmen dienten späteren Schriften, z.B. dem *Malleus maleficarum* als theoretische Grundlage. Der *Formicarius* fand in zahlreichen Neuauflagen weite Verbreitung, wie in der abgebildeten Version in einem Sammelband von zwei Inkunabeln. R.V.

Lit.: Themenportal Hexenforschung (2009), Tschacher (2000)

Unbekannter Künstler (Alten Prugel pinx.): *Hexen beim Wetterzauber*, nach 1655
Der Wetterzauber wurde zu einem der zentralen Anklagepunkte der Hexenverfolgungen und beliebtes Thema für Hexendarstellungen in der Kunst.

wurde eingeleitet, als zunehmend Mitglieder der Oberschicht denunziert wurden und sich die politische Situation entspannte. Insgesamt wirkte sich der herrschaftspolitische Faktor auch bei anderen frühen Verfolgungen, beispielsweise in der Diözese Lausanne und im Waadtland aus.

Wahrscheinlich fungierte das Konzil von Basel tatsächlich als *„intellektuelle Drehscheibe“* (Andreas Blauert 1989), wo besonders dominikanische Reformtheologen und Inquisitoren das maßgeblich von ihnen geprägte neue Hexereikonzept als Teil einer christlichen Erneuerungskampagne verbreiteten. Nachweisbare Teilnehmer sind Martin Le Franc, Felix V., Ponce Feugeyron, Nicolas Jacquier oder Alonso Tostado. Auch Johannes Nider, der das brandneue Delikt und dessen Verfolgung aus den Erzählungen eines weltlichen Richters namens Peter aus dem Berner Simmental kennen gelernt haben wollte, gehörte zu den Konzilsbesuchern. Ohne Zweifel beurteilte er das Hexereiverbrechen als ein höchst strafwürdiges Delikt, dessen Anhänger selbst nach einem reumütigen Geständnis den Verbrennungstod verdient hätten. Nider plädierte für strikte Observanz und Einhaltung der göttlichen Gebote, für asketische Lebensführung sowie verinnerlichte Frömmigkeit bei Klerus und Laien, besonders aber für die Ausrottung von Häresie, Blasphemie und Unzucht. Als Prediger gegen Hexen scheint er nicht gewirkt zu haben.

Die Verfolgung des neuen Deliktes der Hexerei blieb nicht auf den Raum der Westschweiz, den Süden und Südosten Frankreichs oder Oberitalien beschränkt. Vielmehr beteiligten sich Vertreter der Dominikaner in ihrer Eigenschaft als Inquisitoren und Autoren einschlägiger Traktate eifrig an seiner Verbreitung. Zu denken ist hier besonders an die Inquisitoren Jean Vineti und Nicolas Jacquier. Jean Vinet agierte als

Malleus maleficarum (Hexenhammer)

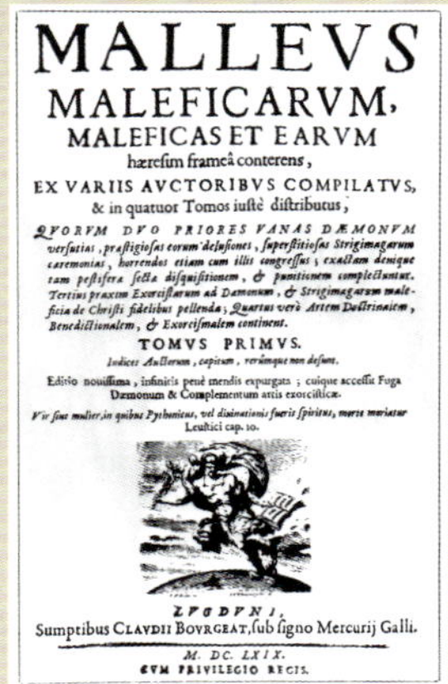

MALLEVS
MALEFICARVM,
MALEFICAS ET EARVM
hæresim frameâ conterens,
EX VARIIS AVCTORIBVS COMPILATVS,
& in quatuor Tomos iustè distributus,

QVORVM DVO PRIORES VANAS DÆMONVM versutias, præstigiosas eorum delusiones, superstitiosas Strigimagarum cæremonias, horrendos etiam cum illis congressus; exactam denique tam pestiferæ sectæ disquisitionem, & punitionem complectuntur. Tertius praxim Exorcistarum ad Dæmonum, & Strigimagarum maleficia de Christi fidelibus pellenda; Quartus verò Artem Doctrinalem, Benedictionalem, & Exorcismalem continent.

TOMVS PRIMVS.

Indices Auctorum, capitum, rerùmque non desunt.

Editio nouissima, infinitis penè mendis expurgata; cuique accessit Fuga Dæmonum & Complementum artis exorcisticæ.

Vir siue mulier, in quibus Pythonicus, vel diuinationis fuerit spiritus, morte moriatur Leuitici cap. 20.

LVGDVNI,
Sumptibus CLAVDII BOVRGEAT, sub signo Mercurij Galli.
M. DC. LXIX.
CVM PRIVILEGIO REGIS.

Titelblatt zu Heinrich Kramer (Institoris): *Malleus maleficarum*, Lyon 1669
Noch 200 Jahre nach seinem ersten Erscheinen gehörte der *Hexenhammer* zu den wichtigen Schriften der Hexenlehre.

Heinrich Kramer (Institoris) erwirkte 1484 von Papst Innozenz VIII. die Bulle *Summis desiderantes*. Darin wurden die angeblich von Hexen begangenen Schäden beklagt, welche in den Erzbistümern Mainz, Köln, Trier, Salzburg und Bremen aufgetreten seien, sowie der Widerstand moniert, mit dem viele Städte und Territorien eine Hexenverfolgung verweigerten. Nach vergeblichen Inquisitionsbemühungen in Brixen veröffentlichte Institoris 1486 den *Malleus maleficarum*, der die Gefahr einer Hexensekte beweisen und ihre Ausrottung legitimieren sollte. Zweifel an der Existenz der Hexerei hatten als Ketzerei zu gelten. Jeder Schadenszauber, jede Form von Magie und Aberglauben bewiesen den Abfall von Gott. Institoris galt der Hexenflug als eine reale, von Dämonen verursachte Handlung, die allerdings auch im Traum vonstatten gehen konnte. Vor allem Frauen überließen sich wegen ihrer angeborenen geistigen, körperlichen und seelischen Schwäche leicht dem Teufel. Diese ‚Superverbrecherinnen' müssten daher vernichtet werden. Institoris rief besonders die weltlichen Obrigkeiten zur Ausrottung auf und gab in seinem Buch Anleitungen, wie die Hexen aufzuspüren, zu enttarnen und hinzurichten seien. Zunächst gab es keine deutsche Übersetzung des *Malleus*. Aber der 1511 erschienene *Neu Layenspiegel* des Ulrich Tenngler übernahm unter der Überschrift *Von kätzerey warsagen schwartzer kunst zauberey / unholden* erstmals in deutscher Sprache dessen Auffassungen und machte sie gerade für weltliche Laienrichter zugänglich. Seinen unheilvollen Einfluss entfaltete der Inhalt des *Hexenhammers* allerdings erst nach 1560 in vollem Umfang. R. V.

Lit.: Themenportal Hexenforschung (2009)

Inquisitor in Carcassone, wo er um 1450 seinen *Tractatus contra demonum invocatores* verfasste. Dabei stellte er das neue Konstrukt des Sabbats als heimlichen Ort der Hexenverschwörung und der Teufelsanbetung in einen größeren theologischen Kontext, trennte sich ausdrücklich von der Illusionstheorie des *Canon Episcopi* und forderte die unnachsichtige Verfolgung der Hexenketzer. Der Dominikaner Nicolas Jacquier, bestallter Inquisitor im Artois, in Lille, Tournai, Gent und Böhmen, befasste sich in seinen Hauptwerken *De calcatione daemonum* (1452) und *Flagellum haereticorum fascinariorum* (1458) ebenfalls mit dem neuen Delikt. Überzeugt von der materiellen Existenz der häretischen Zusammenkunft auf dem Sabbat samt allen abscheulichen Verbrechen argumentierte er mit Vehemenz gegen Skeptiker und gegen den *Canon Episcopi*. Gestützt auf die bekannten päpstlichen Bullen und auf das Schreiben Papst Alexanders V. forderte er eine unnachsichtige Verfolgung der Hexen.

Träger der ‚neuen Nachrichten' über Hexenprozesse waren allerdings nicht nur reisende Inquisitoren, sondern vor allem auch mit Prozessen erfahrene Henker, deren Dienste aufgrund ihres Fachwissens in verschiedenen Territorien und Städten nachgefragt wurden. Diese persönliche Vermittlung von Verfolgungswissen kann auch für die ersten Verfahren gegen das neue Hexereidelikt vor einem weltlichen Gericht im deutschen Südwesten nachgewiesen werden: Konfrontiert mit einer geheimnisvollen Epidemie, deren Ursache Hexerei zu sein schien, fragte die Heidelberger Regierung 1446 in Basel um Hilfe, wo man bereits einschlägige Erfahrungen mit der Aburteilung von Hexen gesammelt hatte. Die Basler schickten Peter zum Blech, der als Schultheiß und Hexenjäger sowohl an den Verfolgungen in der Stadt wie im Fürstbistum Basel maßgeblich beteiligt gewesen war, nach Heidelberg. Dort erhielt er die Vollmacht, nach Basler Vorbild vorzugehen, was zur Folter, Aburteilung und Hinrichtung von acht Frauen wegen vermeintlicher Hexerei führte. Über diese Ereignisse berichtete 1456 der Arzt Dr. Johannes Hartlieb in seinem *Buch aller verbotenen kunst, unglaubens und der Zauberei*, wobei er den ‚Hexen' auch Wettermacherei anlastete.

Die Auseinandersetzung mit dem neuen Hexereidelikt und dessen Verfolgung ließe sich an vielen Orten auf den Handels- und Verkehrsrouten zwischen den

Westalpen, Oberdeutschland bis nach Lothringen, Luxemburg, den Niederrhein, in die Niederlande und nach Norddeutschland beobachten. Einschlägige Druckwerke und konkrete Prozesstätigkeit beeinflussten sich dabei gegenseitig. Auf dem Buchmarkt herrschte zunächst allerdings etwas Ruhe – bis der dominikanische Inquisitor Heinrich Institoris ein neues Druckwerk publizierte: den *Malleus maleficarum*. Institoris wurde bereits 1474 mit den Befugnissen der Inquisition ausgestattet und 1478 zum Inquisitor für die oberdeutsche Ordensprovinz ernannt (deutschsprachiges Gebiet zwischen Böhmen und Frankreich, Vorderösterreich, deutschsprachige Schweiz und Elsass). Laut eigener Aussage zeigte sich seine Verfolgungskampagne zumindest in der Diözese Konstanz erfolgreich. Zwischen 1481 und 1485 sollen hier 48 Frauen als vermeintliche Hexen hingerichtet worden sein. Allerdings scheiterte sein Plan einer großangelegten Hexenverfolgung 1485 in der Diözese Brixen: Hier gestaltete sich seine Prozessführung so offenkundig wirr, rechtsbrüchig und skandalös, dass der Brixener Bischof Golser für einen Abbruch der Verfahren sorgte und Institoris aus seiner Diözese hinauswarf.

Der hier spürbare, auch von Jacquier und anderen Inquisitoren beklagte Skeptizismus gegenüber dem neuen Delikt lässt sich exemplarisch an dem bereits 1489 gegen den *Malleus maleficarum* publizierten Traktat *De Lamiis et Phitonicis Mulieribus* des Juristen Ulrich Molitor zeigen. Nicht ungewöhnlich für die spätmittelalterliche und frühneuzeitliche Produktion von illustrierten Texten, traten Wort und Bild im Molitor-Traktat jedoch auseinander. Die Darstellungen von Hexenmahl, Hexenflug, Tierverwandlung, Schadenszauber und Wettermachen visualisierten das, was der Autor im Text als teuflische Illusion abgetan hatte. Gerade dieses Bildprogramm sollte aber eine große Wirkung entfalten.

Auch in Spanien setzten sich Theologen mit dem neuen Phänomen auseinander, blieben allerdings auf dem Boden des *Canon Episcopi* und hoben immer wieder die dämonischen Fähigkeiten zu Betrug, List und Illusion hervor. Darin spiegelte sich nicht zuletzt die reservierte Haltung der 1478 gegründeten Spanischen Inquisition, welche zwar noch die Existenz des Sabbats einräumte, aber den Hexenflug für unmöglich hielt. Dabei stützte man sich auch auf die Meinung spanischer Juristen, welche mehrheitlich die Existenz von Hexen schlichtweg negierten. Der Hohe Rat der Spanischen Inquisition, die ‚Supremà', erließ darüber hinaus eine Direktive, nach welcher der *Malleus maleficarum* nicht als maßgebliche Richtschnur zu gelten habe.

Anders als auf der iberischen Halbinsel konnten sich die Verfolgungen des Hexereideliktes in der Lombardei und in der Emilia durch den Einfluss der Dominikaner verbreiten. Bereits um 1460 beschäftigte sich der Dominikaner Girolamo Visconti mit der Hexenketzerei. In seinem Mailänder Heimatkloster waren schon zwischen 1418 und 1422 20 Verfahren wegen Bestialität, Zauberei und Hexerei geführt worden. In Viscontis beiden kurzen Traktaten *Lamiarum sive striarum opusculum* und *Opusculum de striis* lässt sich der Transformationsprozess der älteren Vorstellungen hin zum neuen Szenario einer Hexenketzersekte deutlich ablesen. Aus dem ursprünglichen ‚ludus', dem großen Spiel der Hexen unter Anführung einer Königin wird nun eine teufelsanbetende Ketzersekte.

Der dominikanische Inquisitor Bernard Rategno von Como rezipierte den *Malleus* zwar nicht wörtlich, kannte aber offensichtlich dessen Argumentationswege. In den Traktaten *Lucerna inquisitorum haereticae pravitatis* und *Tractatus de strigibus* (ca. 1510) machte er klar, dass es sich bei dem neuen Delikt um Ketzer handelte, die der *Canon Episcopi* noch gar nicht kennen konnte. Gestützt auf Prozessakten unter anderem aus dem Veltlin unterstrich Rategno, dass Flug, Sabbat, Teufelsanbetung, Buhlschaft, Schadenszauber (besonders die Herbeiführung von Impotenz) absolut reale Delikte und keine reine Illusion wären. Sein Amts- und Ordensbruder Giovanni Cagnazzo von Taggia pflichtete dieser Meinung in seinem Traktat *Summa summarum quae Tabiena dicitur* (1517) vorbehaltlos bei, jetzt ausdrücklich auf den *Malleus maleficarum* rekurrierend. Indem sie den *Canon Episcopi* verwarfen und auf eine harte Bestrafung der Hexenketzer pochten, waren sich die lombardischen Inquisitoren einig, dass sie es mit einer zweigeschlechtlichen Sekte zu tun hätten. Deshalb wurden in der Lombardei und in der Emilia zu Beginn des 16. Jh. schon viele Männer als vermeintliche Hexen hingerichtet. Wie umfangreich die dortigen Hexenverfolgungen in der ersten Hälfte des 16. Jh. ausfielen, ist nicht genau zu beziffern. Der skeptische

Französische Buchmalerei des Boucicaut- und Bedford-Meisters aus einem Brevier, um 1410
Die Bekehrung des Zauberers Hermogenes durch den Apostel Jakobus Maior überlieferte bereits die *Legenda aurea* im 13. Jh. Schon damals wurde die Angst vor Teufel und Dämonen geschürt und vor deren verführerischem Einfluss gewarnt, dem man in der Zeit der Hexenverfolgungen offenbar noch größere Wirkmächtigkeit zusprach.

italienische Jurist Andrea Alciati erstellte 1516/17 ein Gutachten bezüglich der mehr als hundert Hexereiverfahren, die ein Inquisitor in den subalpinen Tälern der Lombardei geführt haben sollte. In der Vorwegnahme der Argumente Weyers behauptete Alciati allerdings, die meisten der Hingerichteten seien alte verwirrte Frauen gewesen, die eher medizinische Betreuung als das Feuer benötigt hätten.

Nicht nur Inquisitoren, auch weltliche Herrschaftsträger engagierten sich in diesen frühen italienischen Verfolgungen wie beispielsweise Gian Francesco Pico della Mirandola, der über die von ihm und einem Inquisitor 1522/23 geführten Hexereiverfahren ein breit rezipiertes Traktat verfasste (*Strix*). Wohl zur gleichen Zeit entdeckte der weltliche Richter Paolo Grillando unabhängig vom *Malleus maleficarum* das Delikt der Hexerei und lieferte mit dem *Tractatus de hereticis et sortilegiis* (1524) eine der ersten ausführlichen Sabbatschilderungen des 16. Jh. Über verschlungene Rezeptionswege sollte sie in die großen Dämonologien des späten 16. und beginnenden 17. Jh. gelangen und ihre Wirkung auf Hexereigeständnisse im gesamten Alten Reich entfalten.

Es ist verständlich, dass die Prozesspraxis der dominikanischen Inquisitoren scharfe Kritik hervorrufen musste, besonders in jenen Kreisen, die dem Predigerorden seit jeher mehr als skeptisch gesinnt waren. Dazu gehörten zum einen die Franziskaner und zum anderen die humanistisch gebildeten weltlichen Juristen. So entspann sich zwischen dem höchst verfolgungskritischen Franziskaner Samuel de Cassini und dem eifernden Dominikaner Vincente Dodo ein publizistisch ausgefochtener Streit um das Phänomen der neuen Hexensekte, wobei man sich gegenseitig verketzerte. An der anderen Front lieferte sich der Dominikaner und Inquisitor Bartholomeus della Spina als ausgemachter Propagandist des neuen Hexereideliktes mit dem weltlichen Richter Gianfrancesco Ponzinibius ein literarisches Duell über die Rechtmäßigkeit der Hexereiverfahren. Kaum eindeutiger konnte die Stellung des Dominikanerordens gegenüber den Zweiflern jedoch deutlich gemacht werden, als in dem Traktat des Silvestro Prierias, der mit päpstlicher Erlaubnis auch gegen die neue lutherische ‚Ketzerei' argumentierte. Unter seinen bedeutenden dämonologischen Werken sticht besonders der Traktat *De strigimagarum, demonumque mirandis* (1521) hervor, in dem er den unbedingten Glauben an eine neue, gut organisierte, international agierende Hexenverschwörung, an eine gotteslästerliche, teufelsanbetende Sekte von Männern und Frauen forcierte, die nachts zu Sabbat und Schadenszauber durch die Luft ritten. Angeregt zu dieser Anti-Hexen-Propaganda hatte ihn die alarmierend steigende Zahl skeptischer Meinungen, die dem heiligen Werk der Dominikaner entgegengebracht wurde. Gerade mit der Wortneuschöpfung ‚strigimagus' unterstrich Prierias, dass sowohl die weiblichen Strigen als auch die männlichen Magier unbedingt als Hexen zu verfolgen seien.

Bereits Mitte des 15. Jh. hatte sich die Vorstellung von einer neuen Hexenketzerei im vollen Wortsinn ausgebildet. Innerkirchlicher Reformeifer, intolerantes Vorgehen gegen alle denkbaren Glaubensfeinde, der Versuch, eine neue, christlich legitimierte, politische Ordnung zu etablieren sowie Endzeitstimmungen, Krisenszenarien, aber auch jurisdiktionelle, herrschaftspolitische Konflikte bildeten zunächst im Raum um den Genfer See den Nährboden für erste Verfolgungen. Auch die Bevölkerung war daran maßgeblich beteiligt. Vermittelt über reisende Inquisitoren und Prediger, den Buchdruck und nicht zuletzt eine ‚Medienrevolution' konnten die Verfolgungen nördlich und südlich der Alpen um sich greifen. Diese ‚Wanderbewegung' verlief nicht unaufhaltsam und gleichförmig, sondern war abhängig von den jeweiligen Routen, die bestimmte Personen nahmen, aber auch von den Widerständen, die der Akzeptanz des neuen Superverbrechens entgegengesetzt wurden. Wo die dominikanischen Netzwerke schlecht ausgebaut waren oder wo sich die weltlichen Gerichtsbarkeiten weigerten, entsprechende Verfahren selbst zu führen oder sie den Inquisitoren zu überlassen, kamen die Verfolgungen zu einem schnellen Ende. Der Skeptizismus, welcher den weltlichen wie geistlichen Hexenjägern entgegengebracht wurde, ließ sie oft an ihrer selbstgestellten Aufgabe ‚verzweifeln' – ein deutliches Zeichen dafür, dass man weit entfernt blieb von einer einheitlich ausgeprägten ‚Hexenfurcht'. Gerade die in Oberitalien geführten literarischen Fehden zeigen, dass das Hexereidelikt in seiner ketzerischen Ausformung nicht widerspruchslos angenommen wurde.

Rekonstruktion der ersten Buchdruckerpresse Johannes Gutenbergs im Mainzer Gutenberg-Museum
Der Buchdruck mit beweglichen Lettern ermöglichte eine schnellere Verbreitung von Nachrichten in großen Auflagen. Die folgende ‚Medienrevolution' der Frühen Neuzeit begünstigte die weiträumige Vermittlung von Hexenbildern und von Nachrichten über Hexenverfolgungen.

Die Reformation und die damit einhergehende teilweise Säkularisation und Entmachtung der Orden wie auch der meist von humanistisch gebildeten Gelehrten getragene Zweifel unterbrachen die sich seit 1400 ausweitenden Verfolgungen. Auf dem Boden des Alten Reiches verlor der Dominikanerorden spätestens seit dem Skandal um den Berner Jetzer-Handel (1509) und die Dunkelmänner-Briefe (1515/16) ohnehin an Prestige. Ihr Monopol zur Überwachung des Glaubens verloren sie ebenfalls durch die in Spanien, Portugal und im Kirchenstaat installierten Inquisitionsbehörden: Die in Spanien 1478 gegründete königliche Inquisition stellte sich selbst den Eiferern entgegen. Die 1542 gegründete Römische Inquisition richtete ihr Augenmerk hauptsächlich auf die gefährlich erscheinende, zweifelsohne real existierende Ketzerei der neuen Konfessionen und regulierte in ihrem Einflussbereich den Übereifer manches Dominikaners, aber auch Franziskaners. Zum völligen Stillstand kam die Verfolgung von altem Schadenszauber und neuer Hexerei jedoch nicht: Das gleichzeitig plötzliche Ausbrechen der Hexenjagden um 1560 in vielen Regionen Europas, welches die großen frühneuzeitlichen Verfolgungen einleiten sollte, beweist, dass sich bis dahin das Konzept der Hexerei weiter verbreitet hatte, als allen Skeptikern und Zweiflern lieb sein konnte. ■

Lit.: Bailey (2003), Blauert (1989), Blauert (1990), Boureau (2006), Encyclopedia of Witchcraft (2006), Kieckhefer (1995), Modestin (1999), Rummel / Voltmer (2008), Schatzmann (2003), Simon (2007), Stephens (2002), Themenportal Hexenforschung (2009)

Zauberer und Zauberinnen in der Antike

Marie-Louise Thomsen

Triumphbogen am Sacro Monte / Italien
Die mittelalterlichen und frühneuzeitlichen Vorstellungen von zauberkundigen Menschen hatten ihre Vorläufer bereits in der Antike, die auch den Schadenszauber schon kannte.

Mesopotamische Abwehrzauber

Viele in der griechischen und römischen Antike nachweisbaren Vorstellungen von Magie und zauberischer Beeinflussung finden sich bereits in der mesopotamischen Hochkultur. Dazu zählen Zauber mit Bildern, Nestelknüpfen oder der böse Blick. So sind aus dem 7. Jh. v. Chr. ausführliche Beschreibungen von komplizierten Ritualen wie dem Ritual ‚Maqlû' (wörtlich: ‚Verbrennung') überliefert, mit deren Hilfe der assyrische König vor Zauberei geschützt werden sollte. Die Anweisungen enthalten zugleich Informationen über die vermeintlichen Zauberhandlungen, die, wie man glaubte, allerlei Krankheiten, Schwächen, Impotenz usw. herbeigeführt haben könnten. Dazu musste der Zaubernde eine Puppe der zu verzaubernden Person aus Wachs, Ton oder Teig anfertigen und das Material mit Sperma, Fingernägeln, Fetzen aus der Kleidung des Opfers o.ä. vermischen. Begleitet von Beschwörungen vergrub man die Figuren, verbrannte sie, löste sie im Wasser auf oder gab sie Tieren zu fressen. >>

Die Abwehrmethoden, die den Zauber brechen sollen, sind mit den Zaubertechniken nahezu identisch. Puppen, die vermeintliche Zauberer darstellen, wurden in gleicher Weise hergestellt, mit Namen versehen und zerstört, während man in Gebeten zu den

Johann Erdmann Hummel: *Römischer Liebeszauber*, 1848
Sowohl bei mesopotamischen als auch später bei römischen Zauberritualen wurden Puppen zu unterschiedlichen Zwecken verbrannt.

Göttern die Bosheit der Zauberer und ihre Strafe ausführlich zum Ausdruck brachte. Durch die Vernichtung der den Zauberer repräsentierenden Puppen sollten mithilfe der Götter die Wirkungen der Zauberei aufgelöst werden. Die Ähnlichkeit mit dem von Vergil beschriebenen Liebeszauber (s.u.) ist evident.

Dass der Glaube an Magie und Zauberei in Mesopotamien sehr alt ist, zeigt auch das wohl älteste literarische Beispiel schadender Magie, das aus dem sumerischen Epos *Enmerkar und Ensuhkeschdanna* stammt (Anfang 2. Jt. v. Chr.). In einem Konflikt zwischen der südmesopotamischen Stadt Uruk und der wohl südwestiranischen Stadt Aratta bedient sich der Herrscher von Aratta der Künste eines Zauberers, um seinen Gegner, den König von Uruk, zur Unterwerfung zu zwingen. Mit einer List gelingt es dem Zauberer, in Uruk einzudringen, wo er den Kühen und Ziegen befiehlt, keine Milch mehr zu geben. Eine Hungersnot ist die Folge. Als es offenbar wird, dass die Notlage Ergebnis eines Schadenszaubers ist, bittet man eine Zauberin um Hilfe. Es kommt zu einem Zauberwettkampf, in dem sich der Zauberer geschlagen geben muss. Er bittet um Gnade, die Zauberin jedoch tötet ihn und wirft seinen Leichnam in den Fluss. Als der Herrscher von Aratta davon in Kenntnis gesetzt wird, sieht er seine Niederlage ein und unterwirft sich dem König von Uruk.

Obwohl es sich in dem sumerischen Epos nicht um einen realen Fall, sondern eine sagenhafte Erzählung handelt, entspricht die Tötung des Zauberers der Rechtslage in Mesopotamien, wie dem berühmten *Codex Hammurabi* (um 1750 v. Chr.) zu entnehmen ist. Hier wird das genaue Verfahren im Falle einer Zaubereianklage festgelegt: Wenn ein Mann einen anderen der Zauberei anklagt, es aber nicht beweisen kann, muss der Angeklagte zum Fluss gehen und untertauchen. Geht er unter, wird dem Kläger der Besitz des Angeklagten zugesprochen. Spricht aber der Fluss den Angeklagten frei, indem er wieder auftaucht, wird der Kläger getötet und dem Angeklagten der Besitz des Klägers zugesprochen. In diesem Paragrafen geht es vor allem um die Strafe bei einer falschen Anklage. Er verdeutlicht zudem, dass Zauberei wie in anderen vorderasiatischen Gesellschaften als Kapitaldelikt galt. Dies ist wahrscheinlich nicht nur in den als schwerwiegend geltenden Folgen des Schadenszaubers begründet, sondern auch in der Auffassung, dass der Zauber erst mit dem Tod seines Urhebers aufgehoben werde.

rechts:
Sumerische Terrakottatafel mit Gesetzestext
Der *Codex Hammurabi*, die älteste schriftliche Gesetzessammlung, enthielt Paragrafen zur Zauberei, die damals als Kapitaldelikt bewertet wurde.

Zauberinnen in der griechischen Mythologie

Dank mythologischer Berichte aus dem frühen 1. Jt. v. Chr., z.B. Homers *Odyssee* oder der *Argonautensage*, waren Kirke und Medea die berühmtesten Zauberinnen der Antike. Kirke, Tochter des Helios, lebte auf der Insel Aiaia und war bekannt für ihre Fähigkeit, Menschen in Tiere zu verwandeln. Als die Männer des Odysseus zu ihrer Insel gelangten, gab Kirke ihnen einen Zaubertrank, der sie zu Schweinen machte. Mithilfe des Gottes Hermes konnte Odysseus jedoch der Wirkung des Zaubermittels entgehen und Kirke dazu zwingen, seinen Gefährten die Menschengestalt wieder zurückzugeben.

Medea war eine Zauberin ganz anderer Art, eine sowohl tragische als auch grausame Person. Einst verhalf sie mit ihren Zauberkünsten Jason zum Besitz des goldenen Vlieses. Sie gab ihm eine Salbe, die ihn unverwundbar machte und es ihm ermöglichte, alle vom König von Kolchis gestellten Aufgaben zu erfüllen. Dank Medeas Zauberkünsten schlief der den Vlies bewachende Drache ein, sodass Jason das Fell an sich nehmen konnte. Als er zusammen mit Medea und seinen Männern auf dem Schiff Argo die Rückreise antrat, verfolgte ihn Medeas Vater. Diese zerstückelte ihren kleinen Bruder, der sie begleitete, und warf die Körperteile ins Meer. Der Vater hielt an, um die Leichenteile aufzusammeln, und so entkam Jason den Verfolgern.

Medea vereint zwei gegensätzliche Aspekte in sich: die kundige Helferin des Helden und die grausame Mörderin. Als Ehefrau Jasons in seiner Heimat wendet Medea immer wieder ihre Zauberkünste an, um Schwierigkeiten und Gefahren aus dem Weg zu räumen. Als Jason sie nach einigen Jahren verstößt, um eine andere Frau zu ehelichen, nimmt sie furchtbare Rache. Sie schickt ihrer Rivalin ein verzaubertes Gewand. Sobald es die Nebenbuhlerin angezogen hat, schlagen daraus Flammen empor, die sie verbrennen.

Beide Zauberinnen, Kirke und Medea, spiegeln eine Auffassung von zauberkundigen Frauen wider, die geheimes und gefährliches Wissen besitzen und es aus Leidenschaft, Rache und Eifersucht einsetzen. Die antike Literatur spielt häufig auf diese zwei Zauberinnen und ihre Künste an. Beide werden zum beliebten Motiv für bildende Künstler späterer Zeiten. Dass besonders Frauen sich der Zauberkunst

oben:
Etruskisches Sarkophagrelief, Italien 4. Jh. v. Chr.
Odysseus bedroht Kirke, die seine Gefährten in Tiere verwandelte.

links:
Darstellung der Medea auf einer rotfigurigen Amphora
Die unteritalische Vasenmalerei zeigt Medea, die einen ihrer Söhne tötet. Die Zauberin übt Rache an ihrem untreuen Ehemann Jason.

widmen, hat Jahrhunderte nach der Entstehung der Mythen um Kirke und Medea der römische Historiker Plinius der Ältere in seiner Naturkunde erwähnt: Die Zauberkunst sei *„die einzige Wissenschaft, in der die Frauen [den Männern] überlegen"* seien.

Vergil und zwei Musen, Sousse / Tunesien 3. Jh.
Der römische Dichter Vergil befasste sich wie schon Ovid in seiner Dichtung auch mit dem Liebeszauber.

Als vornehmliches Fachgebiet der Frauen gilt der Liebeszauber. In *Die Zauberin* berichtet Vergil im 1. Jh. v. Chr., wie eine betrogene Frau mittels eines Zauberrituals ihren untreuen Ehemann zur Heimkehr zwingt: Auf einem Altar wird Weihrauch verbrannt, dabei Beschwörungen vorgetragen, ein Abbild des untreuen Ehemanns mit drei Fäden in drei verschiedenen Farben umwunden und dreimal um den Altar geführt. Drei Knoten werden zu den Worten *„Ich knüpfe die Fesseln der Venus"* geknüpft. Genauso wie Lehm im Feuer hart wird und Wachs darin schmilzt, soll der Ehemann hart werden und schmelzen durch die Liebe seiner Frau. Zuletzt begräbt die Frau die Kleider des Ehemanns an der Schwelle und zerstreut zauberkräftige Kräuter. Anschließend wirft die Zauberin die Asche und andere Überbleibsel des Rituals in den Bach. Kaum ist das Ritual durchgeführt, bellt der Hund, weil sein Herr zurückkehrt, und beweist damit die Wirksamkeit des Rituals.

Die hier genannten Beispiele gehören zum Bereich der Literatur und Sagenwelt. Es mangelt jedoch nicht an Hinweisen auf einen lebendigen Glauben an Zauberei und Magie. Vieles kann als Ergebnis von Zauberei betrachtet werden, wenn die Umstände außergewöhnlich sind, z.B. plötzlich oder wiederholt auftretendes Unheil, Krankheit oder Tod. Aber auch großes Glück und Reichtum können auf magische Künste und Machenschaften zurückgeführt werden. Wer unter einer bösartigen Schwiegermutter, einem neidischen Nachbarn oder einem Widersacher zu leiden hatte, sah sich als Opfer operativer Magie.

Plinius, der wie viele seiner Zeitgenossen der Zauberei eher skeptisch gegenüber stand, führte trotzdem immer wieder in seiner Naturgeschichte Beispiele für Zauberei und für schützende Mittel gegen Bezauberung auf: *„Es gibt in der Tat niemand, der nicht fürchtet, durch furchtbare Verwünschungen gebannt zu werden."* Als Abwehrmittel nennt er z.B.: *„Böse Zaubermittel sollen, wie man behauptet, nicht [ins Haus] gebracht werden können oder wenigstens nicht schaden, wenn man einen Seestern (stella marina) mit Fuchsblut bestreicht und an den Türsturz oder mit einem ehernen Nagel an die Tür selbst heftet."* Oder: *„Man sagt, dass den Zaubereien eine alte Schnauze des Wolfs entgegenwirke, weshalb man sie an die Türen der Landhäuser heftet."* Ferner berichtet Plinius über die besondere Kraft des Speichels eines nüchternen Menschen zum Schutz vor Schlangen, Bezauberung und anderem Übel. Auch zur Wirksamkeit von Zauberformeln (lat. ‚carmina') und Gebeten äußert sich Plinius. Er erwähnt u.a., dass die Vestalinnen entlaufene Sklaven, die die Stadt noch nicht verlassen haben, durch ein Gebet bannen können. Zaubersprüche helfen nicht nur gegen Schadenszauber, sondern in vielfältigen Situationen: gegen Blitz und Unwetter, Unfälle und Krankheiten. Odysseus konnte z.B. den Blutfluss aus einem verwundeten Schenkel durch einen Zauberspruch stillen und Cäsar glaubte angeblich fest an eine dreimal zu wiederholende Zauberformel für Sicherheit auf Reisen.

Nicht nur der Liebeszauber, auch andere magische Praktiken wie Astrologie und Wahrsagerei kamen nach allgemeiner Auffassung der Antike aus dem Osten, aus Ägypten, Babylonien oder Persien. Plinius führte die Magie, *„die betrügerischste aller Künste"*, auf den persischen Gelehrten Zoroaster zurück.

***Ein Liebesopfer*, nach einem Gemälde von Willibald Winck, um 1900**
Die Vorstellung vom antiken Liebeszauber wurde in der Moderne von Künstlern im Bild festgehalten.

Buchillustration aus Pseudo-Aristoteles: *Secreta Secretorum*, 1425
Zoroaster (auch Zarathustra genannt) steht in einem magischen Kreis und gibt zwei Dämonen ein Zeichen.

Er nannte außerdem mehrere orientalische Autoren, die über Magie und verwandte Themen geschrieben hätten, deren Werke aber längst verloren gegangen seien. Unter der Bezeichnung Chaldäer, ursprünglich der Name eines südmesopotamischen Volksstamms, verstand man in der Antike Magier und Wahrsager orientalischer Herkunft, die meist einen schlechten Ruf als Betrüger und Hochstapler hatten und zeitweise auch verfolgt wurden.

Zauberpapyri und Fluchtafeln

Anweisungen zur Ausführung von Zauberritualen befinden sich in den in Ägypten in den ersten Jahrhunderten vor und nach Christus verfassten und teilweise von Vorlagen in Tempeln abgeschriebenen griechischen Zauberpapyri. Sie zeichnen eine Vielzahl magischer Praktiken auf, darunter auch Schadens- und Liebeszauber. In den Papyri, die wohl aus gelehrten Kreisen stammen, geht es u.a. um Wahrsagen, Nekromantie und Exorzismus. Das Wissen und die praktische Ausführung, die in den Anleitungen dargelegt sind, bezeugen synkretistisches Denken mit einem vielgestaltigen Hintergrund: Elemente aus der älteren babylonischen Tradition vermischen sich hier mit späteren Vorstellungen aus dem gesamten antiken Mittelmeerraum.

In meist nachts durchgeführten Ritualen sollen Dämonen und Geister erscheinen, um bestimmte Aufgaben zu erledigen, z.B. um Glück, Reichtum oder allgemeinen Schutz zu gewährleisten oder um Informationen über die Zukunft zu bringen. Zum Ritual gehören Weihrauch, Gebete und Zauberformeln in einer fremdartigen oder einfach unverständlichen Sprache. Gegenstände wie Amulettsteine, bestimmte Pflanzen und andere zauberkräftige Utensilien kommen hinzu.

Einer dieser Zauberpapyri enthält Anweisungen zur Herbeizitierung eines dämonischen Helfers, eines Luftgeistes, der praktisch alles ausführen kann, was man von ihm verlangt: *„Wenn du ihm einen Auftrag gibst, führt er das Werk auf der Stelle aus: er sendet Träume, er führt Weiber, Männer ohne Zauberstoff herbei, er beseitigt, er unterwirft, er schleudert Winde aus der Erde empor, er bringt Gold, Silber, Erz und gibt es dir, wenn du dessen bedarfst, er löst aber auch aus den Banden einen, der in Ketten bewacht wird, er öffnet Türen, er macht unsichtbar, damit dich überhaupt keiner erblickt, er bringt Feuer, er trägt Wasser, er bringt Wein, Brot und was du sonst von Esswaren willst: Öl, Essig, abgesehen von Fischen allem, von Gemüse wird er die Menge, die du willst, bringen, Schweinefleisch aber – das gebiete ihm überhaupt nie zu bringen.“*

Die Fähigkeiten und Möglichkeiten dieses Helfers sind nahezu unbegrenzt: er trägt seinen Auftraggeber durch die Luft und macht Flüsse und Meer fest, damit man darauf gehen kann. Das erreicht man mit dem Ritual und geheimen Zauberformeln, die sieben mal sieben mal zur Sonne rezitiert werden müssen. Damit bindet man den Hilfsgeist an sich, er muss seinen Namen preisgeben und seinem Herren dienen. Als Gegenleistung bringt man ihm Opfer, und er wird zum Freund bis zum Tod.

Zu weiteren Zeugnissen der antiken Zauberei gehören die ‚Fluchtafeln' oder ‚Defixionstafeln' (lat. ‚defictio': Bann), kleine beschriftete Bleibleche, die gerollt oder gefaltet, manchmal auch durchbohrt an den unterschiedlichsten Orten, z.B. in einem Grab oder einem Brunnen, versteckt oder vergraben wurden. Das Ziel der Fluchtafel konnten Schadenszauber, Eifersucht oder Rache, sexuelle Begierde nach einer Frau bzw. einem Mann, Glück im Geschäft oder im Spiel sein.

Neuplatonismus

Die Neuplatoniker, eine philosophische Schule der römischen Kaiserzeit, von denen besonders Plotin, Porphyrios (beide 3. Jh. n. Chr.) und dessen Schüler Iamblichos (4. Jh. n. Chr.) zu nennen sind, entwickelten ein Weltbild und eine Dämonenlehre, die große Bedeutung für die Vorstellung von Magie in der Spätantike und auch für spätere Zeiten gewinnen sollten.

Plotin verstand die Welt als hierarchisch geordneten Kosmos, in dem Götter, Planetengötter, Dämonen und Seelen verschiedene Ebenen oder Sphären besiedelten. Der Mond bildete die Grenze zwischen dem Göttlichen und dem Irdisch-Menschlichen. Dadurch kam ihm eine besondere Rolle innerhalb von Magie und Zauberei zu. Für die Neuplatoniker waren die Materie und der menschliche Körper identisch mit dem Urbösen. Die Dämonen, die sich auf einer unterhalb der Götter gelegenen Ebene befanden, besaßen die Fähigkeit, sich einen Körper und eine Stimme zu bilden und die Menschen zu unterweisen und zu informieren. Materialisierte Dämonen galten als böse und bevorzugten tierische Opfer, während gute Dämonen eher an Blumen und wohlriechenden Pflanzen Gefallen fanden. Die zahlreichen Dämonen beeinflussten in vielen Bereichen das menschliche Leben. Durch Rituale war es möglich, von ihnen Weisheit, Einblick in die Zukunft oder andere wichtige Erkenntnisse zu erhalten.

Magie und Zauberei waren mithin Teil eines sehr umfassenden und komplizierten Weltbilds, das religiöse und philosophische, zum großen Teil aus altorientalischen Kulturen stammende Gedanken miteinander vereinte. ■

Lit.: Daxelmüller (1993), Daxelmüller / Thomsen (1982), Preisendanz (1928), Thomsen (1982), Thomsen (1987), Thomsen (1988), Thomsen (1992), Thomsen (2001)

Porträtkopf des Plotin
Der Neuplatoniker Plotin stellte sich Dämonen einer bestimmten Sphäre des Kosmos zugeordnet vor. Durch Rituale könnte der Mensch mit ihnen in Verbindung treten und so Weisheit erlangen.

Religiöse und magische Rituale am Anna Perenna-Brunnen in Rom

Marina Piranomonte

Bei den Ausgrabungen für eine Tiefgarage in Rom im Oktober 1999 kamen die Reste eines rechteckig geformten Brunnens zu Tage, der Anna Perenna, einer antiken römischen Gottheit, gewidmet war. Ihr Festtag wurde in der Republik und der frühen Kaiserzeit am ersten Meilenstein der Via Flaminia im Norden Roms während der Iden des März (15. März) gefeiert. Der Fund ist von außergewöhnlicher Bedeutung, da er neue Informationen über den Kult dieser Göttin birgt. Darüber hinaus fanden sich im Brunnenschacht archäologische Belege für die Aktivität einer oder mehrerer Zauberinnen, die denselben Brunnen nutzten, um dort zwischen dem 4. und 5. Jh. ihren Zauber auszuüben. Einige der Gegenstände betreffen eindeutig den religiösen Bereich, andere den magischen. Aber sie ermöglichen alle einen tiefen Einblick in das Verhältnis der Menschen in der Antike zu Göttern und Magie. Die meisten Objekte können aufgrund ihrer Eigenschaften und ihrer Fülle innerhalb eines so kleinen Bereichs definitiv mit den Utensilien einer professionellen Zauberin in Verbindung gebracht werden. Darunter befindet sich auch ein bemerkenswertes zylindrisches Kupfergefäß, 25 cm im Durchmesser, mit gerieften Seiten, einem gedrehten Eisenhenkel und deutlichen Brandspuren auf dem Boden. Es handelt sich um einen perfekt erhaltenen ‚Kessel', der mit Rezepten einer Zauberin in Zusammenhang gebracht werden kann.

Wachsfigur aus dem Anna Perenna-Brunnen
In den Figuren aus Wachs, Zucker und Kräutern können auch Knochen eingearbeitet sein, die eine Art Skelett bilden.

links:
Defixio mit eingeritzten Schlangen
Fluchtafeln wie diese gehörten zum reichen Grabungsfund. Einige der Fluchtafeln steckten zusammengerollt in Öllämpchen.

Es wurden auch 72 hervorragend erhaltene Öllämpchen des 4. und 5. Jh. ausgegraben, von denen 54 nie entzündet, 18 dagegen ein oder mehrere Male benutzt wurden. Das Besondere an diesem Fund ist die Tatsache, dass die Mehrzahl der Lampen ‚neu' ist und sechs von ihnen außerdem ‚defixiones' (Fluchtafeln) enthalten. Dadurch können sie dem ‚Lampenzauber' oder magischen Lampen zugeordnet werden, wovon vielfach in Zauberpapyri berichtet wird. Dort finden sich konkrete Hinweise auf Wahrsage- und Zauberpraktiken, für die solche Lampen grundlegende Hilfsmittel darstellten. Weitere Fluchtafeln befanden sich innerhalb des Wasserbeckens, sodass letztlich 22 defixiones gezählt werden konnten. Es handelt sich um einzigartige Objekte, da der gesamte Brunnenfund einen ‚Katalog' von Flüchen sowie Beschwörungen von höllischen Gottheiten und den Nymphen präsentiert.

Die neun Blei- und drei Terrakottagefäße mit Bleideckel sind eine absolute Rarität – nicht nur wegen ihrer Typologie, sondern auch, weil sie in vielen Fällen Figurinen aus organischem Material bargen. Allen Gefäßen gemeinsam war die Tatsache, dass sie sich aus je drei ineinander gesteckten Bleizylindern zusammensetzten, also einer magischen Anzahl von Behältnissen. Und wissenschaftliche Kriminaltechniker bewiesen anhand einer Analyse von Fingerabdrücken, die sich auf einer Harzschicht zur Versiegelung eines Behälters befanden, dass eine weibliche Hand letzteren verschlossen hatte. Daher kann von einer professionellen Zauberin ausgegangen werden, die ihre Magie an dem Brunnen ausübte.

Die anthropomorphen Figuren waren aus Wachs, Zucker, Kräutern und Flüssigkeiten wie Milch geformt worden. Sie bringen den archäologischen Beweis für Erwähnungen in antiken Quellen wie in den *Papyri Graecae magicae* oder bei Virgil und Horaz: von Hexen gefertigte Puppen, ins Feuer geworfen, um zu brennen wie die Flamme der Liebe. Sie wurden vermutlich situationsgebunden angefertigt und in die Behälter verbracht, die von den Kunden der Zauberin im Voraus erworben werden konnten. Darüber hinaus zeigten Röntgenuntersuchungen, dass die Wachspuppen einen Knochen als eine Art Skelett besaßen. Lediglich in zwei Fällen ragten die Knochen heraus. Dadurch konnten zugehörige beschriebene Briefe entdeckt werden.

Zusätzlich dazu ist zu betonen, dass die Präsenz der Gefäße in diesem Zusammenhang außergewöhnlich ist, denn es handelt sich nicht einfach um ‚dumme' Objekte, sondern um Träger von Flüchen und rituellen Zauberformeln, in denen Götter und Dämonen unterschiedlicher Herkunft auftauchen, als ob sich am Anna Perenna-Brunnen verschiedene unheilvolle Kräfte konzentrierten. Bei den Formeln gibt es eine Art rituelle Steigerung: die äußere Formel ist eine Inschrift, die mittlere zeigt nur Buchstaben, während die innerste und geheimste eine echte defixio darstellt, die in die zylindrische Oberfläche geritzt und mit einer Vielzahl von magischen Figuren und Zeichen versehen ist. ■

Lit.: Betz (1991), Catalli (2002), Mastrocinque (2007), Piranomonte (2001)

Marmoraltar für Anna Perenna und ihre Nymphen in Rom
Im Jahr 1999 wurde bei Ausgrabungen ein antiker Brunnen entdeckt, der der römischen Gottheit Anna Perenna gewidmet war.

Bleigefäße aus dem Anna Perenna-Brunnen
In solchen Behältnissen, die ineinander gesteckt wurden, befanden sich teilweise kleine Puppen, die für den Liebeszauber Verwendung fanden.

Magievorstellungen und magische Praktiken bei den Germanen

Miriam Jolien Blümel

Amulett aus dem Lindholmen-Moor im schwedischen Schonen: „Ich ritze dir acht Asen, neun Nöte, dreizehn Thursen (Riesen)."

oben rechts:
Völkerwanderungszeitlicher Goldbrakteat ‚IK 1' aus Ågedal, Norwegen: Wird hier ein Pferd durch Odins Zauberspruch geheilt?

Das deutsche Wort ‚Hexe' hat möglicherweise seinen Ursprung in dem altgermanischen Begriff ‚hagazussa' oder ‚hagzissa'. ‚Hag' bedeutet soviel wie Zaun und verweist auf die Idee von einer Zaunreiterin, die von der diesseitigen in die jenseitige Welt schaut und sich in beiden bewegen kann. Die sprachliche Herleitung veranlasste die alte Forschung, die Wurzeln des frühneuzeitlichen Hexenglaubens in germanisch-heidnischen Magievorstellungen zu suchen, was die moderne Hexenforschung soweit widerlegen konnte. Hinweise auf die Ausübung von Magie gibt es in der altnordischen Literatur, allen voran in den isländischen Sagas und Eddas. In beiden Prosagattungen wird in Erzählnebensträngen von Magie oder magischen Absichten berichtet. Besonders die Sagas erzählen von der Ausübung von Schadenszauber. Ideen vom Hexensabbat, von nächtlichen Zusammenkünften, rituellen Morden oder Kannibalismus aus den Hexereianklagen der Frühen Neuzeit finden sich dort nicht. Im Fokus stehen vielmehr Personen, die durch bestimmte Fähigkeiten ihre Mitmenschen und ihre Umwelt beeinflussen können. Die Ausübung von Schadenszauber bleibt immer eine Frage des Blickwinkels: Schädlich für wen oder zu wessen Gunsten?

Im Altnordischen gibt es ein einziges, meist positiv besetztes Wort, das den Bereich Religiosität und Magie mit allen Facetten von Glaube, Moral, Brauch und Tradition umfasst: ‚Seidhr.' Die Herleitung des Begriffs ist nicht hinreichend geklärt, im weitesten Sinn meint es jedoch eine Vielzahl von Praktiken, um Wissen über die Zukunft zu erlangen und den Lauf der Dinge zu beeinflussen – mit sowohl heilsamer als auch übelwollender Absicht. Dazu dient eine Zeremonie bestimmter Länge, vollzogen durch einen oder mehrere Ritualführer vor einem bestimmten Publikum und laut Sagatexten mit spezieller Ritualausrüstung. Einige Details zum Ritual bietet die *Eriks Saga Rauða* (Saga von Erik dem Roten): die Ausführung, durch Männer als auch Frauen gleichermaßen, ist eher halböffentlich; der gewünschte Effekt betrifft nur eine kleinere soziale Gruppe.

Ursprünglich ist Seidhr beim Göttergeschlecht der Wanen verbreitet. Nach deren Untergang lehrt Freya, die erste ‚seidhkona' (Seidhfrau), es den Asen. Odin, oberster Gott der Asen, ist Seidhr-Meister und fähig, Feuer zu löschen, die See zu beruhigen, den Wind mit

Christliches Bleiamulett aus Schleswig mit SATOR AREPO-Formel und Elfenzauber:
„Ich beschwöre euch, ihr Dämonen und Elfen, und alles Unheil und alle Hindernisse, bei dem einen Gott, dem allmächtigen Vater, und seinem Sohn Jesus Christus und dem Heiligen Geist, dass ihr (mir) diesem Diener Gottes nicht schaden möget weder bei Tag noch bei Nacht noch zu einer anderen Stunde."

Worten abzulenken sowie die Toten zu erwecken. Er kann seine Feinde in Schlachten blind und taub machen, sie vor Angst lähmen und ihre Waffen nutzlos werden lassen. Währenddessen liegt sein Körper wie schlafend oder tot da, und er nimmt die Gestalt von Vogel, Fisch oder Schlange an. Odin ist außerdem der Gott der Weisheit und der Runen. Das Wissen über sie empfing er laut *Hávamál* (die Sprüche des Hohen) durch sein Selbstopfer an der Weltenesche Yggdrasil. Dieses lässt sich mit einem schamanistischen Einweihungsritual vergleichen und entspricht der magischen Praxis des ‚útiseta', des rituellen ‚Draußen sitzen'. Dazu musste man sich in der Nacht in freie Wildbahn begeben, um die Geister der Toten rufen und befragen zu können.

Wie Runen für Runenmagie angewendet werden, wo sie stehen und welche Arten es gibt, weiß auch die Walküre Sigrdrifa, die es in den *Sigrdrífumál* (Die Erweckung der Walküre) dem jungen Siegfried lehrt. Heute gelten Runen als rein funktionelle Schriftzeichen, die je nach Situation und Kontext sakrale, profane oder magische Verwendung finden. Einer der wenigen archäologischen Funde, dessen Runeninschrift als ‚magisch' anerkannt wurde, ist das Amulett aus dem schwedischen Lindholmen-Moor. Der zwischen 350 und 550 n. Chr. auf dem Amulett festgehaltene Liebeszauber lautet: *„Ich ritze dir 8 Asen, 9 Nöte, 13 Thursen (Riesen)."* Die vermutlich älteste literarische Nachricht zu Runen und deren Verwendung findet sich in der *Germania* des römischen Geschichtsschreibers Tacitus. Er beschreibt ein Orakel, das mit Hilfe bestimmter Zeichen funktioniert, die in Holzstäbchen eingeritzt sind.

Verglichen mit der altnordischen Literatur gibt es kaum Quellen über magische Praktiken der kontinentalen germanischen Völker. Parallelen zeigen jedoch die althochdeutschen und angelsächsischen Gedichte. Zum Beispiel der zweite der *Merseburger Zaubersprüche*, in einer Handschrift des 10. Jh. überliefert, inhaltlich aber sicher älter, thematisiert die Heilung eines Pferdes durch Odin als Zauberarzt. Eben dieses Motiv mit Balders Fohlen findet sich auf den Goldbrakteaten aus der Völkerwanderungszeit, die wahrscheinlich an einer Kordel als Amulett um den Hals getragen wurden. Die so genannten ‚C-Brakteaten' oder ‚Gott-Pferd-Amulette' zeigen ein Haupt, mutmaßlich Odin, unter dem sich ein pferdähnliches Tier befindet. Vermutlich kommt aus Odins Mund oder seiner Nase ein heilender Hauch, vielleicht aber auch ein Zauberspruch, welcher auf das Ohr des Tieres gerichtet ist.

Heidnische Vorstellungen spiegeln sich auch noch in magischen Gegenständen aus dem christlichen Glauben wider, z.B. in Bleiamuletten des 11.-12. Jh. mit christlich-magischen Inschriften. In der Regel zusammengefaltet, blieb die Inschrift dem Betrachter verborgen. Ihr Zweck war es, Alben/Elfen zu beschwören bzw. diese abzuwehren. Alle Götter und Wesen des germanisch-heidnischen Glaubens waren zu diesem Zeitpunkt diabolisiert und ihre vielschichtigen, oftmals zwiespältigen Charaktere in einem Pool von Dämonen und Teufeln aufgegangen. ■

Lit.: Düwel (2001), Pesch (2007), Raudvere (2002), Richter (2004), Simek (2005)

Wunderwelt Frühe Neuzeit

Naturkatastrophen, Himmelserscheinungen, Missgeburten und andere Abnormitäten wurden von den Menschen der Frühen Neuzeit als Fingerzeige Gottes interpretiert und aus moraltheologischer Perspektive als Beweise für das Wirken des Bösen in der Welt gedeutet. Heute naturwissenschaftlich begründbare Phänomene erfuhren durch die Zeitgenossen darüber hinaus magische Erklärung. Bestimmten Materialen wurden wundersame Kräfte zugesprochen, die man zu nutzen versuchte. Mit der zunehmenden Anwendung naturwissenschaftlich-systematischer Methoden veränderte und erweiterte sich das Weltbild allmählich. Nicht zuletzt die Astronomie und die Kartografie hatten großen Anteil an der Erschließung der Welt und der Entwicklung einer genaueren Vorstellung von Erde und Kosmos. W. L.

Lit.: van Dülmen (1999b), Münch (1998)

Bericht aus Johann Jakob Wick: *Wickiana*, Zürich 1560–1588

Unter dem Titel *Von zweyen Wundergeburten* hielt der Theologe Wick in seiner Nachrichtensammlung neben der Geburt eines missgestalteten Kindes in Zürich auch die Geburt eines doppelköpfigen Kalbes in Männedorf (am Zürichsee) fest. Eine typische Sensationsmeldung der Zeit.

Frühgeburt eines doppelköpfigen Kalbes

Tierpräparat, B 14,3 cm, H 33 cm

Anfang 20. Jh.

Waldenburg, Museum Waldenburg NAT 2971

Das Präparat ist ein Exponat des Museums Waldenburg, das im Kern aus der Sammlung der Leipziger Apothekerfamilie Linck besteht. Von 1670 bis 1807 trug die Familie Naturalien und Kunstsachen zusammen, zu denen – wie in barocken Kunst- und Wunderkammern üblich – auch Monstrositäten und Abnormitäten gehörten. Bereits 1783 zählt Johann Heinrich Linck im Sammlungsverzeichnis menschliche Fehlbildungen wie ein „*Monstrum humanum … Ein Kind von Gestalt eines Hahnes*“ und tierische Abnormitäten wie ein „*Vitulus monstrosus. Ein Kalb. Eine Misgeburt mit zwey Köpfen*“ auf. Das abgebildete Exemplar gelangte aber erst später in die Sammlung. U. B.

Lit.: Linck (1783)

Der Meteorit von Ensisheim
Olivin, Orthopyroxen, Plagioklas, Troilit, Eisen, Nickel, B 6 cm, H 6 cm, T 4 cm
Niedergang 1492
Tübingen, Institut für Geowissenschaften der Universität Tübingen 906 02 85

Am 16. November 1492 schlug ein 127 kg schwerer Meteorit auf einem Feld nahe dem Städtchen Ensisheim im Elsass auf. Er hatte mit lautem Donnern und einer deutlich sichtbaren Leuchtspur auf dem Himmel auf sich aufmerksam gemacht. Zahlreiche Augenzeugen hatten den Vorfall bemerkt, der von Sebastian Brant im selben Jahr in einem Reutlinger Flugblatt dokumentiert wurde. Die Zeitgenossen deuteten den Meteoriten als Himmelserscheinung, Hinweis und Mahnung Gottes vor dem Weltuntergang sowie als ‚Teufelsstein'. W. L.

Lit.: Jahrhundertwenden (1999)

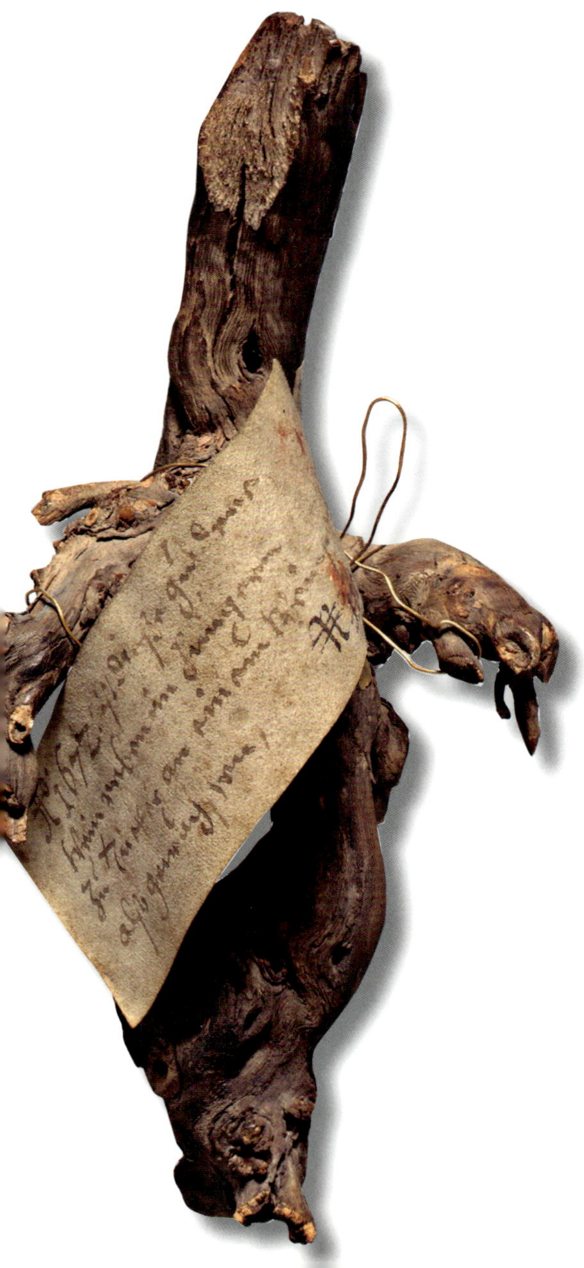

Alraune mit eingewachsenem Golddraht
Rebwurzel, L 19 cm
Ungarn, 1672
Wien, Kunsthistorisches Museum, Kunstkammer KK 6368

Alraunen galten im europäischen Raum wegen ihrer menschlichen Gestalt als wirkmächtige Talismane. Sie waren angeblich nützlich bei der Schatzsuche, verhalfen zu größerem Reichtum, sorgten für Unverwundbarkeit und verliehen Macht über andere. Sie treten zudem als Ingredienz in den berüchtigten Flugsalben der Hexen auf. Diese besonderen Fähigkeiten machten sie zu einem begehrten Objekt, das, wie im abgebildeten Fall, oft als Fälschung aus Rebwurzeln, Zaunrüben, Gelbem Enzian oder Allermannsharnisch vertrieben wurde. Noch im 20. Jh. wurden solche Nachbildungen der Glückswurzeln u.a. in Wien und Berlin in Warenhäusern verkauft. A. R.

Lit.: Hansmann / Kriss-Rettenbeck (1977), Hexen und Hexenverfolgung (1994), Kunst des Heilens (1991)

Zeichnung eines ‚Alraunmännleins' (Reproduktion)
Die Alraune oder Mandragora stellte man sich als menschenähnliches Wesen vor, das beim Herausziehen aus der Erde Todesschreie ausstößt.

Bezoar
mit Gold, Smaragden und Rubinen, Mitte 16. Jh.

Perlmutt
Muscheln B 15 cm, H 12,5 cm, T 3 cm bzw.
B 12,5 cm, H 11 cm, T 2,5 cm
Schnecke B 13 cm, H 9,5 cm, T 12 cm
Bad Dürkheim, Pfalzmuseum für Naturkunde

Perlmutt ist eine Schalenschicht bei bestimmten Muscheln und Schnecken, die je nach Spezies unterschiedliche Farbnuancen aufweist. Man schrieb ihm magische Kräfte zu und benutzte es als Schutz- und Abwehrzauber gegen bösen Blick, Dämonen und Zauberei sowie gegen Krankheiten aller Art. In der christlichen Bilderwelt stand es für die Gottesmutter Maria. W. L.

Lit.: Schutz & Zauber (1999)

Bezoar
Bezoar, Gold , H 21 cm
Iberisch, 1. Hälfte 16.Jh.
Wien, Kunsthistorisches Museum, Kunstkammer KK 994

Echte Bezoare sind Magensteine des südamerikanischen Lamas oder der asiatischen Bezoarziege. Sie galten als Gegenmittel gegen Gifte und als Allheilmittel gegen Pest, Krebs, Cholera, Blattern, Epilepsie, Impotenz und Melancholie. Ihre Heilwirkung entfalteten sie, wenn man sie auf Wunden auflegte, sie pulverisiert zu sich nahm oder sie in Wasser legte, das dann getrunken wurde. Große Exemplare wurden ausgehöhlt und als Trinkgefäß verwendet, um den Getränken mögliche Gifte zu entziehen.
Orientalische Bezoare kosteten häufig das zehnfache ihres Gewichtes in Gold und waren beliebte Geschenke in höchsten Kreisen. Kaiser Rudolf II. schätzte die magischen Kräfte der Bezoare hoch ein. Daher sind im Kunsthistorischen Museum in Wien viele Exemplare erhalten. W. L.

Lit.: Prag um 1600 (1988)

Taschenglobus

Papiermasse, Gips, Papier; Kupferstich, handkoloriert, Firnis; Holz, Haifischhaut; Messing, Ø 7,5 cm
London: Herrmann Moll 1719
Bad Dürkheim, Pfalzmuseum für Naturkunde

Seit dem 16. Jh. erschienen Globen meist paarweise: als Himmels- und als Erdglobus. Sie vermittelten anschaulich ein neues, wissenschaftlich geprägtes Weltbild und galten fortan als Kennzeichen von Bildung, Weltgewandtheit und aufgeklärtem Geist.
Der kleine Reiseglobus ist als Erdglobus angelegt. Das Pendant, der Himmelsglobus, ist in der umgebenden Hülle untergebracht. Astronomische Details finden sich in Form einer Größentabelle beim ‚Großen Bären' und in der Bezeichnung der ‚Milchstraße'. W. L.

Lit.: Fauser (1967), Focus Behaim Globus (1992)

Illustration aus dem *Codex St. Georgen*, 1420/1440
Der Mensch der Frühen Neuzeit wurde als Mikrokosmos gedacht, der dem Einfluss der Sonne in ihrem Lauf durch den Tierkreis sowie der Macht des Mondes und der Planeten unterstellt war. Damit wirkten sich die Gestirne auf Verhalten und Gesundheit des Menschen aus.

1743

Magie im spätmittelalterlichen und frühneuzeitlichen Alltag

Christoph Daxelmüller

Drudenmesser aus dem Österreichischen Museum für Volkskunde in Wien
Christliche Symbole und magische Zeichen fanden sich in vielen Lebensbereichen des spätmittelalterlichen und frühneuzeitlichen Alltags.

Um Schaden anzurichten empfiehlt 1833 „Das sechste und siebente Buch Mosis", das wohl berühmteste aller Zauberbücher, folgendes Vorgehen: „Willst du deinen Gegner schädigen, so schreibe auf einer Glasplatte mit Tinte nach Sonnenuntergang, also: ‚Dein Unglück wird kommen auf dein Haupt und deine Bosheit auf deinen Kopf fallen, N. N.!' Beräuchere die Platte siebenmal und lasse immer 15 Minuten Zeit zwischen jeder Beräucherung. Bei jeder Handlung spreche: ‚Stehe auf, Adonay, in deinem Grimm und erhebe dich im Zorn wider meinen Gegner N. N.!' Danach nimm Schmutzwasser, wasche die Platte gut ab und schütte das Wasser auf die Türschwelle deines Gegners. Soll der Schaden groß werden, so zerbreche oder vergrabe die Platte am Hause oder der Türschwelle deines Gegners." Angesichts solch garstigen Teufelswerks entbehrt die „Anmerkung des Verlages" wenige Seiten zuvor nicht einer gewissen Komik: „Die nachfolgenden Rezepte und Heilmittel entsprechen der Urfassung. Wir empfehlen jedoch in Krankheitsfällen unbedingt einen Arzt zu Rate zu ziehen." >>

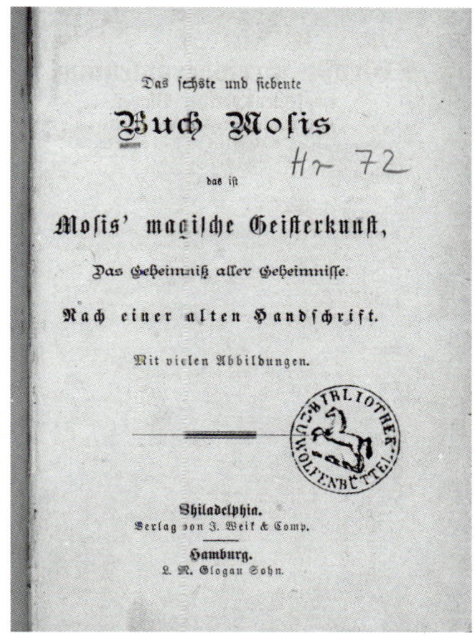
Das sechste und siebente
Buch Mosis
das ist
Mosis' magische Geisterkunst,
Das Geheimniß aller Geheimnisse.
Nach einer alten Handschrift.
Mit vielen Abbildungen.
Philadelphia.
Verlag von J. Weik & Comp.
Hamburg.
L. M. Glogau Sohn.

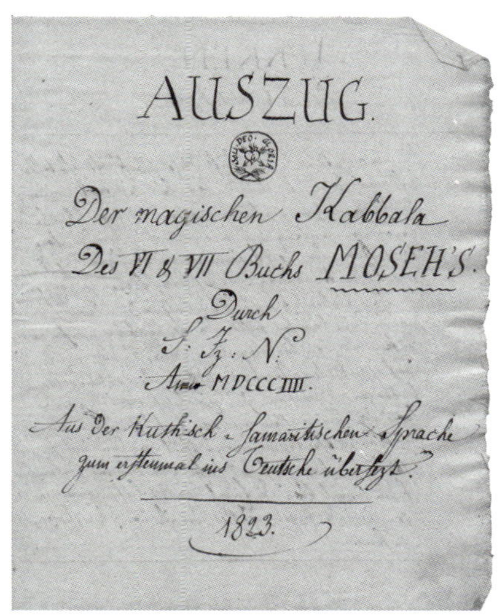
AUSZUG
Der magischen Kabbala
Des VI & VII Buchs MOSEH'S.
Durch
S. J. N.
1823.

Titelblatt zu *Das sechste und siebente Buch Mosis*, Philadelphia, Hamburg [1884]
Mit dem Untertitel *Das ist Mosis' magische Geisterkunst. Das Geheimniß aller Geheimnisse. Nach einer alten Handschrift* wurde dem populären Zauberbuch nicht nur Expertise in Sachen Magie, sondern auch ein angeblich hohes Alter zugesprochen. Auch handschriftliche Abschriften, wie hier von Pfarrer J. G. Lehmann aus Altleinigen, trugen zu seiner Verbreitung bei.

Populäre Realität oder gelehrte Fiktion?

Magie gilt uns im Mittelalter und in der Frühen Neuzeit als Teil des Alltags, als Vorwand für soziale und geistige Disziplinierung, als gelehrter Diskurs oder als elitäre Utopie. Doch wenn Magie ihren angestammten Platz im Alltag besitzen soll, warum genügt dann nicht das kirchliche Angebot zur Meisterung der kleinen und großen Krisen des Lebens? Wer waren die Zauberer und Hexen? Beruht die Vorstellung vom ausgeführten Zauber lediglich auf einer theologischen Rechtfertigung für das Böse, für das von Gott zur Prüfung des Menschen erlaubte Wirken des Teufels in der Welt? Und wo verläuft die Grenze zwischen erlaubter natürlicher und verbotener dämonischer Magie? Wir wissen von angeblichem Todes-, Schadens-, Liebes- oder Wetterzauber, vom Zauber mit Bildern und Totenschädeln, von Hilfsmitteln und Ritualen gegen Verhexung. Diese Kenntnis verdanken wir aber ausschließlich den Schriften von Gebildeten, von Theologen, Bischöfen, Juristen und Verwaltungsbeamten. Sie beherrschten das Lesen und Schreiben, meist auch die lateinische Sprache und konnten ihre Theorien in abstrakten Systemen zusammenfassen.

Der ‚Zauberbecher' des Albertus Magnus, 16./17. Jh.
Antimon- oder Brechbecher hatten wunderwirkende Eigenschaften. Die innere Schicht Antimonglanz reagierte mit saurem Wein, sodass Brechweinstein entstand. Die resultierende abführende Wirkung nutzten u.a. Ärzte vom 16.–18. Jh. Um 1800 erhielt der abgebildete Becher zu verkaufsfördernden Zwecken eine Inschrift, die ihn dem Kirchenlehrer Albertus Magnus zuordnet. Heute befindet sich der Becher im Kölnischen Stadtmuseum.

Schon früh beschäftigten sich christliche Gelehrte mit Fragen zur Magie. Die Geschichte der europäischen Magie beginnt mit der Distanzierung des frühen Christentums von den spätantiken Religionen. Augustinus überlieferte die neuplatonische Dämonologie und Magietheorie. Caesarius von Arles und vor allem Isidor von Sevilla ordneten sie unter den Begriff des Aberglaubens. Damit erklärten sie die Magie zur Sünde gegen das erste der Zehn Gebote, das besagt, dass der Mensch keine anderen Götter verehren solle. Grundlage dafür war eine seit Augustinus verbindliche Theorie: die Durchführung magischer Praktiken erfordere einen die zauberische Tat ausführenden Helfer, einen Dämon oder den Teufel. Diesen könne man auf unterschiedliche Weise an sich binden, z.B. durch eine Vereinbarung über die Kommunikation durch Zeichen und Wörter. Laut Thomas von Aquin war dies auch durch einen ausdrücklichen, juristisch gültigen Vertrag möglich.

Missionszeitliche Texte wie der *Indiculus superstitionum et paganiarum* (Ende 8. Jh.) oder die Bußbücher z.B. eines Burchard I. von Worms verzeichnen eine Vielzahl zauberischer Praktiken für alle Lebenslagen. Wenn das Poenitentiale des Pseudo-Theodori jedoch angibt, dass man beim Liebeszauber dem Opfer Sperma oder Blut zu trinken gäbe, bleibt unsicher, ob es sich auf eine spätantike Überlieferung oder real ausgeübte Zauberpraxis bezieht. Seinen Höhepunkt findet der Zauberglaube im erstmals 1486 gedruckten *Hexenhammer* des Dominikaners Heinrich Kramer (Institoris). Vertraut man diesem Werk, dann hatte das ab jetzt schärfstens zu verfolgende Hexengesindel längst die Macht übernommen. Der Zaubervorwurf begann die Gerichte zu beschäftigen.

Zuerst fand der *Hexenhammer* nur geringe Resonanz. Abgesehen von südfranzösischen Zaubereiprozessen spielten Wahrsagerei, Giftmischerei und Zauberei für die gerichtliche Verfolgung keine zentrale Rolle. Kam es zu Prozessen wegen ausgeführter Magie, endeten sie in der Regel mit der Ermahnung des Angeklagten oder mit Verbannung. In die Gesetzeswerke des Spätmittelalters hielt das neue Verbrechen der Hexerei nur langsam Einzug. Erst die sich ausbreitende Theorie vom Teufelsbund als der Abschwörung Gottes und als der Urgrund aller Hexerei verschärfte die rechtliche Situation. Die *Kursächsische Kriminalordnung* von 1572 thematisierte

Nachtlicht, 14./15. Jh.
Bei Ausgrabungen in Luxemburg wurde diese Keramik gefunden. Sie stellt ein so genanntes Schreckgesicht dar, das mit seiner Grimasse Unheil abwehren und magischen Schutz bieten sollte.

erstmals die Verbindung von Teufelspakt und Schadenszauber: *„Von Straffe derer, so mit Zauberey und Wahrsagen umgehen: ... So iemands, in Vergessung seines Christlichen Glaubens, mit dem Teuffel Verbündniß aufrichtet, umgehet, oder zu schaffen hat, dieselbige Person, ob sie gleich mit Zauberey niemands Schaden zufüget, mit dem Feuer vom Leben zum Tode gerichtet und gestraffet werden soll.“*

Magie ist am Ende des 15. Jh. zwar nicht zur Alltagsbeschäftigung in Klöstern, Kurien, Adels-, Patrizier- und Bauernhäusern geworden. Wohl aber geriet sie zur alltäglichen Bedrohung, indem sie als Erklärungsmodell für persönliche oder gesellschaftliche Krisensituationen herhielt.

Populäres Zauberwissen – Von Flugblättern, Hexenpredigten und Deutungen der Alltagskrisen

Bei der Betrachtung von Magie müssen wir zwischen der zauberischen Handlung und dem Wissen um die Möglichkeit des Zaubers trennen. Die Idee von operativer Magie mit schadender Absicht wurde nicht seit Vorzeiten von Generation zu Generation weitergereicht, sondern entstand in Berichten von

Drudenmesser
Stahl, Horn, Bein, Messing, L 22,5 cm
Ende 18. Jh./Anfang 19.Jh.
Nürnberg, Germanisches Nationalmuseum Slg Richter A 32

Zwischen Bayern und Südtirol liegt das Verbreitungsgebiet der so genannten Druden-/Truten- oder Gamskricklmesser, die oft als Klappmesser gefertigt wurden. Vor allem im Alpenraum sind meist neun Mondsicheln und neun Kreuze auf der Klinge eingraviert, weshalb man sie u.a. Neunmondmesser nennt. Aber auch die Kreuzesinschrift ‚INRI' findet sich häufig auf den Messern wie im abgebildeten Beispiel. Die Messer schützten vor Unheil, halfen in die Luft geworfen gegen herannahende Wetterhexen, bewahrten in Balken oder Türen gesteckt Haus und Hof, Mensch und Tier vor Hexerei und beeinflussten die Wundheilung positiv. A.R.

Lit.: Brauneck (1978), Hexen und Hexenverfolgung (1994), Orač-Stipperger (2009)

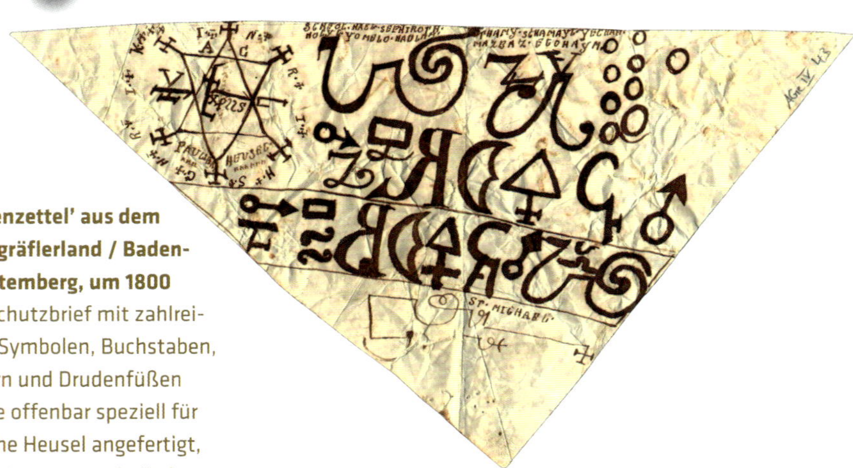

‚Hexenzettel' aus dem Markgräflerland / Baden-Württemberg, um 1800
Der Schutzbrief mit zahlreichen Symbolen, Buchstaben, Ziffern und Drudenfüßen wurde offenbar speziell für Pauline Heusel angefertigt, deren Name unterhalb des Hexagramms geschrieben steht. Am Körper getragen oder in Möbeln angebracht, sollte er vor Hexen und Unheil schützen.

vermeintlichen Fällen. Der Häresie- und Zaubereivorwurf diente stets als Machtinstrument gegen Andersgläubige und missliebige Menschen. Er wurde mit Vorstellungen von Götzendienst und Teufelsverehrung legitimiert. Vorurteilsfreie historische und juristische Befunde vor Ort spielten dabei keine große Rolle.

Durch die Akzeptanz von Hexerei als Ursache eines Übels war es möglich, sie in unterschiedlichen Situationen als Erklärungsmodell einzusetzen. Bei plötzlichem Tod, unerwarteter Krankheit von Mensch und Vieh, Unfruchtbarkeit, Impotenz oder Wetterkapriolen lag nun ein magischer Grund vor. Wir kennen solche Einschätzungen aus Zeugenaussagen und Gerichtsakten. Konkrete Angaben zu den durchgeführten magischen Ritualen bleiben hingegen auffallend vage. Sie spiegeln einen elitären Befundkatalog wider, der durch die meist lateinische Sprache den Angeklagten der Prozesse unzugänglich war.

Im Gegensatz dazu bildeten Flugblätter und Predigten ein wichtiges Medium der Nachrichtenverbreitung für die allgemeine Bevölkerung. So informierten die Vertreter der kirchlichen Obrigkeit mit Predigten zum einen über ihre Hexenpolitik und vermittelten damit zum anderen Zauberwissen. Dazu dienten Beispielerzählungen, die schwer verständliche, theologische Aussagen begreifbar machen sollten. In ihren Predigten griffen die Seelsorger nicht auf die Alltagserfahrung zurück, sondern auf Heiligenlegenden und Exempelsammlungen, auf hexen- und zaubertheoretische Fachliteratur sowie mithin auf gelehrtes, schriftlich tradiertes Wissen. Ob sich nun die Prediger um Aufklärung über Schaden- oder Bildzauber, über Hexensabbat und Hexensalbe bemühten – sie schufen damit von der Kanzel herab in den Köpfen der Gottesdienstbesucher ein konkretes Wissensklima. Dieses ermöglichte es, nicht nur Zauber zu diagnostizieren, sondern auch die Hexe oder den Zauberer zu identifizieren.

Vom Hineinreden, gescheiterten Hochzeiten und Hexensalben

Unter den Ratsakten der niederbayerischen Stadt Kelheim befindet sich die *Absoluta Generalis circa Confessionem veneficarum. Fragstuckh auf alle Articul, in welchen die Hexen vnd vnholden auf das allerbequemist möge Examinirt werden.* Der Katalog fasst

Kleiekotzer aus geschnitztem Eichenholz, 18. Jh.
Solche Schreckmasken befanden sich an der Stirnseite des Beutelkastens, aus dem Kleie und Grieß herausfielen. Dort sollten sie das Mehl vor bösen Geistern und Dämonen mit ihrem Hexenwerk schützen. Heute weiß man, dass Pilze, Bakterien und Keime für das Verderben von Nahrungsmitteln verantwortlich sind.

in zwölf Abschnitten die im Verhör zu stellenden Fragen zusammen. Hierzu gehören auch Fragen nach der Hexerei, so nach dem Anhexen von Krankheiten und des Todes, den hierzu benutzten *„Teiflischen Pulver vnd Salben für leith vnd vieh“*, nach Zauber mit Hostien, Viehzauber, dem Ausgraben und Abkochen von Kinderleichen, nach Wetterzauber und dem Erzeugen von Reif und Nebel sowie nach der Anhexung von Zwist unter Eheleuten. Die Kelheimer Liste verweist auf Grundsituationen des Alltags: auf Krankheit und Tod bei Mensch und Vieh, auf die Abhängigkeit vom Wetter und auf zwischenmenschliche Konflikte. Aus Titting wird 1653 ein Fall überliefert, in dem eine Hochzeit deswegen platzte, da man der Braut nachsagte, sie könne Mäuse und Flöhe machen. Solche Krisen des Alltags schaffen allein noch nicht den Bedarf nach zauberischer Bewältigung. Wetter, Krankheit, Tod und Hunger durch Nahrungsmangel gehören zu menschlichen Grunderfahrungen und werden als solche akzeptiert. Doch der plötzliche Eintritt wider alle Vernunft macht skeptisch. Gibt Gott etwa ein warnendes Zeichen oder hat hier eine Hexe ihre Hände im Spiel? Magie ist zuerst einmal nicht die Praxis des operativen Zaubers, sondern ein Erklärungsmodell.

Stoffpuppe mit Lederbeutel, Gschnitztal / Österreich 19. Jh.
Aloisia Ötzel aus dem Tiroler Gschnitztal wirkte in ihrer Umgebung als ‚Wenderin', die mit volksmedizinischem Wissen und magisch-religiösen Ritualen vor allem für die Heilung von Mensch und Tier zuständig war und auch Hilfe gegen Hexerei wusste. Inwieweit sie sich selbst mit schädigender Magie, z.B. mithilfe der Stoffpuppe, beschäftigte, ist nicht belegt.

Zwar bezeugen mittelalterliche und frühneuzeitliche Gerichtsverfahren eine Vielzahl von Zauberpraktiken. Aber eine ausführliche Beschreibung fehlt, etwa in einem Prozess wegen nächtlichen Hantierens mit Totenschädeln im Beinhaus. Von der damit verbundenen Absicht oder der Form der Ausübung ist keine Rede. Lediglich die Folgen des Handelns – Bezichtigung und Reinigungseid – werden erwähnt. Häufig fallen zudem Widersprüche auf: Schwalbenasche z.B. – in der populären Medizin als Heilmittel bei Halsentzündung, Augenleiden und Epilepsie angewandt – galt im 14. Jh. auch als Gift. Das zeigt ein angeblicher Mordversuch durch Zauberei im Jahr 1371. Des ‚crimen magiae' angeklagte Frauen konnten angeblich lange gereimte Zauberformeln aufsagen. Als man aber 1572 im oberpfälzischen Treffelstein-Schneeberg der Katharina Strelsin den Prozess wegen Zauberei machte, teilte sie auf die Frage nach den Techniken der ‚Ausfahrt' zum Hexensabbat folgendes Rezept mit:

„Bekhennt man mach die Salb zum ausfaren wie volgt. Nemxlich man nemb Khüe, Seü und leütkhot, auch abtritt vom Altar und der Kirch, ungenüzte Saiffen, un das. So als obsert der teüfel farn lasst. Durcheinander gesotten 3 stundt ins teüfels namen, muß nit im Hauß sondern aufn felde geschehen, thet sonst schaden."

Aus pharmakologischer Sicht ergibt das Rezept keinen Sinn und widerspricht zudem Spekulationen über die chemischen Bestandteile der ‚Hexensalbe' aus halluzinogenen Stoffen und den bereits im Mikrobereich tödlich wirkenden Substanzen wie Belladonna oder Tollkirsche. Vielmehr setzt es sich aus dem zusammen, worin die Strelsin im Alltag lebte: Kot von Menschen und Tieren sowie Abrieb vom Altar und von der Kirchenmauer. Dies alles müsse auf freiem Feld drei Stunden lang gekocht werden, damit es keinen Schaden anrichte. Ohne Absicht stellte hier der Protokollant des Verfahrens dem populären Zauberwissen und der Tradierung okkulter Rezepte und Rituale ein schlechtes Zeugnis aus.

Satanische Literatur – Das Problem der Zauberbücher

Zur Vorstellung von der Hexe, wie sie sich seit dem 18. Jh. zu bilden begann, gehört das Zauberbuch. Hier schließt sich der Kreis zum *Sechsten und Siebten Buch Mosis*, das sich selbst ein hohes Alter verlieh, als Handschrift jedoch erst nach 1700 nachweisbar ist. Zauberbücher befanden sich in den Bibliotheken von Kaisern und Herzögen. Viele immer wieder genannte Zauberanleitungen wie das *Sigillum Salomonis* geisterten als gelehrte Zitate durch die Zauberwelten. Sie enthalten gelegentlich mehr oder weniger ausführliche Rituale zur Geisterbeschwörung oder zum Schatzgraben. Als Zauberbücher im strengen Sinn, als Anleitungen zur rituellen Magie für alle Lebenslagen, taugen sie nicht. Wegen ihres gelehrten Lateins und der Einschübe in griechischer, hebräischer oder aramäischer Sprache dürften sie kaum von der sozialen Schicht verstanden worden sein, die wegen Hexenjägern oder dank übler Nachrede der Nachbarn seit dem 16. Jh. vor Gericht stand.

In der zweiten Hälfte des 17. Jh. nahm die Kritik an der Folter wie am Teufels- und Hexenglauben zu. Die Beschäftigung mit Magie und der Besitz magischer Literatur begannen ihre Gefährlichkeit zu verlieren. Damit setzte das Zeitalter jener Zauberbücher ein, die unser Bild vom zaubernden Volk bis heute prägen. Erst 1686 veröffentlichte der Verleger Andreas Luppius erstmals die *Claviculae Salomonis* in einer deutschen Ausgabe und begründete damit die Tradition der volkssprachlichen, magischen Anleitungsliteratur schadenszauberischen Inhalts. Nun besaßen wenigstens die Lesefähigen die Möglichkeit, sich eine Mathematik der Hölle ins häusliche Bücherregal zu stellen.

Was also bleibt übrig vom magischen Alltag und von der Magie als Bewältigung des Alltags? Bei der Suche nach der schwarzen, der dämonischen, der schadenden Magie im Mittelalter und in der Frühen Neuzeit gelangt man bald zu dem Sinnspruch: *„Was man nicht erklären kann, sieht man gern als magisch an."* Auf einen völlig anderen Befund werden wir jedoch bei der schützenden, der natürlichen Magie stoßen. ■

Lit.: Ammann (1889), Behringer (1987), Brückner (1978), Daxelmüller (1993), Daxelmüller (1995), Harmening (1979), Harmening (1987), Merzbacher (1957), Moser-Rath (1991), Thieser (1987)

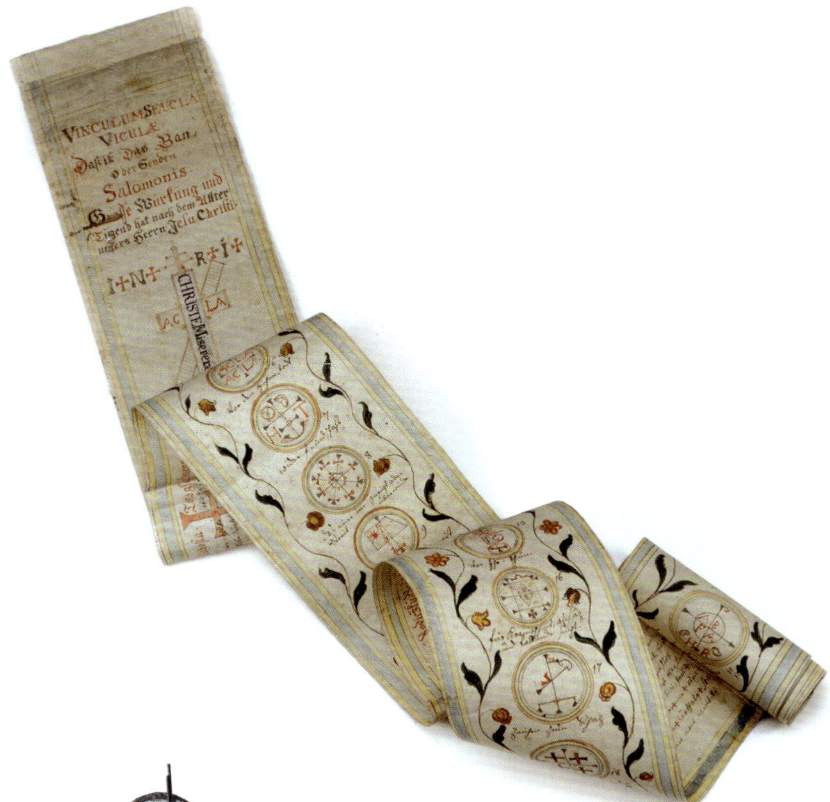

Zauberrolle, vermutlich 18. Jh.
Auf mehr als drei Meter Länge und sieben Papierstücke verteilt, findet sich eine große Zahl von Siegeln, Kreuzen und Zauberzeichen zur „Ban ... Salomonis" versammelt. Der magische Zweck der Siegel wird durch kurze Unterschriften erläutert. Befreiungszauber und Pestsegen sind ebenso vertreten wie Formeln gegen Zauberei, Unwetter und Unheil sowie für Weisheit, Reichtum und Glück.

Gusseiserner Kesselhaken, 1769
Kesselhaken befanden sich an der zentralsten Stelle des Hauses: der Feuerstelle. Beim Einzug in ein neues Haus waren sie daher Symbol für dessen Inbesitznahme. Eingravierte christliche und magische Schutzzeichen, wie hier das Christusmonogramm ‚IHS' und das Hexagramm, sollten böse Geister vom Haus fernhalten.

Populärer Hexen- und Magieglaube

Katrin Moeller

Alchemistenküche im Collegium Maius der Alten Universität in Kraków / Polen
Magieglaube gilt heute fast schon als Kennzeichen der frühneuzeitlichen Gesellschaft. Doch wie weit reichte er tatsächlich?

Den Hexen- und Dämonenglauben der Frühen Neuzeit, vor allem aber die Hexenverfolgung mit ihren Höhepunkten zwischen 1570 und 1630 und zwischen 1650 und 1680, betrachten wir gern als Ausdruck einer zutiefst magisch-religiösen Weltsicht. Oft wird diese Deutung als Konsequenz von düsteren Lebenserfahrungen gesehen, welche die frühneuzeitliche Gesellschaft im Gefolge von Wirtschafts- und Agrarkrise, Klimakatastrophe, zunehmender sozialer Ungleichheit und Glaubensspaltung machte. Was noch in der mittelalterlichen Tradition vermutlich als weiße und schützende Magie oder gar als lächerlicher ‚Aberglaube' angesehen werden konnte, geriet mehr und mehr unter das Stigma des abgrundtief Bösen und Schädigenden. Auf der Oberfläche zeichnet sich so das Bild einer zutiefst hexengläubigen Gesellschaft ab, die ihre Ängste in manchmal ausufernden Verfolgungen auslebte.

Diese gesteigerte Hexenfurcht und Hexenverfolgung verführt uns heute dazu, Magie als integralen Bestandteil des frühneuzeitlichen Alltags anzusehen. Von der Hexenverfolgung und ihren dramatischen Ereignissen wird zunehmend auf die Existenz magischer Rituale oder Hilfsmittel für scheinbar jede Alltagssituation geschlossen. Mit welchen Schwierigkeiten ein solcher Rückschluss verbunden ist, zeigt allein der Blick auf die moderne Gesellschaft.

Auch heute wächst die Bedeutung von Esoterik-, Magie- und Hexenglauben kontinuierlich an. Während immer weniger Menschen aktiv zu den großen Kirchen gehören, äußern immer mehr Menschen in repräsentativen Befragungen, sie glaubten an Hexen und übernatürliche Erscheinungen. Waren es in den sechziger und siebziger Jahren des 20. Jh. vor allem die neuen religiösen Sekten, die Neuen Hexen bzw. der Wiccakult oder okkultistische Strömungen, die von sich reden machten, ist die Anhängerschaft des Übernatürlichen rund um die Jahrtausendwende fast unüberschaubar und lebhaft bunt geworden. Magische Parallelwelten entstehen nicht nur in Fantasy-Romanen oder Fernsehsendungen, sondern ebenfalls in Second Life und vielen anderen Computerspielen. Zahllose Magieinteressierte tummeln sich in den Weiten des Internets oder bieten selbst magische Dienste feil. >>

Holzschnitt aus Ulrich Molitor: *De lamiis et phitonicis mulieribus*, Reutlingen 1489
Zauberei hatte im Mittelalter sowohl schützende als auch schädigende Eigenschaften und wurde oft als Einbildung abgetan.

Zeremonie bei einer Wicca-Hochzeit in den USA, 2006
Naturreligiöse Wicca-Kulte entstanden Ende der 1950er bis 1960er Jahre im Kontext von Frauen- und Umweltbewegung.

Erleben wir die Wiederbezauberung der Welt, die Rückkehr des magischen Denkens oder gar die Inbesitznahme des Religiösen durch das Magische? Die Vielzahl von übersinnlichen Parallelwelten, die abnehmende Bedeutung der großen Kirchen und allgegenwärtige Patchworkreligiosität, die sich nach Herzenslust bedient, wo es gefällt, scheinen dies zu suggerieren. Wenn uns auch der Alltag mit zahlreichen magischen Erscheinungen und Phänomenen in Berührung bringt, so fällt dennoch die Zahl der wirklich ernsthaft Magiegläubigen erheblich geringer aus. Magisches Denken und magische Vorstellungen sind das eine. Es macht aber einen großen Unterschied, ob daraus auch Handlungen, Einstellungen und Verhaltensmuster erwachsen.

Die Frage nach der Reichweite magischen Denkens im Alltag der gegenwärtigen Gesellschaft kann jeder von uns aus seiner eigenen Perspektive heraus ziemlich eindeutig und sicherlich sehr unterschiedlich beurteilen. Für vergangene Zeiten unterstellen wir dagegen gern pauschal einen gesamtgesellschaftlichen magischen Glaubenshorizont.

Besucher des Elf Fantasy Fair auf Schloss de Haar in Haarzuilens / Niederlande, 2008
Im 21. Jh. bevölkern viele phantastische Wesen den Alltag. Die Anhängerschaft des Übernatürlichen ist bunt.

Erst einmal erscheint dies angesichts der Hexenverfolgung plausibel, verbindet sich doch der fundamentale Unterschied zwischen dem Hexen- und Magieglauben einst und heute nicht mit der Menge von magisch-esoterischen Akteuren oder Vorstellungen, sondern mit der kollektiven Wahrnehmung des Phänomens. Das Bild von Hexen und Hexerei ist heute weitgehend positiv und folgt dem romantischen Paradigma der ‚weisen Frau' als Heilerin, als Sozialrebellin oder Naturkundige. Mit Hexerei verbinden wir nicht mehr die kannibalische Hexe aus den Grimmschen Märchen, sondern die Heldenfigur des Zauberers Harry Potter. Aus Walpurgis, Mittsommer, Halloween und Hexenverbrennungen (auf Mittelaltermärkten und bei Ritterspielen) sind Volksfeste geworden. Die Hexen wirken meist eher gemütlich und oft genug unfreiwillig komisch. Tatsächlich Magiegläubige werden heute eher belächelt, statt gefürchtet. Selbst der Protest der Kirche ist in den vergangenen Jahrzehnten kaum noch zu vernehmen.

Vorbereitungen zur Walpurgisfeier in Klix, 2008
Der Hexerei ist heute jede Gefährlichkeit genommen. Hexenverbrennungen auf Mittelaltermärkten oder Walpurgisfeiern sind beliebte Freizeitvergnügungen.

Die Wahrnehmung von Hexerei in der Frühen Neuzeit war eine grundlegend andere. Hexerei galt als ein Verbrechen, noch dazu als ein besonders gefährliches. Nicht zufällig bezeichneten einige Forscher die Hexen bereits als die Terroristen der Frühen Neuzeit. Auch wenn die Zahlen zu den Opfern der Hexenverfolgung in den vergangenen Jahren immer wieder nach unten korrigiert worden sind, so bietet doch jedes einzelne Schicksal der Unglücklichen Einblick in ein nahezu geschlossenes magisches Weltbild. In diesem regierte der Teufel die Welt, machte die Hexen zu seinem Instrument der Schlechtigkeit und führte die Menschheit in ihr Verderben. Hexenverfolgung und Magieglaube gelten daher heute geradezu als Kennzeichen der vormodernen Gesellschaft. Kaum ein historischer Roman verzichtet auf magische Zutaten oder Hexenverbrennungen und auch in den Gesellschafts- und Kulturwissenschaften wird die magisch-religiöse Dimension mittlerweile fast als eine Art ideologischer Überbau der frühneuzeitlichen Gesellschaft verstanden, der alle anderen Weltsichten dominierte. Einige Wissenschaftler sehen starke Parallelen zwischen der Gesellschaft der Frühen Neuzeit und den noch heute existierenden intakten Naturvölkern.

Die Vorstellungswelten der Vormoderne lassen sich nicht in rationale Erklärungen auf der einen und übernatürliche Vorstellungen auf der anderen Seite scheiden, sondern bildeten ein unentwirrbares Netz verschiedener Bedeutungskomplexe. Ein schönes Beispiel dafür sind die frühneuzeitlichen Naturwissenschaften: Das große Interesse an der eher okkulten Alchemie mit ihrem weitverzweigten Dämonenglauben förderte die Entwicklung des ‚modernen' naturwissenschaftlichen Experiments und des Laborversuchs, einem Meilenstein bei der Entwicklung der modernen Wissenschaften. Gleichzeitig stellte die Dämonologie ein wichtiges Fachgebiet dar, das in vielen Traktaten diskutiert wurde. Das Wirken von Dämonen tauchte in zahlreichen Erklärungskonzepten auf. Ähnlich widersprüchlich wirkte auch die Hexenverfolgung auf den Magieglauben. Während es vor der Hexenverfolgung eine reichhaltige Palette magischer Praktiken und Anwendungen gab, nahmen diese im Verlauf der Verfolgung erheblich ab und erschienen immer gleichförmiger. Und das, obwohl der Hexenglaube stetig hysterischer ausfiel, weiter um sich griff und viele Opfer forderte.

Der Hexenprozess und der Hexenglaube waren jedoch nie unbestritten. Erst ein Einlassen auf die verschiedenen Realität(en) des Hexenglaubens ermöglicht uns daher wichtige Erkenntnisse bei der Entschlüsselung des Gesamtphänomens. Neben den vielen Hinweisen auf die Magie als ‚integralen' Bestandteil des frühneuzeitlichen Lebens, gibt es ebenso viele Hinweise auf skeptische Stimmen und Kritik am magischen Denken. Sich mit solchen Stimmen auseinander zu setzen, kann auch die Grenzen des Hexenglaubens besser sichtbar machen. Allerdings fällt dies nicht leicht. Literatur und Kunst können bei der Rekonstruktion kollektiver Normen und Weltanschauungen in die Irre führen. Die frühneuzeitliche Presse widmete sich voller Lust den Sensationsmeldungen über Wundersames und Schauriges. Berichte über Wunderzeichen (so genannte Prodigiensammlungen), apokalyptische Visionsliteratur, vermeintliche Tatsachenberichte über Geister, Teufelsbesitzungen und Katastrophen bieten nur drei Beispiele für die überreiche Dokumentationswut übernatürlicher Ereignisse, unter denen Schilderungen über Hexen nur einen kleinen Bruchteil bildeten. Inwieweit solche Zeugnisse tatsächlich etwas über Glaubensinhalte oder Motive sozialen Handelns aussagen, bleibt nach wie vor sehr vage zu beantworten.

Aber auch scheinbar reale Gerichtsprotokolle und juristische Gutachten, die uns heute hauptsächlich über die Hexenverfolgungen informieren, liefern lediglich einen sehr eingeschränkten Blick auf den Hexenglauben, sorgten sie doch einst für die Schuld-

Titelvignette aus Johannes Praetorius: *Zodiacus mercurialis explicandissimus*, Jena 1668
Wunder und Prodigien waren beliebte Themen der frühneuzeitlichen Sensationspresse.

Hieronymus Bosch: *Das Weltgericht*, Mitteltafel des Weltgerichts-Triptychons, um 1485/1505
Krisenzeiten: Glaubensspaltung, Wirtschaftskrise, soziale Differenzierung und Klimakatastrophe beförderten apokalyptische Visionen und Endzeitdeutungen.

David Teniers d.J.: *Alchimist*, um 1651/56
Alchemie umfasste sowohl die Beschwörung von Dämonen als auch naturwissenschaftliches Experiment. Natürliches und Übersinnliches waren in der Frühen Neuzeit eng miteinander verwoben.

zuweisung und Verurteilung der Opfer. Überraschenderweise finden sich jedoch gerade in diesen Zeugnissen Details, die uns an einem übermächtigen Hexen- und Magieglauben der Frühen Neuzeit zweifeln lassen. Zur Absicherung von Gerichtsverfahren sortierte man etwa die kritischen Zeugenaussagen gern aus. Dennoch lässt sich neben den eigentlichen Anklägern und Denunzianten häufig eine große Gruppe von Zeugen ermitteln, die sich weitgehend neutral und eher zurückhaltend verhielten und die Hexen – also meist ihre Nachbarinnen und Nachbarn – keineswegs vorverurteilten. Neben den Orten mit intensiven Hexenverfolgungen stehen Orte, in denen es nie zu Verfolgungen kam.

Solche Aussagen machen misstrauisch, wie weit der Hexenglaube im Alltag wirklich reichte. Während es nur sehr selten, aber immerhin, Stimmen gab, die den Hexenglauben generell verneinten, durchzieht die Skepsis an Hexenprozess und Folter – ähnlich wie die Kritik gegenüber der Hexereiverdächtigung konkreter Personen – die Zeit der Hexenverfolgung wie ein rotes Band. Diese Skepsis lässt sich in ganz verschiedenen Gruppen der Gesellschaft nachweisen: im wissenschaftlichen, dämonologischen und juristischen Diskurs, in den Auslegungen der Gerichte und Justizinstanzen, im Ringen der Regierungen, bei der Schuldzuweisung in der Nachbarschaft oder im Verhalten von Pastoren, die oft genug den Angeklagten Mut zusprachen, das Schuldeingeständnis der Hexerei zu widerrufen. Familien aus den Mittel- und Oberschichten setzten sich mit rechtlichen (Supplikationen, Verteidigungen, zweitinstanzlichen Prozessen) oder illegalen Mitteln (Bestechungsversuchen, Fluchthilfen) gegen die Hexereivorwürfe von Familienmitgliedern intensiv zur Wehr. Der Hexenprozess konnte sich nie zu einer unkritisch akzeptierten Selbstverständlichkeit entwickeln. Der Fanatis-

Jacques de Gheyn II: *Hexensabbath*, um 1620
Die Frühe Neuzeit formte die Zauberinnen zu Anhängerinnen des Dämonischen. Der neue Glaube proklamierte eine Sekte von Teufelsbündnern, die beim Hexensabbat den Untergang der Menschheit planten.

mus, mit dem viele intensive Hexenverfolgungen geführt wurden, spricht deutlich für solche Legitimationsdefizite.

Überdies wird, wer nach magischen Praktiken und Ritualen in Hexenprozessakten sucht, kräftig enttäuscht. Natürlich gab es spektakuläre Prozesse gegen offensichtlich magische Akteure, manchmal gar über mehrere Generationen hinweg. In Einzelfällen lassen sich aufsehenerregende, magische Imaginationen und Rituale ermitteln. Der Regelfall war dies allerdings nicht. Fast gilt manchmal das Gegenteil: Besonders spektakuläre Schilderungen wurden von den Zeitgenossen selbst als Fälschungen identifiziert. Etwas häufiger waren Prozesse gegen Angehörige der Unterschichten, die sich mit dem Magieglauben ihrer Zeitgenossen den kargen Lebensunterhalt beispielsweise mit mantischen Praktiken (Wahrsagerei), Schatzsuche, Heilzaubern etc. verdienten. Der Vorwurf des Betrugs blieb in solchen Prozessen lange Zeit vorhanden, bevor auch er unter dem Deckmantel des Hexereivorwurfs verschwand. In der Masse der Verfahren finden sich jedoch weder spezifische magische Praktiken, noch der Vorwurf des magischen Heilens oder Segensprechens, obwohl nach solchen Indizien während des Inquisitionsverfahrens gezielt gefahndet wurde. Statt also magische Potenziale zu offenbaren, liefern die Kriminalakten stattdessen zahllose Beispiele zwischenmenschlicher Konflikte, deren scheinbare Folgen schließlich eine magische Interpretation erfuhren.

Der Hexereivorwurf steht so in einer Reihe mit anderen Formen der Verleumdung beispielsweise als Dieb oder Mordbrenner und wurde auf Kontrahenten und Streitpartner übertragen. Die Verdachtsgenese ergab sich in solchen Fällen häufig aus intensiven fehdeartigen Auseinandersetzungen von Familien oder Parteiungen, die zuvor bereits zahlreiche andere gewaltsame, rechtliche oder zivile Konflikte miteinander ausgetragen hatten. In einigen wenigen Prozessen lässt sich sogar nachweisen, dass die Hexereiverdächtigung zur Lösung anderer Konflikte bewusst lanciert wurde.

Völlig von solchen Einzelprozessen abgehoben waren die in manchen Orten sich entwickelnden großen Kettenprozesse, die oft unter Ausschluss der Öffentlichkeit in den Händen fanatischer Hexenjäger zu Massenprozessen mutierten. Genau diese Verfahrenswellen, die mit dem Wort ‚Hexenwahn' treffend charakterisiert sind, waren jedoch das Produkt einer kleinen, dafür umso handlungsmächtigeren Gruppe, die sich meist über rechtliche Maßstäbe der Zeit hinwegsetzte und urteilte.

Von solchen Auswüchsen des Hexenglaubens auf den ‚allgemeinen' Hexenglauben zu schließen, bleibt eine ähnlich problematische Angelegenheit, wie vom Hexenglauben auf die magischen Praktiken zu schlussfolgern. Die Hexenprozesse stehen so für ein Konglomerat gesellschaftlicher Problemlagen und Krisensituationen, die allgemeine Erklärungsversuche kaum zulassen. Magie- und Hexenglaube waren Bestandteile eines kontroversen gesellschaftlichen Diskurses, der, ähnlich wie heute, viele Variationen zwischen begeisterter Zustimmung und vehementer Ablehnung erfahren konnte. ■

Lit.: Ahrendt-Schulte (1995), Bever (2008), von Greyerz (2000), Kieckhefer (1995), Labouvie (1992), Moeller (2007), Themenportal Hexenforschung (2009), Voltmer (2005), Walz (1993)

Bericht über die Verbrennung von 38 Hexen durch Truchsess von der Scheer im Jahr 1587 aus Johann Jakob Wick: *Wickiana*, Zürich 1560–1588
Ketten- oder gar Massenprozesse gingen oft auf das Konto mangelhafter Justizpflege und das Wirken fanatischer Hexenjäger. Solche Verfahrenswellen führten schnell zur öffentlichen Kritik.

David Teniers d. Ä.:
***Der Alchemist*, 17. Jh.**
Realistische Wiedergabe eines alchemischen Laboratoriums. Der Alchemist sitzt lesend an einem Tisch. Ein Gehilfe schürt den großen Laborofen, der mehrere Destilliervorrichtungen trägt.

Alchemie in der Frühen Neuzeit

Claus Priesner

Rembrandt Harmenszoon van Rijn: *Dr. Faustus*, um 1652
In einer Studierstube blickt ein Gelehrter von seinen Büchern auf ein in einem Strahlenkranz erscheinendes, leuchtendes Kryptogramm. Der Gelehrte verkörpert den Renaissance-Magier, der die verborgenen Zusammenhänge der Großen und der Kleinen Welt entschlüsselt.

Die Alchemie entstand im spätantiken Ägypten und hatte zum Ziel, unedle in edle Metalle zu verwandeln. Das sollte mittels eines ‚Steins der Weisen' (lat. ‚lapis philosophorum') möglich sein. Die Alchemie entwickelte sich aus zwei Wurzeln: der chemischen Technik (Herstellung von Gläsern, Farben, Metalllegierungen), die in Ägypten schon lange vorher auf hohem Niveau betrieben wurde, und der griechischen Naturphilosophie. Hier waren besonders Aristoteles bzw. seine Elementenlehre prägend. Im frühen Mittelalter übernahmen die arabischen Anhänger des Propheten Mohammed das gedankliche und experimentelle Konzept der Alchemie und führten es fort. Da sie ganz Nordafrika und große Teile Spaniens eroberten und kulturell prägten, gelangte die Kenntnis der Alchemie auch in diese Regionen und von Spanien aus um 1150 nach West- und Mitteleuropa. Später wurde das Wissen ergänzt durch zahlreiche Texte aus Griechenland und durch griechische Gelehrte, die nach der Eroberung Konstantinopels 1453 durch die Osmanen in den Westen auswanderten. Diese Gelehrten brachten antikes Wissen mit, das wesentlich die Entstehung der abendländischen Renaissance und einer neuen, auf der Übersetzung und Wiederentdeckung antiker Texte aufbauenden Geisteshaltung beeinflusste.

Der Florentiner Humanist und Arzt Marcilio Ficino übersetzte 1463 die dem legendären ‚Ersten Alchemisten' Hermes Trismegistos zugeschriebenen Werke vom Griechischen ins Lateinische. Das so genannte *Corpus Hermeticum* war von besonderer Bedeutung und galt im 15. Jh. als uralte Weisheit. Der alchemiehistorisch wichtigste Teil des *Corpus Hermeticum*, die *Tabula Smaragdina*, enthält die Kernaussage, dass die Große Welt der Schöpfung insgesamt (Makrokosmos) und die Kleine Welt des Menschen (Mikrokosmos) einander spiegeln. Alles ist mit allem durch ein umfassendes Beziehungsgefüge verbunden. Diese Aussage wurde auch durch die *Bibel* (Genesis) gestützt. Es war Aufgabe des Alchemisten, dieses für Unkundige verborgene, ‚okkulte', Beziehungsmuster zu erkennen und zu deuten. Dazu zählte u.a. die Signaturenlehre. Sie geht davon aus, dass zwischen der äußeren Form eines Objekts und seinem inneren Wesen eine Wechselbeziehung besteht. Der Gedanke war nicht neu, wurde aber von Gianbattista del-

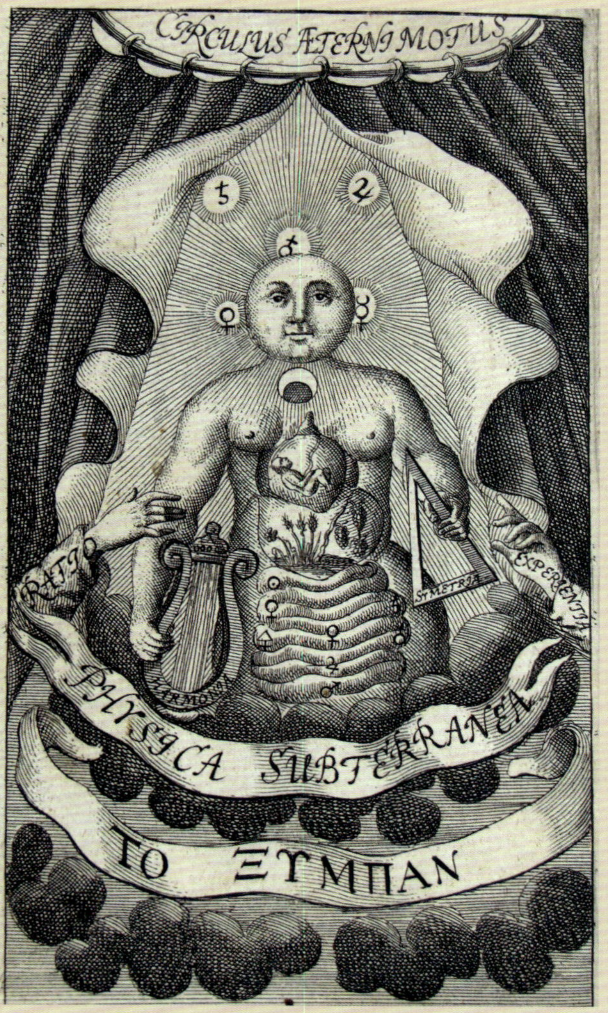

links:
***Die Reifung der Metalle im Schoß der Erde*, Illustration aus Johann Joachim Becher: *Physica Subterranea*, Leipzig 1703**
Der Körper symbolisiert die Erde, der Kopf die Sonne. Am Hals ist der Mond zu sehen. Sonne, Mond, Sterne und Planeten geben allem Leben die Kraft zu gedeihen. Im Inneren der Erde reifen die Metalle wie auch die Pflanzen und der Mensch heran. Die Erde hält Leier und Dreieck in Händen, Zeichen für Harmonie und Symmetrie. Die Hände an den Seiten stehen für Vernunft und Erfahrung, die der Forscher verbinden muss.

la Porta in seiner *Magia Naturalis* (1558) und besonders von dem Arzt-Alchemisten und Reformator der Medizin wie der Alchemie Paracelsus systematisch ausgebaut. Darüber hinaus bot das hermetische Mikrokosmos-Makrokosmos-Konzept eine allgemeine Grundlage zur Deutung natürlicher Erscheinungen und Vorgänge. 1614 konnte Isaac Causabon die Entstehung der hermetischen Texte auf die Zeit um 200 n. Chr. im hellenistischen Ägypten datieren. Bis dahin hatten sie sich aber bereits als wirkmächtig genug erwiesen, um die frühneuzeitliche Naturphilosophie maßgeblich zu prägen.

Die Alchemie ist ein Teil der Naturmagie, d.h. des Versuchs, die Natur, ihr Wirken und ihre innere Struktur mittels der erwähnten Beziehungsmuster zu ergründen. Die Naturmagie reicht über die Alchemie hinaus und umfasst auch die Astrologie und diverse Verfahren, die Zukunft vorherzusagen oder Reisen des Geistes oder des Körpers an weit entfernte Orte im Flug durchzuführen. Diese Idee der ‚Seelenreise' fand ihren frühneuzeitlichen Ausdruck in der Vorstellung des Hexenflugs. Die Hexen flogen demnach auf Besenstielen oder Ziegenböcken zu bestimmten Orten, um dort ihren Hexensabbat abzuhalten. Möglich wurden diese Flüge durch die ‚Hexensalbe', die die Hexen von ihrem teuflischen Herrn bekämen und die als wirksamen Bestandteil das Fett ermordeter Kinder enthielten.

Hexenwesen und Alchemie haben beide mit Magie zu tun, unterscheiden sich aber dennoch grundlegend. Das wird auch dadurch belegt, dass Alchemisten kaum je wegen Hexerei angeklagt wurden. Die Alchemie hatte grundsätzlich eine allgemeine Erkenntnis der Natur zum Ziel. Sie war den gebildeten Schichten vorbehalten und basierte auf einer komplexen Naturlehre, die weit mehr als die Verwandlung unedler Metalle umfasste. Als Alchemist benötigte man Lese-, Schreib- und Lateinkenntnisse, musste schwierige allegorische Texte lesen und deuten können und über die Mittel verfügen, entsprechende Bücher zu erwerben. Die nötigen Experimente waren aufwendig und kostspielig. Das Hexenwesen dagegen war unabhängig von solchen geistigen und wirtschaftlichen Voraussetzungen. ■

Lit.: Haage (1996), Martels (1990), Meinel (1986), Multhauf (1966), Priesner / Figala (1998), Priesner (2008), Schütt (2000)

***Allegorie der Alchemie*, Illustration aus Stephan Michelspacher: *Cabala. Spiegel der Kunst und Natur in Alchymia*, Augsburg 1616**
Im Berginnern, im Palast der ‚königlichen Kunst' Alchemie wird durch die Vereinigung von König und Königin der Stein der Weisen gewonnen. Die Stufen symbolisieren die Stadien des Prozesses. Sonne, Mond und Phönix über dem Palast sind Zeichen für Gold, Silber und den Stein der Weisen. Die Symbolfiguren der sieben Metalle, die vier Elemente und der Tierkreis als Bild für die Verbindung von Alchemie und Astrologie umgeben den Berg. Im Vordergrund agieren der unwissende Laie und der lernende Alchemist.

Krisen der Frühen Neuzeit – Seuchen, Hungersnot und Armut

Gegen Ende des 16. Jh. war Mitteleuropa gebeutelt von Missernten, gefolgt von Hungersnöten und Seuchen. Ursache dafür war u.a. ein sich veränderndes Klima, das man heute mit der ‚Kleinen Eiszeit' begründet. Dazu kamen von Söldnerheeren geführte Kriege, die Krankheiten verbreiteten und den Nahrungsengpass noch verschärften. Die wirtschaftliche Lage der in großen Teilen agrarisch geprägten Gesellschaft verschlechterte sich dramatisch, besonders in den unteren und mittleren Sozialschichten. Viele der völlig verarmten Menschen schlossen sich zu Bettlerhorden zusammen, die von der übrigen Bevölkerung als Landplage wahrgenommen und von der Obrigkeit gnadenlos verfolgt wurden. L. B.

Lit.: van Dülmen (1999a), Münch (1998)

Mumie einer Ratte
mumifizierte Tierleiche, L ca. 18 cm
Göttingen, 16. Jh.
Göttingen, Stadtarchäologie Göttingen 2528a

Ratten gelten noch heute als Sinnbild der Pestepidemien des Mittelalters und der Frühen Neuzeit. Bis heute ist nicht endgültig geklärt, ob es sich dabei um die Pest handelte. Aber fest steht, dass ein erheblicher Teil der Bevölkerung damals von einer tödlichen Krankheit dahingerafft wurde. Die gesellschaftlichen Folgen waren dramatisch: Generationen wurden ausgelöscht, ganze Landstriche starben aus. Die Seuchen passten sich nahtlos in die Stimmung des drohenden Weltuntergangs ein, dessen Vorboten die teuflischen Hexen waren.
Die abgebildete Rattenmumie wurde in Göttingen im Zwischenstock eines Hauses aus dem 16. Jh. gefunden. Das verendete Tier wurde dort auf natürliche Weise mumifiziert. L. B.

Lit.: Kunst des Heilens (1991)

Pesttafel mit dem Triumph des Todes, Augsburg 1607/1635
Tafeln mit Darstellungen eines Totenkopfes mit Lorbeerkranz verdeutlichten bildhaft den ‚Triumph des Todes' und wurden als Warnschilder vor der Seuche genutzt. Die Darstellungsweise ist typisch für Augsburger Warntafeln.

Warnzeichen vor der Pest
Papier, B 21 cm, H 18 cm
Duderstadt, Kreis Göttingen, 1682/83
Duderstadt, Stadtarchiv Duderstadt, P IV

Mit diesen Warnzeichen wurden Häuser markiert, in denen Pestkranke untergebracht waren. Man versprach sich durch eine Selektion der Kranken, die Ausbreitung der Seuche eindämmen zu können.
Duderstadt wurde seit dem Mittelalter bis in die Frühe Neuzeit mehrfach von schweren Seuchen heimgesucht. Die letzte große Pestwelle fand in den Jahren 1682/83 statt und forderte 525 Todesopfer. L. B.

Lit.: Kunst des Heilens (1991)

Großer Schnepper für Aderlass und Schröpfen
Messing, Stahl, B 13,2 cm, H 2,5 cm,
19. Jh.
Basel, Pharmazie-Historisches Museum M505

Aderlass und blutiges Schröpfen sind Behandlungen, die auf dem Prinzip der Blutentziehung beruhen. In der Frühen Neuzeit war der Aderlass eine verbreitete, anerkannte medizinische Behandlungsmethode, besonders bei Krankheiten mit begleitendem Fieber.
Ein Aderlasskalender legte fest, unter welchem Tierkreiszeichen an welcher Stelle des Körpers das Blut entnommen werden durfte. Während beim Aderlass die Vene mit einer scharfen Klinge angeschnitten wird, bedarf es beim blutigen Schröpfen lediglich einer Ritzung der Haut, auf die Schröpfköpfe aufgesetzt werden. L. B.

Lit.: Münch (1998), Sammlung PHM 1 (1974)

David Teniers d. J.: *Winterlandschaft*
Ö auf Leinwand, B 70 cm, H 169 cm
um 1660
Mannheim, Reiss-Engelhorn-Museen Staat
245/246

Die Winterlandschaft von Teniers reiht sich ein in die zahlreichen Gemälde dieser Zeit, die die kalte Jahreszeit als eigenständiges Bildthema aufgreifen. Teniers Gemälde zeigt neben der eisigen Landschaft und den davon abgeschlossenen, warmen Wohnstätten der Menschen zwei für die Winterzeit typische Tätigkeiten: das Sammeln von Reisig und das Treiben von Schweinen zur Schlachtung.

Das Bild steht exemplarisch für die langen und strengen Winter während der ‚Kleinen Eiszeit'. In die Frühe Neuzeit fielen zwei Zeiträume mit extremer Abkühlung: von 1570–1630 und von 1675–1715. Nicht nur die kalten Winter, sondern auch die feuchten, regnerischen Sommer dieser Zeit verursachten Missernten, dadurch Hungersnöte, Preissteigerungen und Verarmung. L. B.

Lit.: David Teniers d.J. (2005), Behringer (2009)

:ques Callot: *Die Bettlerin mit dem Teller,* 1622/23
:ques Callot griff in seiner Serie *Die Bettler* auf ein
:it verbreitetes Gesellschaftsphänomen seiner Zeit
rück. Arme, alte und allein stehende Frauen finden sich
Beginn der Hexenverfolgungen der Frühen Neuzeit
ufig unter den unter Hexereiverdacht geratenen
rsonen. Am Rande der Gesellschaft lebend, ohne den
hutz einer Familie, mussten sich diese Frauen oft
en Lebensunterhalt mit zweifelhaften Tätigkeiten,
va Wahrsagen oder Liebeszauber, verdienen. Sie
rieten so fast zwangsläufig unter Generalverdacht.

Hagelschlag und magischer Schutz – Luzerner Wetterhexen im 16. und 17. Jh.

Kurt Lussi

Dürrnberg bei Hallein / Österreich
In landwirtschaftlich geprägten Gebieten wie auch besonders in Bergregionen spielt das Wetter eine entscheidende Rolle. Für hereinbrechende Unwetter und deren zerstörerische Folgen wurden oft Hexen verantwortlich gemacht.

Die Verheerungen, die niedergehende Hagelschauer in den Fruchtfeldern und Gärten anrichten, bringen den Menschen seit jeher großen Schaden. Am Fuß der Alpen stellten sie nicht selten die wirtschaftliche Existenz ganzer Bauernbetriebe in Frage. Die Folgen waren Hungersnot, Elend und Auswanderung.

Schadenszauber der Hexen

Die Überlieferung wohl aller Völker der Erde kennt den Hagelschlag als bösartige, übelwollende Äußerung bestimmter Wetterdämonen. Bereits in der Antike waren die Griechen und Römer von abergläubischer Furcht vor dem Hagelschlag und dämonischen Wettermachern befangen. Nördlich der Alpen herrschte die Ansicht, Blitz, Hagel und Ungewitter seien das Werk teuflischer Wetterhexen. Belege dafür finden sich in der Zentralschweiz in fast allen Chroniken des 16. und 17. Jh. Vom großen Hagel des Jahres 1560 sagt der Luzerner Stadtschreiber Renward Cysat, dieser sei das Werk einer *„vndholdin Dorothea Niffnaff genannt"*. Ähnliches lesen wir auch in den Verhörprotokollen der Stadt Luzern. 1528 ‚gesteht' Barbara Haller von Vaumarcus unter der Folter, ihr sei in der Gegend von Willisau ein Hagel gelungen. Zur Ausübung ihrer Kunst habe sie einen Stein genommen und diesen *„in des tüfels namen"* hinweggeworfen. >>

rechts:
Holzschnitt aus Francesco Maria Guazzo: *Compendium Maleficarum*, Mailand 1608
Eine auf einem teuflischen Bock reitende Hexe schickt Sturm und Hagel über das Land.

1540 bekennt Adelheid Liniger, sie habe in der Gegend von St. Urban einen Hagel gemacht. Auch ihre Tochter scheint sich gemäß den Verhörakten auf die Kunst des Hagelmachens verstanden zu haben. Von ihr erpressten die Folterknechte das Bekenntnis, dass sie ein großes Hagelwetter erzeugt habe, in der Absicht, mit diesem das Kloster St. Urban zu zerstören.

Die aus dem Kanton Zug stammende Verena Spull will *„im obern Holz zu Eschenbach"* vom Teufel den Befehl erhalten haben, ein Hagelwetter anzurichten. 1587 gesteht sie, dass ihr der Böse befohlen habe, zu diesem Zweck mit einer Rute in die *„Güllen"* (Jauche) zu schlagen und dazu den folgenden Zauberspruch zu sagen: *„Es riselet und rägelet kallde in dieserem grünen Walde."* In der Regel aber geschah das Wettermachen durch magische Handlungen, bei denen weder Verwünschungen ausgesprochen noch Zaubersprüche gemurmelt werden mussten. So empfing die 1649 in Sursee verhörte Magdalena Keller vom Teufel grüne Kügelchen. Um einen Hagel zu erzeugen, hatte sie diese ohne weitere Worte ins Wasser zu werfen.

Orakelglaube mit Hagelkörnern

Ob das Gewitter eine natürliche Ursache hatte oder von Hexen herrührte, ließ sich leicht feststellen: Nach seinem Abzug ging man vor das Haus und untersuchte die Hagelkörner. Fand man darin Haare oder Fasern eingeschlossen, war dies der Beweis,

Holzschnitt aus Francesco Maria Guazzo: *Compendium Maleficarum*, Mailand 1608
Der Teufel lehrt den ihm ergebenen Hexen Schadenszauber.

dass das Unwetter von Hexen herrührte. *„Man nahm dann das Eis und warf es ins Feuer, um den Hexen zu schaden und sie zu bändigen"*, heißt es in den 1862 niedergeschriebenen Erinnerungen des Pfarrers Alois Lütolf.

Dieser Brauch scheint sehr alt zu sein. Er wird bereits im *Hexenhammer* von 1487 erwähnt: *„Drei Körner von dem Hagel werden nämlich unter der Anrufung der heiligen Dreieinigkeit ins Feuer geworfen; das Gebet des Herrn, samt dem Engelsgruße wird zwei- oder dreimal hinzugefügt und das Evangelium des Johannis ‚Am Anfang war das Wort' mit dem Zeichen des Kreuzes überall hin gegen das Gewitter, vorne und hinten und nach jeder Seite des Landes vorgetragen; und dann, wenn [die betreffende Person] am Ende dreimal wiederholte: ‚Das Wort ward Fleisch' und dreimal danach gesagt hat: ‚Bei den Worten des Evangeliums, dies Gewitter soll weichen', wird das Gewitter sofort aufhören, wenigstens wenn es infolge von Behexung hervorgebracht worden ist."*

Das hier geschilderte Orakel bedient sich eines einfachen Tricks. Zweifellos wird es immer ein Ergebnis im Sinne der Verfasser des *Hexenhammers* ergeben: Ist nämlich das Hagelwetter von Hexen verursacht worden, helfen Gebete, geweihte Palmzweige, Kerzen, Weihwasser und Glockengeläute. Nützen die frommen Gebete und Handlungen nichts, hat das Unwetter eine natürliche Ursache, indem es Ausdruck von Gottes Zorn ist. Immer aber hat der Mensch sein Unglück selbst verschuldet, weil er gegen die Gebote des Allmächtigen verstoßen und auf diese Weise das Unglück selbst heraufbeschworen hat.

Unwetter als Strafe Gottes

Gott bestraft also die Menschen, indem er das verheerende Wirken der Dämonen und Wetterhexen zulässt oder sein Volk mit eigener Hand züchtigt. Von Letzterem ist bereits in der *Bibel* die Rede: *„Der Herr lässt seine mächtige Stimme erschallen, und man sieht, wie sein Arm herabzuckt mit zornigem Grollen und verzehrendem Feuer, mit Sturm, Gewitter und Hagel."* (Jes 30, 30) Ein weiteres Beispiel finden wir in den biblischen Berichten von Hagelschauern, die Gott zum Verderben Ägyptens niedergehen ließ: *„Blitze fuhren auf die Erde herab, und der Herr ließ Hagel über Ägypten niedergehen. Schwerer Hagel prasselte herab, und in den sehr schweren Hagel hinein zuckten Blitze. Ännliches hatte es im ganzen Land der Ägypter noch nicht gegeben, seit sie ein Volk geworden waren."* (2 Moses 9, 18)

Lästerung und Ketzerei mögen unsere Ahnen als Gründe für die Strafen des Himmels angesehen haben. Selbst ein Mann wie Luther vertrat die Auffassung, dass hinter allen schädlichen Wetteräußerungen dämonische Einzelwesen steckten, die alle Erscheinungsformen des Teufels seien. Überall sah Luther diese Wesen am Werk: im Sturm, in den Unwettern, bei Feuersbrünsten und Hagelschlag.

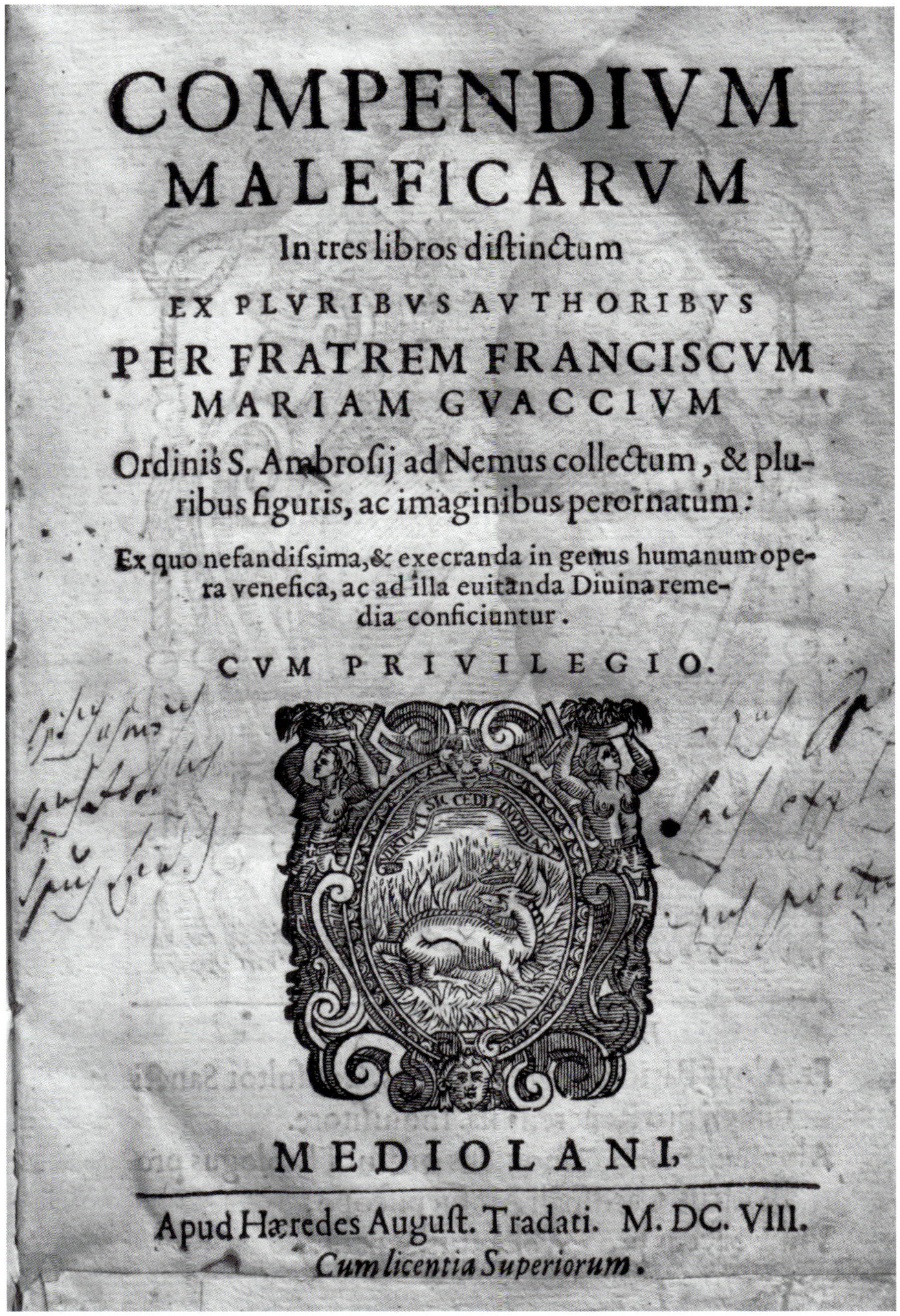

COMPENDIVM
MALEFICARVM
In tres libros diſtinctum
EX PLVRIBVS AVTHORIBVS
PER FRATREM FRANCISCVM
MARIAM GVACCIVM
Ordinis S. Ambroſij ad Nemus collectum, & pluribus figuris, ac imaginibus perornatum:
Ex quo nefandiſsima, & execranda in genus humanum opera venefica, ac ad illa euitanda Diuina remedia conficiuntur.
CVM PRIVILEGIO.
MEDIOLANI,
Apud Hæredes Auguſt. Tradati. M. DC. VIII.
Cum licentia Superiorum.

Titelblatt zu Francesco Maria Guazzo: *Compendium Maleficarum*, Mailand 1608
Für die kirchlichen und weltlichen Behörden war das *Compendium* eines der wichtigsten Anleitungsbücher zur Erkennung und Verfolgung angeblicher Hexen.

***Lauinensturz an der Simplonstraße*, Stahlstich um 1880**
Lauinen sind Erd- und Schlammlawinen, die bei schwerem Regen entstehen. Der Überlieferung nach ist die große Lauine von Dallenwil nur dank der Wetterglocke von St. Laurentius zum Stillstand gekommen.

Später wurde die Auffassung vom Wirken dämonischer Wettergeister durch Schriften wie das 1608 von Francesco Maria Guazzo herausgegebene *Compendium Maleficarum* bestätigt. Am Anfang des siebten Kapitels dieses Werkes heißt es: *„Durch Erfahrung ist es ganz klar erwiesen, dass die Hexen nicht nur über Regen, Hagel und Wind Macht haben, sondern auch über die Blitze, soweit dies Gott zulässt.“*

Christkönigsglocke der Kirche St. Mauritius in Ruswil / Schweiz
Die Christkönigsglocke ist mit 3376 kg die schwerste der fünf Glocken der Pfarrkirche St. Mauritius. Sie wird bei schweren Gewittern geläutet, um Hagel abzuwenden.

Klimakatastrophen in biblischer Zeit?

Wie sind die in der *Heiligen Schrift* genannten Strafen Gottes aus heutiger Sicht zu deuten? Schildert uns das *Alte Testament* vielleicht außergewöhnliche Klimaverhältnisse, die als Mahnung für unsere Zeit betrachtet werden könnten? Sind die biblischen Berichte eine Aufforderung, vor der Schöpfung mehr Ehrfurcht zu haben? Die Fragen sind berechtigt. Sind nicht auch in unserer Zeit durch die Ausbeutung der Natur und die Verschmutzung der Umwelt Wetter- und Klimaveränderungen eingetreten, die von Forschern auf eben diese Ursachen zurückgeführt werden?

Andererseits belegen Chroniken, dass ungewöhnliche Wettererscheinungen seit jeher nicht die Ausnahme, sondern die Regel waren. Der bereits erwähnte Luzerner Stadtschreiber Renward Cysat kommt der Wahrheit wohl sehr nahe, wenn er regelmäßig von außergewöhnlich schweren Hagelwettern, extrem milden Wintern und überaus heißen Jahren berichtet, in denen die Bauern bereits im Februar Heu einbrachten, die Trauben im Vorsommer reif wurden, die Weiden verdorrten und viele Vögel – *„das doch wundersam ze hören“* – mehrere Bruten hatten (1599, 1602 und 1603). Dazwischen aber waren wiederum Jahre mit nasskalten Sommern, in denen noch im Juni Neuschnee fiel, die Flüsse und Bäche regelmäßig über die Ufer traten und das Getreide auf den Feldern verfaulte. Schon fast eine Ausnahme waren zu dieser Zeit offenbar normal strenge Winter mit warmen, aber nicht übermäßig heißen Sommern und durchschnittlichen Ernteerträgen. Kurz: Für Cysat waren extreme Wetterlagen etwas, das sich wie ein roter Faden durch die ganze Menschheitsgeschichte zieht. Mit außergewöhnlichen Wetter- und Klimaerscheinungen musste der Mensch nach seiner Auffassung zu allen Zeiten rechnen, ob er nun fromm war oder nicht. Für Cysat, den wissenschaftlich arbeitenden Chronisten, waren Unwetter von der Natur her begründet.

Wetterläuten

Ganz anders sah dies die Kirche, der die biblischen Berichte von der zerstörerischen Kraft eines erzürnten Gottes gelegen kamen, um ihre Getreuen zur Frömmigkeit zu mahnen. Bis in die Neuzeit hat sie denn auch die Menschen im Glauben an die strafende Hand Gottes bestärkt und den Gebrauch scheinbar christlicher, in Wahrheit jedoch magischer

Beweis,
daß
das Glockenläuten
bey Gewittern
mehr schädlich als nützlich ist.

Nebst
einer allgemeinen Untersuchung
ächter
und unächter Verwahrungsmittel
gegen die Gewitter.

Von
Johann Nepomuck Fischer,
der Gottesgelehrtheit Doktor, kurpfalzbaier. wirkl. Rath und ehemalig. Professor der Mathematik zu Ingolstadt; auch der kurfürstl. Akademie der Wissenschaften zu München ordentlichem Mitgliede.

Zweyte, mit interessanten Anmerkungen vermehrte Auflage.

München, bey Joseph von Crätz. 1784.

Johann Nepomuk Fischer: *Beweis, daß das Glockenläuten bey Gewittern mehr schädlich als nützlich ist*, München 1784
Das weit verbreitete Wetterläuten wurde 1784 in Bayern von Kurfürst Karl Theodor verboten. Ein Grund dafür waren die zahlreichen Todesfälle von vom Blitz erschlagenen Glöcknern. Der Astronom und Mathematiker Fischer reagierte auf diese Verordnung und versuchte, vor allem Beamten und Pfarrern mit naturwissenschaftlichen Erklärungen darzulegen, wie Glockenläuten und Blitzeinschlag zusammenhingen.

Silberne Reliquienkapsel mit Partikel des heiligen Kreuzes Christi, Mitte 19. Jh.
Kreuzpartikel gehören zu den kräftigsten Reliquien der Kirche. Mit ihnen wird der kirchliche Wettersegen erteilt.

Schutzmittel wie Segensgebete, Prozessionen und besonders das Läuten von Wetterglocken gefördert. So wurden 1663 in einem bischöflichen Erlass an die Pfarrherren der Diözese Perpignan die Geistlichen angewiesen, bei den geringsten Anzeichen von Hagel, drohenden Unwettern und heftigen Winden der Gefahr durch Kreuzeszeichen, Glockengeläute und andere Mittel zu begegnen. Man mag Empfehlungen wie diese als Relikte längst vergangener Zeiten abtun. Dennoch: Trotz aller Aufklärung hat sich der Glaube erhalten, dass mit Wetterläuten und magischen Mitteln drohende Unwetter abgewendet werden könnten. Noch heute werden an vielen Orten des Luzerner Hinterlandes die Wetterglocken geläutet, sobald sich von Westen her eine dunkle und drohende Gewitterfront nähert. Wenn vom Kirchturm her der dumpf mahnende Klang der Wetterglocke ertönt, leert sich in Ruswil die Badeanstalt. Hausbesitzer klappen eilends die Sonnenschirme zu und schließen die Fensterläden; Autos werden in den Garagen versorgt und die Blumen so gut wie möglich vor dem erwarteten Hagel geschützt. Wehe dem Messner, der das Läuten vergisst. Wehe auch dem Priester, der es unterlässt, zwischen Kreuzauffindung (3. Mai) und Kreuzerhöhung (14. September) mit der eigens dafür bestimmten Wettermonstranz, in die ein Partikel des heiligen Kreuzes Christi eingelassen ist, den Wettersegen zu erteilen. Als es in Ruswil einmal ein Priester aus der Stadt aus Unkenntnis unterließ, hagelte es nicht nur Eiskörner, sondern auch Proteste, in der festen Überzeugung, dass das Gewitter keinen Schaden angerichtet hätte, wäre nur der Wettersegen erteilt worden.

Wetterkreuze

Partikel des heiligen Kreuzes, an dem Christus den Opfertod starb, brechen die Kraft der Hexen, der Dämonen und selbst jene des Teufels. Sie gehören daher zu den kostbarsten Reliquien der Christenheit und werden dementsprechend andächtig verehrt. Wallfahrtsorte wie Heiligkreuz im Entlebuch verdanken ihre Entstehung denn auch frommen Pilgern, die aus Jerusalem ein Stück des heiligen Holzes in die Heimat brachten.

Eine abenteuerliche Geschichte umrankt die Kreuzesreliquie von Scheyern, die in ein doppelbalkiges Vortragskreuz des lateinischen Patriarchen von Jerusalem eingelassen ist. Bereits im 12. Jh. kam dieses Kreuz auf Umwegen in das Benediktinerkloster Scheyern, wo es bis heute in einem Seitentrakt der Klosterkirche zur Verehrung ausgesetzt ist. Verkleinerten und am Originalkreuz berührten Kopien sprach man eine schützende Wirkung gegen Sturm und Hagel zu. Daraus entstand der Glaube, dass die Wiesen und Äcker durch doppelbalkige Scheyerer Kreuze besser gegen Hagel geschützt seien, als durch einfache Feldkreuze. Ein Beleg dafür findet sich in den Akten der Korporationsgemeinde Buttisholz.

Nach einer alten Urkunde, schreibt Alois Lütolf, sind die vier doppelbalkigen Kreuze 1657 aufgerichtet worden, um die Gemeinde künftig vor Brand, Pest, Hagel, Strahl (Blitz) und Hexen zu schützen. Soweit die Kraft dieser Kreuze reichte, war die Macht der in Sursee wohnenden Hexen gebrochen. Ähnliches gilt auch für die beiden in Ruswil stehenden Scheyerer Kreuze. Dass der Glaube an ihre Schutzkraft noch immer lebendig ist, zeigte der große Sturm ‚Lothar', der im Jahr 2000 eines der beiden Kreuze fällte. Knapp zwei Monate später ist der Stumpf des alten Kreuzes entfernt und ein neues aufgestellt worden.

Der Glaube an die magische Kraft der kirchlichen Bann- und Schutzmittel ist im Volk tief verwurzelt. Nach wie vor zündet man bei einem herannahenden Gewitter schwarze Kerzen an oder lässt vor dem Haus Zweige der aus siebenerlei Holz gefertigten Palmbüschel verglimmen. Manche spritzen bei herannahenden Gewittern Weihwasser aus den Fenstern und verrichten dazu ein Gebet, in dem den Mächten der Finsternis befohlen wird zu weichen. Eine besondere Macht wird dabei dem in der Osternacht geweihten Wasser zugeschrieben. Dieses ist auch im Zeitalter der Hagelversicherungen und Sicherheitsnetze von den Bauern begehrt: In der Osternacht 2009 weihte der Pfarrer der Gemeinde Ruswil drei Kanister mit je 60 Litern. Als diese nach Ostern weggeräumt wurden, waren sie nahezu leer. ■

Lit.: Lussi (1988), Lussi (2002), Lütolf (1862), Reichhold (1981), Schacher (1947), Zihlmann (1989)

Doppelbalkiges Wetterkreuz bei Sigigen / Schweiz
Doppelbalkige Kreuze gelten als bewährte Schutzzeichen gegen Hexenwerk. Das Kreuz bei Sigigen ist im Jahr 2000 errichtet worden.

Amulett und Talisman

Amulette sind kleinere, am Körper getragene Gegenstände. Sie sollen magische Kräfte verleihen oder vor Unheil schützen. Ihre Wirkung basiert auf den Kräften, die ihrem Material, der Gestalt oder einem bestimmten Zeichen zugeschrieben werden.

Talismane werden im Haus aufbewahrt oder z.B. an Türen und Fahrzeugen angebracht. Im Unterschied zum Amulett ist der Talisman ein Glücksbringer, der das Gewünschte ‚magnetisch' anziehen soll. M. J. B.

Lit.: Hansmann / Kriss-Rettenbeck (1977), Schutz & Zauber (1999)

Bätti (Rosenkranz)
L 87 cm
Beromünster, Haus zum Dolder HzD 2778

Rosenkränze zählten seit jeher zu den typischen Wallfahrtsandenken. In der Heimat wurden sie mit verschiedenen Einzelstücken kombiniert, die von anderen Wallfahrten stammten oder keinerlei christliche Bezüge hatten. Dadurch konnten sie auch zu Amuletten umfunktioniert werden.
Das Bätti von Beromünster besteht u.a. aus Perlen mehrerer Rosenkränze und einem Stationenkreuz, vermutlich alle aus dem Heiligen Land. Die beidseitigen Perlmutteinlagen des Kreuzes sind Sinnbild der 14 Leidensstationen Christi. Perlmutt spielte aber auch bei der Abwehr von Krankheitsdämonen, vom bösen Blick und von Zauberei eine wichtige Rolle. M. J. B.

Lit.: Schutz & Zauber (1999)

Fraisenkette
Stoff, Silber, Koralle, Zahn, Bernstein, L 80 cm
um 1800
Nürnberg, Germanisches Nationalmuseum Tsb 751

Das Wort ‚Frais' bezeichnet krampfartige Zustände und umfasste als Sammelbegriff z.B. Kinderkrämpfe, panischen Schrecken und Epilepsie. Dämonen und Hexen, die den Menschen anfallen, in ihn hineinschlüpfen oder plötzlich niederschlagen, galten als Verursacher der Anfälle. So genannte Fraisenketten wurden als Gegenmittel genutzt. An einer Schnur versammelten sie meist eine ungerade Anzahl von Amuletten und Segenszeichen, die durch Kombination und Häufung eine größtmögliche Schutz- und Heilwirkung erzielen sollten. An der Nürnberger Kette wurden u.a. neun amulettartige Anhänger an einem roten Stoffband befestigt: vier Medaillen, eine Neidfeige, ein Bergkristall, drei Edelsteine und ein Breverl. Noch bis ins 19. Jh. fanden Fraisenketten Verwendung. M. J. B.

Lit.: Hexen und Hexenverfolgung (1994), Wider Hexerey (2000)

Maulwurfspfote
Maulwurfsvorderpfote, Silberfassung, L 3 cm, B 1 cm
Süddeutschland, 18./19. Jh.
Nürnberg, Germanisches Nationalmuseum TSb 45

Als Teufels- und Hexentier schrieb man dem Maulwurf übernatürliche Kräfte zu. Da er die Erde unterirdisch durchwühlt, stand er in Verbindung zu verborgenen Schätzen. Darüber hinaus galten Maulwurfsamulette als Liebesamulett, als Mittel gegen den bösen Blick und gegen Zahn- und Halsweh. M. J. B.

Lit.: Hexen und Hexenverfolgung (1994), Riegler (2006)

Kette mit acht Gebissteilen
Horn, Knochen, Zahn, Silberfassung, L 30 cm
Beromünster, Haus zum Dolder HzD 2677

Den Teilen des Tierkörpers wurden magische Kräfte zugesprochen, weswegen man Haare, Zähne und Teile von Hörnern und Knochen als wirksame Amulette verwendete. Sie galten als Abwehrzauber und Potenzzeichen. Gebissamulette schützen den Träger vor schädlichen Geistern und dem bösen Blick. Die abgebildete Kette kombiniert diese Funktionen mit den angehängten Gebissen, Geweihstücken und der verstümmelten Krallenhand. M. J. B.

Lit.: Schutz & Zauber (1999)

Kette aus Natternwirbeln
Natternwirbel
Süddeutschland, 18. Jh.
Nürnberg, Germanisches Nationalmuseum BA 3066

Natternwirbelketten sprach man eine ähnliche Wirkung zu wie den Fraisenketten. Das beruht auf dem Verständnis von der Schlange als einerseits dämonischem, andererseits Glück und Heilung bringendem Tier. Vor allem Kinder trugen solche Ketten. M. J. B

Lit.: Hansmann / Kriss-Rettenbeck (1977), Hexen und Hexenverfolgung (1994)

Korallenamulett
Silber, Koralle
1685
Nürnberg, Germanisches Nationalmuseum 4870

Korallen fanden bereits in der Antike als Amulette gegen den bösen Blick Verwendung. Im späteren Volksglauben sollten Korallenketten und -armbänder kleinen Kindern das Zahnen erleichtern und Zauber von ihnen abwehren. Vergrabene Korallen schützten Feldfrüchte vor Gewitterschaden und Hagel. Mit Pfingstrose und Nachtschattenwurzel in einem kleinen Beutel getragen, wirkten sie gegen Impotenz. Das abgebildete Korallenamulett hat die Form eines Horns, einem wirksamen Schutzmittel gegen böse Mächte und dämonische Einflüsse. In die Silberfassung sind die Jahreszahl 1685 und die Initialen R. H. eingraviert. M. J. B.

Lit.: Güntert (2006), Hansmann / Kriss-Rettenbeck (1977)

Krippenkind mit Korallenkette
Pappmaché, L 40 cm
Süditalien, ca. 1800
Köln, Sammlung Ansgar Fütterer

Schon italienische, flämische und altdeutsche Maler stellten das Jesuskind mit einer Kette aus Korallenperlen oder mit einem Korallenast dar. Auch als Krippenfigur erhält es das Amulett umgehängt. M. J. B.

Lit.: Hansmann / Kriss-Rettenbeck (1977)

Amulett aus gegerbter Menschenhaut
Menschenhaut, Silberfassung, L 5 cm
Süddeutschland, 15. Jh.
Nürnberg, Germanisches Nationalmuseum TSb 46

Menschliche Leichenteile, die von gewaltsam aus dem Leben gerissenen Personen stammten, wurden als Amulette getragen. Ihnen sollte überschüssige Lebenskraft innewohnen, die auf andere Menschen zu Heilzwecken übertragen werden könnte. Noch im 17./18. Jh. verkauften Henker, Abdecker und Hirten Leichenteile und Bestandteile des Galgens. Auch über Apotheken konnten zu dieser Zeit Riemen aus Menschenleder bezogen werden. M. J. B.

Lit.: Hexen und Hexenverfolgung (1994), Wider Hexerey (2000)

Neidfeige
Bein, in Silber gefasst, L 5,5 cm
Nürnberg, Germanisches Nationalmuseum Slg. Richter A 8

Die Geste des zwischen Zeige- und Mittelfinger durchgesteckten Daumens ist ein Abwehrzeichen gegen den bösen Blick sowie ein erotisches bzw. obszönes Symbol. Als Anhänger aus z.B. Koralle oder Elfenbein gehört die Fica oder Feige zu den verbreitetsten Amuletten. Im 17. Jh. wandte man die Neidfeige in Süddeutschland gegen Hexen und angeblich von Hexen verursachte Unfruchtbarkeit an. M. J. B.

Lit.: Fütterer (1996), Hansmann / Kriss-Rettenbeck (1977), Hexenwahn. Ängste der Neuzeit (2002)

Neidfeige
Elfenbein, Metallmanschette
süddeutsch, um 1900
Offenburg, Museum im Ritterhaus

Neidfeige
Azabache, Silbermanschette
Santiago de Compostela, um 1900
Offenburg, Museum im Ritterhaus

Apotropäische Magie für alle Lebenslagen

Christoph Daxelmüller

Religion oder Magie?

Die Kirche verwaltete Himmel und Hölle, Heilige und Dämonen, Gott und den Teufel. Über das Jenseits als Realität ließ sie keine Diskussion zu. Im Gegensatz zu unseren Vorstellungen vom ‚finsteren', abergläubischen Mittelalter begegneten die Menschen dem Alltag empirisch und mit Vernunft, die jedoch das Vertrauen auf übernatürliche Hilfe nicht ausschloss. Für die individuellen Nöte und die kollektiven Katastrophen zwischen Krankheit und Tod, Seuchen, Hunger und Viehsterben vermittelte die Kirche ein großes Angebot himmlischer Hilfe, von Wallfahrt über Reliquien bis Gottesdienst und Segnung. Zu seinem Schutz und zur Abwehr des Bösen, das sich im jähen Tod ebenso manifestierte wie in plötzlich ranzig werdender Butter oder im unerklärlichen Ausbleiben der Zeugungskraft, hätte der Mensch durchaus auf Magie verzichten können.

Heiligenstatue bei Dämmerung
In irdischen Notlagen suchten die Menschen bei himmlischen Helfern Rat und Unterstützung.

Die Kirche war zentraler Bezugspunkt des täglichen Lebens. Doch sie berief sich nicht nur auf überirdische Mächte, sondern ihr oblagen etwa auch die Betreuung der Kranken, die Begleitung der Sterbenden und das letzte Geleit zum Grab. Die Ausgrabung des Friedhofs des dänischen Klosters Æbelholt und die Untersuchung des Skelettmaterials machen die chirurgischen Fähigkeiten und das pharmazeutische Wissen der mittelalterlichen Mönchsärzte bewusst und zugleich die enge Verbindung zwischen irdischer und himmlischer Medizin: Sie operierten und reichten den Kranken Wasser, in das zuvor ein Zahn des heiligen Wilhelm von Æbelholt getaucht worden war.

>>

Votivtafel mit Dämonenaustreibung
Das Bild aus dem Österreichischen Museum für Volkskunde in Wien zeigt die Anrufung der Himmelskönigin Maria, durch deren Hilfe die Votantin von Dämonen befreit wird.

Schabmadonnensammlung aus Beromünster / Schweiz
Zahlreiche Wallfahrtsorte verkauften Miniaturgnadenbilder aus Ton, dem angeblich Partikel aus der Kapelle oder von Reliquien beigefügt wurden. Dadurch galten die Figuren als heilkräftig. Davon abgeschabtes Material wurde wie Medizin eingenommen.

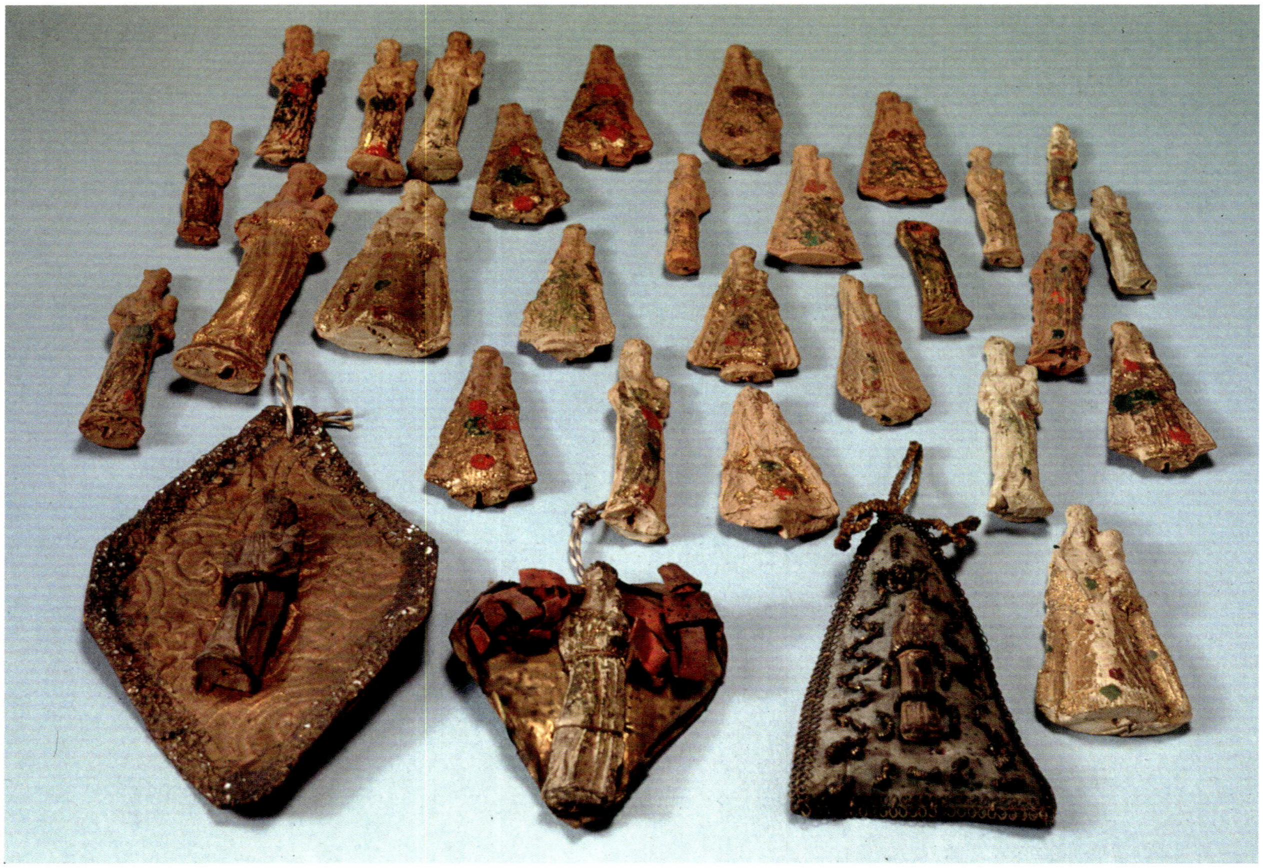

Schachtel mit Walburgisöl
B 3,5 cm, L 5 cm, H 3,5 cm (geschlossen) bzw. H 7 cm (geöffnet)
Beromünster, Haus zum Dolder HzD 3041

Die heilige Walburga gilt u.a. als Patronin der Kranken und Wöchnerinnen. Ende des 9. Jh. wurden ihre Gebeine an einem 1. Mai, gleichzeitig Tag ihrer Heiligsprechung, umgebettet. Die Nacht auf den 1. Mai verdankt diesen Ereignissen ihren Namen: Walpurgisnacht.
In den Wintermonaten tritt seit Jahrhunderten eine als Walburgisöl bezeichnete Flüssigkeit aus dem Sarkophag aus, die in einer Schale aufgefangen und in kleinen Flaschen abgefüllt wird. Es handelt sich weniger um Öl als um Gesteinswasser, dem Heilkräfte nachgesagt werden.

Lit.: Brauneck (1978), Mittel zum Heil (2005)

Hölzerne Gebärmutterkröte, Votiv aus St. Erhard in der Breitenau / Österreich, 18. Jh.
Kröten waren ein beliebtes Tierbild bei Amuletten. Sie galten u.a. als Symbol der physischen Fruchtbarkeit der Frau und wurden bei Unfruchtbarkeit, Problemen in der Schwangerschaft und bei Unterleibsbeschwerden als Abbild der Gebärmutter als Votive geopfert.

Die Auswahl an himmlischen Helfern für alle irdischen Notlagen war groß. Neben den Ärztepatronen Kosmas und Damian rief man bei Pest und Seuchen die Heiligen Sebastian und Rochus, bei Halsleiden den heiligen Blasius oder bei Leibschmerzen den heiligen Erasmus an. Seit dem 15. Jh. verbreitete sich der Kult der Vierzehn Nothelfer. Marienmilch – in der Milchgrotte zu Bethlehem abgeschabter und mit Wasser verdünnter Kalk – half Frauen in Kinds- und Stillnöten.

Reliquien erfüllten nicht nur bei den großen Heiltumsschauen des Mittelalters ihren Zweck, man brachte sie auch zu Kranken. In Antwerpen verehrte man ein Exemplar der Vorhaut Christi, zu der sich 1426 eine ‚Bruderschaft der heiligen Vorhaut' zusammenfand. Ihre Verehrung lässt sich bis ins 18. Jh. hinein nachweisen. Unfruchtbare Frauen ließen sich mit diesem Kleinod segnen.

Neben den Reliquien gab es eine Vielzahl an Devotionalien und geweihten Gegenständen: Medaillen, auf wunderbare Weise in den Gräbern von Heiligen entstandene Öle wie das Walburgisöl, wächserne Agnus Dei oder an Heiligen- und Marienfiguren berührte Objekte.

Die kirchliche Benediktionsliteratur berücksichtigt alle alltäglichen Mühsale. Der Geistliche verfügt über einen Fundus von Gebeten und Segnungen, um Unheil etwa vom Viehstall oder vom Haus fernzuhalten. 1736 veröffentlichte der Kapuzinerpater Martin von Cochem sein *Libellus benedictionum et exorcismorum*, das nicht nur die üblichen Segnungen von Gegenständen wie Medaillen, Kerzen oder Kräutern enthält, sondern auch eine Segnung des Brotes gegen Feuergefahr, dazu Waffen- und Kugelsegen oder Exorzismusgebete für von Gespenstern und Dämonen heimgesuchte Häuser und Viehställe.

Ob Gebet oder geweihtes Medaillon, als Hilfsmittel gegen Gefahren wie Verhexung, Krankheit oder der Angst vor Toten und Wiedergängern befinden sie sich im Normbereich religiöser Praktiken jenseits magischer Verwendung. Geistliche sprachen die Exorzismen gegen verhexte oder von Ungeziefer heimgesuchte Häuser und gaben an die Menschen Breverl und Schutzzettel aus. Wann aber wird aus dem Benediktuspfennig das Amulett, aus dem vom Priester gesprochenen Segensgebet die magisch-apotropäische Handlung?

Breverl
Die kleinen Schutzbriefe enthielten Heiligenbilder und magische Sprüche sowie in Miniatur heilige Zeichen, Reliquien und Kräuter. In kleine Kissen genäht, wurden sie am Körper getragen oder Kindern in die Wiege gelegt.

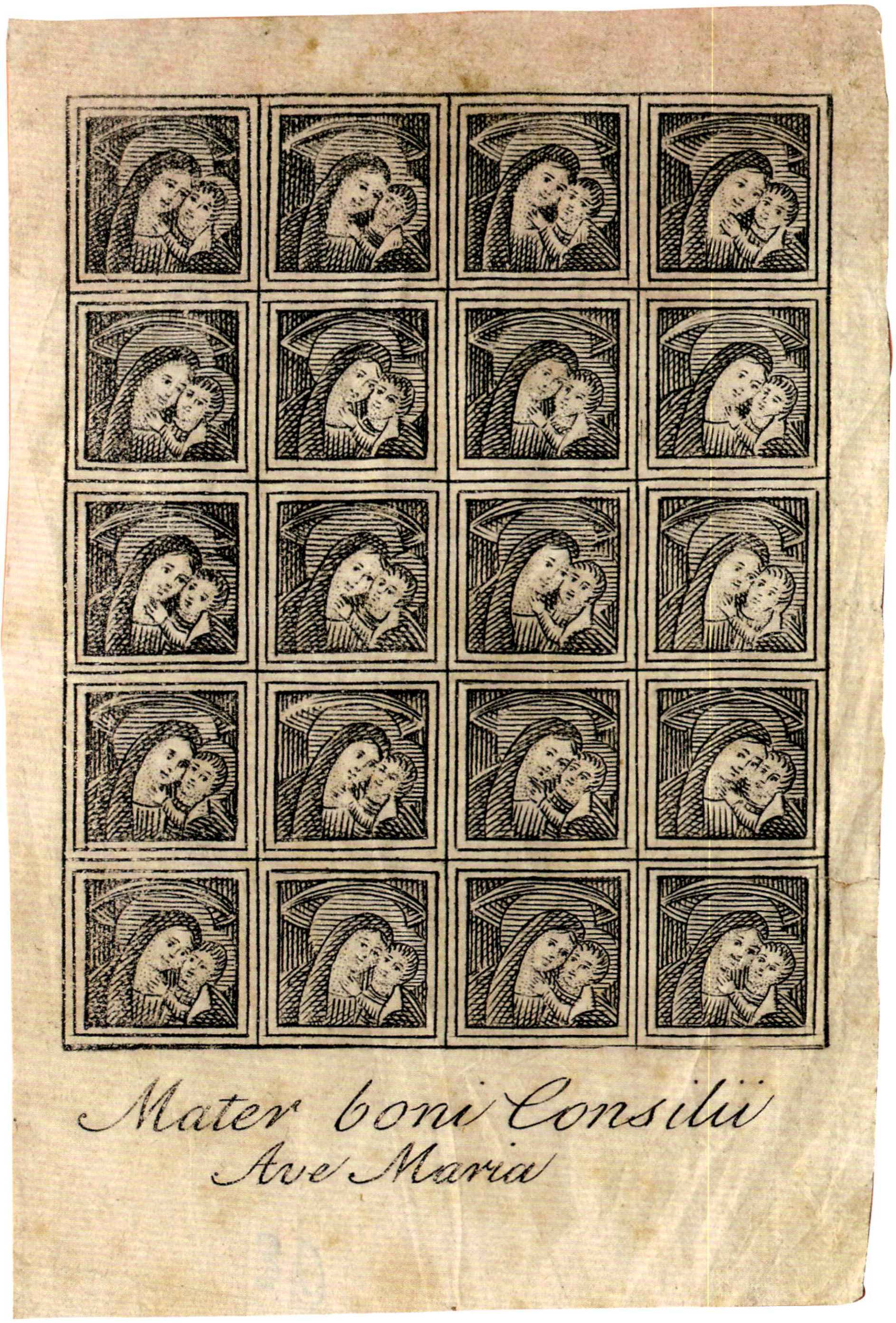

Schluckbildchenbogen mit Abbildung der *Mutter vom guten Rat*
Die kleinen Bilder wurden in Not und Gefahr verschluckt oder krankem Vieh ins Futter gegeben. Durch die Aufnahme sollten sie von innen heraus ihre schützende oder heilende Wirkung entfalten.

Eine Messe gegen Mäuse

Die Königliche Bibliothek Kopenhagen bewahrt einen eigenartigen, im 15. Jh. entstandenen Text auf. Er füllt jene Grauzone zwischen Zauber und frommem Gebet, in der die Halb- und Ungebildeten der vorreformatorischen Zeit die Liturgie des Gottesdienstes als ein sehr reales, gegenständliches Hilfsmittel und die Priester als Verwalter und Vermittler übernatürlicher Kräfte betrachteten. Die Grenzen zwischen Messritual und konkretem Zauber lösen sich auf. Was der Verehrung Gottes und dem Seelenheil förderlich war, sollte auch dem irdischen Wohlbefinden nützen.

Eine Messe an die heilige Kakukilla diente als Beschwörung gegen Ratten und Mäuse im Haus. Das Ritual zum Schutz gegen Schädlinge verblieb auf der Ebene jener Alltagsmagie, die der kirchlichen – und damit legitimen – Segens- und Gebetspraxis entstammte. Der ‚Zauber' beruhte lediglich auf der aus der konkreten Weltsicht der einfachen Leute verständlichen Potenzierung: Man solle so viele Namen auf Papier niederschreiben, wie sich Ungeziefer in den Häusern des Hofes aufhielte, den Zettel unter das Korporale legen, auf dem der Altarkelch stünde, dann die Beschwörung an Kakukilla richten und an drei aufeinander folgenden Tagen drei Messen mit recht unorthodoxer Liturgie lesen lassen. Hinter der eigenartigen Heiligen verbarg sich der Exorzist und Schutzpatron bei Feuer und Gewitter, der irische Heilige Kolumkille bzw. Kolumban.

Die populäre Beschwörungs- und Segensliteratur beruft sich bis ins 20. Jh. hinein auf die Hilfe und den Schutz heiliger Personen. Durch die Verdreifachung, das Lesen von drei Messen an drei aufeinander folgenden Tagen, die Anrufung der Dreifaltigkeit, das dreimalige Beten des Vater Unser und des Ave Maria nehmen die Formeln drängende, ja magische Züge an. Man benötigt nun nicht mehr den Teufel als helfendes oder ausführendes Wesen, sondern kann sich auf himmlische Patrone berufen, auf Zauberer wie Kolumban oder Cyprianus.

Der Zauberer Cyprianus, die Magie und das Heilige

Cyprianus spielt eine wichtige Rolle in der populären Beschwörungsliteratur. In einem Zauberspruch des Romanus-Büchleins für verhexte Menschen und bezaubertes Vieh rückt er gar an die Seite Gottes: *„... hat dich überritten ein Mann, so segne dich Gott und der heilige Cyprian, hat dich überritten ein Weib, so segne dich Gott und Maria Leib, hat dich bemühet ein Knecht, so segne dich Gott und das Himmelrecht ... da sprach unser Herr Christus, den Ritter ich nicht hab ... wer mir mein + hilft klagen und tragen, den will von Rittern absagen, im Namen Gottes des Vaters, im Namen Gottes des Sohnes, im Namen Gottes des heil. Geistes. Amen."*

Für den populären Zauberglauben musste die Verbindung von Zauberer und Heiligem in einer einzigen Person als ideal für die angestrebte Wirkung erscheinen: Von den Eltern bereits als Kind dem Teufel geweiht, verliebte sich Cyprianus in die Jungfrau Justina. Er rief mehrere Teufel zur Hilfe, die alle an der frommen Standhaftigkeit der Jungfrau scheiterten. Als der Teufel schließlich seine Erfolglosigkeit angesichts des Zeichens des Kreuzes schilderte, erkannte Cyprianus dessen alles überragende Macht, ließ sich taufen und wurde sogar Bischof. Zusammen mit Justina erlitt er den Märtyrertod durch Enthauptung. Aus dem Zauberer war ein Heiliger geworden.

Der helfende Heilige gehört zum Formular solcher populären Beschwörungsliteratur. Cyprianus wird nicht nur ein Zauber-, sondern auch ein Traumbuch zugeschrieben: das *Romanus-Büchlein*. Nach eigenen Angaben bewahrt es *„Menschen und Vieh vor Unglück und Krankheit, Feuer und Wassergefahr, Diebstahl, Verwundung durch Waffen aller Art, so wie vor aller Zauberei in und außer dem Hause“*. Es gehört zu den verbreitetsten Sammlungen von apotropäischen Beschwörungen. Aber auch bedeutende Gelehrte wie Albertus Magnus galten als Verfasser von ‚Zauberbüchern'.

Geheime Zeichen, die Juden und der Zauber mit Brot

In handschriftlichen Aufzeichnungen sind die Beschwörungen häufig mit Zeichen versehen, mit Kreuzen, Siglen, aber auch mit verballhornten hebräischen Buchstaben. Sie begegnen auf Amuletten, Breverln, handgeschriebenen, am Körper getragenen Schutzzetteln und anderen magischen Gegenständen. Sie ergeben in der Regel keinen philologischen Sinn. Aber man glaubte an die magische Wirksamkeit gerade dieser geheimnisvollen, rätselhaften Zeichen, galten doch die Juden im populären Glauben als mächtige Zauberer nicht zuletzt wegen ihrer für niemanden verständlichen Sprache.

Im sozialen Netz einer Gemeinde konnte dieser Glaube durchaus kuriose Züge annehmen. So wie man gerne mit der bereits in der Antike bezeugten SATOR AREPO-Formel beschriftete Holzscheiben ins Feuer warf, um es zu löschen, benutzte man im unterfränkischen Eibelstadt ‚mazzot', das bei den Christen ebenso begehrte wie geheimnisumwitterte ungesäuerte Brot für Pessach. Die Bürgermeisteramts-Rechnung

Zauberrolle aus Lauffen an der Traun / Österreich
Auf einem fast zwei Meter langen Papierstreifen sind zahlreiche Beschwörungsformeln versammelt, die u.a. Mörder und Feinde abwehren und vor Betrug schützen sollen. Auch die SATOR AREPO-Formel gegen jegliche Zauberei befindet sich darunter.

von Eibelstadt verzeichnet für das Jahr 1634/35 Ausgaben von *„1 fl 1 lb 15 dn für 3 Leb Brodt, so die Juden ins Fewer geworfen, den Brandt mit zue stillen“*. Obwohl man hier den Feuerzauber den Juden zuschrieb, praktizierten ihn vor allem Nichtjuden.

Magie gegen Magie

Unglück konnte natürlichen Ursprungs sein. Häufig aber suchte man die Ursache im Schadenszauber. Als einem Bauern in Großnottersdorf 1651 das Vieh erkrankte und er eine Nachbarsfamilie der Untat verdächtigte, rieb er seine Tiere mit einem Gemisch aus menschlichen Exkrementen ein. 1627 wählte ein Bauer von Hechingen eine in der magischen Anleitungsliteratur häufig erwähnte Prozedur, *„indem er, weil sein weib nicht ausbuttern können, das butterfaß, darin die butter gewesen, mit rutten und hagedorn der mainung gehauen, weil er ein argwon uf sein nachbäurin ... gehabt, mit vorgebung, wann man das butterfaß hau, so treffe er dasjenige mensch, so machen künne, daß das buttern nicht ausgehe, alsdann man durch das zaichen, so die darvon bekommen, sehen könne, daß sie schuldig daran seye.“*

Um das Vieh in den Ställen wirksam gegen ‚böse Leute‘ zu schützen, empfiehlt das *Romanus-Büchlein* in einemTürschwellenzauber, Wermut zu nehmen, ferner *„schwarzen Kümmel, Fünffingerkraut und Teufelsdreck, von jedem Stück für 2 Kreuzer, nimm Saubohnenstroh, die Zusammenkehrung hinter der Stallthür zusammengefaßt und ein wenig Salz, alles in ein Bündelein in ein Loch gethan in die Schwellen, wo das Vieh ein- und ausgehet, mit Elzenbäumen zugeschlagen, hilft gewiß.“*

Es ließen sich Abertausende solcher Anleitungen aus gedruckten und handschriftlichen Sammlungen oder aus der ‚magischen Hausväterliteratur‘ des 17. und 18. Jh. zusammentragen. Während die Rituale der Schadensmagie, des Bild- und Todeszaubers lediglich in vagen Andeutungen und in der Regel in lateinischer Sprache vorliegen und das *Sefer ha-Razim* (‚Buch der Geheimnisse‘), ein kabbalistisches Handbuch der Magie gar in hebräisch, verwenden apotropäische Rezepte, Anleitungen zur Herstellung von Amuletten oder Segenssprüche zum Schutz des Menschen vor Bezauberung und allen Nöten und Katastrophen des Alltags bereits seit dem Spätmittelalter die Volkssprache. Diese Literatur war in gedruckter Form beim Buchhändler zu erwerben. Wer sich das nicht leisten konnte oder wollte, stellte sich die Anleitungen seit dem 18. Jh. handschriftlich selbst zusammen.

Magie und bildhafte Handlung

Die apotropäische Magie bezieht ihre Inhalte und Handlungsrituale aus der kirchlichen Benediktionspraxis, aus medikalen Therapien sowie dem pharmazeutischen und astrologischen Wissen der jeweiligen Zeit. Zum Zauber gerät sie durch die zwingende Duplizierung der Rituale und Gebete, der Segen und Beschwörungen. Der Laie übernimmt die Aufgabe des Priesters: Er und nicht der Geistliche exorziert das verwunschene Haus und vertreibt Gespenster und Ungeziefer, er räuchert am Dreikönigsfest den Stall mit Weihrauch aus und lässt das Vieh am Heiligen Abend oder am Neujahrstag kirchlich geweihte Nahrung fressen.

Diese ‚Magie‘ äußert sich in symbolischen, bildhaften und dadurch verständlichen Handlungsmustern. Dies verbindet sie mit der populären Frömmigkeit, die mittels Bildern und Bildhaftem Unverständliches in verständliche Zeichen umsetzt. Die Kraft, die von einem Gnadenbild ausgeht, erfährt der einfache Mensch nicht durch theologisches Nachdenken, sondern durch körperliche Berührung.

Diese Übertragung aber vollzieht sich auch in entgegengesetzter Richtung. So galt der Wurm als Verursacher von Schmerzen – eine Vorstellung, die sich noch heute unreflektiert in der Redewendung, dass einen ‚etwas wurmt‘, findet. Ein Wurmsegen gegen das Zahnweh aus einer Tegernseer Handschrift des 9. Jh. befiehlt dem Wurm, den Zahn zu verlassen. Im Pariser Wurmsegen *Contra uermem edentem* aus dem 12. Jh. lautet die zwingende Eingangsformel: *„Ich gebiude dir wurm du indemo fleiske ligest“* (Ich befehle dir, Wurm, der du dich im Fleisch befindest.). Krankheiten ließen sich auf Bäume und Sträucher übertragen. In der Gegend um Landshut brach man bei Zahnschmerzen ein Stückchen vom Holunderzweig ab und rieb es an der schmerzenden Wange. Im Böhmerwald riet man Gichtkranken, an drei Tagen vor Sonnenaufgang einen Holunderstrauch zu berühren und zu sprechen: *„Holunder, ich hab die Gicht, und du hast sie nicht. Nimm sie mir ab, dass ich sie nicht hab. Im Namen des Vaters ...“*

Die Vernunft der Aufklärung und ihre Niederlage

Die Aufklärung des 18. Jh. führte einen unbarmherzigen Kampf gegen allen Aberglauben und jegliche Magie, nicht selten mit beißendem Spott. So geißelte Johann Georg Schmidt 1722 in seiner *Gestriegelten Rocken-Philosophie* den Glauben an das ‚Festmachen', mithin den Schutz vor Schwerthieben oder Gewehrkugeln mit Hilfe der ‚Waffensalbe' oder zauberischer Objekte. Der Überzeugung, dass man sich mit einer Kugel, *„mit welcher ein anderer Mensch ist geschossen worden, ... feste"* machen könne, erteilte er eine entschiedene Abfuhr: *„Ja / du Narr / der du es glaubst / wenn du dich darauf verläßt / so wird dirs gehen wie jenem Hasen / der sich hinter ein Krautblat gestellet / ob stände er hinter einem Wall / und ehe er sichs versah / war das Krautblat sammt dem Hasen durchgeschossen."*

Die Aufklärung erreichte ihr Ziel nicht. Noch heute versuchen sich Menschen an der Zauberei, auch wenn sie dafür in Ermangelung anderer Hilfsmittel auf das *Handwörterbuch des deutschen Aberglaubens* zurückgreifen müssen. Denn, so eine im Mai 2009 veröffentlichte Befragung des Allensbacher Instituts für Demoskopie, die Deutschen sind heute wieder abergläubischer als vor 25 Jahren. ■

Lit.: Daxelmüller (1982), Daxelmüller (2008), Franz (1960), Hampp (1961), Kramer (1961), Hansmann / Kriss-Rettenbeck (1999), Martin (1997), Møller-Christensen (1982), Ohrt (1917), Rebiger / Schäfer (2009), Schicklberger (2003), Spamer (1950), Spamer (1958)

Wiege mit Schutzzeichen, 18. Jh.
In Zeiten hoher Kindersterblichkeit wurde häufig Hexenzauber für plötzlichen Tod, Krankheit, Missbildungen oder ungewöhnliches Verhalten bei Kindern verantwortlich gemacht. Um den Nachwuchs zu schützen, griff man sowohl auf christlich-religiöse wie auch magische Zeichen und Symbole zurück – im Fall der abgebildeten Wiege auf Drudenfuß und IHS-Zeichen an Kopf- bzw. Fußende.

Volksreligiosität

Das Gedankengut zu Hexen und deren Unwesen stand nicht losgelöst in den Glaubenswelten der frühneuzeitlichen Gesellschaft. Es war eng verknüpft mit christlichen Vorstellungen und vor allem mit volksreligiösen Praktiken, die in erster Linie auf Schutz vor Unheil, Abwehr von Schädigendem und Heilung von Üblem ausgerichtet waren. Hier spielten besonders Maria sowie die verschiedenen Heiligen und Märtyrer eine Rolle, die in den unterschiedlichen Lebenslagen um Hilfe angerufen wurden. A. R.

Drei Scheyerer Kreuze aus Kupfer bzw. Zink, Bayern um 1900
Wasser, aus dem kegelförmigen Ende getrunken, sollte durch das Kreuz Heilkräfte erhalten.

Caravacakreuz mit eingeritzten Leidenswerkzeugen
H 10 cm, B 5 cm
Beromünster, Haus zum Dolder HzD 2763

Caravacakreuz und Scheyerer Kreuz gehören zu den doppelbalkigen Kreuzen und sind vor allem im Alpenraum verbreitet. Sie unterscheiden sich äußerlich in erster Linie durch die distelblütenförmigen Enden am Caravacakreuz und den kegelförmigen Fuß des Scheyerer Kreuzes. Beiden Kreuzen sagte man unwetterabwehrende Kräfte nach. Während das Caravacakreuz außerdem gegen Krankheit, Besessenheit, Ungeziefer sowie zur Teufelsaustreibung wirkte, spielte das Scheyerer Kreuz vor allem als Schutzmittel gegen Verhexung und den bösen Blick eine Rolle. A. R.

Lit.: Brauneck (1978), Fütterer (1996), Mittel zum Heil (2005)

Taukreuzanhänger
Silber, Ø 4 cm
Süddeutschland, 18. Jh.
Offenburg, Museum im Ritterhaus

Den als Anhängern sehr beliebten Kreuzdarstellungen wurde eine besondere Wirkkraft zugesprochen. Zahlreiche Varianten und Formen knüpfen sich an Legenden und dienen im Volksglauben verschiedenen Zwecken.
Das dem gleichnamigen griechischen Buchstaben ähnelnde Taukreuz sollte z.B. vor der Pest schützen. Daher wurden die Kreuze an Haus- und Stadttore genagelt oder unter der Türschwelle vergraben. Darstellungen auf Gebets- und Segenszetteln zeigen sie in Verbindung mit den Pestheiligen Rochus und Sebastian. A. R.

Lit.: Brauneck (1978), Fütterer (1996), Mittel zum Heil (2005)

Notburgasichel
Eisen, Holz, B 2,5 cm, T 2,5 cm, H 15 cm
Beromünster, Haus zum Dolder HzD 2561

Notburga (von Rattenberg) die besonders in der Oststeiermark, in Tirol und in Slowenien verehrt wird, gilt als Patronin der bäuerlichen Dienstmägde und Köchinnen, der Wöchnerinnen sowie allgemein der Landwirtschaft. Ihr Attribut, die Sichel, wurde oft in Miniaturform am Rosenkranz getragen und sollte vor Hexen und Zauberei schützen.
Notburga gehört nicht zu den kanonisierten Heiligen, aber der Vatikan billigte 1862 ihre Verehrung. A. R.

Lit.: Mittel zum Heil (2005), Notburga-Museum (2009)

Der heilige Dreykönigzettel oder Gebeth, so zu Kölln am Rhein in der Dom-Kirchen mit goldenen Buchstaben geschrieben und aufbewahrt wird.

Gebeth.

Im Namen Jesu stehe ich heute auf und neige mich den Tag, in dem Namen, den ich in der heiligen Tauf empfangen, der erste ist Gott Va†ter, der andere Gott So†hn, und der dritte Gott heiliger Ge†ist. Dieser Nahme behüte mein Fleisch, Blut, Seel, Leib und Leben, welches mir Je†sus, der Sohn Got†tes, gegeben hat. Also will ich gesegnet seyn wie der heilige Kelch und Wein, so der Priester auf dem Altar wandelt, und wie das wahre Himmelsbrod, so Jesus seinen zwölf Jüngern hat gegeben. Ich trette über das Thür-Geschwell, Jesu † Maria † Joseph † die heiligen 3 Könige, Kaspar † Melchior † Balthasar † seyn meine Weggesellen, der Himmel ist mein Hut, die Erde mein Schuh, der Stern der heiligen drey Könige führe mich auf die

C † M † B

H. 3 Könige, Kaspar † Melchior † Balthasar † bittet für uns, jetz und in der Stund unsers Absterbens. A.

rechte wahre Bußstraße. Die sechs heiligen Personnen seynd meine Gefährten im Hin- und Hergehen, welche mir begegnen, die haben mich lieb und werth, dazu helf mir Gott Vatter der mich erschaffen, Gott So†hn der mich erlöset, Gott der heilige Ge†ist, der mich geheiliget hat. Je†sus, Ma†ria, Jo†seph, Ka†spar, Mel†chior, Bal†thasar, stehet

mir bey in allen meinen Thun und Lassen, Handel u. Wandel, Gehen und Stehen, es sey auf dem Wasser, oder Land, die wollen mich vor Kugel, Feuer, Wasser, und alles was dem Leib und der Seel schädlich ist, allezeit bewahren, im Leben und Sterben, mit ihrer starken und mächtigen Gnad. Gott den Va†ter ergeb ich mich, Gott dem So†hn empfehle ich mich, Gott dem heiligen Ge†ist versenke ich mich, die allerheiligste Dreyfaltigkeit † sey ober mir, Jesus † Maria, † Joseph † vor mir, Kaspar † Melchior † Balthasar hinter mir, diese bewahren mich | mein Haus und alles ich hab | Jetz und allezeit bis ich komm zu der ewigen Glückseligkeit. Im Nahmen Gott des Vaters † des Sohnes † u. des heiligen Geistes † Amen.

i. 27.

Eigenthum des Verlegers Franz Barth in Wien Mariahilf Nr. 23.

Dreikönigssegen
Papier, B 21,8 cm, H 17 cm
Wien
Beromünster, Haus zum Dolder

Benediktusglöckchen
Blei, Zinn, H 5,2 cm,
Einsiedeln, 18. Jh.
Beromünster, Haus zum Dolder HzD 3043

Benediktusglöckchen bezogen ihre Kraft sowohl aus dem Heiligenbezug als auch aus der allgemeinen Bedeutung von Glocken als Abwehrmittel gegen Dämonisches. Sie fanden Einsatz zur Vertreibung von Unwettern sowie als Anhänger für Kinder und Tiere, die so vor Behexung geschützt werden sollten. A. R.

Lit.: Mittel zum Heil (2005)

Benediktusmedaille
Messing, Ø 5 cm
Beromünster, Haus zum Dolder HzD 2723

Der aus zwei Sprüchen bestehende Benediktussegen *„Weiche zurück, Satan. Nie rate mir Eitles. Bös ist, was du bietest: Trinke selbst das Gift."* und *„Es sei das heilige Kreuz mir Licht, der Drache sei mir Führer nicht."* wurde meist nur in den Wortinitialen der lateinischen Verse angegeben. Bereits den unverständlichen Buchstabenfolgen wurde magische Kraft zugemessen. So genannte Benediktusmedaillen mit diesem Segen sollten u.a. Zauberei, Gefahr durch Seuchen, Gift und die Pest und Einwirkungen des Teufels abwehren. A. R.

Lit.: Hansmann / Rettenbeck (1977), Mittel zum Heil (2005)

Benediktusbrot
H 3,5 cm, B 4 cm, T 1 cm
Kloster Mariastein / Schweiz
Beromünster, Haus zum Dolder HzD 3071

In zahlreichen Situationen des Lebens vertraute man auf die Fürsprache von Heiligen. Dem heiligen Benedikt geweihte Objekte waren, neben z.B. dem Dreikönigssegen, angeblich besonders wirksam gegen Zauberei und Hexenwerk. Das ‚Benediktusbrot' etwa wurde in mehreren Benediktinerabteien (Muri / Schweiz, Weingarten, Chiemsee) gebacken und anschließend geweiht. Seine Wirkkraft für Mensch und Tier entfaltete es, indem etwas von ihm abgeschabt und mit Wasser oder Wein eingenommen wurde. Im Kloster Mariastein wurde auf das Scheibengebäck u.a. der Benediktussegen aufgeprägt. A. R.

Lit.: Hansmann / Rettenbeck (1977), Mittel zum Heil (2005)

Diego Rodríguez de Silva y Velásquez: ***Infant Philipp Prosper,*** **1659**
Kinder waren im Volksglauben bösen Einflüssen aller Art besonders ausgesetzt. Daher wurden ihnen religiöse und magische Gegenstände zum Schutz umgehängt, hier u.a. ein goldenes Glöckchen und eine Koralle.

Hexenprozesse in europäischer Perspektive

Johannes Dillinger

links:
Wald auf dem Erresberg in der Eifel, Rheinland-Pfalz
Die Hexenverfolgungen der Frühen Neuzeit gehören mit etwa 50.000 Todesopfern zu den düstersten Kapiteln in der Geschichte Europas.

Ganz Europa war von den Hexenverfolgungen betroffen, aber nicht alle Teile Europas in gleicher Weise. Es gehört zu den wichtigsten Aufgaben der historischen Hexenforschung zu erklären, wieso sich die Verfolgungen extrem ungleichmäßig über den Kontinent verteilten. Wieso erlebten bestimmte Räume Massenverfolgungen, während andere weitgehend frei von Hexenprozessen blieben? Wieso begannen sie in einigen Gebieten erst zu einer Zeit, als sie anderswo längst zum Erliegen gekommen waren? Und wie viele Opfer forderten die Prozesse?

Wenn man diese Fragen zu Hexenprozessen beantworten will, muss zunächst geklärt werden, was man unter ‚Hexen' und was man unter ‚Prozesse' verstehen will. Hexen sind nach dem Verständnis der Verfolgungszeit Personen, die einen Vertrag mit dem Teufel abgeschlossen haben, mit Dämonen Geschlechtsverkehr haben, magisch durch die Luft fliegen, sich mit ihren Mittätern immer wieder zu Festen treffen und Schadenszauber verüben. Von einem Hexenprozess sollte nur die Rede sein, wenn zumindest die Mehrzahl dieser fünf Charakteristika im Verfahren angesprochen wird. Damit wird eine Unzahl von anderen magischen Delikten ausgeblendet, welche die kirchlichen und weltlichen Gerichte Alteuropas, d.h. der traditionell geprägten, vorindustriellen Gesellschaften Europas, beschäftigten. Die nach Zehntausenden zählenden Verfahren gegen magische Bagatelldelikte, wie z.B. einfache Heilmagie, Wahrsagerei oder auch Schatzmagie spielen für diese Untersuchung keine Rolle. Das ist angemessen, da Radikale zwar gern jede Magie als Hexerei verurteilt hätten. Die Bevölkerung und in der Regel auch die Behörden differenzierten die dämonische Hexerei aber sehr wohl von Alltagsmagie. Als ‚Prozesse' dürfen nur Gerichtsverfahren gewertet werden, die wenigstens in groben Zügen den formellen juristischen Anforderungen entsprachen.

>>

Anonym: *The Famous History of the Lancashire Witches*, London, ohne Jahr (ca. 1780)
Hexenflug und Sabbat waren in England weniger bedeutend als in den deutschen Staaten. Dennoch waren beide Motive bekannt.

Die Gesamtzahl der Hexenhinrichtungen weltweit beläuft sich auf rund 50.000. Etwa die Hälfte aller Exekutionen fand auf dem Gebiet des heutigen Deutschlands statt. Deutlich höhere Zahlen, die noch immer in unseriösen Publikationen gehandelt werden, entbehren jeder Grundlage. Die europäischen Kolonien erlebten zwar Hexenverfolgungen, die Zahl der Todesurteile blieb mit unter 100 insgesamt jedoch marginal. Die Anzahl der Todesopfer baut auf vergleichsweise gut nachweisbaren Hinrichtungen auf. Mit einem Todesurteil waren aber die Möglichkeiten der juristischen Sanktionierung von Hexerei nicht erschöpft. Die Zahl der Verfahren, die mit Freispruch, Verbannungsstrafe etc. endeten oder schlicht abgebrochen wurden, könnte ebenso hoch oder höher als die der Todesurteile sein. Ausgeklammert bleiben die außergerichtlichen Möglichkeiten, gegen vermeintliche Hexen vorzugehen. Diese reichten vom Lynchmord bis zum schlichten Rufmord durch Hexereibezichtigungen, die Gerüchte blieben, ohne sich je zu gerichtlichen Anklagen zu verdichten. Damit soll nicht gesagt werden, dass die Todesurteile nur die Spitze eines Eisberges bildeten. Es soll vielmehr unterstrichen werden, dass mit einer Statistik von Hinrichtungen die tatsächlichen sozialen Konsequenzen der Hexenprozesse nur angedeutet werden können.

Die Zahl der Hexenprozesse in einer ganzen Reihe von europäischen Staaten, insbesondere Ost- und Südosteuropas kann noch nicht genau beurteilt werden. Obwohl sich die Forschungslage hier in den letzten Jahren verbessert hat, ist es noch zu früh, um konkrete Schwerpunktperioden und Opferzahlen vorzulegen. Müssen wir die Zahl von etwa 50.000 Hexenexekutionen insgesamt also vielleicht doch deutlich nach oben korrigieren? Das ist äußerst unwahrscheinlich. Die bereits vorliegende Forschung hat gezeigt, dass Hexenprozesse in diesen Territorien eher selten waren. Zudem herrschten in diesen Gebieten Bedingungen, die große Hexenverfolgungen sehr unwahrscheinlich machten. Darauf wird weiter unten noch eingegangen werden.

Die große Entwicklung der Ausbreitung der Hexenverfolgungen lässt sich wie folgt zusammenfassen: Die Verfolgungen breiteten sich von der Schweiz ausgehend aus. Südlich der Alpen brachen sie bald ab, südlich der Pyrenäen blieben sie marginal. Nördlich der Alpen gilt grundsätzlich, dass die Prozesse nach Norden und nach Osten wanderten. Als Faustregel könnte man sagen: Den Norden Europas erreichten die Verfolgungen in der zweiten Hälfte des 17. Jh. Im russischen und ungarischen Osten kamen sie noch später an. In Ungarn fanden sich Verfolgungen im 18. Jh., rund zweihundert Jahre nachdem die Hexenprozesse in Italien weitgehend zum Erliegen gekommen waren. Die am schwersten betroffenen Gebiete lagen im deutschsprachigen Mitteleuropa. Selbst wenn man das Heilige Römische Reich Deutscher

Holzschnitt aus Olaus Magnus: *Historia de gentibus septentrionalibus*, Rom 1555
Eine Hexe wird vom Teufel geholt. Das Bild illustriert eine in England spielende Episode, die ein in Italien publizierender Schwede erzählt – die Hexenmotivik war in ganz Europa verständlich.

Nation ohne die habsburgischen Ostterritorien, die Eidgenossenschaft und die niederländischen Provinzen betrachtet, erlebte es insgesamt rund die Hälfte aller Hexenprozesse, obwohl in diesem Bereich nur etwa 20 % der Gesamtbevölkerung Europas lebten.

Bereits der erste Blick zeigt, dass Hexenverfolgungen nicht nur in katholischen Gebieten stattfanden. In der Öffentlichkeit – insbesondere der deutschen, wo Kulturkampf und Nationalsozialismus anti-katholische Klischees verfestigt haben – hält sich hartnäckig die Ansicht, dass die katholische Kirche die Hexenverfolgungen organisiert hätte. Die vergleichsweise hohen statistischen Zahlen für Frankreich und katholische deutsche Regionen scheinen auch dafür zu sprechen. Aber praktisch geschlossen katholische Länder wie Irland, Portugal oder Spanien erlebten gemessen an ihrer Bevölkerungszahl sehr geringe Verfolgungstätigkeit. Weder protestantische noch katholische Territorien entwickelten eine klare Tendenz für oder gegen Hexenprozesse. Auffallend ist jedoch, dass der Bereich orthodoxen Christentums, also der tiefe Osten und der äußerste Südosten des Kontinents verhältnismäßig wenige Verfolgungen erlebte. Die orthodoxe Kirche hatte sich von der mittelalterlichen Papstkirche getrennt, bevor diese die Hexentheorie formuliert hatte. Die dämonologische Hexenlehre des Spätmittelalters, die die Verfolgungen theoretisch rechtfertigte und den Hexenglauben intellektuell respektabel erscheinen ließ, war das gemeinsame Erbe von Katholiken und Protestanten. Sie gehörte jedoch nicht zur Theologie der Orthodoxen. Ohne die Lehre von den Hexen als große Organisation, als Teufelssekte, konnte es schwerlich Massenverfolgungen geben. Erst Zar Peter ‚der Große' übernahm die westeuropäische Hexenvorstellung im Zug seiner Modernisierungs- und Westernisierungskampagne. In den deutschen Staaten war die Hexenlehre dagegen bereits im 15. Jh. von Personen wie Heinrich Kramer, dem Autor des *Hexenhammers*, verbreitet worden. Ab der Mitte des 16. Jh. dürfte das Hexereikonzept hier allgemein bekannt gewesen sein.

Auf dem Balkan herrschte eine besondere Situation, die Hexenprozesse praktisch unmöglich machte. Der südliche Balkan gehörte im 16. bis 18. Jh. zum Osmanischen Reich. Das moslimische Regime

Holzschnitt aus Ulrich Molitor: *De lamiis et phitonicis mulieribus*, Köln 1489
Zwei Wetterhexen brauen Wind und Regen.

Jacob Cornelisz van Oostanen: *Saul und die Hexe von Endor*, 1526
Die Hexe als Teil europäischer Kultur. Das Bild illustriert die biblische Szene aus dem Alten Testament, zitiert jedoch die griechisch-römische Antike und kombiniert sie mit dem Wetterzauber (rechts oben) als typischem Element der frühmodernen Hexerei.

Holzschnitt aus Johann Geiler von Kaysersberg: *Die Emeis*, Straßburg 1516
Hexen melken Milch aus einem Axthelm.

erlaubte Hexenprozesse, die Wurzeln in christlicher Theologie hatten, freilich nicht. Selbst wenn die Bevölkerung scharfe Hexenverfolgungen verlangt hätte, wären sie gegen die türkische Herrschaft nicht durchsetzbar gewesen.

Es kann als gesicherte Erkenntnis der Geschichte der Hexenprozesse gelten, dass die als ‚Kleine Eiszeit' bekannte Klimaverschlechterung im Hintergrund der Verfolgungen stand. Sie bewirkte feuchte Sommer, lange Winter und häufige Stürme, die ihrerseits Missernten auslösten. Es ist nachgewiesen, dass witterungsbedingte Erntekrisen zu den Bedingungsfaktoren praktisch aller großen regionalen Verfolgungswellen gehörten. Der Zusammenhang zwischen Hexenprozess und Klimakatastrophe ist ganz unmittelbar gegeben, da Hexen zumindest in den mitteleuropäischen Hauptverfolgungszonen vornehmlich als Wettermagier verstanden wurden, die explizit Kälte und Stürme auslösten. Die extrem ungleichmäßige Verteilung der Hexenprozesse über Europa hat auch etwas mit den konkreten Auswirkungen der allgemeinen Klimaverschlechterung zu tun. Die Abkühlung der Witterung setzte die unterschiedlichen Regionen Europas unterschiedlichem wirtschaftlichen und sozialen Druck aus. Im vergleichsweise warmen Klima des Mittelmeerraumes blieben die ganz schweren Einbrüche aus. Viel stärker betroffen war der Raum nördlich der Alpen, wo durch die Klimaverschlechterung ganze Anbauzweige zusammenbrachen. Im deutschen Raum fällt auf, dass die Schwerpunktzonen der Hexenverfolgung Weinbauregionen waren. Der Wein war extrem witterungsanfällig. Ernteausfälle stellten die wirtschaftliche Existenz der häufig in Kleinbetrieben arbeitenden Winzer in Frage. Soziale Spannungen, die in Hexereibezichtigungen münden konnten, nahmen zu. In den kühlen Zonen des Kontinents überwogen immer schon robustere Anbauformen, sodass gravierende Erntekrisen vermieden werden konnten. Auch hier blieben schwere Verfolgungen die Ausnahme. Für die großen Städte Alteuropas gilt, dass sie vergleichsweise wenige Hexenprozesse erlebten. Städtische Ökonomien waren selbstredend nicht von der Agrarwirtschaft unabhängig. Sie waren jedoch vielfältig genug, um Einbrüche in der regionalen Urproduktion überbrücken zu können.

Freilich genügt der Hinweis auf vom Klima bedingte wirtschaftliche Faktoren nicht, um die Verteilung der Hexenprozesse über Europa zu erklären. Als Gerichtsverfahren standen alle Hexenprozesse innerhalb einer gewissen Rechts- und Verwaltungsordnung. Die ganz überwiegende Mehrzahl der Hexenprozesse fand nicht vor einem kirchlichen Gericht, etwa einem Inquisitionstribunal statt, sondern vor einem weltlichen Gericht, d.h. einem Gericht des Adels oder der Städte, das z.B. auch Diebe und Mörder aburteilen konnte. Eine Ausnahme wäre etwa Spanien, wo die Inquisition die Zuständigkeit für Hexenprozesse beanspruchte. Dies erwies sich jedoch als ausgesprochener Glücksfall. Nachdem der junge Inquisitor Alonzo de Salzar Frias die Rechtmäßigkeit von Hexenprozessen untersucht hatte, kam er zu einem vernichtenden Urteil. Die Leitung der Spanischen Inquisition ließ Hexenprozesse daraufhin faktisch einstellen: Jahrzehnte bevor sich die weltlichen Richter im Rest Europas zu diesem Schritt bereit fanden. Um die stark unterschiedliche Verfolgungsdichte in Europa zu erklären, müssen staatliche Organisationen untersucht werden. Es muss gefragt werden, welchen Einfluss die unterschiedlichen administrativen und rechtlichen Ordnungen der Gerichte auf die Hexenverfolgungen hatten.

Gerichtlich organisierte Massenverfolgungen brauchten eine leistungsfähige juristische Infrastruktur. Politische Ordnungen, die strukturelle Probleme hatten, Entscheidungen zu fällen und durchzusetzen, waren kaum anfällig für intensive Hexenverfolgungen. Beispiele wären einige süddeutsche Fürstentümer mit dauerhaft umstrittenen Grenzen oder die Niederlande nach dem Zusammenbruch ihrer Zentralgewalt.

In einigen deutschen Territorien begegneten monströse Ausnahmegerichte. In den Fürstbistümern Mainfrankens hatten die Landesherren zentrale Sondertribunale eingerichtet, deren Aufgabe allein darin bestand, Hexen aufzuspüren. Diese Sondertribunale standen außerhalb des ordentlichen Justizapparates. Sie waren nur dem Fürsten persönlich verantwortlich. Kontrolle und Kritik waren sie damit weitgehend

Cosmas Damian Asam: Ausschnitt vom Langhausfresko *Apotheose des Heiligen Benedikt*, Basilika Weingarten, 1724
Von Ulrich Molitor über Johann Geiler von Kaysersberg und Hans Baldung Grien zu Cosmas Damian Asam blieb die Assoziation von Hexen und Unwettern stabil. Regen oder Gewitterwolken gehörten zur typischen Motivik von Hexendarstellungen. Selbst wenn das spezifische Thema des Bildes wie bei Geilers Axtmelken den Wetterzauber nicht anspricht, wird der Sturm im Bild gezeigt.

entzogen. Binnen weniger Jahre verurteilten diese Verfolgungsbürokratien Hunderte in Schnellverfahren, die auch nach dem Verständnis der Zeitgenossen formal illegal waren. Eine Parallele außerhalb des deutschen Raumes wäre z.B. das Tribunal, das in den 1670ern die schweren Hexenverfolgungen in Schweden leitete.

Solche Sondertribunale blieben im europäischen Kontext gesehen aber die Ausnahme. Von zentraler Bedeutung war die Kontrolle über die Kriminalgerichte vor Ort. Als Faustregel lässt sich festhalten: Je mehr Selbstständigkeit lokale Gerichte genossen, desto wahrscheinlicher wurden intensive Hexenverfolgungen.

Betrachten wir Beispiele. Schottland muss als eines der verfolgungsintensiven Länder Europas gelten. Bis 1707 war Schottland ein eigenständiger Staat. Die Verantwortung für Hexenprozesse lag formal beim Privy Council, einer Oberjustizbehörde. Das Privy Council verfügte jedoch nicht über genug Personal, um die Prozesse selbst zu leiten. Es ermächtigte vielmehr in den jeweiligen Dörfern ansässige Personen, als Gerichtskommissare die Verfahren durchzuführen. Die Wirkung war verheerend: Diese Gerichtskommissare verfügten über geringe juristische Sachkenntnis. Sie waren bereit, lokal entstandene Hexereiverdächtigungen unkritisch in Gerichtsverfahren zu überführen. Der Anteil von Schuldsprüchen in den schottischen Dorfgerichten

Hans Baldung Grien:
***Zwei Hexen*, 1523**
Wetterhexen beschwören
ein Unwetter herauf.

belief sich auf 95%. Eine noch sehr viel stärkere Position hatten Vertreter ländlicher Gemeinden ohne juristische Sachkenntnisse in vielen deutschen Fürstentümern inne. Unter der allenfalls nominellen Aufsicht der staatlichen Verwaltung führten etwa im heutigen Luxemburg und Teilen des westlichen Deutschlands dörfliche Organisationen von Hexenjägern die Verfolgungen. In Südwestdeutschland profilierten sich die Räte von Ackerbürgerstädten als Hexenverfolger. Ohne effektive Kontrolle professioneller Juristen diktierten die vor Ort herrschende Hexenangst und Hexereigerüchte den Verfahrensverlauf. Selbst einfachste Regeln bezüglich der Beweiserhebung und der Einschränkung der Folter wurden außer Acht gelassen. Die Folge waren Massenverfolgungen. Ähnliche Verhältnisse finden wir auch in Teilen der Schweiz, in denen kleinere Regionen es schafften, ihre Justiz übergeordneter Kontrolle zu entziehen. ‚Kurze Wege' innerhalb des Justizsystems, die es erlaubten, dass nur einige wenige Personen direkt vor Ort oder in einer unkontrollierten Verfolgungsverwaltung abschließende Urteile fällten, führten in aller Regel zu hohen Hinrichtungsziffern. Solche Systeme ‚geringer Distanz' waren in ganz Europa Hexenprozessen zuträglich.

Europäische Staaten, die solche Missbräuche auf der lokalen Ebene unterbanden oder von vornherein unmöglich machten, erwiesen sich als weitgehend resistent gegen schwere Hexenverfolgungen. Ein Beispiel wäre England, das – insbesondere verglichen mit Schottland – sehr wenige Prozesse erlitt. Die Strafrechtspflege einschließlich Hexenprozessen lag in England weitgehend in der Hand vom König ernannter gelehrter Juristen. Diese arbeiteten als Reiserichter. In den größeren Orten tagten meist zweimal jährlich die Assizes, königliche Kriminalgerichte. Die Richter der Assizes standen als Ortsfremde außerhalb der lokalen Netzwerke von Gerüchten und Verdächtigungen. Sie legten ihren Urteilen objektive Kriterien zugrunde und stellten hohe Ansprüche an das Beweisverfahren. Bei Hexenprozessen bedeutete dies meist einen Freispruch, denn wie sollte Magie schlüssig nachgewiesen werden, die ja gerade die natürliche Kette von Ursache und Folge verletzte? Hinzu kam, dass das englische Recht Folterungen nur bei Verfahren gegen politische Kriminalität zuließ. Geständnisse ließen sich also schwer erpressen.

Wenn gelehrte und unabhängige Juristen nicht als Reiserichter das Verfahren direkt selbst führten, konnten sie im Rahmen einer Justizaufsichtsbehörde schwere Hexenverfolgungen steuern. Ein Beispiel wäre der Rat von Flandern, der die Hexenprozesse in weiten Teilen des heutigen Belgiens kontrollierte. Diese Justizaufsicht überprüfte die lokalen Gerichte. Sie untersagte ihnen z.B., in Hexenprozessen fragwürdige Hilfsindizien (die berüchtigten Hexenproben) anzuwenden, verpflichtete die lokalen Gerichte auf eine ordnungsgemäße Beweiserhebung und setzte die Rechte der Verteidigung durch. In ähnlicher Weise wirkte das ‚Parlement' genannte Gericht von Paris. Straftäter, auch Hexereiverdächtigte, konnten an dieses Gericht appellieren. Die gelehrten Juristen des Parlement unterzogen das Verfahren dann einer kritischen Prüfung, die häufig die Unschuld oder die Unbeweisbarkeit der Schuld der Angeklagten erwies. Im deutschen Raum wiesen etwa die Kurpfalz oder Württemberg ähnliche Strukturen auf: Auch hier blieben schwere Hexenverfolgungen aus. Ludwig XIV. von Frankreich, aber auch Friedrich Wilhelm I. von Preußen und Kaiserin Maria Theresia bauten eine weitere Komplikation in bereits bestehende lange Justizwege ein: Sie behielten die letzte Entscheidung in Hexenprozessen sich selbst vor. Hexereienanklagen hielten ein derartig langes Spießrutenlaufen durch einen kritischen Justizapparat nicht durch: Die Verfolgungen brachen ab.

Holzschnitt aus: *The Discovery of Witches*, London 1647
Das Bild zeigt Matthew Hopkins, einen englischen Hexenjäger (um 1619-1647) bzw. ‚Witch-Finder General' und zwei Hexen mit ihren ‚imps' oder ‚familiars'. Diese Dämonen in Tiergestalt sind den Hexen zu Diensten und typisch für das englische Hexenwesen.

oben:
Friedrich Wilhelm I., König von Preußen (1688–1740)
Porträt von Georg Wenzeslaus von Knobelsdorff, 1737

mitte:
Kaiserin Maria Theresia von Österreich (1717–1780)
Porträt von Martin van Meytens, 1752

unten
Ludwig XIV., König von Frankreich (1638–1715)
Porträt von Charles le Brun, o. J.

Ludwig XIV., Friedrich Wilhelm I. und Kaiserin Maria Theresia ließen die Hexenprozesse in ihren Herrschaftsräumen faktisch einstellen.

Aber wieso waren die gelehrten Juristen skeptischer als die dörflichen Hexenjäger? Glaubten sie nicht an Hexen? Die professionellen Juristen zweifelten in aller Regel nicht die Existenz von Hexen und Dämonen an. Sie beharrten jedoch gemäß ihrer Ausbildung darauf, dass objektive Indizien und unvoreingenommene Zeugenaussagen vorliegen müssten, bevor sie die Folter oder gar einen Schuldspruch zuließen. Ein Hexereigerücht mochte auf der lokalen Ebene des Dorfes plausibel erscheinen. Im auf abstrakten Regeln und objektiven Beweisregeln aufbauenden Staatsapparat genügte das jedoch nicht mehr. Je stärker sich die Staaten Europas verdichteten, je mehr sie ihre Justiz professionalisierten, je mehr lehnten sie Hexenprozesse ab. Als Faustregel gilt: Je weiter der entscheidende Richter vom Beklagten entfernt ist (sozial, der Herkunft nach oder auch schlicht räumlich), desto unwahrscheinlicher war ein Schuldspruch im Hexenprozess. Systeme ‚großer Distanz' waren in ganz Europa Hexenprozessen abträglich.

Drei Faktoren prägten also die Hexenverfolgungen Europas. Erstens: Die politischen Entscheidungsträger wie auch die Bevölkerung mussten das Konzept ‚Hexerei' kennen und es zur Deutung von Unglücksfällen im Alltag (Missernte) anwenden. Zweitens: Die allgemeine Krise musste sich vor Ort konkret zu einer Notlage verdichten. Drittens: Es musste sich ein Justizsystem formiert haben, das auf der einen Seite in der Lage war, viele Hexenprozesse in kurzer Zeit zu verhandeln, auf der anderen Seite jedoch noch nicht ausreichend von einem professionalisierten Justizapparat kontrolliert war. Die hohen Prozesszahlen für das Heilige Römische Reich Deutscher Nation erklären sich daraus, dass hier vielerorts und oftmals alle drei Faktoren gegeben waren.

Die letzte formell legale Tötung einer Hexereiverdächtigen in Europa erfolgte 1782 in Glarus in der Schweiz. Der Fall hatte etwas von einer makaberen Provinzposse: Wieder setzte sich eine kleine Gruppe lokaler Hexenjäger trotz heftiger Proteste von außen durch. Die Presse Europas empörte sich über das Verfahren: Die Ablehnung von Hexenprozessen war bereits Teil der europäischen Identität geworden. ■

Lit.: Ankarloo / Clarke (2002), Behringer (2004), Dillinger (2007)

rechte Seite:
Paul Sandby: *The Flying Machine*, spätes 18. Jh.
Eine Hexe bietet zwei Schotten eine Reisemöglichkeit. Die Karikatur spielt auf die im Vergleich zu England sehr hohe Zahl von Hexenprozessen in Schottland an und verspottet den Hexenglauben als typisch schottisch. Das vom Tourismus des 19. Jh. geprägte heutige Schottlandbild kennt dieses Element nicht mehr.

On Broomstick, by old Moggy's Aid
Full royally they rode
And on the Wings of Northern Winds
Came flying all abroad
The Garden of Eden is before them: and behind them a desolate Wilderness.
The Flying MACHINE from EDINBURGH in one Day,
perform'd by Moggy MACKENSIE at the THISTLE and CROWN.

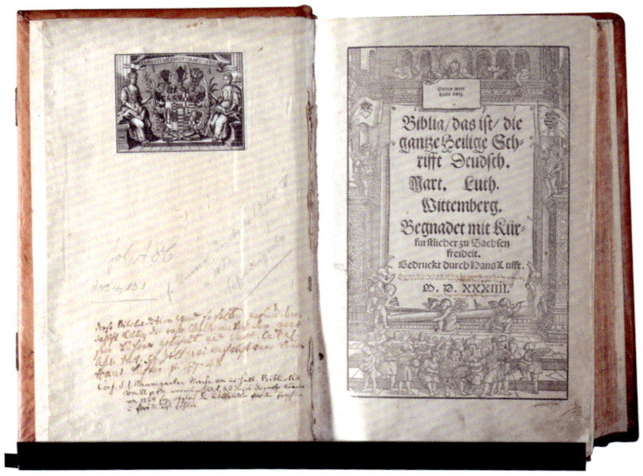

Krisen der Frühen Neuzeit – Krieg und Glaubenskonflikte

Martin Luthers reformatorische Anstrengungen gegen Fehlentwicklungen in der katholischen Kirche wurden Anlass für eine Spaltung der Kirche. Seit dem 16. Jh. waren drei Konfessionen (katholisch, lutherisch, reformiert) auf dem Gebiet des Alten Reiches entstanden. Sie unterschieden sich nicht nur dogmatisch und verfassungsmäßig voneinander, sondern prägten auch den Lebensalltag der Gläubigen auf je eigene Weise. Ihre Auseinandersetzungen und machtpolitischen Kämpfe endeten in einem Religionskrieg, der als ‚Dreißigjähriger Krieg' (1618–1648) in die Geschichte einging. Die Konflikte beschränkten sich während des Dreißigjährigen Krieges aber nicht nur auf militärische Auseinandersetzungen der agierenden Heere. Marodierende Soldaten vergriffen sich vielfach und auf grausame Weise an der Zivilbevölkerung, die damit zusätzlich zu Agrarkrisen und Seuchen gebeutelt wurde. A. R.

***Lutherbibel*, Wittenberg 1534**
Neben Martin Luthers Bibelübersetzung des *Alten* und *Neuen Testaments* sind seine zahlreichen Predigten und Schriften Anstoß gewesen für Veränderungen in der spätmittelalterlichen und frühneuzeitlichen Gesellschaft.

Lucas Cranach d.J.: *Unterscheid zwischen der waren Religion Christi vnd falschen Abgoettischen lehr des Antichrists in den fuernehmsten stuecken*, 1546
In dieser Gegenüberstellung von lutherischer Glaubenslehre und katholischer Kirchenpraxis kommen die Religionskonflikte am Anfang der Frühen Neuzeit zum Ausdruck.

Jacques Callot: *Die Großen Schrecken des Krieges: Blatt 11 – Der Galgenbaum*, 1633

Jacques Callot: ***Die Großen Schrecken des Krieges: Blatt 5 – Plünderung eines Bauernhofes***, 1633
Jacques Callot erschuf sein Werk *Die Großen Schrecken des Krieges*, das insgesamt 18 Blätter umfasst, vor dem Hintergrund des Dreißigjährigen Krieges. Schonungslos thematisiert er dabei die Greueltaten, die während der Kriegsjahre begangen wurden.

Jacques Callot: *Die Großen Schrecken des Krieges: Blatt 17 – Die Rache der Bauern*, 1633

Runka
Eisen, L 195 cm, Klinge/Schäftung: B 12 cm, L 42 cm
Anfang 16. Jh.
Historisches Museum der Pfalz Speyer HM 0 4813

Zwei Hellebarden
Holz, Eisen, L 200 cm, Klinge/ Schäftung: B 26,5 cm, L 161 cm bzw. L 225 cm, Klinge/ Schäftung: B 26,5 cm, L 100 cm
2. Hälfte bzw. Ende 16. Jh.
Historisches Museum der Pfalz Speyer HM 0 2675 bzw. HM 0 4810

Kreuzspieß
Eisen, L 189 cm, Klinge/Schäftung: B 12 cm, L 28,5 cm
1. Hälfte 16. Jh.
Historisches Museum der Pfalz Speyer HM 0 4812

Morionhelm
Eisen, Messing (vergoldet), Leder, B 22,5 cm, L 36 cm, H 27,5 cm
2. Hälfte 16. Jh.
Historisches Museum der Pfalz Speyer HM 0 2670

Der Morionhelm ist eine Weiterentwicklung des mittelalterlichen Eisenhuts. Helme diesen Typs wurden im 16. und zu Beginn des 17. Jh. vor allem von Pikenieren getragen. Diese Infanteristen mit Stangenwaffen bildeten einen großen Teil der damaligen Heere. L. B.

Lit.: Bull (1991)

Stangenwaffen waren neben den immer verlässlicher werdenden Feuerwaffen verantwortlich für einen Wandel in der Kriegsstrategie im ausgehenden Mittelalter an der Wende zur Frühen Neuzeit. Die noch im Mittelalter fast unbesiegbaren, schwer gepanzerten Ritterheere verloren gegen die ‚Spießhaufen' ihre Wirkungskraft. Mit der Wiederentdeckung antiker Militärdisziplin, der weiterentwickelten Waffentechnologie und Produktionsmöglichkeiten wandelte sich die Kriegsstrategie von Kavallerie wieder auf die Infanterie, deren Sinnbild der Spieß geworden war. L. B.

Lit.: Schmidtchen (1990)

Hexerei als strafbares Verhalten

Wolfgang Schild

Sockelfigur in Prag
Das neue Delikt der Hexerei wurde in der Frühen Neuzeit zu einem der großen Themen in der Rechtsprechung.

Um 1436 verfasste der Stadtschreiber von Schwäbisch Hall, Conrad Heyden, ein Rechtsbuch in deutscher Sprache über die Inhalte des römischen Rechts der antiken Kaiserzeit. Es war für die nicht studierten Laien gedacht, die zu seiner Zeit die aktiven Gerichtspersonen ausmachten und des universitären Lateins nicht mächtig waren. Heydens Werk wurde seit 1475 unter dem späteren Namen „Klagspiegel" mehrere Male gedruckt und beeinflusste das deutsche Rechtsleben nachhaltig. In einem eigenen Kapitel „Von den zaubrern und denen, die sich der verboten kunst annemen, [sie] treiben und vorsagen" widmet sich Heyden den Zaubereivorwürfen und den rechtlichen Konsequenzen. Diejenigen, die einen Menschen ermorden, seien mit dem Tod zu bestrafen; und zwar auch dann, wenn sie dies mit Gift und „auch mit Zauberey" tun würden. „Darumb sollst du mercken, das die, die das volck maleficos (zaubrer) nennt, und die, die sprechen das sij k[ö]nnten die schwartzen kunst / oder sunst ander verbotten kunst, im latein artem divinandi, die sollen getöt werden." Für die so genannten augures, die aus dem Vogelflug, den tierischen Eingeweiden oder aus Träumen Prophezeiungen treffen, sah der Autor Verbannung und Vermögensverlust vor. Wahrsagern sollte das Haupt mit dem Schwert abgeschlagen werden. Diese Enthauptung, aber auch die antikrömische Strafe, vor wilde Tiere geworfen zu werden, drohte Heyden überdies denjenigen an, „die mit zauberey dem leben der unschuldigen hessig seindt [diesen nachstellen] / und das gemüt der frawen biegen und neygen zu liebe / begierd und unkeüscheit" [Liebeszauber betreiben]. Diese Verbrechen wurden dem römischen Recht folgend ausdrücklich mit dem ‚crimen l[a]ese majestatis' (Hochverrat sowie Ketzerei) gleichgesetzt, was zu Besonderheiten im Verfahren führte.

>>

Bericht aus Johann Jakob Wick: *Wickiania*, Zürich 1560–1588
Am 18. März 1575 wurden Rupert Ramsauer, Pfarrer von Bramberg, und seine Köchin wegen Hexenzauber verbrannt. Anfangs wollte das Holz nicht brennen, da der anwesende Teufel dies verhinderte. Als Ramsauer sich nicht auf dessen Pakt einlassen wollte, ging das Holz in Flammen auf.

Die in dem privaten Rechtsbuch von Heyden dargelegten Bestimmungen wurden bald offizielles Gesetz. Das bedeutende Stadtrecht von Worms *(Der Statt Wormbs Reformation)* von 1498/99 übernahm die *„straffe der Zauberer“*: *„Die so Zaubern oder zaubery tryben zü latin Malefici, oder die sich understehen der schwartzen kunst, oder Zukünfftige dinge zusagen wider unsern christlichen glauben denselben zu schwechen, segenen oder andere verbotten kunst tryben, söllen nach gestalt der sach an iren leben oder lyben gestrafft werden.“* Die *Bambergische Halsgerichtsordnung* von 1507 *(Constitutio Criminalis Bambergensis)* drohte den im geistlichen (Kirchen-) Gericht erkannten Ketzern mit der Todesstrafe des Verbrennens und regelte die Zauberei in unterschiedlicher Weise. Wenn jemand durch Zauberei *„den leuten schaden oder nachteyl zufüget“*, sollte er *„gleych der ketzerey“* verbrannt werden. Wenn jemand *„Zauberey gebraucht und damit niemant keinen schaden gethan hette“*, sollte er *„nach gelegenheit der sach“* bestraft werden, was jedenfalls im damaligen Verständnis den Ausschluss der Todesstrafe bedeutete. Diesem Vorbild folgte schließlich 1532 das erste Reichsstrafgesetz: *Des allerdurchleuchtigsten großmechtigesten unüberwindlichsten Keyser Karls des fünften unnd des heyligen Römischen Reichs peinlich gerichts ordnung (Constitutio Criminalis Carolina)*. Mit dem Feuertod wurde auch hier nur der Schadenszauber bedroht, wobei der Hinweis auf die Ketzerstrafe wie auch grundsätzlich die Strafbarkeit der Ketzerei wegfielen. Die anderen, nicht schädigenden Formen der Zauberei sollten ebenso *„nach gelegenheit der sache“* bestraft werden.

Feuertod für Schadenszauberei

Damit knüpfte die *Carolina* in der Verbrennungsstrafe nur für Schadenszauberei an die Tradition seit den germanischen Stammesrechten, den *Leges Barbarorum* an. Ihnen zufolge musste ein wirklicher Schaden eintreten (z.B. Tötung oder Körperverletzung eines Menschen, Beschädigung von Sachen und Tieren, Vernichtung der Ernte), um vor der weltlichen Strafbarkeit gerichtet werden zu können. Die Ketzerei dagegen war nicht Gegenstand des weltlichen Gerichtsverfahrens: wer Ketzer war, wurde im Verfahren vor dem kirchlichen Gericht, d.h. vor dem Inquisitor, festgestellt. Der überstellte den als Ketzer Identifizierten der weltlichen Macht, die ihn gemäß der *Bambergensis* mit der Feuerstrafe hinrichtete. Die *Carolina* sah dies nicht mehr vor. Allerdings sagte keines der Gesetze, was unter ‚Zauberei' zu verstehen war. Sicher ist nur, dass Wahrsagen und die sonstigen Formen der schwarzen Kunst nicht als schädigende Zauberei aufgefasst werden konnten und daher nicht mit dem Feuertod bedroht waren.

Ausführlicher war der *Layenspiegel* des pfalz-neuburgischen Landvogts Ulrich Tenngler von 1509. Das Rechtsbuch sah ebenfalls die Verbrecher, die *„mit vergift, zauberey oder andern verpoten sachen die menschen ... ertöten, zu latein genant venefici, malefici, incantatores, phitonisse“*, als Mörder an, die mit

Illustration aus Johann Jakob Wick: *Wickiania*, Zürich 1560–1588
Eine Mutter verheiratete am 3. September 1568 ihre Tochter mit dem Teufel. Neben den Hochzeitsfeierlichkeiten werden Urteilssprechung über die beiden und deren Feuertod dargestellt.

Bericht aus Johann Jakob Wick: *Wickiania*, Zürich 1560–1588
In Bremgarten fanden am 13. September 1574 Verena Trost, Barbara Meyer und Anna Lang wegen Hexerei den Tod auf dem Scheiterhaufen. Verena Trost gestand, mehrfach mit dem Teufel in Kontakt gewesen zu sein.

dem Rad hinzurichten seien. Darüber hinaus wurden im Zusammenhang mit der Ketzerei genannt *„etlich person, die man zu teutsch zaubrer, unholden, hächsen etc., auch im latein magos, maleficas, nigromanticos, phitonissas etc. nennt ..., die zu zeiten mit irm aberglauben und zauberey und besonder mit würckung der bösen geist ... die element zusammen slagen, ungewitter machen, auch den menschen und thiern menigerlay übel zuwegen bringen.“* Auch auf *„warsager, mathematici, ydromantici, geomantici, augures, auruspici“* wurde hingewiesen, die desgleichen mit Hilfe des bösen Geistes tätig würden. Die zweite Auflage des *Layenspiegels* von 1511 enthielt einen eigenen neuen, von Hans Schäuffelein illustrierten Abschnitt mit dem Titel *Von kätzerey, warsagen, schwartzer kunst, zauberej, unholden etc.* In engem Zusammenhang mit der Ketzerei behandelte Tenngler zunächst das *„warsagen künfftiger ding, auch die schwarzen kunst nigromancia oder magica genannt“*, die vom Teufel erfunden sei. Sie wäre nur dann mit der Feuerstrafe zu ahnden, wenn sie *„durch offenbar anruffen der bösen gaist“* vorgenommen würde.

Tenngler berief sich ausdrücklich auf den 1486 erschienenen *Malleus maleficarum* (‚Hammer der Hexen') des Dominikaners und Inquisitors Heinrich Kramer (Institoris). Der habe deutlich gemacht, dass *„diese kätzerey [der Hexen] mercklich überhand genommen“* habe. Auch habe er bewiesen, dass diese (weiblichen) Hexen sich nicht nur wie die Ketzer mit den bösen Geistern verbinden und vereinigen, sondern zudem mit deren Hilfe viel Schaden anrichten würden und könnten. Daher müssten sie nicht nur vor den geistlichen Kirchengerichten als Ketzer, sondern auch vor den weltlichen Gerichten der Landesherrschaften als Schadenszauberer überführt und mit dem Feuertod bestraft werden. Damit war die Schadenszauberei mit der Ketzerei verschmolzen. Der Schwerpunkt lag dabei auf der ‚Ketzerei der Hexen'. Tenngler sah für das Verfahren eine eigene, dem *Hexenhammer* entnommene Prozessordnung vor, die ein schnelles und ‚summarisches' Vorgehen wie im Ketzerprozess ermöglichte.

Bericht aus Johann Jakob Wick: *Wickiania*, Zürich 1560-1588
Elsbeth Gugerli ließ sich vom Teufel dazu verleiten, mehrere Menschen zu verhexen. Dafür wurde sie 1581 verbrannt.

Damit fand sich in Tenglers *Layenspiegel* von 1511 der theologische Hexereibegriff aufgenommen, der sich seit dem 14. Jh. aus der Ketzerverfolgung herausgebildet hatte. Im Mittelpunkt stand das Umgehen mit dem Teufel, das im Abschluss eines ausdrücklichen Teufelspaktes gipfelte. Der Pakt beinhaltete die Teufelsunterwerfung der männlichen, meist aber weiblichen Hexen, um ihre bösen und schädlichen Ziele zu erreichen. Er wurde durch die geschlechtliche Vereinigung mit einem dämonischen Partner vollzogen. Wie für die Ketzerei wurde nun auch für die Hexen eine Sekte böser Menschen angenommen, die sich zu bestimmten Zeiten zur Teufelsverehrung am ‚Sabbat' (in der ‚Synagoge') traf. Bei dieser Gelegenheit wurden die schädigenden Untaten besprochen und vorbereitet, zu denen auch die Verwandlung in Tiere zählte. Zum Sabbat flogen oder ritten diese Hexen auf dämonischen Tieren oder verzauberten Gegenständen. Die Bezeichnungen für die teuflische Feier lässt eine Parallele der Ketzerei der Hexen mit dem damals so verstandenen ‚jüdischen Unglauben' erkennen. Doch stand bei Tenngler die schädigende Tätigkeit der Hexen im Vordergrund.

Feuertod für das Umgehen mit dem Teufel

Es war nur eine Frage der Zeit, bis die Verbindung mit dem Teufel auch in offiziellen rechtlichen Vorschriften in den Vordergrund trat. Ausgang war der *Sachsenspiegel*, der im 13. Jh. von Eike von Repgow als Privatarbeit verfasst worden war. Die Gerichte in den sächsischen Gebieten und darüber hinaus sahen ihn wie ein Gesetz an, verwendeten ihn als solches und passten ihn an neue Entwicklungen an. Er enthielt noch keinen Hinweis auf den Teufel, stellte aber bereits den Zusammenhang von Zauberei und Ketzerei heraus. Eine spätere Ausgabe von 1528 dagegen beinhaltete schon den Zusatz *„dy mit warsagern und mit segene und mit bösen umbgehen"*. Dies war der erste, auch in der Rechtspraxis angewendete Straftatbestand, der den theologischen Hexereibegriff des Teufelspaktes in Recht umsetzte. Gemäß der Regelung des *Sachsenspiegels* wurde er mit dem Feuertod bestraft. Der neue Begriff kam der die Werkgerechtigkeit ablehnenden Willenslehre des lutherischen Protestantismus sehr entgegen, was sich in der Landesordnung für Württemberg von 1567 zeigte, die zunächst auf Schadenszauberei mit Feuerstrafe abstellte, dann aber vorsah: *„Wa aber jemandt sich mit dem Teuffel, zu Nachtheil und Beschädigung der Menschen, in Bündnuß einlassen, und damit noch niemandes Schaden gethon hette, der soll gestrafft werden: nach gelegenheit der Sach."* Sie folgte im Ergebnis damit der *Carolina*, enthielt aber bereits für die nichtschädigende Magie die neue Formulierung des Teufelsbündnisses.

Den letzten Schritt dieser Entwicklung setzte dann 1572 die *Kursächsische Kriminalordnung* in den *Kon-*

stitutionen, in denen die Feuerstrafe für dieses bloße, noch nicht tatsächlich schädigende Umgehen mit dem Teufel vorgesehen war: *„Von straff derer, so mit Zauberey und Warsagen umbgehen. Aldieweil die Zauberey hin und wieder hefftig einreist, und nicht allein in gemeinen beschriebenen kayserlichen Rechten, sondern auch in Göttlicher schrifft zum höchsten verbotten ist. Demnach constituieren und ordenen wir, So jemands in vorgessunge seines Christlichen glaubens, mit dem Teuffel vorbündnüs auffrichtet, umbgehet, oder zuschaffen hat, das dieselbige Person, ob sie gleich mit Zeuberey niemands schaden zugefügt, mit dem Fewer vom leben zum tode gericht, und gestrafft werden sol.*" Dies war nun die neue, von der *Carolina* abweichende Strafbestimmung. Dann hieß es weiter: *„Do aber ausserhalb solcher vorbündnussen jemands mit Zauberey schaden thut, derselbige sey gros oder geringe, So sol der Zauberer, Man oder Weibs Person, mit dem Schwerd gestrafft werden. Desgleichen ordnen, setzen und constituieren wir, das auch die, so sich understehen aus des teuffels kunst war zusagen, oder mit dem teuffel durch Cristallen, oder in andere wege gesprech, oder dergleichen gemeinschafft zu halten, und sich von ihm beschehener, oder zukünfftiger ding bericht und erforschung zuerholen, mit dem Schwerd vom leben sollen gericht und gestraffet werden.*" Doch gab es über diese mit Todesstrafe bedrohte Zauberei hinaus den großen Bereich der Volksmagie, worunter die Lutheraner auch die katholischen Sakramente und Sakramentalien verstanden. Es war anerkannt, dass diese magischen Handlungen nicht notwendig das Umgehen mit dem Teufel voraussetzten, sondern einfach auf Aberglauben, Missbrauch oder Unkenntnis christlicher Beschwörungsformeln beruhten. Diese Formen der Volksmagie wurden von den *Kursächsischen Konstitutionen* nicht erfasst, aber trotzdem mit milderen Strafen geahndet, weil man sich zunächst auf die *Carolina* berief. Ab 1661 sah die neue sächsische ‚Polizeiordnung' für Wahrsagen, Kristall- und Planetenlesen, Segensprechen wie auch für Fluchen und Gotteslästerung Gefängnis, Staupenschlag (Auspeitschung), Prangerstehen oder Landesverweisung vor.

Arten der Strafbarkeit

Überhaupt muss berücksichtigt werden, dass die christliche Obrigkeit – also die Landesherrschaften, aber auch das Reich selbst – in zahlreichen ‚Polizeiordnungen' in *„vätterlicher christlicher fürsorg"* für christliche Zucht und Ehrbarkeit, für gottgefälliges Wirtschaften und für Wohlstand und Frieden sorgen wollte, damit nicht *„Gott der Allmechtig zu billichem Zorn gegen uns Menschen bewegt, und unser Landt und Leuth mit thewrung, Krieg und Pestilentz auch andern manigfaltigen Plagen straffen und angreiffen möchte"*, wie es das berühmte (katholische) bayrische Hexenmandat, das *Landtgebott wider die Aberglauben, Zauberey, Hexerey und andere sträffliche Teuffelskünste* von 1611/12 ausdrückte. In diesen Gesetzen wurden daher auch Praktiken der Volksmagie zwar nicht mit dem Tod, aber doch mit den bereits genannten Strafen geahndet.

Illustration aus dem *Wolfenbütteler Sachsenspiegel*, Mitte 14. Jh.
Deutlich wird die maßgebliche Vorschrift zum Zaubereivergehen illustriert: „Welcher Christ ungläubig ist oder mit Zauberei umgeht oder mit Vergiftung und dieser Tat überführt wird, den soll man auf dem Scheiterhaufen verbrennen."

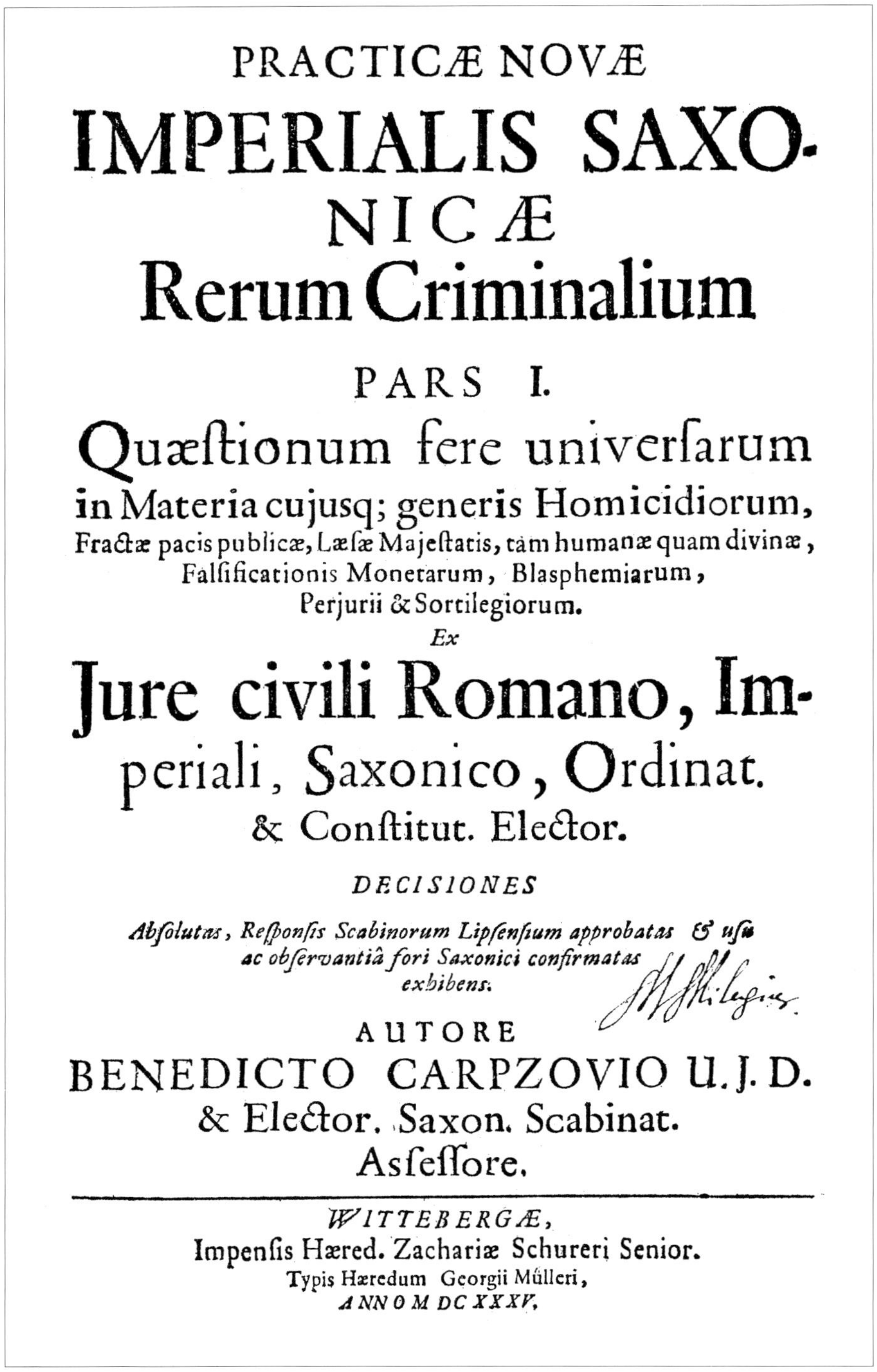
PRACTICÆ NOVÆ
IMPERIALIS SAXONICÆ
Rerum Criminalium
PARS I.
Quæſtionum fere univerſarum
in Materia cujusq; generis Homicidiorum, Fractæ pacis publicæ, Læſæ Majeſtatis, tam humanæ quam divinæ, Falſificationis Monetarum, Blasphemiarum, Perjurii & Sortilegiorum.
Ex
Jure civili Romano, Imperiali, Saxonico, Ordinat. & Conſtitut. Elector.
DECISIONES
Abſolutas, Reſponſis Scabinorum Lipſenſium approbatas & uſu ac obſervantiâ fori Saxonici confirmatas exhibens.
AUTORE
BENEDICTO CARPZOVIO U.J.D.
& Elector. Saxon. Scabinat. Aſſeſſore.
WITTEBERGÆ,
Impenſis Hæred. Zachariæ Schureri Senior.
Typis Hæredum Georgii Mülleri,
ANNO M DC XXXV.

Titelblatt zu Benedict Carpzov: *Practica nova Saxonia rerum criminalium*, Wittenberg 1635
Der berühmte sächsische Gelehrte gilt als einer der Begründer der deutschen Rechtswissenschaft. In seiner *Practica nova* stellte er das materielle Strafrecht und das Strafprozessrecht seiner Zeit dar und beeinflusste damit das Strafrecht über die Landesgrenzen hinaus.

So wird deutlich, dass Hexerei nicht nur ein theoretischer Begriff oder eine Vorstellung des Volksglaubens war und blieb, sondern in rechtlichen Vorschriften als strafbares Verhalten aufgenommen und definiert wurde. Juristen wie Benedict Carpzov legten dies in den Lehrbüchern und Kommentaren ebenso wie in den rechtlichen Verfahren zugrunde. Im Mittelpunkt standen selbstverständlich die Gesetze, die dafür die Todesstrafe androhten. Vor Gericht wurde sie dann auch tatsächlich angeordnet und vollzogen.

Die als schärfste angesehene Strafe war die Verbrennung, nicht nur wegen der Schmerzen, sondern weil sie mit der Vernichtung des Leichnams verbunden war. Dadurch war ein Begräbnis in geweihter Erde ausgeschlossen, was manche als ein Hindernis für die Auferstehung sahen. Im Gnadenweg wurde manchmal die Erdrosselung vor der unmittelbaren Verbrennung oder die Enthauptung mit anschließendem Verbrennen des Leichnams oder sogar mit Zulassung des Begräbnisses bestimmt. In der Praxis der rechtlichen Verfolgung vermischten sich häufig diese beiden Strafbestimmungen. Oft begannen die Verfahren mit Schadenszaubervorwürfen und endeten beim Teufelsbündnis. Dabei wurde mitunter ein Bandenverbrechen zugrunde gelegt, was zu Verfahren gegen mehrere Täter / Täterinnen führte. Zusätzlich bedeutete die sexuelle Vermischung der Hexen mit dem teuflischen Partner gemäß der *Carolina „Unkeusch[heit], so wider die Natur beschicht"*, die ebenfalls bereits mit der Verbrennungsstrafe zu ahnden war.

Allerdings gab es immer Stimmen in der Theologie und Jurisprudenz, die gegen eine Strafbarkeit von Zauberei und Hexerei vor weltlich-staatlichen Gerichten eintraten, vor allem wenn sie die Realität des Schadenszaubers ablehnten. Bekannt ist die 1701 von Johannes Reiche verteidigte Dissertation des Christian Thomasius mit dem Titel *De crimine magiae,* in der das Hexereidelikt einer vernichtenden Kritik unterzogen wurde. Allmählich wurden im 18. Jh. die gesetzlichen Strafbestimmungen aufgehoben, in Bayern freilich erst nach 1813. ■

Lit.: Behringer (1988), Behringer (2006), Deutsch (2004), Schild (1997), Schild (2004)

Hexerei in der Kriminalitätsstatistik

Etwa 50.000 Menschen fielen den Hexereianklagen der Frühen Neuzeit zum Opfer. Doch auch andere Verbrechen wie Mord oder Diebstahl konnten damals mit dem Tod bestraft werden. Wie verhält sich die Zahl der Hinrichtungen wegen Hexerei zur Anzahl an Todesurteilen wegen anderer Vergehen? Wie ist Hexerei als kriminelles Delikt einzuordnen? Eine allgemeingültige Statistik lässt sich mangels vollständigen Quellenmaterials und ausreichend vergleichbarer Studien kaum erstellen. Als Einzelbeispiele seien hier Hinrichtungszahlen aus Zürich und Luzern aufgeführt, die dortige Verhältnisse widerspiegeln. A.R.

Todesurteile nach Delikten, 16. - 18. Jh.

Zürich		Luzern	
Diebstahl	527	Diebstahl	301
Sexualdelikte	234	Hexerei	120
Gotteslästerung	102	Sexualdelikte	74
Mord / Totschlag	95	Mord / Totschlag	48
Ehebruch	79	Aufruhr	12
Hexerei	66	Kindsmord	11
Kindsmord	56		
Aufruhr	9		

Quelle: S. Burghartz, Kriminalität, Kap. 1: Mittelalter und frühe Neuzeit, in: Historisches Lexikon der Schweiz (HLS), Version vom 22.07.2009, URL: http://www.hls-dhs-dss.ch/textes/d/D16556-1-1.php

Beinschraube (‚Spanischer Stiefel')
Eisen, B 24 cm (mit Kurbel), H 30 cm
Zittau, Städtische Museen 10.213/281

Folter – Der Weg zur Wahrheit

Die Folter erscheint uns heute grausam, unmenschlich und vor allem als Relikt vergangener Zeiten. Manche zeitgenössische Ereignisse wie der Kosovo Krieg und Guantanamo Bay rufen jedoch wieder in Erinnerung, dass die Folter, obwohl von den Vereinten Nationen offiziell geächtet, auch heute noch praktiziert wird. Zur Zeit der europäischen Hexenverfolgungen war die Folter noch ein offizielles Rechtsmittel, das zur Wahrheitsfindung diente. Die Folter, auch ‚peinliche Frag' genannt, unterlag strengen rechtlichen Regelungen bei der Anwendung. Ein erfoltertes Geständnis musste nach einer Frist von zwei Tagen vom Angeklagten ohne Widerruf bestätigt werden, um Gültigkeit zu besitzen. Ebenfalls war die Dauer und der Grad der Folter streng reguliert. Es gab jedoch immer wieder Fälle, in denen man sich im Drang der ‚Wahrheitsfindung' über die Einschränkungen in der Folter hinwegsetzte. L. B.

Beinschraube
Eisen, B 16 cm, L 20 cm
18. Jh.
Nürnberg, Germanisches Nationalmuseum StR39

Beinschrauben dienten in Folterprozessen der Beweis- und Wahrheitsfindung. Sie wurden gemeinsam mit den Daumenschrauben oder nach diesen angelegt. Mithilfe einer Kurbel zog man sie zusammen. Dornen an den Innenseiten und zusätzliche Holzkeile zwischen Bein und Metall erhöhten die Schmerzen. Der enorme Druck auf Schienbein und Wade führte zu vielfältigen Verletzungen, angefangen bei Quetschungen bis hin zu Knochenbrüchen. Schlimmstenfalls waren irreparable Schäden und der Verlust des Gehvermögens die Folge. Noch im 18. Jh. war diese Foltermethode in Strafgesetzbüchern enthalten wie z.B. der für Österreich und Böhmen geltenden *Constitutio Criminalis Theresiana* (1768). A. R.

Lit.: Hexen und Hexenverfolgung (1994), Hinckeldey (2005), Zagolla (2007)

Verhörtisch mit Daumenschraube
Holz, H 79 cm, Tischplatte: B 39,5 cm, L 65 cm
18. Jh.
Rothenburg, Mittelalterliches Kriminalmuseum 11165c

Doppeldaumenschraube
Eisen, B 12 cm, H 9 cm
18. Jh.
Rothenburg, Mittelalterliches Kriminalmuseum 11357c

Das Anlegen der Daumenschrauben gehörte im Folterablauf meist zum ersten Grad der ‚Realterritition' (Bedrohung durch Taten). Das System ist ähnlich dem der Beinschrauben. Die Daumen liegen zwischen zwei Metallplatten, die langsam gegeneinander gepresst werden und so die Finger zusammendrücken. Da die Finger ein sehr nervenreiches Gewebe aufweisen, waren die Schmerzen besonders stark und konnten durch kurzes Lockern der Schrauben und anschließendes Anziehen noch verstärkt werden. Die Folge waren Quetschungen bis hin zu irreparablen Schäden. A. R.

Lit.: Schild (2009), Zagolla (2006)

Mundbirne
Eisen, H 15 cm
Nürnberg, 17. Jh.
Rothenburg, Mittelalterliches Kriminalmuseum 11140c

Mundbirnen, auch als ‚Maulstücke' oder ‚Maulsperren' bezeichnet, wurden zur Folter in geschlossenem Zustand in den Mund des Angeklagten eingeführt und anschließend durch Drehen der Schraube vergrößert. Dadurch spreizten sich die vier Seitenteile, was zu erheblichen Verletzungen im Mundraum führte. Die Mundbirne sollte verhindern, dass der Gefolterte schrie, und ermöglichte zugleich ein leichteres Einflößen von Flüssigkeiten wie Salzlösungen oder Heringswasser. A. R.

Lit.: Hexen und Hexenverfolgung (1994), Schild (2000)

Kopfreif mit Knebel
Eisen, Ø 18,5 cm (ohne Kette), Knebel: L 5 cm
Zittau, Städtische Museen 10.200/281

Der metallene Reifen wurde dem Inquisiten um den Kopf gelegt und an der Seite mit einem Stift fixiert. Der von innen am Kopfreif befestigte Knebel funktionierte ähnlich wie die Mundbirnen: Der Inquisit wurde am Schreien und am Zusammenbeißen der Zähne gehindert. A. R.

Lit.: Schild (2000)

Mundbirne
Eisen
Rothenburg, Mittelalterliches Kriminalmuseum 11139c

Gewichtssteine aus der Fragstatt in Regensburg
Solche Gewichtssteine wurden während der Streckfolter an die Füße des Angeklagten gehängt.

Strecke
H 425 cm, T 100 cm, Winde: B 142 cm, Verstrebung: B 119 cm
Bern, Bernisches Historisches Museum 16903

Der Folteraufzug diente einer der zentralen Foltermethoden: dem Strecken. Die Streckfolter galt in der Regel als zweiter Foltergrad. Das Opfer wurde an den Händen, die hinter dem Rücken gefesselt waren, in die Höhe gezogen. Teilweise zogen gleichzeitig Gewichtssteine den Inquisiten an den Füßen nach unten. Arm- und Schultermuskulatur wurden dadurch überdehnt und die Gelenke an Händen und Armen ausgerenkt. A. R.

Lit.: Zagolla (2006)

CORNELII IANSENII
DE HÆRESI PELAGIANA
LIBER SEPTIMVS

Gegner von Hexenlehre und Hexenverfolgung

Walter Rummel

Die in den ersten Jahrzehnten des 15. Jh. im südwestlichen Alpenraum entstandene Vorstellung von einer neuen ketzerischen Sekte, deren Mitglieder mithilfe des Teufels zu nächtlichen Versammlungen flogen und Schadenszauberei der schlimmsten Art trieben, rief von Anfang an Skepsis, ja Ablehnung hervor. Ein überzeugter Vertreter des Konzepts von der Hexensekte, der Richter Claude Tholosan aus der Dauphinée, gab Mitte des 15. Jh. zu, dass hier ‚Unsicherheit' herrsche. Martin Le Francs um 1440 für den Herzog von Burgund geschriebener Dialog „Champion des Dames" verwarf die Vorstellung des Hexenfluges als Illusion wie überhaupt das gesamte Sabbatkonzept. Im Jahr 1485 versuchte der Dominikaner und spätere Autor des „Hexenhammers", Heinrich Institoris, erfolglos eine Hexenverfolgung in der Grafschaft Tirol zu initiieren. Der Brixener Bischof Georg Golser warf ihn daraufhin mit Unterstützung von Erzherzog Sigismund hinaus. Die Niederschrift des „Hexenhammers" war wesentlich durch solche Erfahrungen von Widerstand motiviert. So erwähnte Institoris im Text auch, dass der damalige Stadtschultheiß von Koblenz ein Gegner der Hexenverfolgung gewesen wäre. Der Kanoniker Wilhelm von Bernkastel, Chronist des Wallfahrtsklosters Eberhardsklausen bei Trier, ließ sich um 1490/1500 erst durch die Lektüre des „Hexenhammers" von entgegengesetzten Vorstellungen abbringen, die er auch für andere bezeugt. Ulrich Tenngler nahm in die zweite Auflage seines Rechtsbuches („Layenspiegel") das Hexereikonzept nach dem Hexenhammer mit dem Ziel auf, die weltliche Justiz für eine Verfolgung zu gewinnen. Er räumte aber ein, dass es schwer sei, die Hexenlehre zu glauben.

>>

Zelle in der Abtei Port Royal des Champs / Frankreich
Neben Medizinern und Juristen äußerten sich auch Kirchenvertreter kritisch gegenüber den Hexenprozessen.

Michael Herr: *Zauberey*, 1626
Das von Matthäus Merian d.Ä. gestochene Flugblatt illustriert das zeitgenössische Wissen über Hexen. Hexensabbat, Hexenflug zum Blocksberg und Teufelsbuhlschaft sind zentrale Elemente des Kupferstichs und wurden in späteren Bildern nach dieser Vorlage kopiert.

Einen ersten umfassenden Angriff auf diese Lehre unternahm Ulrich Molitor in einem 1489 erstmals veröffentlichten Werk, in dem er zwar nicht den Teufelspakt bezweifelte, wohl aber alle Fähigkeiten, die den Hexen zugeschrieben wurden. In den Mittelpunkt stellte Molitor dagegen Gottes Allmacht, welche den Hexen keinerlei Macht zur Veränderung der Natur und ihrer Gesetzmäßigkeiten zubilligte. Das Erzeugen von Unwettern, die Verhexung von Menschen und Vieh, die Verwandlung in Tiere, der sexuelle Verkehr von Hexen und Dämonen und eben der Flug zum Sabbat, alles dies vermochten die Hexen nicht in der Realität, vielmehr war alles nur auf pure teuflische Illusion zurückzuführen.

Damit war ein prinzipieller Einwand gegen die Hexenlehre formuliert, dessen Spur sich durch die gesamte Diskussion bis zum Ende der Hexenverfolgungen hinziehen sollte. Der grundlegende Unterschied, welcher die Skeptiker von den Gläubigen schied, beruhte auf der Frage, wie viel Macht Gott dem Teufel auf Erden trotz des Neuen Bundes einräumte. Bis hin zu den radikalen späteren Kritikern des ausgehenden 17. Jh. Balthasar Bekker und Christian Thomasius, beantworteten die Skeptiker diese Frage sehr restriktiv, während ihre Gegner ein Weltbild propagierten, in dem, unbeschadet von Gottes Allmacht, aber gemäß biblischer Weltuntergangsprophezeiungen (Apokalypse) der Teufel auf Erden herrschte, bevor Gottes Sohn selbst wieder erscheinen würde, um Strafgericht zu halten. Exemplarisch trafen diese Positionen 1519 in Metz aufeinander, als der berühmte Arzt Agrippa von Nettesheim dort eine wegen Hexerei angeklagte Frau verteidigte. Sein Gegner, der dominikanische Inquisitor Nikolaus Savini, brachte als Hauptindiz vor, schon die Mutter der Angeklagten sei als Hexe verbrannt worden. Sodann berief er sich u.a. auf den *Hexenhammer*, um glaubhaft zu machen, dass Zauberinnen nicht nur ihre Kinder gleich nach der Geburt den Dämonen

Luca Signorelli:
***Die Verdammten*.**
Ausschnitt vom Fresko mit Szenen des Weltgerichts, Dom S. Maria (Cappella di S. Brizio), Orvieto, 1499–1502
Die Vorstellungen von Teufelsherrschaft, Dämonen und Weltuntergang prägten die Zeit der Hexenverfolgungen und das Verständnis von Hexerei.

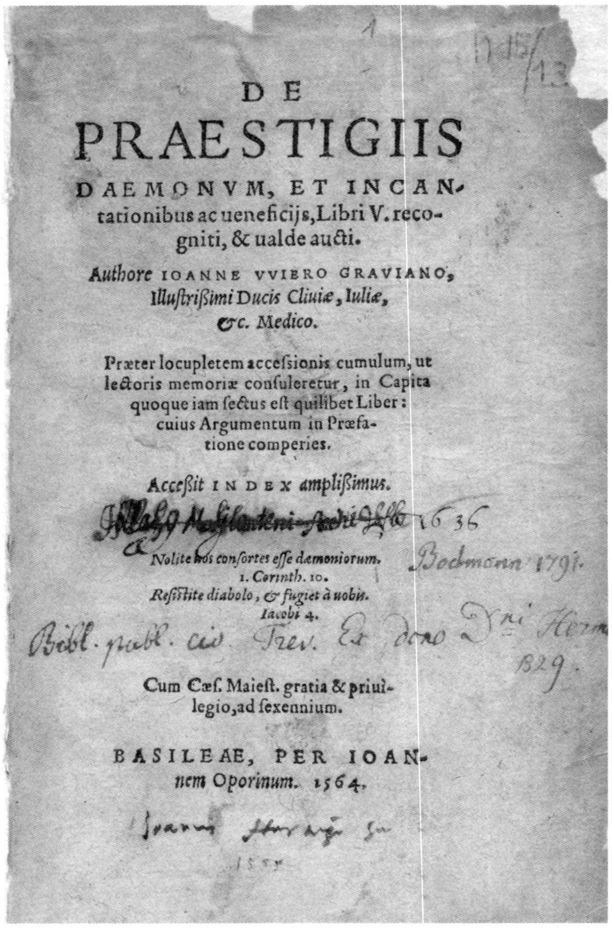
DE PRAESTIGIIS DAEMONVM, ET INCANtationibus ac ueneficijs, Libri V. recogniti, & ualde aucti.

Authore IOANNE VVIERO GRAVIANO, Illustrißimi Ducis Cliuiae, Iuliae, &c. Medico.

Praeter locupletem accessionis cumulum, ut lectoris memoriae consuleretur, in Capita quoque iam sectus est quilibet Liber: cuius Argumentum in Praefatione comperies.

Accessit INDEX amplißimus.

Nolite uos consortes esse daemoniorum. 1. Corinth. 10.
Resistite diabolo, & fugiet à uobis. Iacobi 4.

Cum Caes. Maiest. gratia & priuilegio, ad sexennium.

BASILEAE, PER IOANnem Oporinum. 1564.

Titelblatt zu Johann Weyer:
***De prestigiis daemonum*,**
Basel 1564
Der Arzt Johann Weyer verneinte in seiner Abhandlung die Existenz von Hexen. Vermeintliche Hexen seien psychisch kranke Menschen und benötigten medizinische Betreuung statt Folter und Prozess.

weihten, sondern sogar im sexuellen Verkehr mit diesen selbst Kinder zeugten. Agrippa drehte daraufhin den beliebten Spieß der Dämonologen – Zweifler werden als Häretiker diffamiert – einfach um, indem er den Inquisitor selbst der Ketzerei beschuldigte. Denn dessen Argumentation laufe darauf hinaus, die Wirksamkeit des heiligen Sakramentes der Taufe zu bestreiten: *„Der Priester würde ja vergeblich sagen: ‚Ziehe aus, unsauberer Geist, und mache Platz dem heiligen Geiste', wenn wegen des Opfers einer gottlosen Mutter das Kind dem Teufel verfallen wäre.“*

Die Reformation förderte keine einhellige Meinung zum Thema. Während Luther und Calvin die Bestrafung von Hexen, wenn auch aus leicht unterschiedlichen Gründen, für gut hießen, gelangte der Pfalz-Zweibrückische Reformator Johannes Schwebel zu einer gegenteiligen Position. Obschon von der Existenz der Hexen überzeugt, riet er 1532 seinem Landesherrn, Herzog Wolfgang, von ihrer gerichtlichen Verfolgung abzusehen. Zu unsicher sei dies bzw. zu groß die Gefahr, Unschuldige zu treffen. Der Herzog möge es daher Gott überlassen, die Hexen selbst zu bestrafen.

Neben derart humanistisch eingefärbter Moraltheologie spiegelt sich in der Gesetzgebung der Zeit das Verharren skeptischer Positionen. So verzichtete das große Reichsstrafgesetz, die *Constitutio Criminalis Carolina* von 1531 darauf, Hexerei im Sinne der neuen Vorstellung als Häresie, Apostasie und Sodomie zu definieren. Nur die Schadenszauberei fand als strafbares Delikt Erwähnung. Die *Carolina* definierte darüber hinaus klare Regeln für den Indizienbeweis von Zauberei. In Zusammenhang mit den allgemeinen Bestimmungen zum Schutz von Angeklagten, wie sie das Akkusationsverfahren mit der Haftung privater Ankläger vorsah, mussten diese Regeln Anklagen erschweren. So ist es auch nicht überraschend, wenn 1557 der Schleswiger Jurist Boye zum Schutz vor Hexereianklagen gerade auf den Bestimmungen des Akkusationsverfahrens beharrte.

Der stärkste Schlag gegen das dämonologische Hexereikonzept kam jedoch damals von medizinischer Seite: 1563 veröffentlichte Dr. Johann Weyer, der Leibarzt des Herzogs Wilhelm V. von Jülich-Kleve-Berg, sein Buch *De prestigiis daemonum*, in dem er in einer Kombination von medizinisch-psychologisch-humanistischen Argumenten die Existenz von Hexen radikal verneinte und damit auch ihre strafrechtliche Verfolgung. Die vermeintlichen Hexen, so Weyer, seien kranke Frauen, die nur in ihrer Einbildung Hexerei betrieben und daher medizinische Behandlung anstelle gerichtlicher Bestrafung benötigten. Weyers Position rief eine erbitterte Reaktion auf der katholischen Seite hervor, wo man damals – in den letzten Jahrzehnten des 16. Jh. – in schwere Hexenverfolgungen verstrickt war. Kritik in den eigenen Reihen wurde mit Macht unterdrückt. So hatte der in Trier wirkende niederländische Theologe Cornelius Loos unter dem Eindruck der dort wütenden Verfolgungen die Teufelspakt- und Dämonenvorstellung des gelehrten Hexereikonzepts massiv in Zweifel gezogen und dazu auch schon eine Schrift vorbereitet. Doch bevor diese erscheinen konnte, wurde Loos vom Trierer Weihbischof Binsfeld zum Widerruf gezwungen. Bemerkenswert an Loos' Kritik war, dass sie nicht nur die uneingeschränkte Glaubwürdigkeit der Geständnisse in Zweifel zog, sondern auch die ehrenwerten Motive der Verfolgung: eine neue Alchemie sei dies, mittels der Blut in Gold und Silber umgewandelt werde.

Porträt des Friedrich Spee von Langenfeld
Öl auf Leinwand, B 70 cm, H 100 cm
um 1635
Köln, Kölner Gymnasial- und Stiftungsfonds

1591 in Kaiserswerth bei Düsseldorf geboren, trat Friedrich Spee 1610 in den Jesuitenorden ein. Durch Noviziat, Philosophie- und Theologiestudium, folgende Professuren und Seelsorgetätigkeit kam Spee in Städte wie Trier, Würzburg, Köln und Paderborn. Den dortigen Hexenprozessen stand er ablehnend gegenüber. Er äußerte das u.a. als Professor für Moraltheologie in Paderborn, was im Entzug der Professur gipfelte. Als Beichtvater von Hexereiangeklagten wurde er zudem mit den Grausamkeiten in der Prozessführung konfrontiert.
Mit der 1631 anonym, unter Umgehung der Zensur erschienenen Schrift *Cautio criminalis* fand seine Kritik schriftlichen Niederschlag und wurde 1632 in der zweiten Auflage noch verschärft und vielfach diskutiert. Er sprach sich darin gegen Folter und unmenschliche Haftbedingungen aus, forderte Verteidigungsmöglichkeiten für die Angeklagten, unabhängige Richter sowie Freisprüche bei nicht nachweisbaren Delikten.
1635 starb Spee in Trier beim Krankendienst für pestinfizierte Soldaten. Das Porträt entstand möglicherweise erst nach seinem Tod. A.R.

Lit.: Embach (1998), Hexenwahn. Ängste der Neuzeit (2002)

Während in katholischen Gebieten die Zustimmung zur Hexenverfolgung kanonisiert und die Gegner als ‚patroni maleficarum' dämonisiert wurden, erlaubte das protestantische Territorialkirchentum eine größere Meinungsvielfalt: Neben uneingeschränkt gläubigen Positionen gab es auch Zweifel an der Realität der Hexerei. Allerdings betonten deren Vertreter, wie z.B. Johann Brenz aus Württemberg, den Willen der Hexen zur Schädigung der Welt, was nicht weniger strafwürdig sei, als wenn die beabsichtigte Tat wirklich stattgefunden hätte. Diese Spiritualisierung des Hexereideliktes konnte aber dennoch helfen, Prozesse einzugrenzen im Gegensatz zur ungebremsten Verdinglichung von Teufels- und Hexereivorstellungen auf katholischer Seite. Auch gab es auf protestantischer Seite nach wie vor juristische Vorbehalte, wie sie der Rostocker Jurist Johann Jakob Goedelmann mit seiner Warnung vor zu scharfen Verfahren 1587 äußerte. Eine vierte Position im protestantischen Lager setzte Weyers radikale, humanistisch begründete Kritik fort – Hexerei ist Illusion, Hexereiangeklagte sind unschuldig, sie brauchen medizinische Behandlung und religiöse Unterstützung, keine Bestrafung. Dafür standen der Heidelberger Mathematikprofessor Hermann Witekind und der später in kurpfälzischen Diensten amtierende Pfarrer Anton Praetorius. Auf katholischer Seite zeichneten sich um 1600 schon aufgrund des erbitterten Ringens der Befürworter und Gegner im Hofrat des bayerischen Herzogs Wilhelm V. Risse im Gebäude der Orthodoxie ab. Hinzu kam Kritik seitens der Ordensleitung der Jesuiten über den Eifer, den viele Brüder in lokalen He-

Das Reichskammergericht und Hexenprozesse

Das Reichskammergericht (RKG) wurde 1495 in Frankfurt gegründet und war bis zu seiner Auflösung 1806 neben dem Reichshofrat oberstes Gericht des Heiligen Römischen Reiches Deutscher Nation. Von 1527–1689 und somit während der Zeit der Hexenverfolgungen hatte es seinen Sitz in Speyer. Es war in erster Instanz für Verstöße gegen das Prozessrecht zuständig sowie für Verleumdungen und Beleidigungen.

Über die Appellation war es grundsätzlich möglich, sich wegen eines ungerechten Urteils in einem Hexereiprozess an das RKG zu wenden. Aber die unteren Gerichte unterstanden den Landesherren, die diesen Eingriff in ihre Herrschaftsrechte zu unterbinden suchten. Hexereidelikte spielten daher beim RKG kaum eine Rolle. Das RKG funktionierte nicht als Retter in der Not für Hexereiangeklagte, sondern war überwachende Instanz für das Prozessrecht und bemühte sich meist um eine neutrale Position. Dennoch bewirkte es offenbar, dass im unmittelbaren lokalen Umfeld kaum Hexenprozesse aufkamen. In Speyer wurde vermutlich nur eine einzige Angeklagte namens Barbara Köhler als Hexe verbrannt. M.J.B.

Lit.: Fuchs (1994), Harster (1900), Oestmann (1997)

Wappenhalter mit Reichsadlerschild
Ursprünglich farbig gefasst zierte die Sandsteinskulptur im 16./17. Jh. wahrscheinlich das Gebäude des Reichskammergerichts in Speyer. Im Historischen Museum der Pfalz existiert neben dieser Skulptur ein Pendant mit dem Stadtwappenschild von Speyer.

Pierre-Louis Dumesnil d.J.: *Christina von Schweden und ihr Hof*, o.J.
Die schwedische Königin Christina, hier rechts im Bild bei einer Vorlesung von René Descartes, verfügte 1649 den Abbruch der Hexenprozesse in den schwedisch besetzten Gebieten des Deutschen Reiches.

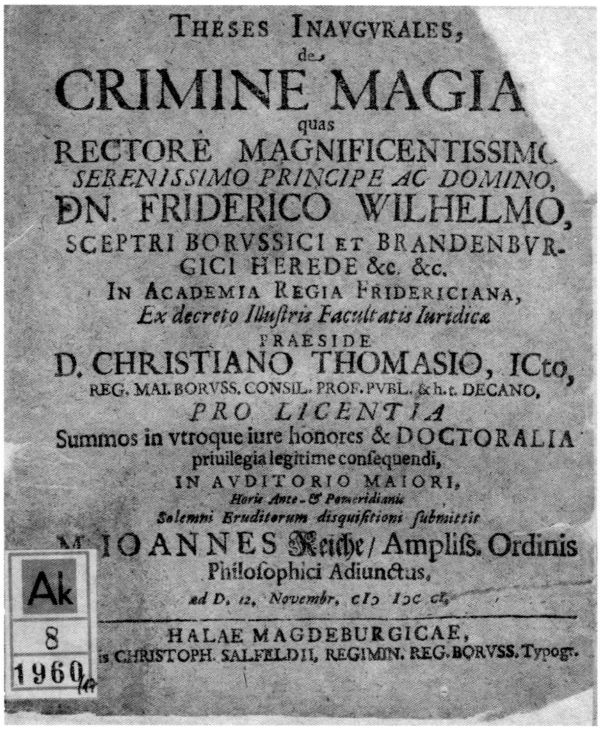
THESES INAVGVRALES,
de
CRIMINE MAGIA
quas
RECTORE MAGNIFICENTISSIMO
SERENISSIMO PRINCIPE AC DOMINO,
DN. FRIDERICO WILHELMO,
SCEPTRI BORVSSICI ET BRANDENBVR-
GICI HEREDE &c. &c.
IN ACADEMIA REGIA FRIDERICIANA,
Ex decreto Illustris Facultatis Iuridicae
PRAESIDE
D. CHRISTIANO THOMASIO, ICto,
REG. MAI. BORVSS. CONSIL. PROF. PVBL. & h. t. DECANO,
PRO LICENTIA
Summos in vtroque iure honores & DOCTORALIA
priuilegia legitime consequendi,
IN AVDITORIO MAIORI,
Horis Ante- & Pomeridianis
Solemni Eruditorum disquisitioni submittit
M. IOANNES Reiche / Ampliss. Ordinis
Philosophici Adiunctus,
ad D. 12. Novembr. cIɔ Iɔc cI.
HALAE MAGDEBURGICAE,
Typis CHRISTOPH. SALFELDII, REGIMIN. REG. BORVSS. Typogr.

Christian Thomasius: *De crimine magiae*, Magdeburg 1701
Das Werk *De crimine magiae* des Juristen und Philosophen Christian Thomasius entstand während dessen Lehrtätigkeit an der Universität Halle an der Saale. Darin setzte sich Thomasius entschieden für die Abschaffung der Hexenprozesse ein. Zudem verneinte er die Möglichkeit des Teufelsbündnisses, das er ohnehin als juristisch nicht beweisbar erachtete.

xenverfolgungen entwickelten. Aber eine wirkliche Erschütterung der katholischen Orthodoxie dürfte erst eingetreten sein, als mit Adam Tanner, Paul Laymann und schließlich Friedrich Spee drei Professoren der Theologie und Mitglieder des Jesuitenordens binnen weniger Jahre (1627, 1630, 1631) publizistisch nachhaltige Kritik an den Hexenprozessen übten. Spee tat dies am stärksten, wohl der Grund dafür, weshalb er seine Warnschrift *Cautio Criminalis* 1631 anonym veröffentlichte. Bemerkenswert ist, dass alle drei Autoren ihre Kritik nicht auf Zweifel an der Wirklichkeit von Hexerei gründeten, sondern ausschließlich auf rechtliche Missbräuche in den Prozessen. Dazu zählten die stark reduzierten Beweispflichten der Ankläger, die Verweigerung einer Verteidigung und der exzessive Einsatz der Folter. Das Eingreifen des Reichshofrates 1631 in die Massenverfolgung im Fürstbistum Bamberg und in die kurkölnische Verfolgung 1639 sowie eine Instruktion Papst Urbans VIII. von 1635 lagen auf der gleichen Linie.

Auch auf protestantischer Seite hatte sich inzwischen die Diskussion auf das Feld der Prozessführung verlagert, wie der Coburger Hexenstreit von 1631/32 zeigte. In dessen Verlauf musste der Theologe Johann Mathäus Meyfarth zwar das Fürstentum Sachsen-Coburg verlassen, jedoch nur um seine Kritik von der Universität Erfurt aus um so schärfer fortzusetzen und 1635 in einem Buch zu veröffentlichen. 1649 gab die schwedische Königin Christina für die von ihren Soldaten besetzten Gebiete in Deutschland Order zum Abbruch der Hexenprozesse, um aus dem unentwirrbaren prozessualen Labyrinth zu gelangen, in das der Einsatz der Folter zur Erpressung immer weiterer Namen vermeintlicher Komplizen führte. Diese Absicht prägte auch das Handeln des Trierer Kurfürsten Carl Caspar von der Leyen, der um 1653 intern den Befehl zur Niederschlagung aller Prozesse gab, weil, wie er in einem bislang einzigartigen Rückblick Jahre später erläuterte, alle Bemühungen zur Vermeidung von prozessualen Ungerechtigkeiten erfolglos geblieben seien. Die Einsicht in offenkundiges Unrecht trug in der Folgezeit entscheidend zum Niedergang der Verfolgungen bei und das lange vor ähnlichen Anordnungen zur Einstellung der Prozesse Ludwigs XIV. für Frankreich (1682) und Friedrich Wilhelms I. für Preußen (1714). Im Sinne der Aufklärung rechneten schließlich auch der niederländische Pfarrer Balthasar Bekker 1691 und der Hallenser Jurist Christian Thomasius 1701 bzw. 1711 mit der Ideologie der Hexenprozesse ab, vor allem mit dem Kernelement: der Idee des Teufelspaktes.

Im so genannten bayerischen Hexenkrieg sollte es ab 1766 zu einer letzten großen Hexendebatte kommen, ausgelöst durch eine kritische Predigt des Theatinerpaters Don Ferdinand Sterzinger. Kontrahenten waren die radikalen Aufklärer und die so genannten Finsterlingen, wobei letztere immer noch das alte Hexereikonstrukt verteidigen wollten. Beide Seiten bemühten erneut die publizistischen Medien: die einen, um mit Volksaberglauben und Dämonologie aufzuräumen, die anderen, um die Lehrsätze der Teufels- und Hexengläubigkeit zu verteidigen. Die aufklärerisch gesinnten Köpfe konnten sich letztendlich durchsetzen, sodass 1784 im Rückblick Lorenz von Westenrieder, Jesuit, Historiker und Mitglied der Bayerischen Akademie der Wissenschaften, schreiben konnte: *„Aus dem Gewühl jener Zänkereyen und Feindseligkeiten gieng zuletzt eine gesündere Art von Begriffen hervor, und gegenwärtig denket man allgemein über das Märchen des Hexenwesens, als man ehemals gedacht hat.“* ■

Lit.: Behringer (1987), Behringer (1988), Blauert (1989), Blauert (1990), Decker (2003), Gehm (2000), Haustein (1990), Lehmann / Ulbricht (1992), Oestmann (1997), Rummel (1990), Rummel (1991), Rummel / Voltmer (2008), Schmidt (2000), Scholer (1998), Schormann (1991)

Porträt des Balthasar Bekker, um 1680
Der protestantische Theologe gehörte zu den bedeutendsten Gegnern der Hexenverfolgungen seiner Zeit. Bekkers in vier Bänden erschienener Hexentraktat *Die bezauberte Welt* (1691–1693) sprach dem Teufel die ihm zugedachte Macht ab und entzog damit der Hexenlehre ihre Grundlage.

1818. 1819.
Banca Acta
Normalien
1789
Post-
Sachen

Strafrechtliche Verfolgung der Hexerei

Wolfgang Schild

Etwa im Jahr 1436 verfasste der Stadtschreiber Conrad Heyden ein Rechtsbuch für den nicht studierten Laien. Unter dem späteren Titel „Klagspiegel" stellte es das in Italien herausgebildete Prozessrecht dar. Seit dem 13. Jh. hatte sich das Strafprozessrecht deutlich verändert. Diese Modernisierungen versuchte Heyden zu vermitteln, z.B. indem er nicht mehr auf das noch im Mittelalter gebräuchliche Klageverfahren, das Akkusationsverfahren, abstellte. Dieses Verfahren sah vor, dass der Geschädigte vor Gericht Klage gegen den Schädiger erhob. Der Schädiger konnte sich durch einen Eid und unterstützt durch schwörende Eideshelfer vom Vorwurf ‚reinigen'. Gelang ihm dies nicht, war er überführt und hatte Buße zu zahlen und Sühne zu leisten. War die Reinigung jedoch erfolgreich, wurde der Kläger verurteilt. Dieses System barg große Risiken für den Kläger. Eine Klage bei einem gut beleumundeten Beklagten, der ohne Schwierigkeit ausreichend Eideshelfer fand, war aussichtslos. Deshalb hatten sich Formen einer möglichen Überführung durch den Kläger herausgebildet, der mit seinem Eid und weiteren Beweisen dem Beklagten den Reinigungseid verlegen konnte.

>>

Schwörstab aus dem Hällisch-Fränkischen Museum in Schwäbisch Hall
Schwörstäbe hielt man vor Gericht in der Hand, wenn ein Eid geleistet werden musste.

Archiv in Wien
Unmengen an Prozessakten, verwahrt in zahlreichen Archiven, dokumentieren die strafrechtliche Verfolgung des Hexereideliktes.

Daran knüpfte der *Klagspiegel* an, erweiterte aber die Klagemöglichkeit. Verkläger – wie Heyden nun den Kläger nannte – konnte nun nicht nur der Geschädigte sein, sondern bei *„gemeyn sünd"* (Totschlag, Ketzerei, Zauberei, Verrat) jeder gut Beleumundete, der mit dem Verklagten nicht in persönlicher Feindschaft stand. Die riskante Stellung des Verklägers blieb allerdings bestehen, da er die ‚Beweislast' hatte, den Verklagten zu überführen. Doch war ihm dabei insofern das Gericht behilflich, als bei schweren Verdachtsgründen der Verklagte gefoltert werden durfte und ein dabei erzieltes, freiwillig wiederholtes Geständnis vollen Beweis erbrachte. Daneben stellte Heyden die neue Verfahrensart vor, *„wie der richter von seines ampts wegen nach den sünden und übelthaten forschen und straffen soll"*, die sich im Kirchenrecht herausgebildet hatte.

Bei einem öffentlichen Gerücht, das eine Übeltat betraf und jemanden in Verdacht brachte, bedurfte es keines Verklägers. Der Richter durfte und sollte von sich aus diesen Verdacht überprüfen, Ermittlungen anstellen und eine Untersuchung (‚inquisitio') durchführen, die ebenfalls die Vornahme der Folter einschloss. Es war Aufgabe des Richters, die Wahrheit herauszubringen und Straftäter zur Verantwortung zu ziehen – freilich eingedenk der eigenen Verantwortung vor Gott, weshalb es besser sei, einen Schuldigen freizusprechen als einen Unschuldigen zu verurteilen. Deshalb musste die Tatschuld des Betroffenen über jeden Zweifel erhaben sein, um ihn verurteilen zu können.

Diese Zweiteilung des Verfahrens in Akkusations- und Inquisitionsprozess übernahmen die späteren Rechtsbücher wie z.B. der *Layenspiegel* des Ulrich Tenngler ebenso wie die neu erlassenen Gesetze, vor allem die 1507 veröffentliche *Bambergische Halsgerichtsordnung (Constitutio Criminalis Bambergensis)* und die 1532 bekannt gemachte reichsrechtliche *Peinliche Gerichtsordnung Karls V. (Constitutio Criminalis Carolina).*

Akkusationsprozess

Die beiden Gesetze folgten in der Regelung des Verfahrens im Wesentlichen dem *Klagspiegel.* Dies galt auch für die mit der Todesstrafe des Verbrennens zu bestrafende Schädigung eines anderen durch Zauberei. Hier gab es einen Geschädigten, der als Kläger tätig werden konnte. Allerdings übernahmen die beiden Gesetze die Belastungen und das Risiko des Klägers: er musste selbst bei schweren Anschul-

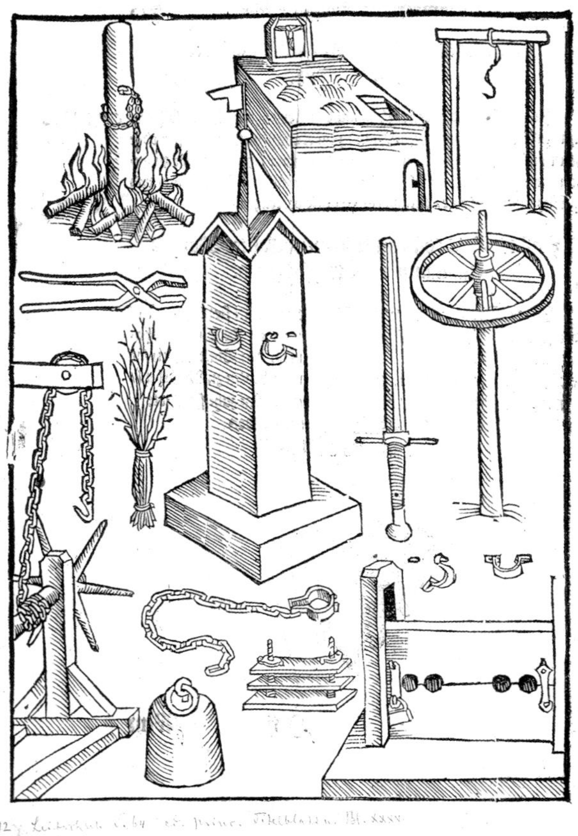

Illustration aus der *Bambergischen Halsgerichtsordnung*, Bamberg 1580
Zusätzlich zur Darstellung der Folter- und Hinrichtungsmethoden mahnt ein Vierzeiler an, sich an Recht und Ordnung zu halten: „Wem trewe Straff nicht bringet Frucht / Der kompt dick in deß Meisters Zucht. / Deß Werck vnd Zeuch wird hie anzeigt / Wol dem der sich zu Tugend neigt."

digungen in den Kerker gehen, bis er zureichende Kaution geleistet hatte und er hatte die Beweislast. Konnte er die Verdachtsgründe (Indizien) beweisen, war gegenüber dem nicht geständigen Beklagten die Folter (‚peinliche Befragung') durch den Scharfrichter zulässig.

Wurde auf diese Weise ein glaubhaftes, auf Wahrheit überprüftes, außerhalb der Folterkammer freiwillig wiederholtes Geständnis erreicht oder konnte die Tatbegehung durch zwei oder drei Zeugenaussagen bewiesen werden, durfte der (An)Kläger die Ansetzung des Rechtstags erbitten. Dieser wurde mit feierlichen Formeln und in Ritualen öffentlich vor zahlreichem Publikum durchgeführt. Der auf erhöhtem Stuhl sitzende Richter hielt seine Symbole (Stab oder bei Blutgerichtssachen das Schwert) in den Händen. Die Schöffen erklärten auf seine Fragen ihn selbst sowie Ort und Zeit für rechtens. Das Endurteil hatten sie zuvor nach Beratung der Beweisergebnisse schon gefunden und niederschreiben lassen. Es ging nur mehr um die öffentliche Demonstration des Rechts und der Gerichtshoheit des Landes- oder Stadtherren. Wegen der feierlichen Formeln wurden beide Parteien durch einen Vorsprecher in ihrem jeweiligen Vortrag vertreten.

Wurde ein Beklagter zum Tode verurteilt, teilte man ihm den Zeitpunkt der Hinrichtung drei Tage vorher mit und bereitete ihn auf seine letzten Stunden vor. Dazu gehörten die Beichte und der Empfang des Altarsakraments. Häufig wurde er bei seiner Vorführung aus dem Kerker zum Gerichtsplatz in einen Stock gesetzt und vor der Öffentlichkeit ausgesetzt. Zudem konnte der (An)Kläger ihn mehrere Male auf diesem Weg ‚beschreien', also die vorgeworfene Übeltat laut verkünden. Nach dem Eintreffen des Beklagten am Gerichtsort wurde von dem Gerichtsschreiber die (An)Klage und das Geständnis (‚urgicht') verlesen. Die Augenscheinsobjekte, z.B. das Tatwerkzeug, wur-

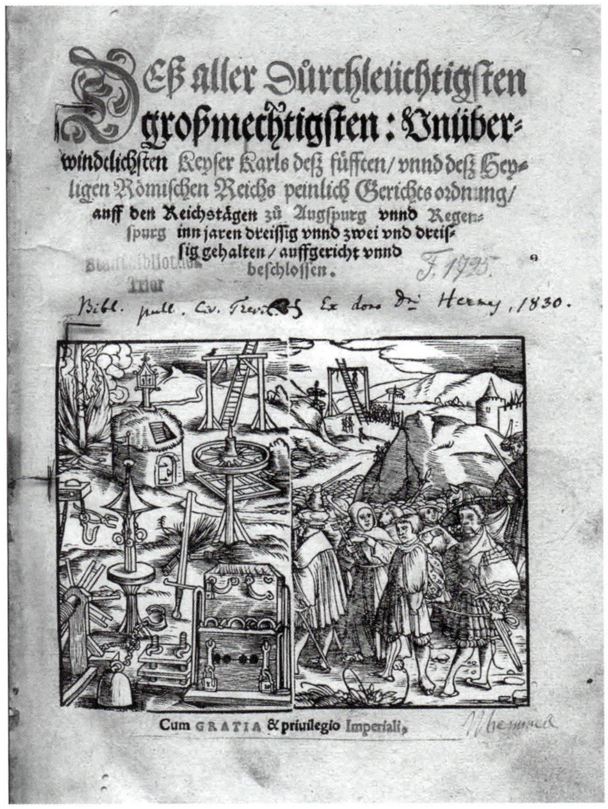

Titelblatt der *Peinlichen Halsgerichtsordnung Kaiser Karls V.*, Mainz 1542
Schon die Titelseite des kurz *Carolina* genannten Gesetzbuches zeigt die verschiedenen Folter- und Hinrichtungswerkzeuge, die für die unterschiedlichen Straftatbestände Verwendung fanden. Schrauben und Gewichtssteine sind ebenso vertreten wie Schwert, Richtrad und Scheiterhaufen.

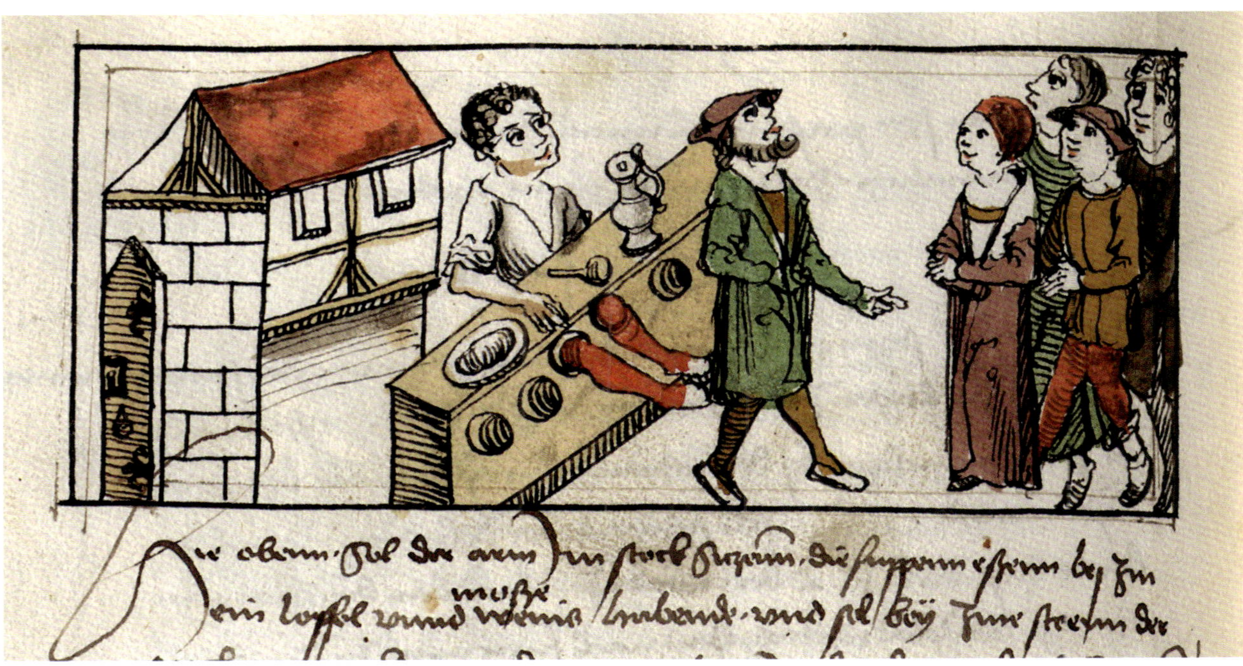

Kolorierte Federzeichnung aus dem *Volkacher Salbuch*, 1504
Der Angeklagte erhält seine letzte Mahlzeit im Stock.

Gefängnistür aus Schwäbisch Hall, 17. Jh.
Die schwere Tür aus Eichenholz und Eisen gehörte zum Schwäbisch Haller Malefizturm. Inhaftierte wurden durch mehrere Schlossvorrichtungen an der Flucht gehindert und erhielten wohl durch das Fenster von außen ihr Essen gereicht.

den allgemein sichtbar ausgelegt. Dann wurde das Urteil verlesen und die Strafe verkündet.

Für Schadenszauberei stand nach den beiden Gesetzen die Todesstrafe des Verbrennens. Mit Gnadenentscheidung konnte sie umgewandelt werden in eine Enthauptung, in seltenen Fällen in Landesverweisung verbunden mit Auspeitschung. In Zaubereifällen ohne herbeigeführten Schaden war von vornherein die Strafe *„nach gelegenheit der sach"* zu finden, was bedeutete, dass die Akten einer Juristenfakultät zugesandt wurden, die dann die angemessene Strafe vorschlug. Diese durfte keine Todesstrafe sein. Meist handelte es sich um Auspeitschung, Landesverweisung, ewiges Gefängnis oder eine Geldstrafe. Möglich war aber auch ein Freispruch, wenn der Beklagte nicht überführt werden konnte und vor allem trotz Folterung kein Geständnis erfolgt war. Vorgesehen war in solchen Fällen als formeller Abschluss die Zuschiebung eines Reinigungseides an den Beklagten.

Im Anschluss daran kam es zur öffentlichen Vollstreckung der ausgesprochenen Strafe durch den Scharfrichter unter ausdrücklichem Friedensgebot des Richters. Auf dem Weg vom Gerichtsplatz zum Hinrichtungsort, der meist außerhalb der Stadt lag, begleiteten die Menschen den Verurteilten

Inquisitionsprozess

Als zweite Verfahrensart regelten *Bambergensis* und *Carolina* das *„annemen der übeltäter von Ampts wegen"* bei *„beruchtigt übeltat"*. Hier schritten ein Richter oder ein dazu eingesetzter Beamter, etwa ein Hexenkommissar, von sich aus zur Untersuchung (‚inquisitio') der Wahrheit dieses Verdachts.

Dieser Beginn passte für die Regelung der Hexerei, die nicht auf die konkrete Schädigung eines bestimmten Opfers, sondern allgemein auf Zauberei abstellte, und damit das neue, ebenfalls mit dem Feuertod bedrohte Hexereiverbrechen als des *„Umgehens mit dem Teufel"*, wie es 1572 die *Kursächsischen Konstitutionen* umschrieben. Hier schied ein Akkusationsprozess aus. Doch war auch bei Schadenszauberei der neue Prozess chancenreicher, weil ungefährlicher für den Geschädigten, der eine Anzeige oder Denunziation bei Gericht einbringen und bei Glaubwürdigkeit die Eröffnung des Verfahrens bewirken konnte.

Dieser Prozess durch Denunziation und / oder Inquisition war in der Kirche im Disziplinarverfahren des Papstes gegen Kleriker entwickelt und dann auf die kirchlichen Ketzerverfahren ausgeweitet worden. Durch die Verschmelzung von Ketzerei und Zauberei zum vor weltlichen Gerichten strafbaren Hexereiverbrechen war die Grundlage zur Übernahme auch außerhalb des Kirchenrechts getroffen worden.

Heinrich Kramer (Institoris) schlug in seinem *Malleus maleficarum* weitere Übernahmen aus diesem Verfahren für die weltliche Verfolgung der Schadenszau-

Fragstatt in Regensburg
Die Folter erfolgte unter Leitung des Richters in Anwesenheit von zwei Schöffen als Gerichtszeugen und des Schriftführers. Sie war als Rechtsinstitut allgemein anerkannt.

berei vor. Er sah den Akkusationsprozess hier für ungeeignet an, weil die Hexen *„ihren Schadenszauber im Verborgenen ausführen"* würden. Daher wurde von den späteren Juristen die neue Hexerei wie andere Verbrechen, die im Geheimen stattfanden, als ‚crimen ex[c]eptum' (‚Ausnahmeverbrechen') betrachtet, für das die rechtlichen Voraussetzungen und Grenzen gelockert werden durften. Die Anforderungen an die Qualität der Zeugen und Denunzianten waren in diesem Verfahren herabgesetzt, vor allem durften auch bereits Verurteilte ‚besagen'. Dies war gerade für das ‚Umgehen mit dem Teufel' von entscheidender Bedeutung, weil darin ein Bandendelikt gesehen wurde mit der Konsequenz, dass eine geständige und damit als Hexe überführte Person auf Komplizen befragt und gefoltert wurde. Dadurch kam es zu Verfolgungswellen, bis keine neuen Namen genannt wurden oder die weitere Verfolgung aus anderen Gründen eingestellt wurde

In diesem Sonderverfahren war es auch nicht möglich, den Tatvorwurf genauer zu ‚artikulieren' (also in

98.
1577
Was sich diser zyt im November zu Mellingen mit einer mutter, und irer tochter zugetragen.

Bericht aus Johann Jakob Wick: *Wickiania*, Zürich 1560–1588
Vor den Augen ihrer Tochter wird die Frau des Fuhrmanns Hans Ueli im November 1577 in Mellingen wegen Hexereivorwürfen gefoltert. In Wicks Aufzeichnungen heißt es, die Mutter sei, beider Unschuld beteuernd, „an dem folterseyl mitt tod abgangen vnd verschieden".

Artikel zu fassen), ging es doch letztlich überhaupt nicht um eine wirkliche Tat, sondern um eine innere Haltung und Einstellung, die als gefährlich eingeschätzt wurde. Ein solcher Mensch, der mit dem Teufel ein Bündnis *„zu Nachtheil und Beschädigung der Menschen"* geschlossen hatte, war kein Verbrecher, sondern ein Feind des gesamten Menschengeschlechts, der daher zu vernichten war. Es ging eher um ein Polizeiverfahren zur Gefahrenbekämpfung als um ein Strafverfahren wegen einer Übeltat. Der dadurch unbestimmbar verbleibende Vorwurf erleichterte die Überführung und erschwerte zugleich die Verteidigung. Das Inquisitionsverfahren bei einem solchen Ausnahmeverbrechen wurde deshalb als ‚summarisches' Verfahren bezeichnet, weil der Prozessgegenstand nicht genauer artikuliert werden konnte.

War das Beweisverfahren abgeschlossen, kam es dann wie beim Akkusationsprozess zum *„endthaften"* oder *„entlichen"* Rechtstag mit denselben feierlichen Formeln und Ritualen. Doch gab es keinen (An) Kläger mehr, weshalb ein Schöffe, ein Mitglied des städtischen Rats oder auch der Scharfrichter bestellt wurde, der dann die Klageformeln vortrug.

Die unterschiedliche Folterregelung

Die angesprochene Veränderung betraf auch und vor allem die Folterregelung. Zwar versuchten die Prozessordnungen, bloße Willkür zu vermeiden und rechtliche Grenzen vorzuschreiben. Doch brachte die Ersetzung der Schadenszauberei durch das Umgehen mit dem Teufel notwendig ein anderes Folterrecht.

Bambergensis und *Carolina* ließen die Folterung nur zu, wenn *„redliche warzeichen, argkwon und verdacht"* gegen den Betreffenden bewiesen waren. Diese ‚Indizienlehre' übernahmen sie von den italienischen Juristen, denen die Gefährlichkeit der Folter bewusst gewesen war. Dagegen lehnte die Jurisprudenz damals eine solche ‚freie Beweiswürdigung' ab und sah in einer solchen weitreichenden Kompetenz der (Laien-) Urteiler eine zu große Willkürgefahr. Sie forderte klare Beweise, die sie einmal in den übereinstimmenden Aussagen von zwei oder drei Tatzeugen und zweitens in dem freiwilligen Geständnis des Betreffenden sah. Relevant war deshalb nur ein Geständnis, das außerhalb der Folterkammer aus freien Stücken abgegeben bzw. wiederholt und niedergeschrieben wurde, das durch weitere Ermittlungen zu den näheren Umständen verifiziert worden war und in dem Erzählen des Tathergangs bestehen musste. Daher waren Suggestivfragen unzulässig.

Als allgemeine Indizien waren vorgesehen: der Beweis des üblen Leumunds oder der Tatwiederholung, das Gesehenwerden zur Tatzeit in der Nähe des Tatortes, die Bezichtigung durch das sterbende Opfer, die Tatsache der Flucht. Daneben wurden für einzelne Übeltaten besondere zusätzliche Indizien angegeben; so auch für die Zauberei: *„Jtem so yemant sich erpeut, andre menschen Zauberey zu lernen, oder yemant zu bezaubern drohet, auch sunderliche gemeinschafft und geselschafft mit zauberen oder zauberin hat, oder mit solchen verdechtlichen dingen, geperden, worten und weysen umgeht, die zauberey uff ine tragen: das gibt ein redlich anzeygung der zauberey."* Auffällig ist, dass stark auf die Person und ihr Umfeld und weniger auf die Tat abgestellt wurde. Doch musste die Tat selbst als begangen bewiesen sein, was man den Beweis des ‚corpus delicti' nannte und später auch als Ergebnis der ‚Generalinquisition' bestimmte. Es musste eine wirkliche Schädigung durch Zauberei nachgewiesen und eine natürliche

Erklärung des Schadenseintritts nach damaligem Wissensstand auszuschließen sein. Im artikulierten Prozess wurde dann der Vorwurf in einzelnen Punkten aufgelistet und der Beklagte zu den Details der Tat befragt. Dadurch gewann die Übeltat der Schadenszauberei konkrete Gestalt, was den Vorwurf näher bestimmte und die Verteidigung erleichterte.

Diese wesentlichen Voraussetzungen der Folter mussten entfallen, wenn statt einer schädigenden Zaubereitat auf ein innerliches, dem Menschengeschlecht feindliches Umgehen mit dem Teufel abgestellt wurde. Ein ‚corpus delicti' war hier nicht denkbar; ein artikulierter Vorwurf nach konkreten Tatumständen fiel aus. Mangels Indizien suchten die Juristen nach anderen Verdachtsgründen, die aber nur auf dieses Umgehen mit dem Teufel hindeuten konnten. Man meinte, dass der Teufel seinem Partner beim Bündnisabschluss ein Mal anbringen würde, das die betreffende Körperstelle abtöte. Der Scharfrichter stach in vorhandene Körpermale: wenn Blut daraus floss, waren sie natürliche Auswüchse; floss kein Blut, lag ein Indiz für Folterung vor. Manche stellten sich auch vor, dass bei der geschlechtlichen Vereinigung mit dem Teufel dessen luftartige Beschaffenheit in die Partnerin eindringen würde, weshalb diese auf dem Wasser schwimmen bleiben würde. So wurde das alte, schon seit 1215 verbotene Gottesurteil der Wasserprobe wiederbelebt und als ‚Hexenprobe' interpretiert. Freilich wurden diese Ansichten von anderen heftig kritisiert und für abergläubisch erklärt, was auch für die manchmal vorgeschlagene Tränenprobe oder für den Schweigezauber galt. Diese Hexenproben wurden im Übrigen nicht nur als Indizien für die Überführung eingesetzt, sondern von verzweifelten Menschen für ihre Unschuld herangezogen. Sie unterwarfen sich vor allem freiwillig den ‚Hexenbädern', um durch das Untergehen eine amtliche Bestätigung zu erhalten, mit der sie etwaigen Verleumdungen entgegentreten wollten.

Im Ergebnis muss festgehalten werden: die von den italienischen Juristen erarbeiteten, von *Bambergensis* und *Carolina* übernommenen Grenzen der Folter liefen zunehmend leer, sobald das Umgehen mit dem Teufel in den Vordergrund trat. Zwar versuchten manche Gutachter der Juristenfakultäten, die Regelungen der *Carolina* streng anzuwenden und den summarischen Prozess als Abweichung vom ‚prozessus ordinarius' abzulehnen. Doch gab es auch gegenteilige Gutachter. Letztlich wurde die Haltung der Verfolger maßgebend: ob sie vorsichtig waren oder ob sie in Verfolgungseifer mit unbegrenzter Gewalt Geständnisse erzwangen und Verfolgungswellen in Gang setzten. In diesen Verfahren entlarvte sich die Folter als Unrecht und ihr rechtlicher Regelungsversuch als Makulatur. Nicht ohne Grund setzte die Kritik an den Hexenverfolgungen an dieser Folter und damit dem Verfahren an wie z.B. die *Cautio Criminalis* des Jesuitenpaters Friedrich Spee. Doch erst im 18. Jh. kamen die Hexenprozesse an ihr Ende. ■

Lit.: Deutsch (2004), Lorenz (2004), Sauter (2009), Schild (2000), Schild (2004), Zagolla (2007)

Titelblatt zu Hermann Neuwalt: *Bericht von erforschung, prob und erkentnis der Zauberinnen durchs kalte Wasser,* Helmstadt 1584
Bei der Wasserprobe legte man die betreffende Person auf das Wasser: ging sie unter, war dies ein Zeichen für Unschuld, floss sie ‚wie eine Gans', wurde ein Indiz für Folterung gesehen.

Bericht
Von erforschung/prob
vnd erkentnis der Zauberinnen durchs
kalte Wasser/ In welchem Wilhelm Adolph Scri-
bonij meinung wiederleget/vnd von vrsprung/natur vnd
warheit dieser vnd anderer Purgation gehan-
delt wirdt.
Aller Obrigkeit vnd Regenten nützlich vnd
nötig zu wissen.
Gestelt vnd an tag geben durch Herman-
num Neuwalt der Artzney Doctorn vnd Professorn
in der Julius Vniuersitet. Jetzundt aber auß dem Lateini-
schen in Deutsche sprache vbersetzet/ durch M. Heinri-
cum Meybaum in der Julius Vniuersitet Poë-
seos vnd Historiarum Profes-
sorem.
Helmstadt.
Gedruckt durch Jacobum Lucium/ Anno 1584.

Frauen, Männer und auch Kinder – Opfer der Hexenverfolgung

Rolf Schulte

„Schlecht also ist die Frau von Natur, da sie schneller am Glauben zweifelt ... Daher ist es kein Wunder, dass es eine so große Menge von Hexen in diesem Geschlecht gibt ... Alles geschieht aus fleischlicher Begierde, die bei ihnen unersättlich ist ... Darum haben sie auch mit den Dämonen zu schaffen, um ihre Lust zu stillen ... Daher ist es auch folgerichtig, die Ketzerei nicht als die der Zauberer, sondern die der Hexen zu bezeichnen ...", schrieb der vom Papst eingesetzte Inquisitor Heinrich Institoris 1486 in seinem weit verbreiteten Werk „Malleus maleficarum" („Der Hexenhammer"). Der Dominikaner erklärte damit das gesamte weibliche Geschlecht zum potentiellen triebbestimmten Bündnispartner des Bösen – ausgenommen die als asexuell charakterisierten Frauen wie Maria oder andere Heilige.

Doch stimmt dieses Bild der Hexe als Frau aus der zeitgenössischen Hexenlehre mit den Kennzeichen der als Hexen bezeichneten und verfolgten Menschen im 16.–18. Jh. überein?

Die Geschichtswissenschaft ist aufgrund der komplexen Überlieferungssituation den Methoden der empirischen Sozialforschung gefolgt und hat statistische Daten über die Prozessopfer gesammelt und ausgewertet, um mögliche persönliche und soziale Konturen der Prozessopfer zu umreißen.

Detail eines Gefängnisses in Venedig, Italien
Der Hexerei angeklagte Personen wurden nicht nur gütlicher und peinlicher Befragungen unterzogen, sondern auch in Kerkern, eigens gebauten Malefizhäusern oder Hexentürmen eingesperrt.

Geschlecht

Die Hexenverfolgungen in Europa richteten sich eindeutig mehrheitlich gegen Frauen und die verurteilenden Gerichte hielten Hexerei für ein mit dem Geschlecht zusammenhängendes, jedoch nicht geschlechtsspezifisches Verbrechen. Schon allein die grammatisch weiblichen Begriffe ‚Hexe' oder ‚witch' im deutschen bzw. englischen Sprachraum unterstreichen hier eine Zuspitzung des Hexenbildes auf Frauen. Spitzenwerte bestanden z.B. in England, den Niederlanden, Teilen der Schweiz und Ungarn mit ca. 90% Frauenanteil unter den Prozessopfern.

Doch die Praxis der Hexenverfolgung folgte der einseitigen Sichtweise eines Heinrich Institoris in seinem *Hexenhammer* nur bedingt, denn der Begriff der Hexe ließ sich auch auf Männer übertragen: In Island zählten Männer zu 90%, in Estland zu 60% und in Finnland zu 50% zu den Prozessopfern. Auch in Teilen Österreichs und Frankreichs konnte der männliche Anteil auf die Hälfte, aber auch auf 2/3 der Angeklagten steigen. Im Epizentrum der Hexenverfolgungen – im Heiligen Römischen Reich Deutscher Nation, das sich 1648 von der Nordsee bis zur Adria erstreckte – blieb das Hexenmuster jedoch insgesamt mehrheitlich weiblich. Im Durchschnitt war nur jede vierte Hexe ein Mann.

>>

Diese überregionalen Zahlenverhältnisse unterschieden sich jedoch zeitlich, denn im Lauf der Hexenverfolgung änderte sich das Geschlechtsprofil deutlich: Lag der Frauenanteil in der Verfolgungswelle um 1590 in den meisten Territorien Mitteleuropas bei ca. 75-90%, so fiel er beispielsweise bei der letzten großen süddeutschen Verfolgung in Salzburg um 1680 auf ca. 30%. In der Regel verurteilten Gerichte in den protestantischen Gebieten mehr Frauen als in den katholischen Territorien, was wahrscheinlich mit einem konfessionseigenen Hexenbild und einer besonderen Deliktbeschreibung zusammenhing.

Alter

Daten zum genauen Alter der als Hexen angeklagten Personen sind rar. Gerichte dokumentierten das Alter in der Regel nicht oder begannen oft erst im späten 17. Jh., persönliche Daten festzuhalten. Daher kann das Alter nur indirekt aus den Prozessakten oder gelegentlich aus noch vorhandenen ergänzenden Überlieferungen, wie z.B. Geburtenbüchern, geschlossen werden. Trotzdem bleiben die Angaben oft statistisch uneindeutig. Ein Beispiel: Zwischen 1560-1680 verhängten Gerichte im südenglischen Essex gegen 314 Menschen Strafen wegen Hexerei. Bei 15 Verurteilten konnte das Alter ermittelt werden mit dem Ergebnis, dass 87% von ihnen das 50. Lebensjahr überschritten hatten. Der Umfang dieser und anderer Datenreihen bleibt zu gering, um verallgemeinernde Schlussfolgerungen zu erlauben. Dennoch zeigen einige regionale Studien mit einem höheren Stichprobenvolumen aus verschiedenen Gebieten, z. B. zu Holstein, zu Mecklenburg, zu Lothringen, zu Burgund und zum Rhein-Main-Saargebiet, dass sich die Hexenverfolgung auf Menschen mit gehobenem Alter konzentrierte. Für die Betrachtung der Altersstruktur von Opfern ist zu bedenken, dass die Lebenserwartung in der Frühen Neuzeit nicht hoch war: Fast die Hälfte aller Menschen starb vor dem 10. Geburtstag, die durchschnittliche Lebensdauer überstieg gerade 40 Lebensjahre. Männer und Frauen jenseits dieses Alters galten oft als alt, gebrechlich bzw. geschwächt und abgearbeitet.

Ähnlich der Änderungen in den Hexenverfolgungen bei der Kategorie ‚Geschlecht' konnte sich die Altersstruktur der Prozessopfer bei sich ausweitenden Prozesswellen, in denen es nicht mehr um vermeintliche Schädigungen, sondern nur noch um Komplizenschaften durch erfolterte Denunziationen ging, verändern: Menschen fast jeglicher Altersstufe konnte die Anklage treffen.

Kupferstich aus Hermann Löher: *Dringende untertänige wehmütige Klage der frommen Unschuldigen*, Amsterdam 1676
Der angeblichen Hexe Anna Kemmerling und dem vermeintlichen Hexenmann Holger Lirtz aus Rheinbach im Rheinland wird vor Gericht das Todesurteil verkündet. Im Hintergrund ist ihr weiterer Weg zu sehen: Die Fahrt zur Hinrichtungsstätte auf dem Karren des Henkers.

Holzschnitt aus Francesco Maria Guazzo: *Compendium maleficarum*, Mailand 1626
Frauen und Männer fallen bei einer Hexentaufe von Gott ab. Im Hintergrund warten weitere männliche und weibliche Personen darauf, die Weihe zu empfangen und sich in die Armee des Teufels einzureihen.

Die Hexenverfolgung richtete sich in ihrem Verlauf auch zunehmend gegen Kinder, so dass in einigen Regionen Europas – besonders in Teilen des heutigen Österreichs und Süddeutschlands, aber auch in Schweden – zahlreiche Minderjährige als Angeklagte vor Gericht standen. Kinder stellten nicht nur passive Opfer in diesen Verfahren dar, sondern sie denunzierten auch aktiv als Zeugen Erwachsene als Teufelsbündner, was tödliche Folgen hatte. Am ausgeprägtesten griff die Hexenverfolgung gegen Minderjährige im Territorium von Salzburg um sich, wo 1680 bei 140 Angeklagten 2/3 das 21., 1/3 das 15. Lebensjahr noch nicht überschritten hatten. Auch wenn die Bestrafung von Kindern zahlreichen Gerichten in der Frühen Neuzeit als problematisch erschien, urteilten andere schonungslos und sprachen Todesstrafen aus. Viele Kinderhexenprozesse unterschieden sich allerdings in ihren Mechanismen von anderen Verfahren, denn sie basierten weniger auf Konflikten und Drohungen, sondern gründeten auf Familienbezichtigungen, abweichendem Verhalten und in vielen Fällen auf freiwilligen Selbstanklagen. Schon in früher Kindheit durch Erfahrungen von Ausgrenzung geprägt und ohne Chancen, Selbstbewusstsein zu entwickeln, phantasierten manche Kinder ein Können, das sie schließlich auch als Realität wahrnahmen. Die Hexenprozesse boten jenen gedemütigten und ausgegrenzten Persönlichkeiten eine Bühne, um endlich die lang entbehrte Aufmerksamkeit und eine aufwertende Genugtuung zu erlangen. Das Phänomen, die Allmacht von Phantasien zu nutzen, um der Ohnmacht in der Realität zu entfliehen, ist inzwischen in der Jugendpsychologie umfassend als typisches Verwahrlosungsphänomen erkannt worden. In der Frühen Neuzeit drohte für ein derartiges Verhalten, sich selbst zu Hexen zu erklären, in manchen Gebieten ein Todesurteil.

Soziale Schicht

Leider geben die Quellen der Frühen Neuzeit nur dürftige und ungleichmäßige Auskunft über die Betroffenen. Die regelmäßig erzwungenen Geständnisse offenbarten in ihrer Gleichartigkeit wenige, selten umfangreiche Einzelheiten über den sozialen

Illustration zu dem Flugblatt *Ein erschröcklich Geschicht vom Teufel und einer Unhulden*, Nürnberg 1533
Der Scharfrichter verbrennt vor den Toren der Stadt Schiltach eine angebliche Hexe auf einem Holzstoß. Die Frau ist hier halbnackt gezeichnet, obwohl vermeintliche Hexen durchgängig im Büßerhemd verbrannt wurden.

oder persönlichen Lebensraum der Prozessopfer. Wie bei der Einordnung von Angeklagten in Bezug auf Geschlecht und Alter lassen sich auch für die soziale Verortung nur schwer verallgemeinernde Rückschlüsse ziehen. Zum einen gestatten die Angaben aus den Prozessakten oder anderen Quellen kaum eindeutige Klassifizierungen und zum anderen fehlen oft für die Frühe Neuzeit genauere Angaben zur allgemeinen Sozialstruktur und zur Bevölkerungspyramide zum Vergleich.

Doch auch hier zeichnet sich in einer Reihe untersuchter Regionen eine Tendenz ab: Die Mehrheit der Verfolgten setzte sich aus der unteren sozialen Schicht der frühneuzeitlichen Gesellschaft zusammen. Doch kann in nur wenigen Gebieten genauer erfasst werden, ob dieser Anteil den Verhältnissen der jeweiligen regionalen Sozialstruktur entsprach. Gegenläufige Muster zeichneten sich auch innerhalb gemeinsamer Regionen ab: Während z.B. in einigen Teilen Südwestdeutschlands Unterschichten stark betroffen waren, rekrutierten sich die Prozessopfer in anderen, nicht weit entfernten Gegenden derselben Großregion hauptsächlich aus Mittelschichten oder sogar aus der kleinen städtischen Oberschicht von Ackerbürgergemeinden.

Auch hier gilt erneut ein zeitlicher Unterschied, denn im Lauf der großen Massenpaniken beispielsweise an Main, Rhein und Mosel konnten auch wohlhabende Bürger und ihre Frauen, administrative Eliten und ihre Familien sowie Kleriker in den Verdacht von Hexerei geraten. In Bamberg verurteilten die Gerichte 1628–1630 sogar den Hochstiftskanzler wie den Bürgermeister der Stadt sowie zahlreiche Stadträte wegen Hexerei zum Tode. Allerdings blieb eine soziale Schicht fast durchgängig von den Hexenprozessen ausgespart: der Adel.

Körperliche Merkmale?

Die Gerichtsprotokolle vermerken in der Regel keine typischen körperlichen Merkmale von Angeklagten, weder Haarfarbe, gebeugte Rücken oder eine besondere Nasenform werden erwähnt oder von Zeugen als belastende Attribute genannt. Wenn die Schreiber bestimmte Kennzeichen notierten, wurden sie mit dem gehobenen Alter oder mit einer Krankheit in Verbindung gebracht. Rote Haare zählten in der Wahrnehmung von Klägern oder Gerichten demnach nicht zu den verbreiteten Kennzeichen eines Menschen, der als Hexe bezeichnet wurde. Für die Bevölkerung und die Richter galten derartige körperliche Eigenschaften verdächtigter Personen offensichtlich nicht als charakteristisches Indiz. Die Klassifizierung

‚Hexenhemd'
Flachs, gewebt, L 135,0 cm
Veringenstadt, 17. Jh.
Stadt Veringenstadt

Bevor die Hexereiangeklagten zum Verhör gebracht wurden, entfernte man ihnen die Haare und tauschte ihre Kleidung gegen geweihte Hemden, die sie bis zur Hinrichtung trugen. Denn sowohl Haare als auch Kleider hätten Amulette und Zaubermittel verbergen können, die z.B. vor der Folter schützten. Bei den so genannten Folterhemden oder Marterkitteln handelte es sich entweder um komplette Gewänder oder lediglich um eine Art Schürze.
Als im Jahr 1680 Anna Kramerin, die Ehefrau des Baders Alber Kohler, in Veringenstadt der Hexerei bezichtigt wurde, legte man auch ihr nach der Rasur ein leinenes Gewand an, das angeblich von sieben 13jährigen Mädchen angefertigt wurde. Erst eingesperrt in den unteren Torturm und dann der Folter unterzogen, starb Anna 1680 durch das Schwert. Anschließend wurde ihr Leichnam verbrannt. Die Enthauptung wird als Grund angeführt, warum sich das Hexenhemd aus Veringenstadt erhalten hat. Allerdings kann diese Tatsache ebenso wenig belegt werden wie die Vermutung, dass es sich wirklich um das von der Kramerin getragene Hemd handelt. A.R.

Lit.: Hexen und Hexenverfolgung (1994), Hexenwahn. Ängste der Neuzeit (2002), Schild (2002)

Holzschnitt aus: ***Effigie de la condamnation de mort et de l'exécution d'Urbain Grandier*****, Paris 1634**
Die Verbrennung eines Hexenmannes oder Hexenmeisters: Der katholische Priester Urbain Grandier wird in Loudun / Frankreich wegen Verhexung von Nonnen eines Ursulinenklosters angeklagt und schließlich deswegen verurteilt.

von weiblichen Angeklagten als rothaarige Frauen erweist sich daher als Produkt einer Neuauslegung der Ereignisse bzw. der Übertragung von Deutungen aus dem 19. Jh. – einer Zeit, in der Märchen und Sagen aufgeschrieben und gesammelt wurden. Im Übrigen ist der Zusammenhang zwischen feuerfarbener Haarfarbe und negativen Charaktereigenschaften in literarischen Quellen sehr alt und überhaupt nicht auf ein bestimmtes Geschlecht bezogen.

Während uns die Hexentheologie eines Heinrich Institoris ein klar umrissenes Hexenbild vermittelt, zeigt die Realität in den Prozessen weniger eindeutige Merkmale typischer Verfahrensopfer – zumindest ähneln sie nicht durchgängig den Charakteristika der Märchenhexe, wie die Brüder Grimm sie bis heute geprägt haben.

Selbstzeugnisse

Selbstzeugnisse von Angeklagten der Verfolgung existieren zum einen wegen des geringen Alphabetisierungsgrads der Bevölkerung äußerst spärlich. Zum anderen stellte es ein erhebliches Wagnis dar, sich kritisch schriftlich neben den öffentlich protokollierten Aussagen zu äußern.

Die Prozessopfer der Hexenverfolgungen der Frühen Neuzeit sprechen daher fast ausschließlich über den Filter ihrer Gerichtsaufzeichnungen über sich. Diese Akten enthalten zu einem beträchtlichen Teil Geständnisse von Individuen, die unter dem besonderen Druck einer Anklagesituation abgelegt wurden und meistens unter Androhung und dem Einsatz massiver körperlicher und seelischer Gewalt entstanden sind. Die Bekenntnisse von angeblichen Hexen hingen unter diesen Bedingungen vom Fragenkatalog der Richter und von der Deutung des Gerichtsschreibers ab, der die Aussagen wiedergeben sollte: Geständnisse sagen mehr über die Wahrnehmungen, Interpretationen und Vorstellungen der Verfolgerseite aus, auch wenn die Verfolgten ihre Aussagen individuell zu prägen vermochten.

Die vermeintlichen Hexen haben uns daher über ihre Wertvorstellungen, ihr Leben und ihre Gefühle kaum etwas überliefert und dennoch existieren einige wenige selbst verfasste Zeugnisse von Opfern, in denen die Verzweiflung und die Trostlosigkeit die Leser

Mythos Hebamme

Spätestens mit der Frauenbewegung der 1970er Jahre etablierte sich die Ansicht, Hebammen hätten besonders unter der Hexenverfolgung gelitten. Zusammen mit Heilerinnen wurden sie 1973 von den US-amerikanischen Feministinnen Barbara Ehrenreich und Deidre English als Opfer von Kirche und Ärzten dargestellt. Das Wissen über Geburtenkontrolle hätte das von kirchlicher Seite erstrebte Bevölkerungswachstum gefährdet, die gynäkologische und volksmedizinische Erfahrung den Doktoren Konkurrenz gemacht. In Deutschland wurde diese heute veraltete These 1985 durch die Bremer Professoren Heinsohn und Steiger verschärft. Jedoch ist sie anhand frühneuzeitlicher Quellen nicht zu belegen. Im Gegenteil, lediglich ein geringer Prozentsatz der hingerichteten Personen war tatsächlich in der Geburtshilfe tätig. Bei Hexereiprozessen zog man sie sogar für Gutachten über angebliche Schwangerschaften und die damit verbundene Haftverschonung zu Rate. A.R.

Lit.: Dillinger (2007), Rummel / Voltmer (2008)

Holzschnitt aus Eucharius Rösslin: ***Der schwangeren Frauen und Hebammen Rosengarten*****, Straßburg (1513)**
Eine Hebamme hilft bei der Niederkunft auf einem Geburtsstuhl.

Holzschnitt aus Olaus Magnus: *Historia de gentibus septentrionalibus*, Rom 1555
Eine Frau als Hexe: Offene Haare galten als Zeichen der unverheirateten Frau und als Signal für sexuelle Ansprechbarkeit. Die Zauberin ist damit als Braut des Teufels dargestellt. Sie entfesselt aus ihrem Zaubertopf einen Sturm und lässt ein Schiff auf offener See kentern.

erschüttern lässt. Diese Schreiben erklären uns heute eindrücklich, wie Menschen zu Hexen gemacht wurden und wie Geständnisse zustande kamen.

1590 schreibt Rebecca Lempin aus dem Gefängnis aus Nördlingen an ihren Mann: *„Mein auserwählter Schatz, soll ich mich so unschuldig von dir scheiden müssen, da sei Gott immer und ewig geklagt … Man hat mich so gemartert, ich bin aber so unschuldig ob Gott im Himmel …“*

Kaum anders beschreibt der angeklagte und später hingerichtete Johannes Junius aus Bamberg seine Lage in einem aus dem Kerker geschmuggelten, aber abgefangenen Brief an seine Tochter: *„Ich bin zu Unrecht ins Gefängnis gekommen, ich bin zu Unrecht gemartert worden, zu Unrecht muss ich sterben … Denn wer in das (Malefiz-) Haus kommt, der wird zwangsläufig zum Hexenmeister, oder er wird so lange gefoltert, bis er sich selbst irgendetwas Derartiges ausdenkt, falls ihm, mit Gottes Hilfe etwas einfällt. … Ich bitte dich um des jüngsten Gerichts willen, halte dieses Schreiben in guter Hut und bete für mich als dein Vater als ein rechter Märtyrer … Gute Nacht, denn deinen Vater Johannes siehst du nimmermehr, 24 July ao (anno= im Jahr) 1628.“* ■

Lit.: Behringer (2006), Levack (2006), Rowlands (2001), Rummel / Voltmer (2008), Schulte (2000), Schulte (2009), di Simplicio (2006)

Holzschnitt aus Ulrich Molitor: *De lamiis et phitonicis mulieribus*, Köln 1489
Eine Frau lässt sich vom Teufel verführen und wird damit zur Hexe.

Hinrichtung

Die frühneuzeitlichen Gesetzgebungen sahen bei einem Todesurteil wegen Hexerei in der Regel die (Lebend)Verbrennung vor, was im Gnadenweg durch Erdrosselung oder Enthauptung vor der Verbrennung ‚abgemildert' werden konnte. Andere Hinrichtungsmethoden wie Rädern, Ertränken oder Hängen waren aber ebenfalls möglich. Europaweit wurden ca. 50.000–60.000 Menschen wegen Hexereianklagen hingerichtet. Berufsmäßige Scharfrichter zeichneten für die Vollstreckung der Todesurteile verantwortlich, für die sie eine strenge Ausbildung durchliefen. A. R.

Illustration aus dem Flugblatt *Ein erschröckliche geschicht ... von dreyen Zauberin / vnnd zwayen Mannen / Inn ettlichen tagen des Monats Octobris Im 1555. Jare ergangen ist,* Nürnberg 1555

Zum Tod durch Verbrennen Verurteilte wurden entweder gefesselt auf den Scheiterhaufen gelegt oder an einen Pfahl gebunden und dann mit Holz umgeben oder auf einer Leiter befestigt und mit dieser in das Feuer gestoßen. Die Delinquenten erstickten meist in den Flammen, bevor sie verbrannten.

Henkersmaske
Leder, Eisenblech, eisernes Kettennetz, B 15 cm, L 20 cm
Oberschwaben, 18. Jh.
Bad Waldsee, Städtisches Museum im Kornhaus 88/0608

Seit dem 13. Jh. gibt es Belege für das Amt des Scharfrichters oder Henkers, mit dem die Urteilsvollstreckung verbunden war. Neben dem Vollzug der Leibesstrafen war er für zahlreiche andere Aufgaben zuständig: Er fungierte als Abdecker und Hundefänger, vertrieb Aussätzige aus der Stadt und kümmerte sich um Bordelle und Spielveranstaltungen, da er auf Nebenverdienste angewiesen war. Sein Beruf galt als unehrlich. Daher war ihm und seinen Nachkommen der Zugang zum Handwerk verwehrt. Das Amt des Henkers und seine Person verbanden sich mit einer magischen Aura, die sowohl vom Scharfrichter selbst als auch von dem Verurteilten ausging. Dies wurzelte wohl in der Vorstellung vom Delinquenten als etwas Dämonischem. Um sich selbst vor dem negativen Einfluss durch Berührung des Verurteilten und vor dem bösen Blick zu schützen, trug der Henker während der Hinrichtung Gesichtsmaske und Handschuhe. A. R.

Lit.: Barock in Baden-Württemberg (1981), Hinckeldey (2005)

Richtschwert
Stahl, Eisendraht, Holz, L 115,8 cm (gesamt), Klinge: L 84,3 cm, B 5,7 cm bzw. B 4,8 cm (Ort)
Frankenthal (?), um 1600
Historisches Museum der Pfalz Speyer HM C 29

Das anderthalbhändige Schwert gelangte 1899 mit dem Hinweis *„Richtschwert des Scharfrichters von Frankenthal"* als Geschenk in die Sammlung des Historischen Museums der Pfalz. Es weist typische Kennzeichen eines Scharfrichterschwertes auf: eine lange, breite, zweischneidige Klinge ohne Hohlkehle. Insbesondere die abgerundete, stumpfe Spitze ist das Zeichen für eine ‚unehrliche' Waffe, wie sie nur ein Scharfrichter benutzen durfte. Auf der Klinge finden sich eingeätzte Ornamente, Inschriften und allegorische Figuren: IUSTITIA (Gerechtigkeit) mit Schwert und Waage, FIDES (Treue) und SPES (Hoffnung), alle jeweils als Frauengestalten. Die Inschrift *„In Deinem THun und laßen frey / bitt Gott Dass er Dein Helffer sey / Anfang Mittel und Endt steht alles in Gottes Hendt"* lässt deutlich einen Bezug zum damals in Frankenthal vorherrschenden calvinistisch geprägten Christentum erkennen, nach dem das Leben des Menschen durch Gott vorherbestimmt ist.
Ende des 16. und Anfang des 17. Jh. gab es in Frankenthal einige Prozesse mit Anklagen wegen Zauberei. Die meisten gingen glimpflich aus. Eine endete allerdings tödlich: Catharina Günther wurde im Dezember 1606 in Frankenthal verbrannt, u.a. wegen Zauberei. Ob sie vor dem Tod auf dem Scheiterhaufen mit diesem Schwert enthauptet wurde, ist aber nicht belegt. L. T.

Lit.: Merkel (1976), Michel (2007), Nowosadtko (1994), Steiof (1995)

Richtrad
Holz, Eisen, Ø 100 cm, Radnabe: Ø 20 cm
1775
Zittau, Städtische Museen 10. 363/281

Das Rädern mit dem Richtrad ist eine Form der öffentlichen Folter, die erst gegen Mitte des 19. Jh. endgültig abgeschafft wurde. Sie gehörte zu den schändlichsten und ehrlosesten Strafen, mit der männliche Angeklagte für Mord oder Majestätsverbrechen hingerichtet wurden.
Das abgebildete Richtrad ist auf der Nabe auf das Jahr 1775 datiert und verweist mit einem umseitig eingeritzten Totenkopf auf das mit ihm verbundene Todesurteil. Der mit Schrauben am Rad befestigte Eisenbeschlag unten im Bild verstärkte die Wucht, mit der das Rad auf die Gliedmaßen des Delinquenten gestoßen wurde, um sie zu zertrümmern. Allerdings erfolgte das Gliederbrechen nicht willkürlich, sondern war hinsichtlich Abfolge und Anzahl der Stöße durch das Gerichtsurteil vorgegeben. Nach der Prozedur wurde der tote oder halbtote Mann durch die Radspeichen geflochten und das Rad auf einen Pfahl oder den Galgen gesteckt. A. R.

Lit.: Kerrigan (2007), Hinckeldey (2005)

Folter- und Henkerkreuz, darunter Richtrad
Eichenholz bzw. Holz, Eisen, B 232 cm, H 212 cm, T 15 (30) cm bzw. Ø 112 cm
Oberschwaben, 18. Jh.
Bad Waldsee, Städtisches Museum im Kornhaus 88/0388 bzw. 88/0395

Das Folter- und Henkerkreuz diente wohl als Unterlage zum Anfesseln des Delinquenten, dem so mit der Folter gedroht wurde. Später konnten Glieder und Gelenke daran gestreckt sowie Körperteile bzw. Knochen mit dem Folterrad darauf zerschmettert werden.
Das Kreuz besteht aus bearbeitetem Eichenholz mit vertikalem Längs-, längeren Quer- und schräg nach unten führenden Fußbalken. In den Nuten der Quer- und Fußbalken befinden sich verschiebbare kurze Bretter als Holzstützen zur Auflage der Gliedmaße. H. J. K.

Hexen, Herrschaft und der Staat – Die politischen Implikationen der Verfolgungen

Rita Voltmer

Augenscheinkarte der Grafschaft Veldenz, um 1563
In direkter Nähe des Schlosses Veldenz (Mitte) verzeichnet die Karte eine Richtstätte mit Galgen und Hinrichtungshütte.

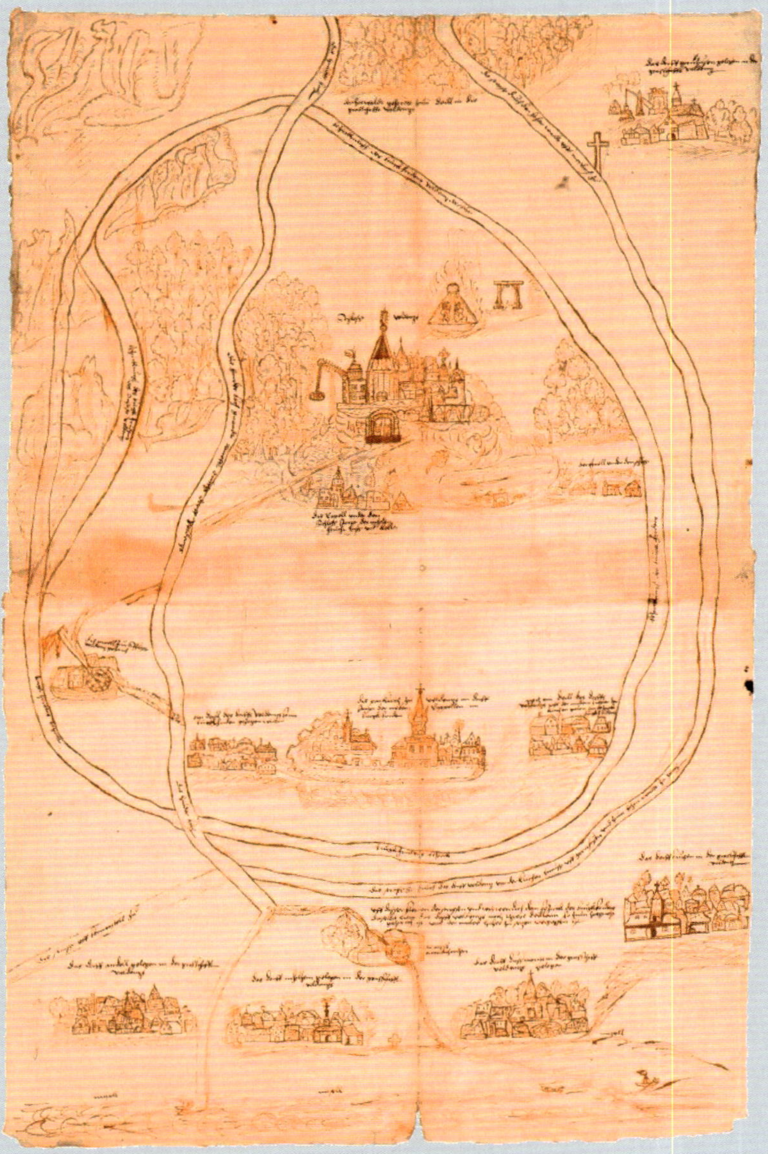

Schon einschlägige Traktate aus der ersten Hälfte des 15. Jh. hoben hervor, dass Hexen missgünstige Geschöpfe seien, die sich aus niedersten Motiven mit dem Teufel, dem Erzfeind aller gottgegebenen Ordnung, verbunden hätten. Damit definierte man Hexerei ursächlich als Rebellion gegen jede politische, obrigkeitliche und hausväterliche Ordnung. Die Verfolgung der Hexerei musste demnach an oberster Stelle der politischen Agenda stehen. Diese Motivation verstärkte sich in dem Maße, in dem man glaubte, dass Gottes Zorn unweigerlich über diejenigen hereinbreche, die seinen Willen missachteten und das ‚Hexengeschmeiß' unbestraft ließen.

Obrigkeiten, die eine innere Erneuerung im Sinne christlicher Reformen wie auch eine Stabilisierung der auf göttlicher Legitimation fußenden politischen Macht anstrebten, starteten deshalb gern Kampagnen, zu deren Programm auch die Verfolgung von Hexerei gehörte. Vor der Reformation lassen sich solche Aktionen beispielsweise im Herzogtum Savoyen feststellen. Danach, im Zeitalter sich verhärtender Konfessionsgrenzen, traten sie besonders in den geistlichen Territorien Frankens auf, wo zwischen 1626 und 1630 eine nahezu beispiellose Hexenjagd von den jeweiligen Fürstbischöfen bzw. dem Fürstprost und ihren Sonderkommissionen bzw. Helfershelfern initiiert wurde. Kleine Herrschaften und mittlere Territorien unter der Regierung von geistlichen wie weltlichen reformfanatischen Fürsten konnten leicht von einer derart motivierten Hexenjagd erfasst werden.

Herrschaften und Städte wurden jedoch keineswegs allein aus blindem religiösen Eifer zum Zentrum der Hexenjagden im Alten Reich und in den angrenzenden Regionen, sondern weil sich hier die Inszenierung und Durchführung von einschlägigen Verfahren als willkommene Waffe im Kampf um Kontrolle, Obrigkeit, Jurisdiktion und politische Autonomie geradezu anbot. Das scharfe Vorgehen der Justiz gegen die (vermeintlichen) Hexen erhielt zudem oberste Legitimation, geschah es doch zur Wahrung der Ehre Gottes und zur Sicherung des Gemeinwohls. Ganz nebenbei bot die exemplarische Aburteilung und Hinrichtung der ‚Hexen' Gelegenheit, gegenüber den Untertanen obrigkeitliche Kompetenzen wie Friedenssicherung, Schutz und Schirm symbolisch zu demonstrieren. Darüber hinaus diente herrschaftspolitisch eingesetzte Hexenjustiz nach außen der Kompetenzausweitung und der herrschaftlichen Selbstbehauptung sowohl gegenüber politischen Konkurrenten wie gegenüber dem Zugriff landesherrlich legitimierter, frühmoderner Staatlichkeit. Dieses Verfolgungsmuster lässt sich in der Westschweiz, in Norditalien, in Luxemburg, in der Eifel und in den Ardennen, in kurkölnischen Unterherrschaften, münsterländischen, mecklenburgischen und norddeutschen Gutsherrschaften ebenso nachweisen wie in mittleren und kleinen Städten (z.B. Minden, Lemgo, Osnabrück).

Auch die Bevölkerung entdeckte, dass sich durch die Zusammenarbeit mit verfolgungswilligen Amtleuten und Hochgerichtsherren das eigene Verfolgungsdrängen leichter durchsetzen ließ. Wenngleich gerade in der Moselgegend solche Hexenausschüsse weitreichende Kompetenzen im Bereich der Verfolgungsorganisation erlangten, drängte es sie doch selten nach der Ausweitung ihrer politischen Befugnisse. Eigennützige Gruppeninteressen innerhalb der Stadt- und Dorfgemeinden traten in den Vordergrund. Ausnahmen bestätigen die Regel: Im sich als Reichsdorf verstehenden Dreis bei Wittlich wurden über 30 Hexereiverfahren geführt, nicht zuletzt, um autonome Befugnisse der Gemeinde im Bereich der strittigen Hochgerichtsbarkeit zu belegen. Dort, wo sich Kommunen und Talschaften bereits gewohnheitsrechtlich behaupteter Autonomie erfreuten, konnte sehr wohl ein Zusammenhang zwischen Bestrebungen nach mehr politischer Selbstständigkeit und Hexenverfolgungen entstehen (beispielsweise im Wallis, in der Leventina oder im Kraichgau).

Handschellen an einer Kette, 17./18. Jh.
Die Hexenjustiz konnte aus machtpolitischen Motiven inszeniert werden. Die Handschellen stehen stellvertretend für das obrigkeitlich ausgeübte Gerichtsmonopol.

Entgegen landläufiger Vorstellungen war es eben nicht der frühmoderne Staat, welcher in großem Stil Hexenverfolgungen betrieb, sondern vielmehr lokale Gewalten, dörfliche und städtische Akteure, die in Zusammenarbeit und oft gegen landesfürstliche Vorgaben ein entsprechendes Verfolgungsmilieu verdichteten. Als Faustregel kann gelten, dass die Ausbildung von Staatlichkeit, Kontrolle und Aufsicht über das Justizwesen sowie nicht zuletzt auch die aufgeklärte ‚Verweltlichung' einer christlichen Obrigkeit zu einem Rückgang der Verfolgungen geführt hat. Allerdings war in kleinadligen und geistlichen Gerichtsherrschaften der Widerstand gegen ein einheitliches, vom Souverän kontrolliertes Rechtssystem gewöhnlich groß. Versuche, staatliche Regel- und Kontrollkompetenzen auszuweiten, stimulierten die kleinen ‚Herren' nicht selten, demonstrativ Hexereiverfahren durchzuführen. Dem entgegen konnte eine sich als christlich verstehende Obrigkeit allerdings auch mehr auf die Einhaltung von Eintracht, Frieden und Ordnung setzen und jede Verfolgung im Keim ersticken, wie es beispielsweise in der calvinistischen Kurpfalz oder in den meisten lutherischen Reichsstädten geschah. Diesen Landesfürsten und Stadtherren muss bewusst gewesen sein, dass die mit Unruhe und ökonomischem Niedergang einhergehende Verfolgung vermeintlicher Hexen und anderer Glaubensfeinde eher ein archaisch-alttestamentarisches Instrument der Rache gewesen ist als ein Zeichen verantwortlicher, landesväterlicher Sorge um das Gemeinwohl. Nebenbei spielten aber auch hier politische Überlegungen eine Rolle: Lutherische Reichsstädte, die stets in der Gefahr schwebten, von einer katholischen Reichsspitze mediatisiert zu werden, konnten es sich nicht leisten, gemeinsam mit den Hexenjagden Unfrieden und Tumult in ihre Stadtmauern zu ziehen.

Lit.: Dillinger / Schmidt / Bauer (2008), Rudolph / Schnabel-Schüle (2003), Rummel (1991), Voltmer (2002), Voltmer (2005)

Reichskhündig exempel und wirtzbürgisch werck – Zur Dynamisierung von Hexenjagden

Rita Voltmer

Treppenaufgang mit Schlussstein, Alte Hofhaltung (heute Historisches Museum), Bamberg
Im 17. Jh. prägten Glaubenseifer, machtpolitische Ambitionen und Weltuntergangsstimmung die Bamberger Fürstbischöfe. Überall das Wirken des Teufels vermutend, setzten sie sich in außergewöhnlicher Weise für die Hexenverfolgung in ihrem fränkischen Hochstift ein.

Ende des 16. Jh. gerieten die Hexenjagden in Kurtrier, in der Stadt Trier und im Gebiet der Reichsabtei St. Maximin in den berüchtigten Ruf eines „reichskhündig exempels". Diese Verfolgungen werden auch gern als „Germany's first superhunt" (William Monter) bezeichnet, weil hier in der Wahrnehmung der Zeitgenossen zum ersten Mal ein rein katholisches Gebiet bedeutende Hexenjagden erlebte. Zuvor hatte es bereits erste schwere Ausbrüche in protestantischen Herrschaftsbereichen gegeben. Die bereits im 15. Jh. in katholischen Regionen durchgeführten Verfolgungen schienen niemandem (mehr) bekannt zu sein. Aus der Fernsicht wurden die Verfolgungen in Stadt und Erzstift Trier mit den außergewöhnlichen Verfolgungen im kleinen Territorium der autonomen Reichsabtei St. Maximin in einen Topf geworfen. Und auch heute werden sie noch gern irrtümlich der politischen Verantwortung des vermeintlichen ‚Hexenbischofs' Johann VII. von Schönenberg angelastet. Doch die Ereignisse im Trierer Land erregten wohl deshalb eine hohe Aufmerksamkeit, weil hier zu einem nicht unbeträchtlichen Teil prominente Männer aus der weltlichen wie geistlichen Führungsschicht als Hexenmeister verbrannt worden waren. An erster Stelle ist der Stadttrierer Schultheiß und ehemalige Vizestatthalter Dr. Dietrich Flade zu nennen, der selbst Richter in Hexereiverfahren gewesen war. Die hohen Hinrichtungszahlen und die schon zu Beginn auf alle sozialen Schichten, Berufe, Stände, beide Geschlechter und nahezu jedes Alter ausgeweiteten Verfolgungen sollten Ende des 16. Jh. tatsächlich beispielhaften Charakter erhalten. >>

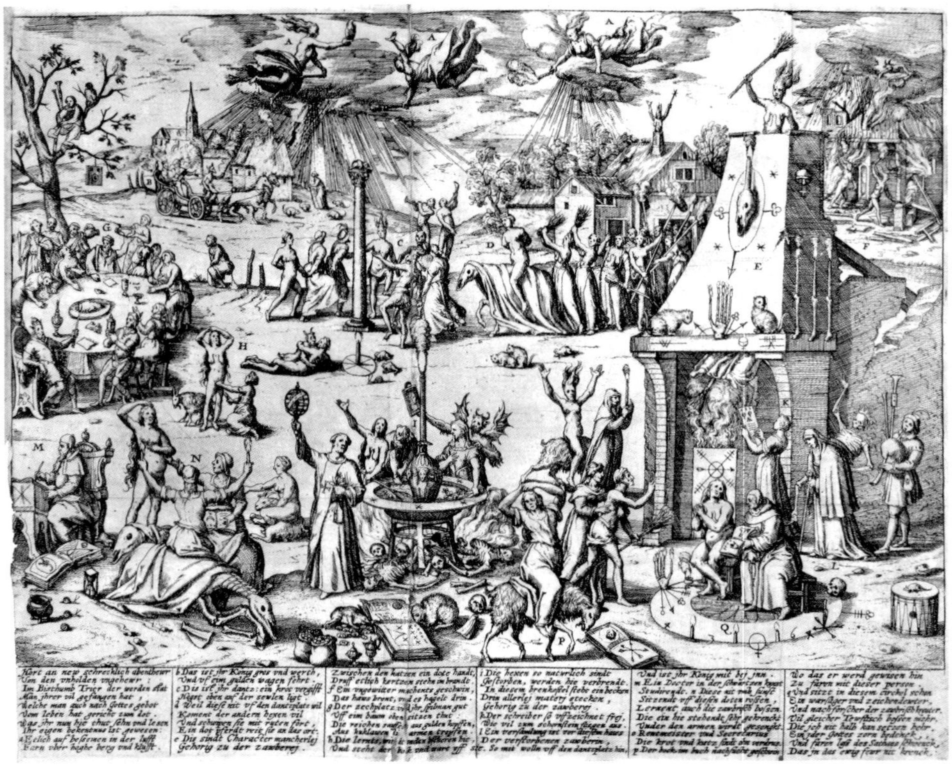

Der Trierer Hexentanzplatz
Kupferstich, B 30,5 cm, H 24,5
1594
Trier, Stadtbibliothek / Stadtarchiv Trier 1-34 8°

In Bild und Text schildert der als Flugblatt und als Beilage zu einer Flugschrift vertriebene Kupferstich das Trierer Hexenunwesen bei einem Sabbat. Die künstlerische Umsetzung steht in engem Zusammenhang mit den Sabbatbeschreibungen des Trierer Weihbischofs Peter Binsfeld in dessen Traktat *De confessionibus maleficorum et sagarum*. Der gereimte Text zum Tanzplatz nimmt direkten Bezug auf die tatsächlichen Ereignisse der Hexenverfolgung im Trierer Erzbistum. So heißt es zu Beginn: *„Hört an new schrecklich abenthewr / Von den vnholden vngehewr: / Im Bisthumb Trier der werden stat / Man ihrer vil gefangen hat, / Welche man auch nach Gottes gebot / Vom leben hat gericht zum dot.“* A.R.

Lit.: Hexenwahn. Ängste der Neuzeit (2002)

An diesem Bild hat nicht zuletzt der Traktat des Trierer Weihbischofs Binsfeld *De confessionibus maleficorum et sagarum* mitgewirkt, der die Hexenjagden zwar nicht ausgelöst, diese jedoch nachträglich legitimiert und zu weiteren, weder die männliche Elite noch Kinder und Jugendliche verschonenden Verfahren aufgerufen hatte. Binsfeld propagierte das Konzept des Hexensabbats als nächtlich-geheimes Treffen der Hexenketzer und maß der Denunziation von Komplizen durch geständige ‚Hexen' unbedingten, verdachtsleitenden Indiziencharakter bei. Seiner Meinung nach konnte aufgrund von nur einer solchen Besagung, zusammen mit einem anderen Indiz, ganz sicher aber aufgrund von nur zwei Besagungen eine als Hexe oder als Hexenmeister denunzierte Person festgesetzt, angeklagt und dem Verhör zugeführt werden.

Geleitet von diesen Vorstellungen legten die Gerichte in Kurtrier und im Gebiet der Reichsabtei St. Maximin zum Teil lange Listen vermeintlicher Komplizen und Komplizinnen an, welche angeblich auf dem Sabbat gesehen worden waren. Die Besagungsliste einer angeblichen ‚Hexe' konnte bis zu 150 Namen enthalten, erlangt durch entsprechend suggestive Fragetechniken sowie den Einsatz der Folter. Gerade in St. Maximin verloren konkrete Schadenszaubervorwürfe immer mehr an Gewicht gegenüber reinen Besagungsprozessen, welche nicht selten in wenigen Tagen abgewickelt wurden. Nur vor diesem Hintergrund ist zu verstehen, warum sich die Verfolgungen vor 1600 im Trierer Erzstift und in der Reichsabtei St. Maximin geradezu explosionsartig dynamisieren konnten, und warum besonders in St. Maximin ein dicht abgeschlossenes Verfolgungsmilieu herrschte, aus dem es für einmal Angeklagte kaum ein Entkommen gab: Allein in dieser Klosterherrschaft wurde zwischen 1586 und 1596 mit 400 Menschen fast 1/5 der Bevölkerung hingerichtet.

Bemerkenswert scheint auch, dass es die in so genannten Hexenausschüssen organisierte Bevölkerung war, die in Zusammenarbeit mit lokalen Amtleuten und gerade in der Stadt Trier unterstützt durch die Anti-Hexen-Propaganda des neu angesiedelten Jesuitenordens, die Verfolgungen in Gang brachte und vorantrieb. Auch die Hexenausschüsse stützten sich maßgeblich auf die zum Teil selbst gesammelten und aufbewahrten Besagungen. Die Hexenjagden in der Stadt Trier, in Kurtrier und in der Reichsabtei

Peter Binsfeld: Tractat von Bekanntnuß der Zauberer und Hexen
München: Adam Berg 1591
Trier, Stadtbibliothek / Stadtarchiv Trier 11-914 8°

Der Trierer Theologe und Weihbischof Peter Binsfeld verfasste mit seinem Traktat eine für die Hexenverfolgungen maßgebliche Schrift, die sowohl in lateinischer als auch deutscher Sprache weite Verbreitung fand. Er betrachtete den Hexensabbat als real stattfindende Tatsache, bei dem sich eine Vielzahl von Hexen zur Teufelsanbetung und zu sexuellen Exzessen einfand. Die Sabbatteilnehmer sollten über Besagungen ausfindig gemacht werden. Binsfeld wertete diese Bezichtigungen als verdachtsleitend. Das bedeutete, dass die angeblichen Komplizen allein auf Grundlage der erpressten Aussage angeklagt und der Folter unterzogen werden konnten. Damit war der Weg frei für die willkürliche Auflistung von Hexereiverdächtigen und für massenhafte Verfolgungen, wie sie Binsfeld im Kurfürstentum Trier vorantrieb.

A.R.

Lit.: Hexenwahn. Ängste der Neuzeit (2002), Rummel / Voltmer (2008)

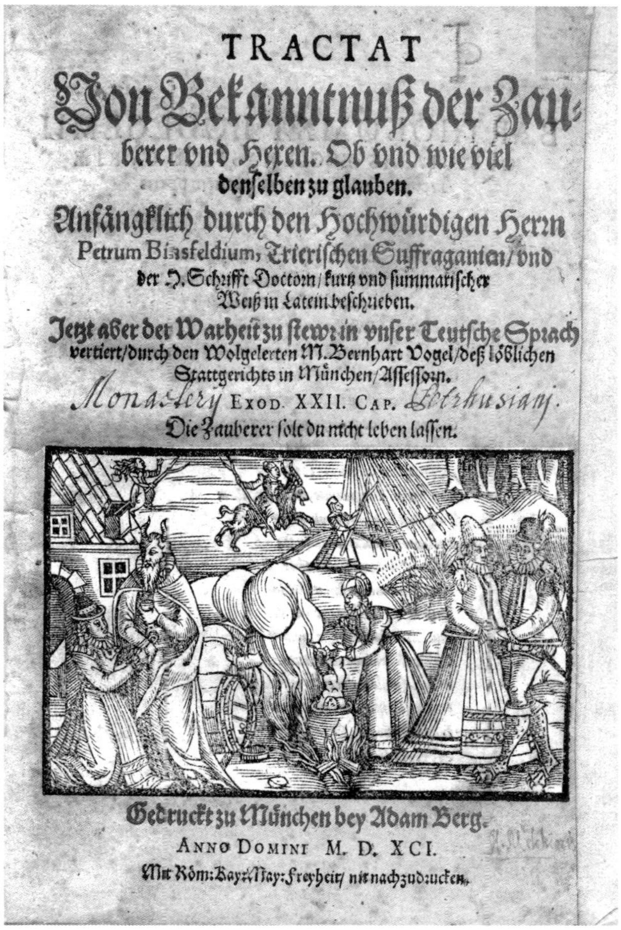
TRACTAT
Von Bekanntnuß der Zauberer vnd Hexen. Ob vnd wie viel denselben zu glauben.
Anfänglich durch den Hochwürdigen Herrn Petrum Binsfeldium, Trierischen Suffraganien/ vnd der H. Schrifft Doctorn/ kurtz vnd summarischer Weiß in Latein beschrieben.
Jetzt aber der Warheit zu stewr in vnser Teutsche Sprach vertiert/ durch den Wolgelerten M. Bernhart Vogel/ deß löblichen Stattgerichts in München/ Assessorn.
Exod. XXII. Cap.
Die Zauberer solt du nicht leben lassen.
Gedruckt zu München bey Adam Berg.
Anno Domini M. D. XCI.
Mit Röm: Kay: May: Freyheit/ nit nachzudrucken.

St. Maximin müssen daher eindeutig dem ‚bottum up'-Verfolgungsmuster zugerechnet werden, bei dem die Initiative zunächst aus der Bevölkerung und nicht von der Obrigkeit kam.

Um 1630 setzten die Verfolgungen in Kurtrier und St. Maximin zwar erneut ein. Das uneingeschränkte Vertrauen in die Besagung hatte auf Seiten der landesfürstlichen Regierungen allerdings erheblich nachgelassen. Auch dem willkürlichen Treiben der lokalen Hexenausschüsse wurden zunehmend Riegel vorgeschoben. Diese zweite Verfolgungswelle fand kaum mehr ein publizistisches Echo, denn inzwischen hatte der fränkische Verfolgungsraum mit erheblich intensivierten Hexenjagden den Spitzenplatz in der öffentlichen Wahrnehmung eingenommen. Die in den Hochstiften Eichstätt, Bamberg und Würzburg sowie in der Fürstpropstei Ellwangen angesiedelten Hexenjagden weisen ihrerseits eindeutige Strukturen des ‚top down'-Musters auf, d.h. einer von der Obrigkeit inszenierten, organisierten und durchgeführten Verfolgung. Vom Trierer Vorbild inspiriert, wurde die Vorstellung vom Hexensabbat akzeptiert, das Delikt als Ausnahmeverbrechen (‚crimen exceptum') bewertet und faktisch im Ausnahmeverfahren (‚processus extraordinarius') abgeurteilt, was das schrankenlose Vertrauen in die indizienrechtliche Bedeutung der Besagung und die exzessive Anwendung der Folter zur Folge hatte.

Am Beginn der schweren Hexenverfolgungen in Franken scheint gleichfalls ein diffuses Verfolgungsdrängen der Bevölkerung gestanden zu haben, ausgelöst durch schwere Agrarkrisen im Zusammenhang mit Auswirkungen der ‚Kleinen Eiszeit' und dem Ausbruch von Seuchen. Hinweise darauf gibt es in Ellwangen, Bamberg und Würzburg. Auch in Eichstätt scheinen ökonomische Krisen zum Hintergrundszenario gehört zu haben. Schon bei den ersten, zunächst noch vereinzelten Verfahren lässt sich erkennen, dass man weniger den individuellen Schadenszauber, sondern vielmehr den kollektiven Wetterzauber, verübt auf dem Sabbat, verfolgte. Deshalb stand die Besagung dort angeblich gesehener Komplizen und Komplizinnen im Mittelpunkt der ‚Beweisführung'. Insgesamt wurden in den seit Ende

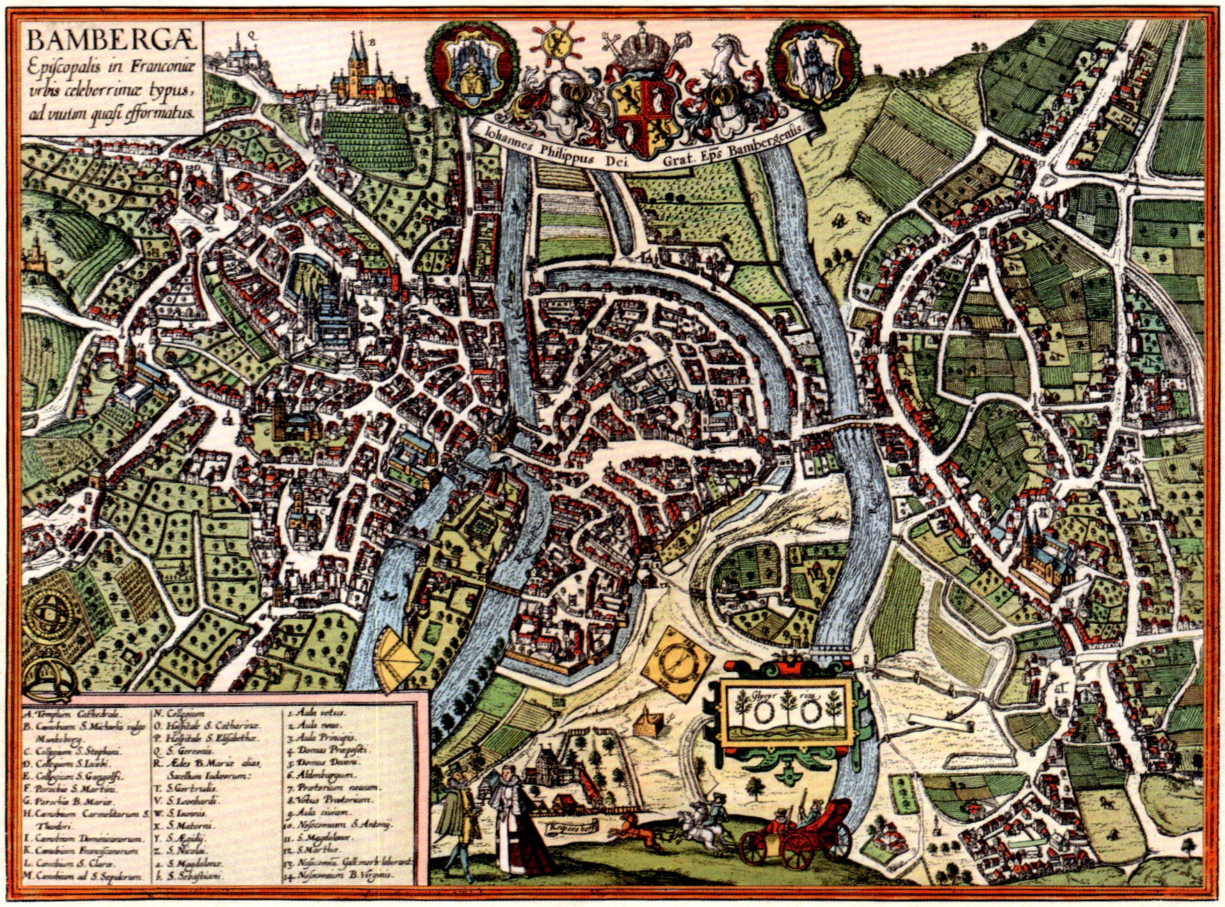

Kupferstich aus Georg Braun und Franz Hogenberg: *Civitates Orbis Terrarum*, Nürnberg 1572–1616
Die Vogelschau zeigt Bamberg zur Amtszeit von Fürstbischof Johann Philipp von Gebsattel. Dessen Nachfolger im Hochstift, Johann Gottfried von Aschhausen und Johann Georg Fuchs von Dornheim, ließen Bamberg zu einem der Zentren der Hexenverfolgung im Alten Reich werden.

des 16. Jh. anlaufenden fränkischen Verfolgungen mindestens 3.000 Menschen hingerichtet. Aufgrund großer Quellenverluste wird sich aber niemals eine korrekte Angabe ermitteln lassen. Auch wenn die Bevölkerung der Hochstifte und der Fürstpropstei mehrere 10.000 Köpfe zählte, so konzentrierten sich die Hexenjagden räumlich doch meist auf bestimmte Landstädte bzw. die Hauptstädte und erreichten zeitlich in wenigen Jahren ihren Höhepunkt (1626–1630).

Die unter Fürstpropst Johann Christoph von Westerstetten in Ellwangen organisierte Hexenjagd sollte zum Vorbild für die nachfolgenden Massenprozesse in Eichstätt, Bamberg und Würzburg werden. Ellwangen hatte bereits 1588 eine wohl 20 Opfer fordernde Hexenjagd erlebt. Hier schon verstand man das Hexereiverbrechen als ‚crimen exceptum'. Indizienrechtliche Beweiskraft erhielten das Teufelsmal und die Besagung. Der Fürstpropst erlaubte 1611 eine neue Hexenprozessführung, welche die Folterung aufgrund von nur einer Besagung rechtfertigte und schnell abzuwickelnde Verfahrensschritte festlegte. Sein Freund und Helfer, der Jurist Carl Kibler (der so genannte rote Doktor), arbeitete einen mit 30 Fragen standardisierten Fragenkatalog aus, mit dessen Hilfe die speziell eingesetzte Hexendeputation ‚effizient' die Verfahren kontrollieren und durchführen konnte. Zwar verwarf man die Suche nach einem Hexenmal, doch wurde die Besagung von verstorbenen bzw. verbrannten Personen ausdrücklich verboten. Damit nahm man den Angeklagten die letzte strategische Möglichkeit, unter der Folter nicht noch mehr lebende Personen als vermeintliche Komplizen zu besagen. So ließ sich der Kreis der Verdächtigen erheblich erweitern. Die Ellwanger Verfolgung griff dann auch schnell auf alle sozialen Schichten über bis hinein in die Eliten. Geistliche, Kinder, vermeintliche ‚Hexenfamilien' gerieten in das Visier der Sonderkommission. Nach Westerstettens Wechsel nach Eichstätt führte der von ihm protegierte Nachfolger die Verfolgungen, wenn auch abgemildert, noch bis 1618 fort.

Auch im Hochstift Eichstätt entfaltete Westerstetten seinen Eifer. Spätestens ab 1617 entwickelte sich die Hexenverfolgung hier zum Dauerzustand. Und auch hier operierte eine eigens eingesetzte und

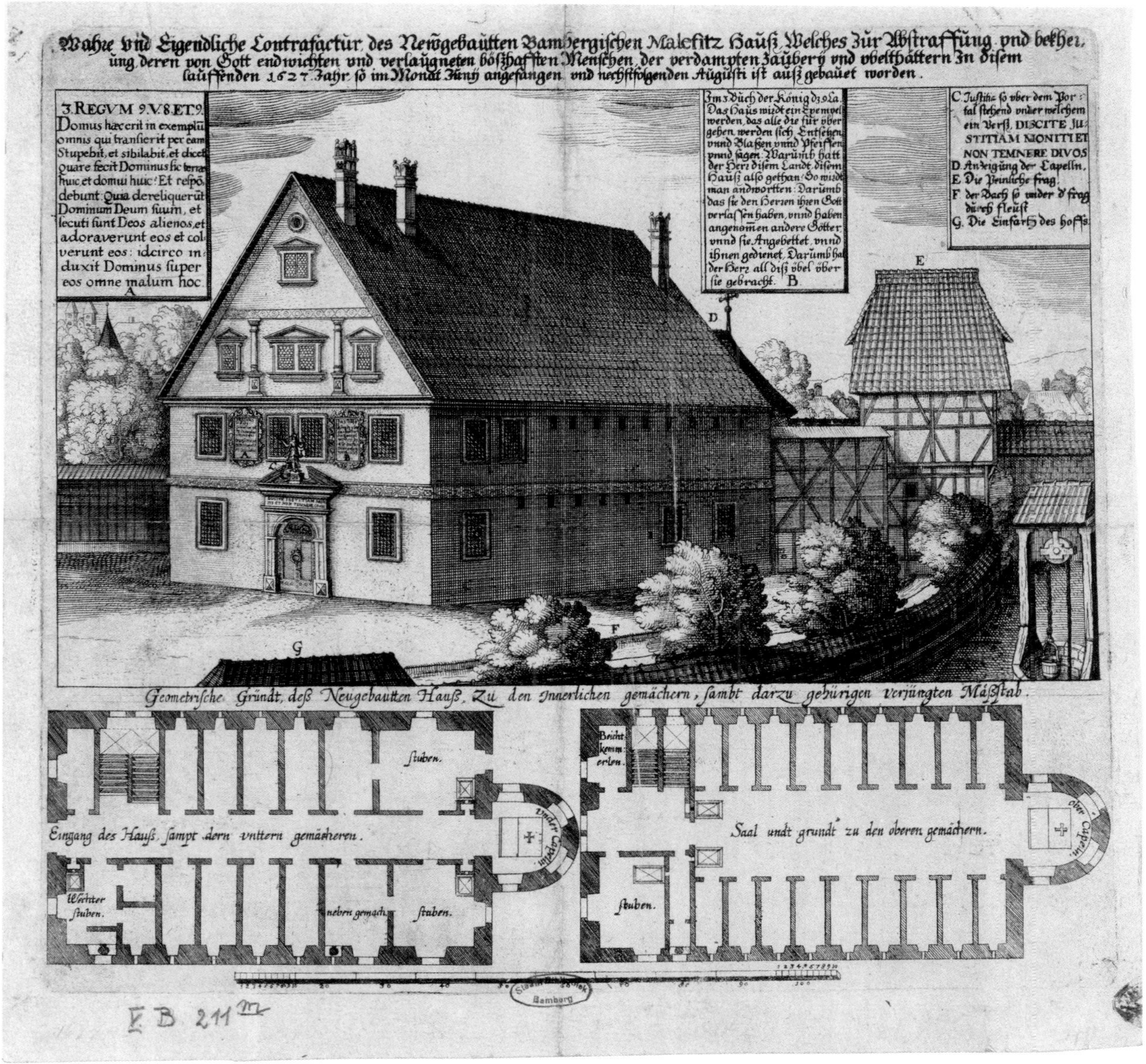

Kupferstich vom Malefizhaus in Bamberg, 1627
'Spiritus rector' der Bamberger Vorgänge war Friedrich Förner, 1612 angeblich selbst Opfer erfolgreich abgewehrter teuflischer Erscheinungen. Wohl auf seine Anregung hin wurde 1627 ein Hexengefängnis, das so genannte Malefiz- oder Drutenhaus gebaut. Dort konnten gleichzeitig 30 Angeklagte inhaftiert und befragt werden.

privilegierte Hexenkommission, die direkt dem Fürstbischof unterstand. Die auf solche Art installierte Prozessmaschinerie sollte zum *„Verfolgungsmotor"* (Wolfgang Behringer) für die gesamte Region werden. Forderungen aus der Bevölkerung nach einschlägigen Prozessen sind kaum nachweisbar, vielmehr scheinen sich die Familienangehörigen so weit wie möglich um die Inhaftierten gekümmert zu haben. Das spricht gegen eine weitverbreitete und tiefsitzende Hexenfurcht. Die Zahl der Opfer in Eichstätt bleibt schwer zu ermessen. Sie schwankt zwischen rund 210 Inhaftierten und einer angenommenen Zahl von rund 400 Hingerichteten. Eine nachweisbare Hinrichtungsquote von 98% spricht allein für das rigorose Vorgehen der Sonderkommission. Das persönliche Interesse des Fürstbischofs an der Verfolgung lässt sich schwerlich leugnen, denn seine Flucht vor den herannahenden Schweden nach Ingolstadt brachte 1630 das Ende der Eichstätter Hexenjagd. Möglicherweise machte sich aber auch der Einfluss des Kurfürstentages in Regensburg 1630 bemerkbar, auf dem sich die Verfolgungsskeptiker durchsetzen konnten.

Unter Fürstbischof Johann Gottfried von Aschhausen kam es bereits 1612/13 mit 15 Prozessopfern sowie zwischen 1616–1619 zu 159 Hexenhinrichtungen im Hochstift Bamberg. Ein Schwerpunkt der Hexenjagden lag dabei in Zeil, einer Enklave auf Würzburger Gebiet. Die Verantwortung für die Bamberger Massenverfolgungen trägt hauptsächlich der Weihbischof Friedrich Förner, der die Diözese Bamberg nach Aschhausens Umzug nach Würzburg quasi leitete. Zu einem Ende kam

Protokoll zum Verhör des Johannes Junius
Handschrift
Bamberg, 1628
Bamberg, Staatsbibliothek Bamberg R.B. Msc. 148, Nr. 299, 1r-5v

Auf dem Höhepunkt der Verfolgung vermeintlicher ‚Teufelsbündner' im Hochstift Bamberg geriet auch die bürgerliche Elite der Stadt Bamberg in die Mühlen der Hexenjustiz. 1628 wurden mehrere Mitglieder des Stadtrats festgenommen. Unter ihnen war der 55jährige Bürgermeister Johannes Junius, der, gebürtig in der Wetterau, seit 1608 dem Rat der Stadt Bamberg angehörte.
Als Teilnehmer von ‚Trudentänzen' (Hexensabbaten) durch andere Angeklagte wie den Hofrat Dr. Georg Adam Haan benannt, wurde Junius verhaftet und im Bamberger Hexengefängnis am 30. Juni erst gütlich, dann unter Folter verhört. Anfangs überstand er Daumen- und Beinschrauben sowie den Zug, ohne die ihm vorgeworfenen Delikte zuzugeben. Das Verhörprotokoll überliefert seine Aussage *„er habe niemahls Gott verlaugnet."* Doch eine Woche später legte er ein umfassendes Geständnis ab, in dem er auch angebliche Mittäter benannte. Nachdem Junius am 6. August 1628, mehr als zwei Monate nach seiner Verhaftung, seine Aussagen unter Eid bestätigt hatte, wurde er – vermutlich noch am selben Tag – hingerichtet. G. D.

Kassiber des Johannes Junius
Handschrift
Bamberg, 1628
Bamberg, Staatsbibliothek Bamberg R.B. Msc. 148, Nr. 300, 1r-2v

Seine Nöte und die Ausweglosigkeit eines im Bamberger Malefizhaus Inhaftierten schilderte Junius eindrucksvoll in einem geheimen Brief an seine Tochter Veronica, der sie wahrscheinlich nie erreichte. Als Selbstzeugnis eines Opfers der Hexenjustiz scheint das vierseitige Schreiben singulär zu sein. Es ist in dem Bestand bambergischer ‚Hexenakten' erhalten, die, einst vom Staat als Altpapier verkauft, seit 1854 bzw. 1875 in der Staatsbibliothek Bamberg liegen. G. D.

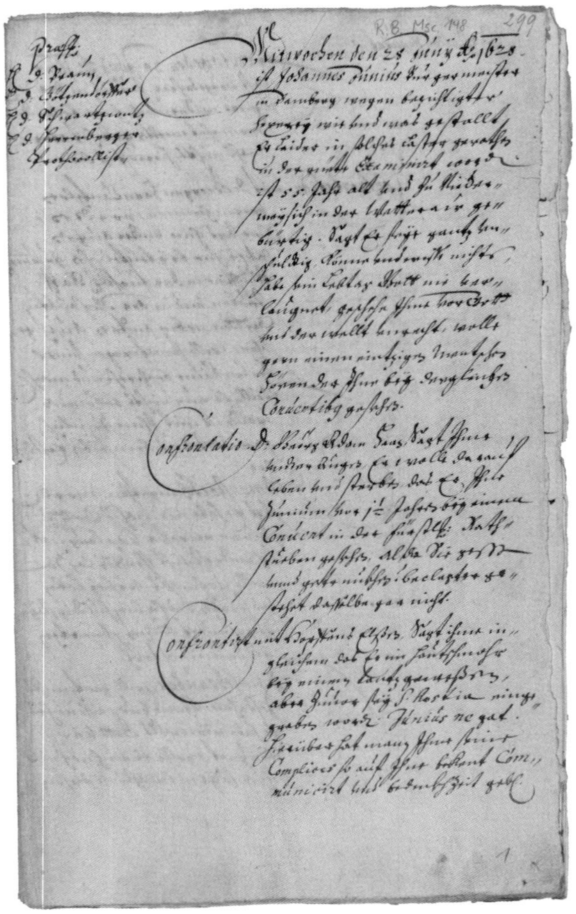

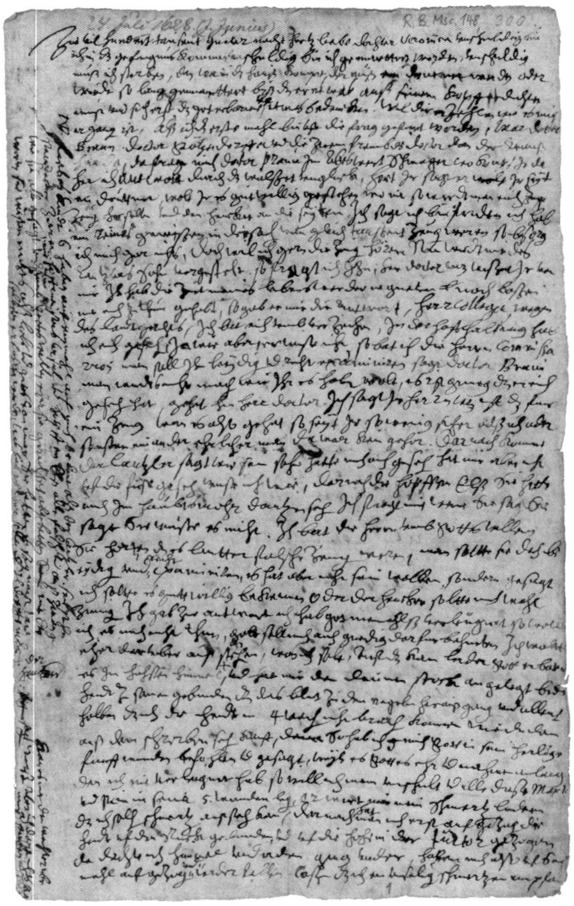

Lit.: Gehm (2000), Eckerlein (2008)

der Verfolgungsschub zunächst 1619, weil Kanzler Dr. Georg Haan kriegsbedingt die finanziellen Mittel für die Hexenjagd drosselte. Damit hatte Haan sich allerdings Feinde geschaffen. Nachdem der neue Fürstbischof Johann Georg II. Fuchs von Dornheim die Regierung angetreten hatte, fand Förner die willkommene Unterstützung zur Fortsetzung der Verfolgungen. Zwischen 1626 und 1630 kam es so zu 642 Hinrichtungen, deren Opfer zumeist aus Bamberg und Zeil stammten. Der durch die erfolterten Besagungen schnell um sich greifenden Prozesslawine fielen Frauen und Männer der städtischen Elite zum Opfer, darunter auch kaum zufällig Kanzler Haan und seine gesamte Familie. Geistiger Führer der Bamberger Vorgänge blieb Friedrich Förner. Schnell stand die Bamberger Hexenjagd für unbarmherzigste Tortur, wie z.B. das berüchtigte Hexenbad: Die Verdächtigen wurden in einen heißen Sud von ätzenden Stoffen, darunter ungelöschter Kalk, gesetzt.

Die schon während der Verwalterzeit Förners ins Leben gerufene Hexenkommission übernahm wieder die Durchführung der Verfahren. Geschulte Juristen wie Dr. Ernst Vasoldt und Dr. Jakob Schwarzkonz leiteten Verhöre und unbarmherzige Folterungen. Vasoldt, 1628 wegen schweren Amtsmissbrauchs in Bamberg aus dem Verkehr gezogen, wechselte im gleichen Jahr in die Deutschordenskommende Mergentheim und sorgte dort für eine in seinem Sinne ‚erfolgreiche' Hexenjagd. Im gleichen Jahr kam Schwarzkonz aus Eichstätt nach Bamberg, um dort der Kommission mit seinen Erfahrungen

Druten-Zeitung / Verlauff / was sich hin vnd wider im Franckenland / Bamberg vnd Wu(e)rtzburg mit den Vnholden / vnd denen so sich auß Ehr vnd Geltgeitz muhtwillig dem Teuffel ergeben / denckwu(e)rdiges zugetragen / auch wie sie zuletzt ihren Lohn empfangen haben / Gesangweiß gestellt / Jm Thon / Wie man die Dorothea singt.
Flugblatt
B 33,2 cm, H 41,3 cm
Schmalkalden (richtig: Nürnberg): Ludwig Lochner 1627
Nürnberg, Staatsarchiv Nürnberg Rs. N Bildersammlung Nr. 107.1

Der Drucker Ludwig Lochner fertigte 1627 ein Flugblatt zu den fränkischen Hexenverfolgungen. Da er dabei die vorgeschriebene Zensur umging und zudem eine gegen die ‚gemäßigte Hexenpolitik' des Nürnberger Rats ausgerichtete Schrift verbreiten wollte, wurde das Blatt bereits frühzeitig beschlagnahmt. Der Nürnberger Rat sah im Gegensatz zu den fränkischen Fürstbischöfen keine herrschaftspolitischen Vorteile in den Verfolgungen, sondern eher nachteilige, die städtische Ordnung gefährdende Faktoren.

A.R.

Lit.: Hexen und Hexenverfolgung (1994)

***Hexenzeitung* aus dem Bistum Würzburg, Tübingen 1616**
Die erste von zwei *Hexenzeitungen* berichtet über die unzähligen Hexenverbrennungen in Franken, die unter dem Würzburger Fürstbischof Julius Echter von Mespelbrunn durchgeführt wurden. Wegen der großen Zahl von denunzierten Hexen ordnete der Fürstbischof an, jeden Dienstag die Scheiterhaufen zu entzünden und darauf 15–25 Hexen auf einmal zu verbrennen.

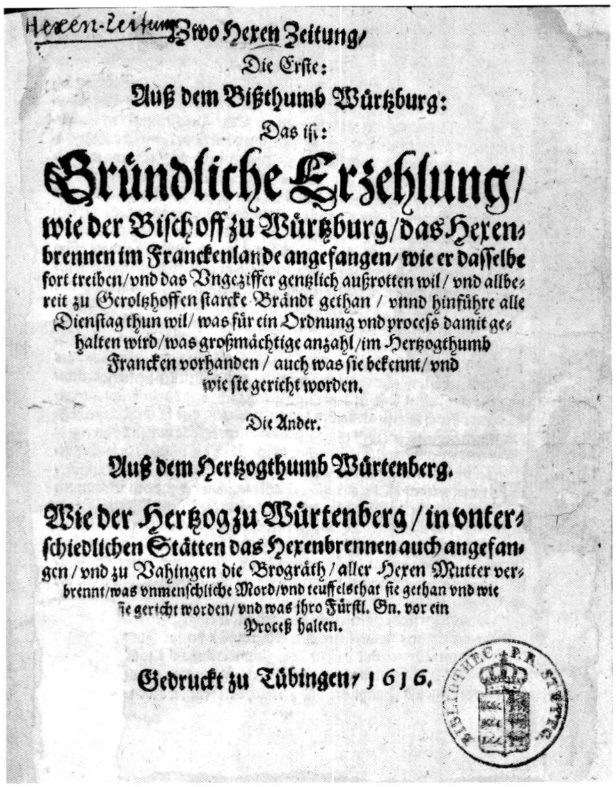
Hexen-Zeitung Zwo Hexen Zeitung/
Die Erste:
Auß dem Bißthumb Würtzburg:
Das ist:
Gründliche Erzehlung/
wie der Bischoff zu Würtzburg/das Hexenbrennen im Franckenlande angefangen/ wie er dasselbe fort treiben/und das Ungeziffer gentzlich außrotten wil/ und allbereit zu Geroltzhoffen starcke Brändt gethan / unnd hinführe alle Dienstag thun wil/ was für ein Ordnung und process damit gehalten wird/was großmächtige anzahl/im Hertzogthumb Francken vorhanden / auch was sie bekennt/ und wie sie gericht worden.
Die Ander.
Auß dem Hertzogthumb Würtenberg.
Wie der Hertzog zu Würtenberg / in unterschiedlichen Stätten das Hexenbrennen auch angefangen / und zu Vahingen die Brogräth / aller Hexen Mutter verbrennt/was unmenschliche Mord/und teuffelsthat sie gethan und wie sie gericht worden/ und was ihro Fürstl. Gn. vor ein Proceß halten.
Gedruckt zu Tübingen/ 1616.

hilfreich zur Seite zu stehen. Grausam, perfide und sadistisch waren nicht nur die Folterexzesse; man verpflichtete auch die als Beichtväter tätigen Jesuiten anzuzeigen, ob die Verurteilten in der Beichte ihr Geständnis geändert hätten. Auf diese Weise verwehrte man den unschuldigen Opfern, sich in der Beichte Gewissenserleichterung und Trost zu verschaffen. Insbesondere wollte man wohl mit allen Mitteln verhindern, dass es zu öffentlichen Widerrufen kam und damit die Folterpraxis eine weitere negative Bewertung erfuhr. Förner verfasste 1625 ein Traktat mit 35 Predigten gegen das vermeintliche Hexenunwesen, welches er dem Eichstätter ‚Hexenbischof' Westerstetten widmete. Erst nach vielen, zunächst wirkungslos gebliebenen Mandaten gelang es dem Reichshofrat im Juni 1631, die Verfolgungen in Bamberg zu beenden.

Unter Fürstbischof Julius Echter von Mespelbrunn ist es im Hochstift Würzburg, zeitgleich mit dem Verfolgungsbeginn in Eichstätt und Bamberg zu Hexenjagden gekommen. Ein 1617 verfasstes Tagebuch spricht davon, dass die Hinrichtung von 300 Hexen auf der Kanzel verkündet worden sei. Der Beginn des Dreißigjährigen Krieges verzögerte dann das Ausgreifen der Verfolgungen unter Johann Gottfried von Aschhausen, auch wenn die Verfahren nicht völlig zum erliegen kamen. Unter dem Würzburger Fürstbischof Philipp Adolf von Ehrenberg sollten die fränkischen Hexenjagden ihren ultimativen Höhepunkt mit 900 Hinrichtungen in vier Jahren erreichen. Mit ihren allein 42 Massenbränden zwischen 1627 und 1629 hat die Würzburger Hexenjagd sämtliche sozialen und ständischen Schranken gleichsam hinweggefegt: 43 Kleriker, viele Kinder und Jugendliche fanden neben anderen den Tod im Feuer. Auch hier übernahm eine Sonderkommission die Organisation der Verfahren, in denen Teufelspakt und Teilnahme am Hexensabbat, weniger aber der Schadenszauber im Mittelpunkt standen.

Als *„wirtzbürgisch werck"* lösten die fränkischen Exzesse die Trierer Verfolgungen in der Wahrnehmung der Zeitgenossen ab und sollten Sinnbild für in jeder Hinsicht schrankenlose Hexenjagden werden. Wie in Bamberg ließen auch in Würzburg die verantwortlichen Männer nicht den leisesten Zweifel an ihrem Tun erkennen. Das Ende der Verfolgungen bewirkten wohl mehrere Faktoren, darunter ein Mandat des Reichskammergerichts. Nachdem der Fürstbischof 1631 verstorben war, soll die Legende gegangen sein, der Teufel habe ihn geholt, weil Ehrenberg ihm nicht die im Pakt versprochenen 1.000 verlorenen Seelen, sondern nur 900 zugeführt habe …

Während die Verfolgungen im Erzstift Trier und in St. Maximin zu einem bemerkenswerten Teil von der Bevölkerung getragen worden waren, verdankten sich die fränkischen Ereignisse ohne Zweifel der Orchestrierung weniger Männer. Sowohl im weiteren Trierer Raum wie in Franken hatten aber ähnliche Strukturen für eine erhebliche Dynamisierung der Verfolgungen gesorgt: Man folgte den Prinzipien des ‚crimen exceptum', wandte an den ‚processus extraordinarius' gemahnende Schnellverfahren an und konnte so legitimiert unerhört grausame Folter einsetzen, um nach der Logik des Hexensabbat-Konstruktes zu entsprechend verwertbaren Komplizenlisten zu gelangen. Durch verschiedene Strategien der Abschottung sowie in Franken den Einsatz von speziellen Hexenkommissionen, besetzt mit ausgebildeten Juristen und unterstützt von erfahrenen Henkern, gelang es in beiden Regionen, dichte Verfolgungsmilieus zu schaffen, in die – zumindest in Franken – nur mehr die Reichsgerichte allmählich vordringen konnten.

Auffällig ist, dass die fraglichen fränkischen Fürsten allesamt der katholischen Liga angehörten und dass sie offensichtlich von Eifer und gegenreformatorischem Aktionismus durchdrungen waren. Im Zuge zunehmender Konfessionalisierung betrieben diese von Jesuiten ausgebildeten Männer eine aggressive Rekatholizierungs- und Missionierungspolitik in ihren Territorien mit dem Ziel, einen christlichen Idealstaat, einen Gottesstaat zu errichten. Dies bedeutete den radikalen Kampf gegen jede Form der Häresie, ob Protestantismus oder Hexerei, ebenso wie gegen jede Form sittlichen und religiösen Fehlverhaltens. Weder im Erzstift Trier noch in der Reichsabtei St. Maximin waren vergleichbare Tendenzen bei den Landesfürsten zu beobachten, allerdings sehr wohl beim ‚Hexenweihbischof' Binsfeld und den seit 1560 im Erzbistum ansässigen Jesuiten.

Das psychologische Profil der Fürstbischöfe schien geprägt von Glaubensfanatismus, Fundamentalismus, großer Härte, pathologischem Eifer, Pessimismus und der Furcht vor dem nahen Ende der Welt. Doch reicht dies zur Erklärung der außergewöhnlichen fränkischen Verfolgungen bei weitem nicht aus. Grundsätzlich muss gerade in den geistlichen Fürstentümern eine ihre weltliche Herrschaft erst legitimierende Vermischung zwischen religiösen Reformambitionen und machtpolitischen Attitüden vermutet werden.

Darüber hinaus agierten die ‚Hexenbischöfe' nicht allein. Sie waren vielmehr umgeben von Beratern, Spezialisten und Helfershelfern, welche die Hexenjagd äußerst effizient zu organisieren verstanden und ihr Verfolgungswissen auch in benachbarte Regionen trugen. Hier, bei diesen Männern in der zweiten Reihe, finden sich klar jene Motive, die bei allen größeren Verfolgungen eine Dynamisierung bewirken konnten: sozialer Ehrgeiz, Geltungsdrang, Streben nach Geld und Einfluss sowie die Ausübung von Macht, Zwang und Gewalt. Vor diesen Motiven blieben im übrigen auch Hexenjäger aus protestantischen Reihen nicht gefeit. ■

Lit.: Behringer (1996), Behringer (1997), Durrant (2007), Gehm (2000), Hexenregister (2005), Mährle (1998), Schwillus (1989), Voltmer (2003), Walinski-Kiehl (2008)

Territorium	Hinrichtungen	Hauptphase der Verfolgung	Regierender Fürst (bzw. Stellvertreter)	Regierungszeit
Ellwangen	20	1588	Wolfgang von Hausen	1584 - 1603
	300	1611/12	Johann Christoph I. von Westerstetten	1603 - 1612/13
	130	1613 - 1618	Johann Christoph II. von Freyberg und Eisenberg	1613 - 1620
Eichstätt	zw. 210 und ca. 400	1617 - 1631	Johann Christoph I. von Westerstetten	1612/13 - 1637
Bamberg	15	1612/13	Johann Gottfried von Aschhausen vertreten durch	1609 - 1622
	159	1616 - 1619	Weihbischof Friedrich Förner (1612 - 1630)	ab 1617
	642	1626 - 1630	Johann Georg II. Fuchs von Dornheim (Neffe von J. Echter)	1623 - 1633
Würzburg	300	1616/17	Julius Echter von Mespelbrunn	1573 - 1617
	900	1625 - 1630	Philipp Adolf von Ehrenberg (Neffe von J. Echter)	1623 - 1631

Die Kurpfalz – Ein Sonderfall?

Jürgen Michael Schmidt

Je mehr wir über die frühneuzeitliche Hexenverfolgung wissen, desto deutlicher wird, dass es zwar einerseits eine Reihe grober Muster gab, die sich europaweit immer wieder beobachten lassen. Andererseits aber hatte die Hexenverfolgung in jeder Region, ja letztlich in jedem Ort eine individuelle Ausprägung. Das lag daran, dass Hexenverfolgungen aus einem komplexen Zusammenwirken mehrerer Faktoren entstanden und in ihrem Verlauf keinen eindeutigen Gesetzmäßigkeiten folgten. Konnte es daher zu einem zeitlich und räumlich ganz unterschiedlichen Verfolgungsverhalten kommen, scheint es von vornherein wenig sinnvoll, innerhalb dieses bunten Bildes einzelne Territorien oder Orte als ‚Sonderfälle' herauszuheben. Man darf sich allerdings fragen, inwiefern einzelne Territorien oder Orte für die damaligen Zeitgenossen oder für die heutige Forschung zu besonders markanten Beispielen für das ein oder andere Muster in der Hexenverfolgung werden konnten.

Die Alte Brücke in Heidelberg
Heidelberg war Residenzstadt der kurpfälzischen Herrscher, die der Hexenverfolgung in ihrer Hauptphase ablehnend gegenüberstanden.

Die Kurpfalz scheint diesbezüglich Aufmerksamkeit zu verdienen: Im ausgehenden Mittelalter gehörte das politisch bedeutungsvolle Kurfürstentum zu den Einfallstoren des neu entstandenen Hexenglaubens aus dem Westalpenraum nach Deutschland. Wenn der bisherige Kenntnisstand nicht trügt, war die Hexenverfolgung, die 1446/47 in der Residenzstadt Heidelberg acht weiblichen Angeklagten das Leben kostete, möglicherweise sogar die erste moderne Hexenverfolgung auf deutschem Boden überhaupt. Obwohl die Quellen über die Zeit danach nur wenig Konkretes melden, gibt es doch einige Hinweise auf eine Fortführung der Prozesstätigkeit bis ins erste Jahrzehnt des 16. Jh. Nun allerdings kann man kaum mehr von einer Führungsrolle der Kurpfalz sprechen. Und auch der um ca. 1517 offensichtlich schon wirksame Abbruch der Hinrichtungstätigkeit (Prozesse und Landesverweisungen gab es auch weiterhin) lässt sich nahezu deutschlandweit feststellen. Erst als um 1562 der eigentliche Beginn der großen >>

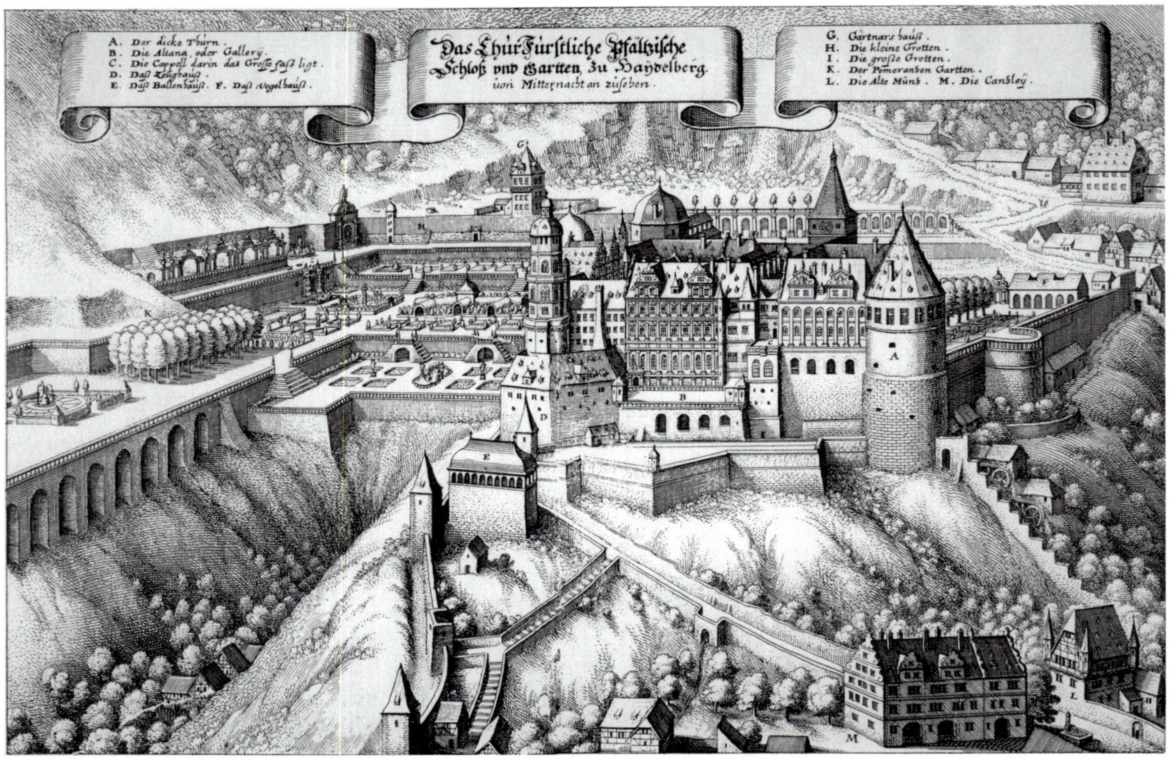

Matthäus Merian d.Ä.: *Das Churfürstliche Pfälzische Schloß und Gartten zu Haydelberg*, um 1620
Bis zur Zerstörung Ende des 17. Jh. residierten die Pfälzer Kurfürsten im Heidelberger Schloss. Anfang des 16. Jh. ließen sie noch Hexenprozesse in ihrem Territorium zu. Später lehnten sie die Verfolgung auf ihrem Gebiet ab.

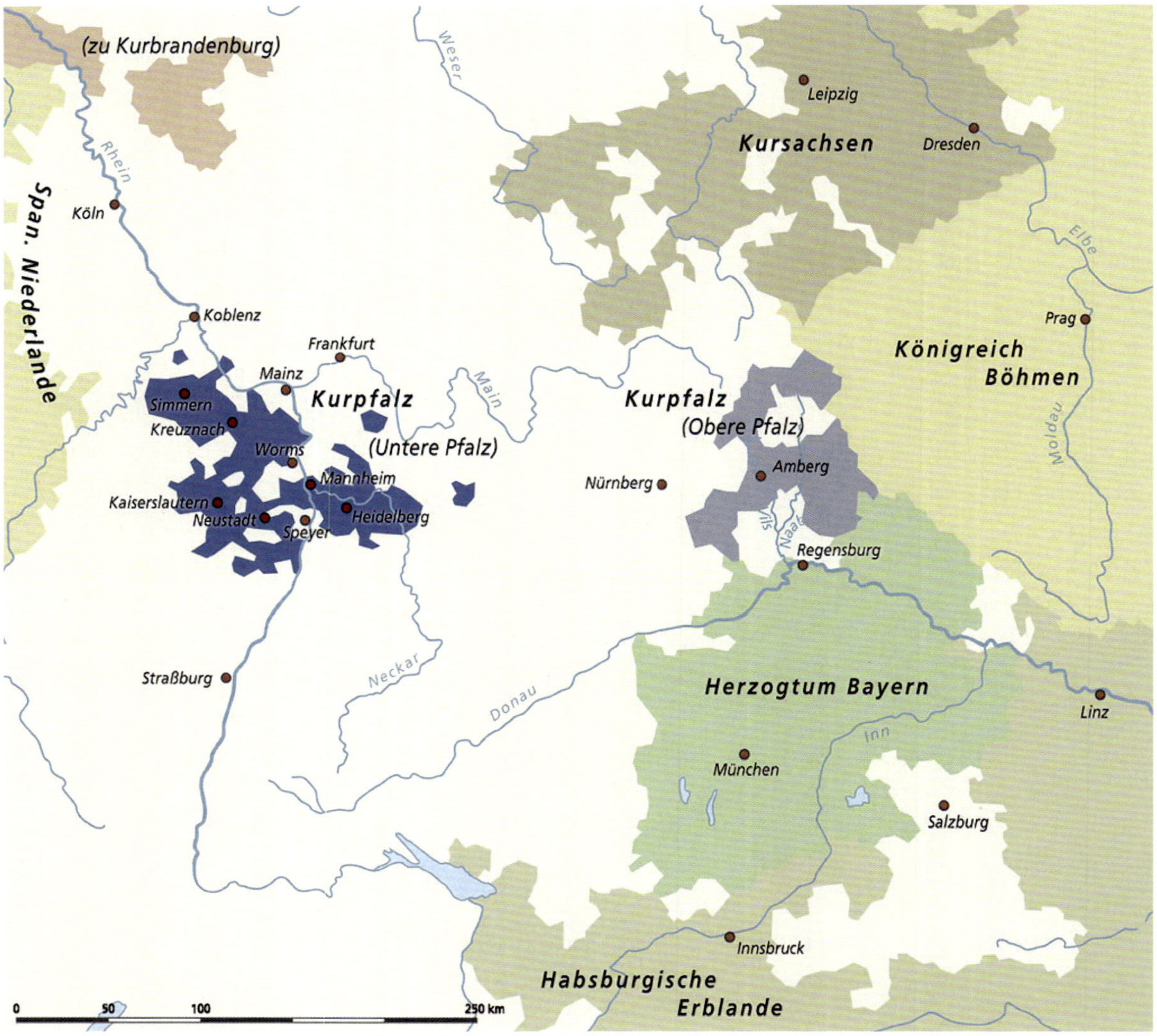

Die Kurpfalz vor dem Dreißigjährigen Krieg
Das Herrschaftsgebiet der kurpfälzischen Fürsten konzentrierte sich um die Universitätsstadt Heidelberg.

Hexenverfolgungen in der Frühen Neuzeit die Zeitgenossen erschütterte, trat die Kurpfalz nochmals mit einem Extrem in Erscheinung, für das sie bekannt geworden ist: Jetzt setzte sich unter den Verantwortlichen fast sofort jene markant verfolgungsablehnende Haltung durch, die auch in der Folgezeit für die Heidelberger charakteristisch bleiben sollte. Sie hat das Territorium aus der großen abendländischen Hexenverfolgung herausgehalten, wenn man von der Besatzungszeit des Dreißigjährigen Krieges einmal absieht.

Das Kurfürstentum hat in der Hexenverfolgung also ein recht auffälliges Verhalten an den Tag gelegt. Der ‚Sonderfall'-Begriff allerdings scheint tatsächlich mehr zu verdecken als zu klären. Das trifft schon auf die Führungsrolle im späten Mittelalter zu. Die Übernahme des neuen Hexenglaubens aus dem Westalpenraum geschah zwar außerordentlich früh. Hier wirkten aber mehrere Faktoren im Bereich von geistiger Grundlegung und überterritorialer Kommunikation zusammen, die sich insgesamt gut in das Bild von der Ausbreitung der Hexenverfolgung in Mitteleuropa einpassen: So gab es über die Südexpansion der Kurpfalz ins Elsass territoriale Verbindungen in Richtung Schweiz und über die Heiratsverbindungen der Kurfürsten mit dem Haus Savoyen dynastische Verbindungen in die Kernzone der Hexenverfolgung. Zudem war der geistige Boden für die Übernahme des gelehrten Hexenbegriffes in Heidelberg zuvor schon außerordentlich gut vorbereitet worden, insbesondere durch die Universität und die an ihr lehrenden Dämonologen. Dazu passte, dass die Kurpfalz in der Ketzerverfolgung als eine der zentralen Säulen der Hexenverfolgung bereits zuvor eine führende Stellung eingenommen hatte. Die schnelle Übernahme der Hexenverfolgung im späten Mittelalter kann insofern nicht unbedingt überraschen.

Wie aber ist das verfolgungsablehnende Verhalten ab 1561/62 einzuschätzen, als die Kurpfalz verhinderte, dass die teilweise extremen Massenverfolgungen in der Nachbarschaft auf ihr Territorium übergriffen?

Zunächst ist hier noch eine Bemerkung zum Faktum selbst zu machen: Wer die Überlieferungssituation für die Kurpfalz kennt, wird etwas vorsichtig mit der Behauptung umgehen, dass das Land keine Hexenverfolgungen mehr zuließ. Viele wichtige Aktenbestände der Zentralbehörden und Ämter aus dieser Zeit sind verlorengegangen. Deshalb ist unser Wissen von der Strafprozesstätigkeit des Landes, das sich auf diese Archivalien stützt, deutlich lückenhaft. Aber die diversen Quellen, die sich dennoch erhalten haben, geben übereinstimmend ein derart deutliches Gesamtbild, dass die Behauptung eines extrem verfolgungsfeindlichen Territoriums gerechtfertigt erscheint. So haben wir viele direkte Zeugnisse der pfälzischen Regierung dafür und können wenigstens für einige Landesteile die Strafprozesstätigkeit sicher rekonstruieren. Vor allem aber gibt es eine ganze Reihe ausdrücklicher Bestätigungen prominenter Zeitgenossen dafür: Johannes Weyer, der berühmteste Hexenprozessgegner seiner Zeit beispielsweise, lobte in den verschiedensten Auflagen seines Buches

Christlich bedencken vnd erjnnerung von
Zauberey/
Woher / was / vnd wie vielfältig sie sey/ wem sie schaden könne oder nicht: wie diesem laster zu wehren/vnd die/so damit behafft/zu bekehren/oder auch zu straffen seyn.
Geschrieben durch Augustin Lercheimer von Steinfelden.
Psal. 57.
Richtet recht jr Menschen Kinder.
Gedruckt zu Heidelberg.
M. D. LXXXV.

Hermann Witekind: *Christlich bedencken und erinnerung von Zauberey*, Heidelberg 1585
Witekind verfasste sein verfolgungsablehnendes Werk unter dem Pseudonym Augustin Lercheimer – vermutlich, um seinen Argumenten mehr Gewicht zu verleihen und die Person des Autors in den Hintergrund zu rücken.

Hans Baldung Grien: *Der Hexensabbat*, 1510
Wetterzauber und Hexenflug waren vor professionalisierten staatlichen Justizapparaten schwer zu beweisen.

Kupferstich (spätere Kolorierung) aus Georg Braun und Franz Hogenberg: *Civitates Orbis Terrarum*, Köln 1572–1618
Heidelberg stellte mit der juristischen Fakultät eine zentrale Instanz, gegen die Hexereianklagen erst einmal bestehen mussten. Generell hatten es Hexenjäger schwer, wenn sie gegen eine Vielzahl von Juristen ihre Anklagen mit beweisfähigen Argumenten begründen sollten.

De praestigiis daemonum den pfälzischen Kurfürsten und seinen Kanzler wegen ihrer weisen Vorsicht in Hexenprozessfragen in den höchsten Tönen. 1585 bestätigte der kurpfälzische Hexenprozessgegner Hermann Witekind das Lob Weyers für die Kurpfalz, und im 17. Jh. wiederholte es noch einmal der Rheinländer Hermann Löher. Wir kennen auch einige Beispiele von Frauen und Männern, die vor den Hexenverfolgungen aus ihren Territorien in die Kurpfalz flohen, weil sie dort in Sicherheit waren. Die Kurpfalz verweigerte im Hexereidelikt regelmäßig die Auslieferung. Den 1612 aus Ellwangen geflohenen Bäcker Caspar Pfitzer, der zu Hause ein volles Hexereigeständnis abgelegt hatte, übernahmen Kanzler und Kurfürst zu Hohn und Spott seiner Verfolger sogar in ihre persönlichen Dienste. Auf der anderen Seite gab es Proteste von Anhängern der Hexenverfolgung, die die milde Haltung der Kurpfalz rügten. Die Kurpfalz hatte also tatsächlich den eindeutigen Ruf, ein verfolgungsfeindliches Territorium zu sein.

Der kurpfälzische Widerstand gegen Hexenprozesse verdankte sich in erster Linie der Hexenpolitik der ‚Regierung'. Das meint die Kurfürsten, vor allem aber ihren Oberrat. Dessen verfolgungsfeindliche Mehrheit musste ihre Haltung gegen diverse Widerstände und ein vielfältiges Verfolgungsbegehren von allen Seiten aktiv durchsetzen. Wie gesagt, fand sich das Kurfürstentum ständig mit Hexenprozessen in der Nachbarschaft konfrontiert und dies nicht nur durch fliehende Verdächtige und die Verfolgungswünsche ihrer Herren. Nicht selten auch wurden kurpfälzische Untertanen durch fremde Hexen ‚besagt', also als Mittäterinnen denunziert. Oder es mussten kurpfälzische Leibeigene geschützt werden, wenn sie im ‚Ausland' in Hexenprozesse gerieten. In der Kurpfalz selbst gab es innerhalb der geistigen Elite eine größere Partei von Befürwortern von Hexenprozessen, die insbesondere das spirituelle Verbrechen des Teufelspaktes bestraft sehen wollten. Aus diesem Streit um die Hexenverfolgung in der Kurpfalz entstand in der zweiten Hälfte des 16. Jh. ein gelehrter Diskurs mit europaweit beachteten Stellungnahmen: Zu nennen sind hier insbesondere die Traktate von Thomas Erast, Hermann Witekind und Antonius Praetorius.

Verfolgungswünsche kamen aber auch aus der kurpfälzischen Bevölkerung, in der sich die zeittypischen magischen Vorstellungen und die daraus resultierende Angst vor dem Schadenszauber vielfach wiederfinden lassen. In vielen Orten gab es als Hexen verschrieene Frauen und Klagen gegen diese. Ein gutes Beispiel ist die Amtsstadt Mosbach, in der die Bürgerschaft sowohl 1562 als auch 1592, also exakt zu Beginn der beiden ersten großen Verfolgungswellen, von ihrer Obrigkeit den Einstieg in die Hexenprozesse forderte.

Wenn man nach den Hintergründen der verfolgungsablehnenden Haltung der Heidelberger Regierung fragt, führt der ‚Sonderfall'-Begriff zunächst wiederum in die Irre. Die Kurpfalz passte sich hier vielmehr in ein Muster ein, das die Forschung für die größeren weltlichen Territorien mit einer fortgeschrittenen Form von frühmoderner Staatlichkeit und einer machtvollen Kontrolle der Justiz allgemein feststellen kann. War die Hexerei-Einzeltat im Großen und Ganzen rational kaum beweisbar, so besaßen die jeweiligen Hexereianklagen im Grunde lediglich für die Menschen vor Ort und für einzelne fanatische Hexenjäger Plausibilität. Um die Hexe hinrichten zu können, musste man üblicherweise im kurzen Prozess das geltende Strafprozessrecht beiseite schieben und in einer Art Notstandsverfahren schon aufgrund ansonsten ungenügender Indizien zu Folter und Verurteilung schreiten. Das ließen jene Territorien, die einen professionalisierten und zentralisierten staatlichen Justizapparat aufgebaut hatten, nur in seltenen Fällen zu. Die ‚Herrschaft des Gesetzes' als grundsätzliches Ordnungsprinzip der Staatlichkeit verbot es der Zentrale, die für die Hexenprozesse typischen Prozessmissbräuche in den Amtsorten zu dulden. Im Rahmen der wechselseitigen Kontrolle mehrerer beteiligter Instanzen, in denen eine ganze Anzahl gebildeter Juristen die Anklagen offen und kontrovers diskutieren konnte, gingen den Hexenjägern meist schnell die Argumente aus. Die Erkenntnis aus der mangelhaften Beweisführung konnte für die Zentraljustiz die sein, dass es Hexerei gar nicht gab. Zumindest aber konnte sehr schnell die Erkenntnis reifen: Hexerei mag es geben, dieses Verbrechen lässt sich aber nur im Ausnahmefall beweisen. Umfangreichere Verfolgungen wurden somit durch die ‚Staatsräson' von vornherein in Frage gestellt. Schlimmstenfalls kam es zu schnell abgebrochenen Kleinstverfolgungen oder zu Verfolgungen in solchen Orten, in denen die volle Prozesskontrolle durch die Zentrale nicht gegeben war, etwa weil andere Herrschaften an den Gerichtsrechten beteiligt waren. Aus den Reihen der pfälzischen Verfolgungsgegner, die überhaupt keine Hexenprozesse mehr zulassen wollten, war dann auch stets harsche Kritik an den Verfahrensmissbräuchen der Hexenjäger zu hören.

Reihte sich die Kurpfalz mit diesen rechtlich-politischen Argumenten unter die großen weltlichen Territorien ein, so war jedoch eine derart anhaltende und radikale Verfolgungsgegnerschaft, wie sie unter den Hexenverfolgungsgegnern in Heidelberg zu finden war, eher ungewöhnlich und europaweit nur bei den größten Skeptikern zu finden. Diesbezüglich bezog das Land tatsächlich eine Extremposition. Als deren Grundlage ist die konsequente Umsetzung der theozentrischen Maxime von der Allmacht Gottes und seiner weltregierenden Vorsehung zu nennen. War Gottes Ordnung aber die der Natur, konnte es in der daraus resultierenden Weltsicht Zauberei nicht mehr geben. Schadenszauber, Hexenflug und Hexensabbat waren nur noch Trugbilder des Teufels, der selbst keine nennenswerte physische Macht mehr hatte. Anklagen und Geständnisse, die derart phantastische Elemente enthielten, mussten als irreal zurückgewiesen werden. Eine solche Auffassung war typisch für die reformierte Theologie, die das Land prägte. Damit blieben vom Hexereidelikt der Abfall von Gott und der Teufelspakt übrig. Doch auch für dieses spirituelle Vergehen lehnten die kurpfälzischen Verfolgungsgegner die Todesstrafe ab. Sie forderten stattdessen die seelsorgerliche Rückführung der verirrten Schafe in die Herde. Wenn das nicht half, schienen unblutige Maßnahmen bis hin zur Landesverweisung zu genügen, um die religiöse Ordnung aufrecht zu erhalten und den Einfluss des Teufels zurückzudrängen. Das war eine für frühneuzeitliche Calvinisten nun nicht mehr unbedingt typische Haltung, wie die Opposition vieler pfälzischer Theologen in der zweiten Hälfte des 16. Jh. sowie Hexenverfolgungen in anderen calvinistischen Ländern zeigen. Damit entwickelten die Heidelberger Verfolgungsgegner zwar eine eigene Tradition. Bei näherem Hinsehen hielten sie aber einfach nur an theologischen und rechtlichen Normen fest, die im Deutschland des konfessionellen Zeitalters außerhalb des Hexereidiskurses durchaus einen breiten Konsens hatten. Man machte aus der Hexerei einfach keinen Sonderfall. Insofern zeigte sich diese Haltung auch mit dem Luthertum kompatibel, das unter Kurfürst Ludwig VI. um 1580 kurzzeitig an die Macht zurück kehrte.

Erst als im Dreißigjährigen Krieg unter den Besatzern die etablierten Traditionsstränge abrissen, hatten die Hexenverfolgungen vorübergehend wieder eine gewisse Chance. Mit der Rückkehr der Kurfürsten endete dieses Intermezzo. ■

Lit.: Midelfort (1972), Schmidt (2000), Schmidt (2004), Schmidt (2008), Thieser (1992)

M. F.: *Kurfürst Ludwig VI. von der Pfalz*, 1583
Wie schon sein Vater, Kurfürst Friedrich III. der Fromme (1515–1576), setzte sich Ludwig (1539–1589) intensiv mit Glaubensfragen auseinander: er als Vertreter des lutherischen, der Vater des calvinistischen Protestantismus. Hexenprozesse spielten unter ihrer Herrschaft dagegen keine Rolle.

Aktenband zum ‚Hexengürtel'
Handschrift, Wertheim 1629
Wertheim, Staatsarchiv StAWt-R Rep. 16i, Nr. 2

Ausgewählte Hexenprozesse

Die Hexenverfolgung kannte nicht die ‚Standardhexe'. Im Grunde konnte jeden eine Hexereianklage treffen – unabhängig von Alter, Geschlecht und sozialer Herkunft. Nicht jeder Prozess endete mit dem Tod auf dem Scheiterhaufen und nicht immer wurden Gerichtsurteile widerspruchslos hingenommen. Drei ausgewählte Beispiele sollen dies verdeutlichen. Der Prozess von Hans Zink steht stellvertretend für die ‚Kinderhexen', die teils aus dem Bedürfnis nach Aufmerksamkeit heraus von ihren angeblichen magischen Fähigkeiten berichteten. Mit Katharina Kepler begegnen wir dem seltenen Fall, dass einer Angeklagten ein Verteidiger im Prozess zugestanden wird. Maria Rampendahl bemühte sich nach einer Hexereianklage um ihre Rehabilitierung. Mithilfe ihres Ehemannes klagte sie vor dem Reichskammergericht gegen die Stadt Lemgo. A. R.

1629 rühmte sich der 10jährige Hans Zink, Sohn des Schiedsmanns Lorenz Zink, er besäße einen Zaubergürtel. Der Junge stammte aus Bettingen, einem kleinen Dorf am Main in der Grafschaft Wertheim, das nach einem Überfall Würzburger Truppen (1605) und durch die Belastungen des Dreißigjährigen Krieges stark mitgenommen war. Zeitgleich erlebte die Grafschaft Wertheim eine Reihe von Hexenprozessen, von denen ein großer Teil auf Aussagen von Kindern beruhte. So verkündete Hans Zink, genannt Zinkhenhänßle, gegenüber seinen Mitschülern, er wäre im Besitz eines magischen Gürtels, mit dessen Hilfe er sich in einen Hasen verwandeln könne. Dies erfuhr der Bettinger Pfarrer Antonius Knoll, der den Jungen im benachbarten Urphar verhörte. Er befand ihn wie auch seinen ebenfalls verhörten jüngeren Bruder Lorenz in Zauberangelegenheiten wohl bewandert. Daraufhin verbrachte man beide Kinder nach Wertheim, wo sie im Februar und März 1630 wiederholt befragt wurden und Hans seine Aussage bestätigte. Da für die Wertheimer Prozesse keine Hinrichtungen von Kindern überliefert sind, ist davon auszugehen, dass Hans Zink mit dem Leben davonkam. A. R.

Lit.: Hexen und Hexenverfolgung (1994)

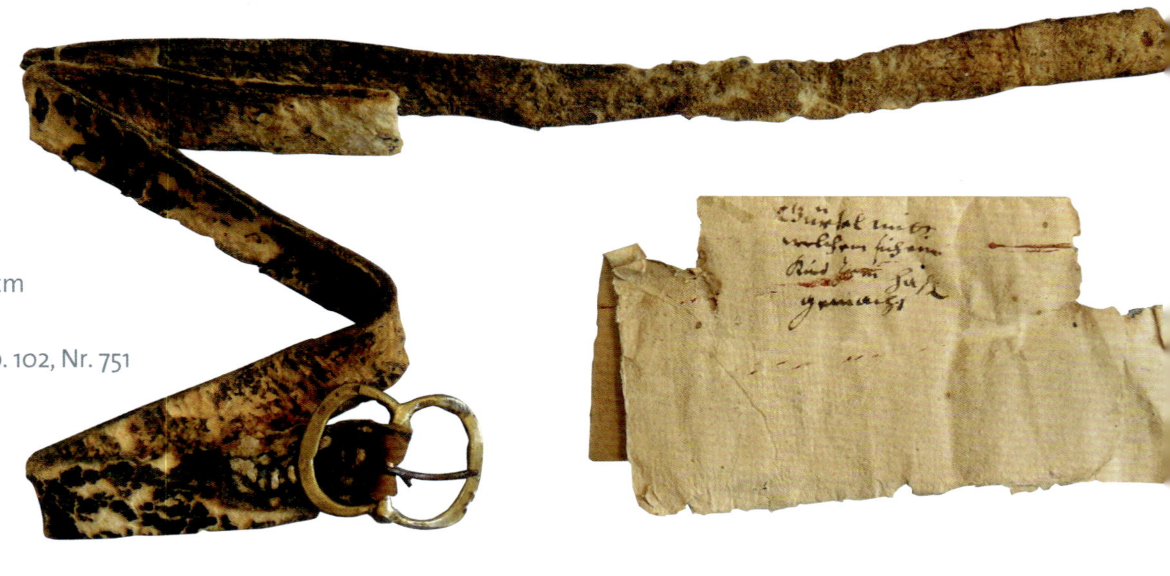

‚Hexengürtel' des Hans Zink
Leder, Metall, Papier, B 1,2 cm, L 56 cm
Wertheim, 1619
Wertheim, Staatsarchiv StAWt-G Rep. 102, Nr. 751

Verhörprotokoll aus dem Prozess gegen Katharina Kepler
Handschrift, Leonberg 1621
Stuttgart, Hauptstaatsarchiv A 209 Bü 1055

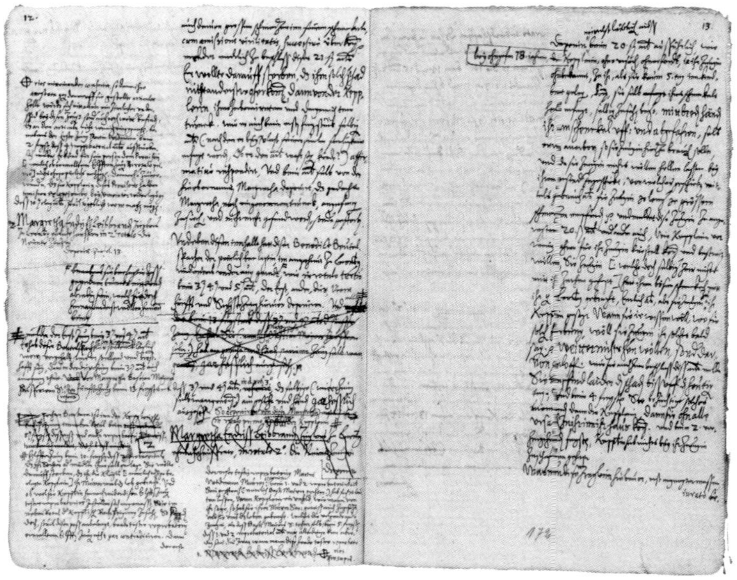

Katharina Kepler wurde 1615 im Alter von 69 Jahren in ihrer württembergischen Heimatstadt Leonberg der Hexerei bezichtigt. Bereits ihre Tante, von der sie in Weil der Stadt großgezogen worden war, wurde als ‚Hexe' verbrannt. Man sagte Katharina Kepler nach, sie hätte Zaubertränke verabreicht und dadurch Mitbürger krank, gelähmt oder unfruchtbar gemacht. Wegen dieser Vorwürfe wurde sie 1620 inhaftiert und lag 14 Monate in Ketten. Sie wurde nicht gefoltert, jedoch mit den Instrumenten bedroht, um sie zu einem Geständnis zu zwingen. Ihr Sohn, der berühmte Astronom Johannes Kepler, kümmerte sich um die Verteidigung seiner Mutter und schaffte es sogar, ihre Freilassung durchzusetzen. Katharina Kepler verstarb bereits ein Jahr später an den Folgen der Haft. M. J. B.

Lit.: Behringer (2006), Themenportal Hexenforschung (2009)

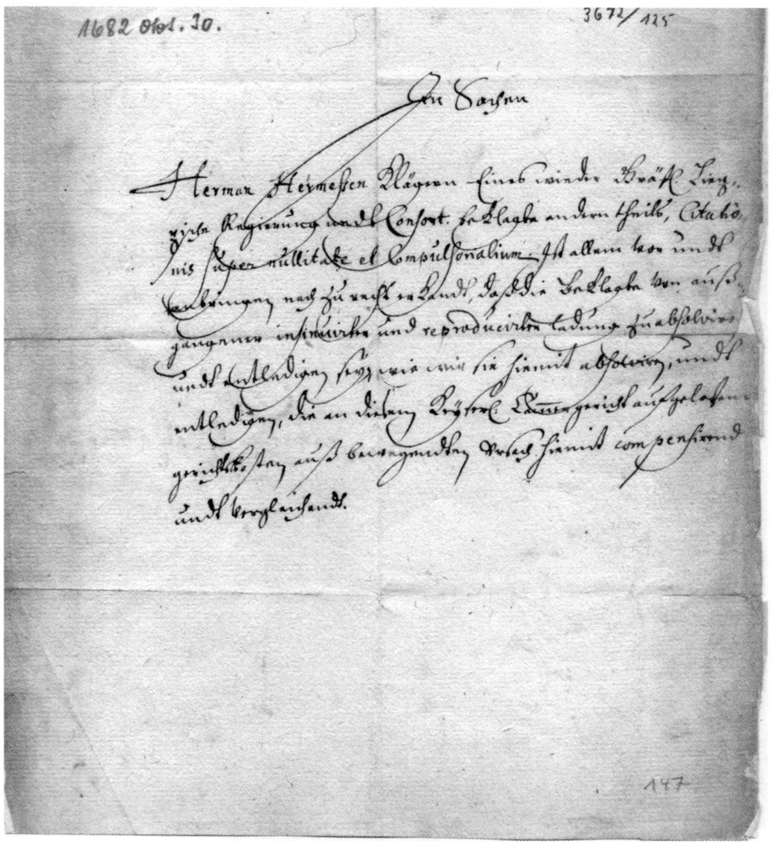

1682 Oct. 30.
3672/125
147

Urteil im Reichskammergerichtsprozess Hermessen-Rampendahl
Handschrift, Lemgo 1682
Lemgo, Stadtarchiv A 3672, Bl. 147

Maria Rampendahl war die letzte Frau im lippischen Lemgo, die der Hexerei angeklagt wurde. Der finanzielle Wohlstand von Rampendahl und ihrem Mann wurde ihrer Hexenkunst ebenso zugeschrieben wie Krankheiten und Todesfälle in der Nachbarschaft. Bereits als Kind geriet sie in Hexereiverdacht, nachdem ihre Großmutter als Hexe hingerichtet worden war.
Der Lemgoer Bürgermeister Hermann Cothmann ließ 1681 aufgrund einer Besagung gegen Maria Rampendahl ermitteln und setzte ihre Verhaftung durch. Da die Stadt Lemgo jedoch wegen Cothmanns Hexenjustiz in Verruf geraten war, beließ man es bei einer einmaligen peinlichen Befragung, die Maria überstand. Starke Unterstützung erhielt sie durch ihren Ehemann Hermann Hermessen, der für sie gegen die Stadt Lemgo vor dem Reichskammergericht in Speyer klagte. Er versuchte, den Prozess als nichtig zu erklären, da die Indizien für Marias Verhaftung und Folterung nicht ausreichend waren. Das Ehepaar Hermessen-Rampendahl verlor jedoch den Gerichtsprozess und erhielt vom Anwalt der Stadt Lemgo das Urteil übermittelt. Maria Rampendahl musste die Hälfte der Prozesskosten tragen und auf ewig die Stadt verlassen. Sie und ihre Familie zogen nach Varel, die Heimatstadt ihres Mannes, wo sie 1705 starb. M. J. B.

Lit.: Wilbertz (2005)

Die Mädchen von Salem – Hexenjagd in Neuengland (1692)

Rita Voltmer

Im Jahr 1692 erlebte die neuenglische Kolonie Massachusetts eine Hexenjagd größeren Ausmaßes: Zwischen den ersten Beschuldigungen im Februar bis hin zu den letzten Hinrichtungen im September klagte man mehr als 150 Frauen und Männer der Hexerei an. 19 Personen, darunter fünf Männer, wurden hingerichtet, ein Mann verlor unter der Folter sein Leben. Im Oktober saßen immer noch mehr als 100 Menschen unter Hexereiverdacht im Gefängnis.

Illustration aus William A. Craft: *Pioneers in the Settlement of America*, Boston 1876
Die Ereignisse in Salem wirken lange nach, hier z.B. in der Darstellung als Teil der amerikanischen Siedlungsgeschichte, indem eine Gerichtsszene illustriert wird. Noch in der Gegenwart bieten die Geschehnisse Stoff für Filme oder gar ein eigenes Museum, das Salem Witch Museum.

In Salem, dem neuen JeruSALEM der puritanischen Siedler, kulminierten die Anklagen: Im Umfeld des Predigers Samuel Parris hatten junge Mädchen, möglicherweise angeleitet von der magieverdächtigen Sklavin Tituba, verbotene Wahrsagespiele durchgeführt. Wohl reflektierte Schuld- und Angstgefühle führten bei ihnen zu krampfartigen Anfällen, die von Geistlichen und einem Arzt als Hexenwerk gedeutet wurden. Diese Krankheitssymptome verbreiteten sich weiter unter anderen weiblichen Heranwachsenden in Salem und Umgebung. Schuld daran sollten Hexen sein, deren geisterhafte Gestalt der Teufel nach dem Pakt annehmen konnte (so genannte Spektralerscheinungen). Ab Februar wurden die ersten drei Frauen als vermeintliche Hexen inhaftiert und vor einem obrigkeitlich einberufenen Sondergericht abgeurteilt. Die ‚besessenen', als Kronzeuginnen fungierenden Mädchen hielt man aufgrund der nur ihnen sichtbaren Spektralerscheinungen für fähig, die Hexen zu identifizieren. Unter dem Einfluss von Versprechungen und Folter legten über 50 Personen ‚freiwillige' Hexereigeständnisse ab, was den Verfahren eine ungeheure Legitimation verschaffte. Analog dazu verurteilte man nur jene, welche sich standhaft weigerten, ‚reumütig' ein Geständnis abzulegen, zum Tod durch Erhängen. Nachdem Kritik an der Verfahrensführung immer lauter und auch die Ehefrau des Gouverneurs der Hexerei beschuldigt worden war, stoppte dieser weitere Untersuchungen.

Ergotismus, d.h. Vergiftung mit Mutterkorn sowie dadurch ausgelöste Krankheitssymptome und Halluzinationen bei den Mädchen, ist als Erklärung abzulehnen. Vielmehr sind mehrere Faktoren für eine derartige Verfolgungsverdichtung verantwortlich: Zum einen fühlten sich die Puritaner bedroht durch einen Generalangriff des Teufels, der angeblich eine Armee aus Indianern, Quäkern, Hexen und anderen ‚Sündern' anführte mit dem Ziel, die neuen Siedler wieder zu vertreiben. Als Zeichen eines solchen Kampfes deutete man die latent auftretenden politischen, ökonomischen und sozialen Krisenszenarien: Pockenepidemien, opferreiche Indianerkriege (1675/76, 1689–91) sowie Versuche des englischen Mutterlandes, die Unabhängigkeit der Kolonisten einzuschränken. Für erheblichen Konfliktstoff sorgten darüber hinaus die Spannungen zwischen Salem Dorf und Salem Stadt: So wünschte sich das agrarisch orientierte Salem Dorf größere Autonomie von dem wirtschaftlich prosperierenden Salem Stadt, zumal man dort einen Abfall von puritanischen Tugenden festzustellen glaubte. Daneben wurde die Hexenjagd von fanatisierten Einzelpersonen vorangetriebenen, wie z.B. durch den Prediger Samuel Parris oder den Richter William Stoughton. Schriften des Puritaners Cotton Mather stützten die Verfolgungen. Eine wichtige Rolle spielten außerdem der Einfluss dämonologischer Werke (Peter Binsfeld) sowie die Vorbildwirkung eines publizistisch verbreiteten Hexereiverfahrens in Boston (1688).

In Rezeption der Salemer Vorgänge schuf der Dramatiker Arthur Miller 1953 mit dem Stück *The Crucible* eine politische Parabel auf die Kommunistenhatz in den USA unter Senator McCarthy. ■

A BRIEF and TRUE
NARRATIVE
Of some Remarkable Passages Relating to sundry Persons Afflicted by
VVitchcraft,
AT
SALEM VILLAGE:
Which happened from the Nineteenth of *March*, to the Fifth of *April*, 1692.

Collected by *Deodat Lawson*.

Boston, *Printed* for Benjamin Harris *and are to be Sold at his Shop, over-against the* Old-Meeting-House. 1692.

Titelblatt zu Deodat Lawson: *Witchcraft at Salem Village*, Boston 1692
Der ehemalige Reverend von Salem, Deodat Lawson, kehrte 1692 nach Salem zurück, als er von den dortigen Hexenprozessen erfuhr. In seinem 10 Seiten umfassenden Bericht *A Brief and True Narrative of Some Remarkable Passages Relating to Sundry Persons Afflicted by Witchcraft at Salem Village* schilderte er die beobachteten Ereignisse aus den Gerichtsverhandlungen.

Lit.: Boyer / Nissenbaum (1974), Godbeer (1992), Norton (2002)

Hexenverfolgungen in Europa (15.–18. Jahrhundert)

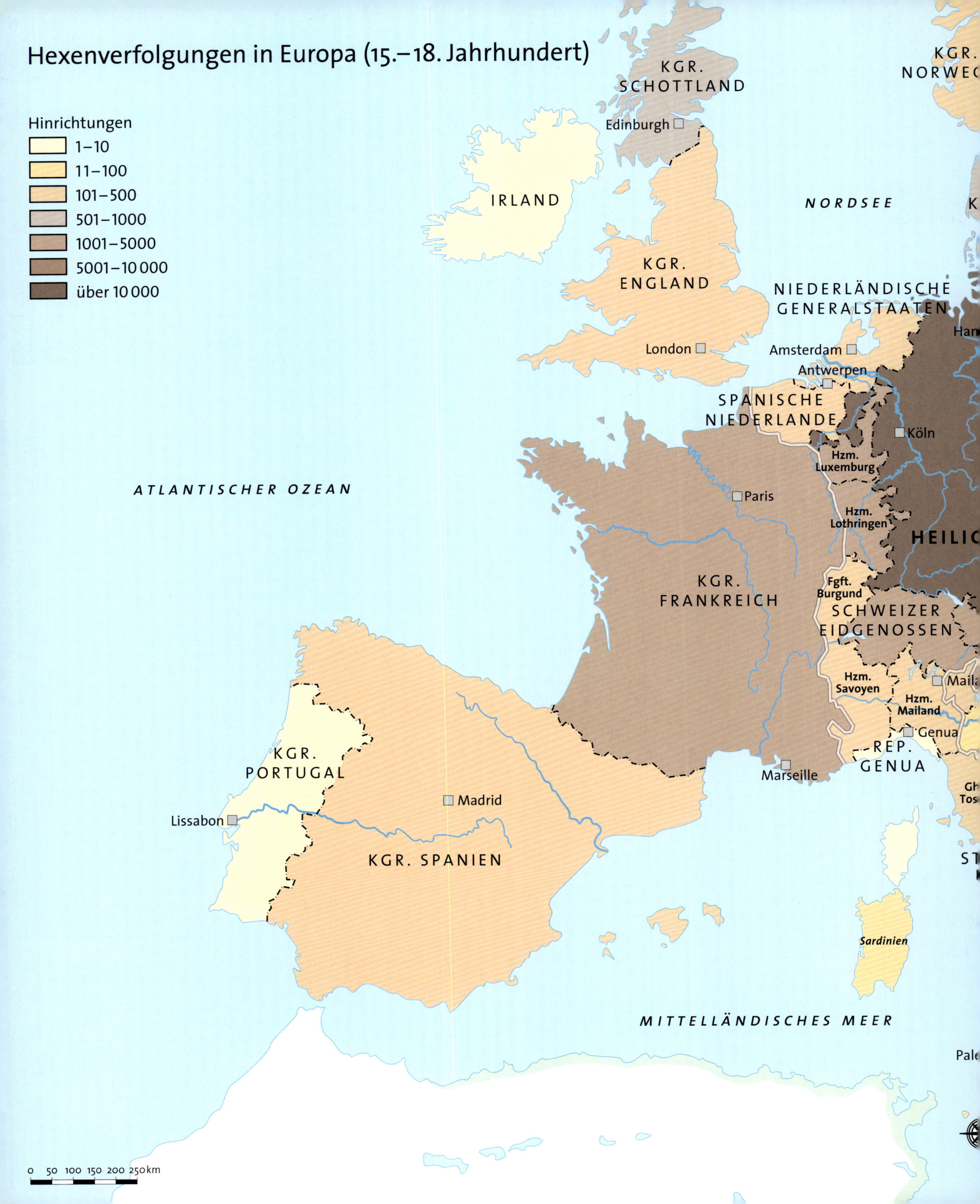

ania
KGR. SCHWEDEN
Stockholm
Estland
RUSSLAND
Riga
Moskau
NEMARK
Kopenhagen
OSTSEE
Hzm. Preußen
eck
POLNISCH-LITAUISCHE UNION
Berlin
Warschau
Schlesien
Prag
Böhmen
Krakau
MISCHES REICH
Wien
Österreich
Ofen
KGR. UNGARN
EDIG
edig
CHANAT DER KRIM
Fsm. Moldau
Fsm. Siebenbürgen
Fsm. Walachei
Belgrad
Serbien
Bulgarien
Dalmatien
HEN-
SCHWARZES MEER
Konstantinopel
Neapel
KGR. NEAPEL
OSMANISCHES REICH
Athen
Kreta (Candia)

Die Hexenverfolgungen in Europa während der Frühen Neuzeit

Das Zahlenmaterial für die Hexenverfolgungen in Europa wie auch für das Heilige Römische Reich Deutscher Nation in den nachfolgenden Übersichten basiert auf den Daten der neuesten Forschungsliteratur, die nach unterschiedlichen Kriterien Magiedelikte, Zauberei und Hexerei in ihr Material aufnimmt. Generell mangelt es an eindeutigen Statistiken, sodass meist auf Hochrechnungen zurückgegriffen werden muss, nicht zuletzt aufgrund der oft fragmentarischen Überlieferung. Außerdem handelt es sich bei der Frühen Neuzeit um eine vorstatistische Epoche.

Grundlage für die territorialen Grenzen der ausgewählten kleinen und großen Reiche und Städte sind die Verhältnisse der Frühen Neuzeit (sofern nicht anders angegeben). Um eine ganzheitliche Sicht auf die Hexenverfolgungen zu bekommen, müssten die Zahlen zusätzlich mit Blick auf geografische und zeitliche Verdichtungen der Verfolgungen sowie im Verhältnis zur jeweiligen Bevölkerungsdichte der einzelnen Gebiete gesehen werden. Dies kann hier jedoch nicht geleistet werden.

Sowohl die Tabellen zu Europa als auch zum Heiligen Römischen Reich Deutscher Nation versuchen, Anklage und Hinrichtung zu unterscheiden, soweit das Quellenmaterial dies zulässt. Denn nicht jedes Verfahren führte zwangsläufig zur Hinrichtung. Und selbst bei den Anklagen stößt man auf die Schwierigkeit, dass in den zugrundeliegenden Angaben nicht immer unterschieden wird zwischen der Zahl der Verfahren und der Zahl der Angeklagten. Dies ist insofern problematisch, als in ein Verfahren durchaus mehrere Angeklagte involviert sein konnten.

In den Bereichen der frühneuzeitlichen Inquisitionsbehörden (Spanien, Portugal, Kirchenstaat) sind nur sehr wenige Menschen wegen Hexerei zum Tode verurteilt worden. Für das herrschaftlich fragmentierte Italien lassen sich nur punktuell Zahlen ermitteln, eine zusammenhängende Darstellung fehlt.

Regionen und Territorien zwischen Spanien, Frankreich, Heiligem Römischen Reich Deutscher Nation und Dänemark

territoriale Zugehörigkeit / Oberhoheit (wechselnd / strittig)	zugehöriges / untergeordnetes Territorium / Region	Zeitraum	Hauptphase(n)	Verfahren / Angeklagte	Hinrichtungen
geteilt zwischen Frankreich und Spanien	Baskenland / Navarra (Region)		1609–1612		ca. 120
Heiliges Römisches Reich Dt. Nation, Lothringen, Frankreich	Bar, Herzogtum		1580–1630		ca. 250
Heiliges Römisches Reich Dt. Nation, Frankreich	Lothringen, Herzogtum		1570–1630	ca. 2.000	> 1.400
teils französisch, teils habsburgisch	Elsass (Region)		ca. 1570 – ca. 1630		ca. 1.000
Heiliges Römisches Reich Dt. Nation, Frankreich	Franche-Comté (Freigrafschaft Burgund)		vor 1500 1500–1549 1549–1597 1600–1680	5 18 47 800	ca. 480
Heiliges Römisches Reich Dt. Nation, Frankreich	Savoyen, Herzogtum	15.–17. Jh.	15. Jh. 1560–1674	> 2.000	> 800
Heiliges Römisches Reich Dt. Nation	Schweizer Eidgenossenschaft	1420–1782		ca. 5.000	> 3.500
teilweise zu Dänemark (Personalunion) oder Heiliges Römisches Reich Dt. Nation	Schleswig und Holstein, Herzogtümer	1530–1735	1610–1635	852	> 600

Königreiche und Territorien unter habsburgischem Einfluss

Königreich / loser territorialer Verbund	zugehöriges /untergeordnetes Territorium / Stadt (Auswahl)	Zeitraum	Hauptphase(n)	Verfahren / Angeklagte	Hinrichtungen
Niederlande, südliche (Spanisch-Habsburgisch)	Artois, Grafschaft	1450–1685			47
	Brabant, Herzogtum	1450–1685			88
	Flandern, Grafschaft	1450–1685			202
	Hennegau, Grafschaft	1450–1685			28
	Limburg, Herzogtum	1450–1685			9
	Luxemburg, Herzogtum	1450–1685	1560–1683	ca. 3.000	ca. 2.000
	Namur, Grafschaft	1450–1685			144
	Roermont	1450–1685			46
Österreichische Erblande			1550–1750		ca. 1.900
	Vorderösterreich	1479–1751		1.100	ca. 880
	Tirol, Grafschaft	1485–1722	1530–1555 1580–1645 1670–1720	ca. 250 (mit ca. 420 Angeklagten)	72
Böhmen, Königreich		15.–18. Jh.			ca. 800
Ungarn, Königreich (bis um 1700 teils osmanisch besetzt)		1213–1800	1701–1750	ca. 4.100	ca. 1.100

Weitere europäische Königreiche und Territorien

Königreich / Territorium	zugehöriges /untergeordnetes Territorium / Amtsbezirk (Auswahl)	Zeitraum	Hauptphase(n)	Verfahren / Angeklagte	Hinrichtungen
Dänemark (Zahlen nur für Jütland)		1609–1687		494	?
zu Dänemark gehörig	Island	1593–1720		128	22
zu Dänemark gehörig	Norwegen	1551–1700	1601–1670	ca. 780	ca. 310
England		16. und 17. Jh.			ca. 500
	Essex		1645	299	82
	Lancashire		1612	16	10
Estland		1520–1725		205	55
Frankreich, Königreich (insgesamt)			1570–1670	mehrere Tausend / ungezählte Lynchmorde	zw. 400 und ca. 1.000
	Dauphiné	15.–16. Jh.	1425–1460 Beginn des 16. Jh.	287	ca. 230
	Burgund, Herzogtum	1470–1664		mehrere Hundert	< 50
	Normandie	16./17. Jh.		ca. 400	ca. 100
Irland		im gesamten Zeitraum		9	höchstens 4
Lettland		1548–1699			ca. 100?
Litauen, Großherzogtum		15.–18. Jh.			50
Niederlande, nördliche (Generalstaaten)		um 1500–1608			ca. 200
Polen			1650–1750		mehrere Tausend?
Russland		Ende 16. – Ende 18. Jh.		> 500	wenige
Schottland		1542–1727	1590/91, 1597/98, 1629/30, 1649, 1659–1662		ca. 1.000
Schweden		1550–1750	1668–1676		ca. 400
zu Schweden gehörig	Finnland	1520–1750		ca. 2.000	75

Hexenverfolgungen im Heiligen Römischen Reich Deutscher Nation

Territorium / Stadt (Auswahl)	Zeitraum	Hauptphase(n)	Verfahren / Angeklagte	Hinrichtungen
Augsburg, Fürstbistum	1575–1745	1586–1592		ca. 200
Augsburg, Reichsstadt	im gesamten Zeitraum			17
Baden-Baden, Markgrafschaft	1560–1631	1560–1580 1625–1631		44 231
Baden-Durlach, Markgrafschaft	1560–1631	2. Hälfte 16. Jh.		6
Bamberg, Fürstbistum	1595–1631	1626–1630		ca. 1.000
Bayern, Herzogtum	15. Jh. – 1756	1589–1591	ca. 1.500	< 200
Brandenburg, Kurfürstentum	1509–1731	1560–1591	mind. 266	?
Eichstätt, Fürstbistum	1590–1631	1590–1592 1603 1617–1631		zw. 279 u. ca. 400
Ellwangen, Fürstpropstei	1588–1618	1588 1611–1618		ca. 450
Esslingen, Reichsstadt		1662–1666		32
Frankfurt am Main, Reichsstadt	im gesamten Zeitraum			0
Fulda, Reichsabtei		1603–1606		239
Gelnhausen, Reichsstadt		1596–1599 1633/34		19 18
Helfenstein, Grafschaft	1562–1611	1562/63 1583 1605/1611		63 25 19
Hessen (Region)	16./17. Jh. (1739)	1626 – ca. 1630		ca. 1.750 (ohne Fulda)
Kaufbeuren, Reichsstadt		1591		17
Köln, Kurfürstentum (Erzstift, Herzogtum Westfalen, Vest Recklinghausen)	Ende 15. Jh. – 1650er Jahre			> 2.000
Köln, Reichsstadt	im gesamten Zeitraum	1627–1630		33
Kurpfalz		1560–1622		0
Lippe, Grafschaft (mit Lemgo)		1550–1686		> 300
Lübeck	im gesamten Zeitraum			13
Mähren, Markgrafschaft	im gesamten Zeitraum	1678–1696		ca. 300
Mainz, Kurfürstentum	1511–1684	1593–1630		ca. 2.000
Manderscheider Grafschaften (Kail, Blankenheim, Gerolstein)	1580–1638			mind. 260
Marchtal, Reichsabtei		1586–1596 1745–1757		49 6
Mecklenburg, Herzogtum (Güstrow und Schwerin)	1560–1700	1599–1614 1661–1675	4.000	2.000
Mergentheim, Deutschordenskommende		1590–1631	584	387

Territorium / Stadt	Zeitraum	Hauptphase(n)	Verfahren / Angeklagte	Hinrichtungen
Münster, Fürstbistum	Mitte 16. Jh. – Ende 17. Jh.		ca. 450	ca. 170
Nassauer Grafschaften	1573–1713		411	mind. 234
Nassau-Saarbrücken, Grafschaft	1578–1679		52	?
Nördlingen, Reichsstadt		1589–1594		33
Nürnberg, Reichsstadt	im gesamten Zeitraum			6
Offenburg, Reichsstadt		1627–1629		61
Osnabrück, Hochstift	1538–1669		90	53
Osnabrück, Stadt		1561–1639		mind. 276
Paderborn, Fürstbistum	1510–1702		260	204
Pommern (West), Herzogtum		1570–1710	ca. 1.000	ca. 600
Reutlingen, Reichsstadt		1665–1667		14
Rothenburg o.d.T., Reichsstadt	im gesamten Zeitraum			3
Sachsen, Kurfürstentum	1407–1766	1610–1630 1655–1665	ca. 900	ca. 300
Sachsen-Anhalt, Herzogtum	1550–1650	1575–1600 1615–1620	mind. 200	?
Salzburg, Hochstift	1565–1750	1675–1679		ca. 200
Schlesien, Herzogtum		1580–1680		593
Schwäbisch Gmünd, Reichsstadt		1613–1617		42
Schwäbisch Hall, Reichsstadt	im gesamten Zeitraum			0
St. Maximin, Reichsabtei	1572–1641	1586–1596		ca. 500
Thüringen (Region)	1526–1731	1598–1631	1.500, davon Grafschaft Henneberg 750, Sachsen-Coburg 230	1.120
Trier, Kurfürstentum	ca. 1480 – ca. 1653	um 1590		ca. 1.000
Ulm, Reichsstadt	im gesamten Zeitraum			4
Vaduz, Grafschaft	1595–1680	1678–1680		ca. 200
Windsheim, Reichsstadt		1596–1597		24
Württemberg, Herzogtum	1497–1700		350	ca. 197
Würzburg, Fürstbistum		1616/17 1625–1630		1.200

Mythen, Phantasien und Paradigmen – Zu Deutungen der Hexenverfolgungen

Rita Voltmer

Die Geschichte der (vermeintlichen) Hexen und ihrer Verfolger gehört zu jenen historischen Themen, die mit nahezu ungebrochenem öffentlichem Interesse rechnen können. Die redlichen Bemühungen von Historikern, das Phänomen ‚Hexenverfolgungen' von populären Klischees und Fehlurteilen zu entschlacken, erweist sich allerdings als nie endende Arbeit.

Den falschen Bildern und allzu einfachen Erklärungen hat die moderne Hexenforschung – gleichsam als Daueraufgabe – die Ergebnisse und Einsichten aus ihrer Arbeit entgegenzusetzen. Daher sei auch hier kurz und knapp festgehalten:

1. Die Hexenverfolgungen sind ein Phänomen der Frühen Neuzeit. Sie beruhen auf einem zu Beginn des 15. Jh. entwickelten Konstrukt, das populäre Vorstellungen von Magie, Zauberei, Tierverwandlung und Flug enthielt. In seinen diabolischen Komponenten (Teufelspakt, -buhlschaft, Hexensabbat) wurde es jedoch in den Köpfen von Theologen und Juristen zusammengesetzt und von der Gerichtspraxis scheinbar bestätigt.

2. Die Hexereiverfahren der Frühen Neuzeit sind in ihrer absoluten Mehrzahl von weltlichen Gerichten nach Maßgabe des zeitgenössischen Strafrechts als legale Prozesse geführt worden. Die Konfession der Gerichtsherren spielte für die Bereitschaft, Hexenprozesse zuzulassen bzw. zu führen, nur eine nachgeordnete Rolle. >>

Arbeitszimmer mit Globus
Der Blick auf das Thema ‚Hexen' änderte sich kontinuierlich. Noch heute ist er geprägt von Mythen, die die Sicht auf die tatsächlichen Hintergründe verschleiern und ein eigenes Licht auf die Geschichte des Hexenwesens werfen.

Folterstuhl

Holz mit Eisenbeschlägen, B 74 cm, H 139 cm, T 90 cm
frühestens 17., wahrscheinlich 19. Jh.
Schwäbisch Hall, Hällisch-Fränkisches Museum 2027

So genannte Bedenk- und Marterstühle werden durchaus in Hexenprozessakten und Rechnungen des 17. Jh. erwähnt. In der Praxis des peinlichen Verhörs fanden sie unterschiedliche Anwendung. Man versuchte nicht zuletzt, die Verdächtigen mit solchen Stühlen zu beeindrucken und zu einer Aussage zu bewegen.
Der Stuhl kam 1937 mit unbekannter Herkunft in den Besitz des Museums. Einfache Exemplare befinden sich in den Sammlungen von Regensburg, Salzburg und Lemgo. Vergleichbar aufwändige Stühle beherbergen die Sammlungen im Kriminalmuseum in Rothenburg und im Bayerischen Nationalmuseum in München. Historiker und Forscher neigen in den letzten Jahren verstärkt dazu, die vorhandenen Verhörstühle als Nachbauten zu betrachten. Begeisterung und Interesse an der mittelalterlichen Vergangenheit hatten schon in der ersten Hälfte des 19. Jh. dazu geführt, dass man Folterinstrumente rekonstruierte oder gar erfand.

Lit.: Hexenwahn. Ängste der Neuzeit (2002), Hexenwahn und Hexenverfolgung (1988), Schild (1985)

Hexenwaage zu Oudewater im Museum de Heksenwaag
Das Interesse für Hexen und Hexenverfolgung ist bis heute ungebrochen und wird gern touristisch genutzt. So auch im Fall der Hexenwaage von Oudewater, die mit der Wiegeprobe als Hexenprobe in Zusammenhang steht.
In Oudewater wurden wohl seit 1482 Hexenproben unter Aufsicht einer Kommission auf der Stadtwaage durchgeführt, da man davon ausging, dass Hexen leichter als der Durchschnittsmensch wären. Ein Zertifikat bestätigte das Ergebnis. Noch heute können sich die Museumsbesucher wiegen lassen und erhalten ebenfalls ein Zertifikat.

Otto Greiner: *Hexenschule*, 1907
Greiners Hexenschule ist ein Bordell, in dem er das ausgelassene Treiben der Frauen mit dem Thema ‚Hexentanz' verknüpft. Sein künstlerisches Anliegen liegt zum einen in der Darstellung erotischer Frauenkörper. Andererseits verweist er durch Attribute wie Hexenbesen und Tierschädel auf die Außenseiterrolle der Prostituierten, die er in assoziativer Weise mit der gesellschaftlichen Ächtung der Hexen in früheren Jahrhunderten gleichsetzt.

3. Europaweit hat es ungefähr 50.000–60.000 Hinrichtungen gegeben. Die immer wieder gern ins Feld geführte Zahl von angeblich über neun Millionen verbrannten Frauen beruht auf einer abenteuerlichen Hochrechnung des 18. Jh. Genauso frei erfunden ist die Annahme von 100.000 Hinrichtungen.
4. Obwohl diese Mär sich schier unermüdlicher Beliebtheit erfreut, haben weder Hebammen noch Heilerinnen und schon gar nicht (vermeintliche) Priesterinnen eines (nicht existenten) heidnischen Fruchtbarkeitskultes zu den bevorzugten Opfern der Hexenjagden gehört. Auch hier waltet pure Phantasie.
5. Die so genannten Hexensalben bleiben Erfindungen und Zuschreibungen von Theologen, Dämonologen und Renaissance-Gelehrten. Halluzinationen, ausgelöst entweder durch Drogenmissbrauch oder durch eine Vergiftung mit Mutterkorn (Ergotismus), sind sicher nicht die Ursache für die Hexenverfolgungen der Frühen Neuzeit. Ebenso wenig können Geisteskrankheit, Hysterie, Schizophrenie oder die Syphilis als wirkmächtige Faktoren verantwortlich gemacht werden.
6. Die männlich dominierten Machtapparate von ‚Kirche', ‚Inquisition' oder ‚Staat' waren nicht generell verantwortlich für die Hexenjagden, sondern vielmehr ein fatales Zusammenspiel unterschiedlicher Faktoren, Akteure und Akteursgruppen. Dabei konnte sich der von der Bevölkerung ausgehende Verfolgungsdruck als ein erheblich dynamisierendes Element erweisen.

Verantwortlich für diese zählebige Resistenz der vielfältigen Hexenmythen sind insbesondere unkritische Pseudo-Informationen. Allein die Websuche nach Begriffen wie ‚Hexen', ‚Hexerei' oder ‚witch' führt zu rund drei Millionen, zum überwiegenden Teil höchst zweifelhaften Einträgen. Fantasy-Romane und ihre Verfilmungen, einschlägige Fernsehserien oder historische Romane mit ihren ähnlichen Plots tragen das Ihre dazu bei, die populären Fehldeutungen am Leben zu erhalten. Natürlich sind der schriftstellerischen Phantasie keine Grenzen zu setzen. Doch indem historische Romane eine gewisse ‚Realfiktion' vorgaukeln, gewinnen sie dokumentarischen Charakter. Der Konsument solcher Entwürfe merkt meist nicht, dass er damit längst überholte Mythen aufnimmt, welche zu einem guten Teil auf Konstruktionen des 19. Jh. beruhen.

Man mag sich vielleicht an Mittelaltermärkte mit wahrsagenden ‚Hexen' und an einen Wellness- und Esoterikboom gewöhnen, der mit dem (vermeintlichen) Kräuterwissen von Hexen-Heilerinnen wirbt. Touristisch ausgeschlachtete ‚Hexenspektakel', auf denen historische Hinrichtungen zum großen Vergnügen der Zuschauer und Beteiligten nachgestellt werden, sind hingegen an Geschmacklosigkeit kaum zu überbieten. So wird alljährlich im oberitalienischen Cavalese (Fleimsertal) mit einer öffentlichen Gerichtsverhandlung, einer nächtlich-dramatischen Prozession der verurteilten ‚Hexen' im Fackelschein sowie ihrer anschließenden gespielten Hinrichtung auf zweifelhafte Weise den tatsächlich dort 1501 und 1505 stattgefundenen Verfolgungen gedacht.

Daneben ist aus dem spätmittelalterlich-frühneuzeitlichen Feindbild der ‚bösen Hexe' durch phantasiereiche Umdeutungen und Vermarktungen längst eine meist positiv besetzte, regelrecht domestizierte Figur geworden. Mit dieser neuen ‚Hexe' lässt sich

Holzstich nach einer Zeichnung von Ferdinand Piloty aus Johannes Scherr: *Germania. Zwei Jahrtausende deutschen Lebens*, Stuttgart 1890
Unter dem Titel *Du sollst so dünn gefoltert werden, dass die Sonne durch dich scheint* illustriert das Bild die Hexenprozesse in der Vorstellung des 19. Jh. Ähnliche Drohungen sind tatsächlich belegt, wenn z.B. in den Rhenser Hexenprozessen ein Mitglied des Anklageausschusses äußerte, man sollte die Angeklagte mit Steinen auspressen, dass sie rein ausrinne und triefe, so wie die Gerber ihre Häute auspressen.

nahezu jedes beliebige Produkt bewerben, von der Zahnpasta bis zum Sprachführer, vom Eventkochen bis zum Wanderweg.

Gleichzeitig aber präsentiert sich die ‚Hexe' als eine Identifikationsfigur für alle jene, welche auf der Suche sind nach ökologisch-ganzheitlicher Naturverbundenheit, Emotionalität, Spiritualität, Emanzipation oder Selbstfindung. Als nicht immer wahrgenommener Hintergrund lässt sich hier die seit dem Beginn des 20. Jh. neugeschöpfte ‚Hexenreligion' spüren: die in mehrere verschiedene Richtungen aufgeteilte Wicca-Bewegung. Deutschen Sektenbeauftragten macht diese Entwicklung mitunter Kopfzerbrechen, im angloamerikanischen Bereich hingegen hat dieser Glaube hunderttausende Anhänger und sorgt längst nicht mehr für Aufregung. Zirkel ‚neuer Hexen' bieten auch Anhängerinnen eines spirituellen Feminismus eine Heimat.

Festzuhalten bleibt allerdings, dass das Spannungsverhältnis zwischen dem eindeutigen Feindbild der Vergangenheit und dem diffusen modernen Bild von ‚Hexe' als einer sinnlich-sensiblen, empathisch-heilenden, magisch-natürlichen, transzendent-prophetischen Person weiterhin den Nährboden bereitet für populäre Missverständnisse.

Die Fortexistenz solcher Fehldeutungen hat sicher viele Gründe. Das Argument, die Flut an älterer und neuerer Forschungsliteratur sei nicht zu bewältigen, greift allerdings zu kurz. Überblicksdarstellungen, Einführungen, eine vierbändige Enzyklopädie, mehrere Publikationsreihen, ein internationaler Arbeitskreis (AKIH), der auch für ‚Laien' offen steht, ein umfassendes, seriöses Internetforum, eine Mailingliste und eine eigene Zeitschrift sorgen inzwischen dafür, dass sowohl jeder, der nur am Rande am Thema interessiert ist, wie auch hochspezialisierte ‚Hexenforscher' aller Nationen sich über den neuesten Stand der Forschung auf dem Laufenden halten könn(t)en. Die hartnäckige Belehrungsresistenz hat jedoch wohl einen anderen Grund: Den Betreibern esoterischer Websites, den Erfindern bunter Hexengeschichten

Alfred Kubin: *Walpurgisnacht*, vor 1920
Zwei nackte Hexen, beritten auf Schwein und Ziegenbock, führen einen Zweikampf vor nächtlicher Kulisse. Ihre Waffen sind Hexenbesen und Forke. Kubins Darstellung des Kampfes erinnert an ein ritterliches Turnier. Die Reitpferde, die ungelenke Handhabung der Waffen und die karikaturhafte Zeichnung der Gestalten lassen auf eine ironisch-kritische Bearbeitung des Themas durch den Künstler schließen.

‚aus dem Mittelalter' oder mythomanischen Propagandisten uralter Hexenkulte geht es nicht um die methodisch korrekte, quellenkritische Erforschung der historischen Vorgänge. Vielmehr instrumentalisieren sie das Hexenthema, um ihre jeweils eigenen ökonomischen, sozialen oder politischen Interessen, Meinungen und Selbstdarstellungen zu stützen. Der Rückbezug auf die vermeintlichen Hexen der Vergangenheit dient dabei allein als (vermeintlich) traditionsbildende und damit legitimierende Strategie. Nicht bewusst bleibt den meisten, oft weiblichen Verfechtern der Hexenmythen, dass sie sich dabei ausgerechnet männlich-patriarchalischer Zuschreibungen des 19. Jh. bedienen.

In der seit den 1970er, besonders aber während der 1980er Jahre aufblühenden modernen, internationalen Hexenforschung hat es sich seit den Definitionen von William Monter eingebürgert, in der historischen Beschäftigung mit den Hexenverfolgungen – angefangen bei den Vertretern der protestantisch dominierten Frühaufklärung – zwei Leitperspektiven und zugleich Phasen zu unterscheiden: das so genannte rationalistische oder Soldan-Paradigma und das romantische oder Grimm-Paradigma. Unter dem ersten fasst man gemeinhin jene Interpretationen, welche dem Hexenglauben jede reale Existenz absprachen und ihn vielmehr für einen Gelehrtenwahn hielten: Geboren in den Köpfen von Theologen und Juristen, sei die Hexerei durch Inquisitionsprozess und Folter in die Welt getragen, unschuldigen Opfern angelastet und dann in Geständnissen bewiesen worden. Die Argumente des Christian Thomasius gegen die Hexenprozesse, die quellengestützte historische Aufarbeitung der Verfolgungen durch Wilhelm Gottlieb Soldan wie auch die immer noch heranzuziehenden Forschungen Joseph Hansens gehören in diese Kategorie. Als Vertreter des romantischen Paradigmas stehen Jakob Grimm und Jules Michelet. Beide waren der Meinung, hinter den Hexenverfolgungen habe tatsächlich eine gezielte staatliche bzw. kirchliche Kampagne zur Ausrottung germanischer Priesterinnen und weiser Frauen (Grimm) oder rebellischer Helferinnen des einfachen Volkes (Michelet) gestanden. Für die beiden hatte die positiv besetzte Zauberei und Naturmagie materielle Realität besessen. Erst die obrigkeitlichen Unterdrückungsmechanismen hätten zu einer Dämonisierung und Verteufelung dieser Praktiken geführt. Unter dem Einfluss dieser lediglich phantasiegestützten ‚romantischen' Sicht wollten auch nachfolgende Schüler die Materialität der ‚Hexen' erkannt haben. Die Methode der ‚Entdeckung' bestand hier ebenfalls eher aus bloßer Intuition. So erfand Margaret Murray den angeblich uralten heidnischen Fruchtbarkeitskult um einen gehörnten Gott (Pan!), während der selbsternannte Reverend Montague Summer glaubte, es habe ein zerstörerisch-satanischer Hexenkult bestanden. Die weitreichenden Einflüsse dieser selbst-überzeugten Hexen-Materialisten lassen sich bis in die Bewegungen der Wicca und neuen Hexen verfolgen. Okkultismus, Esoterik, Neureligionen und naturverbundene Lebensreformen des 19. Jh., völkische Bewegung, Neuheidentum und Feminismus des 20. und 21. Jh. – die Spuren der Hexenmythen lassen sich nahezu überall dort auffinden, wo die ‚Hexe' als Symbolfigur gegen (vermeintlich) obrigkeitlich-staatliche, ‚jüdisch-christliche' und patriarchalische Entwürfe eingesetzt wurde und wird.

Im Kulturkampf regierten konfessionelle Schuldzuweisungen die Debatte über das Hexereiphänomen: Für die Anhänger des protestantisch-national-liberalen Lagers waren der Aberglaube und die finsteren Unterdrückungsmechanismen der Papstkirche schuld an den Verfolgungen. Für die Verteidiger des Katholizismus trugen die Reformation, die ihr angeblich nachfolgende Sittenlosigkeit und Verrohung des einfachen Volkes sowie der übermächtige Zugriff des protestantischen Staates die ausschließliche Verantwortung. In höchst polemischen Wortgefechten verkam die Beschäftigung mit dem Phänomen Hexenverfolgung zu politischen Diffamierungskampagnen. Aus jenen Debatten stammen die noch heute aktiven (falschen) Argumente, die Papstkirche des Mittelalters habe die Hexenverfolgungen letztendlich fundiert, es handele sich dabei um finstere Verblendung und einen Wahn. Nicht zuletzt wurden auch die bereits im 18. Jh. angestellten, falschen Hochrechnungen wiederbelebt, wobei man zwischen 100.000 (Voltaire) und neuneinhalb Millionen (Gottfried Christian Voigt) angeblicher Hinrichtungen schwankte.

Während der nationalsozialistischen Diktatur ruhte die Beschäftigung mit den Hexenjagden keineswegs. Wiederum konnten die Materialisten mal die negative, mal die positive Zuschreibung ‚Hexe' benutzen. So fabulierten Vertreter der einen Richtung von germanischen Männerbünden, die zum Schutz der Gemeinschaft ‚kulturzerstörende Frauen', nämlich die Hexen, aufgespürt und getötet hätten. Der anderen Spur folgte Heinrich Himmler, der sich als Nachkomme der 1629 in Mergentheim hingerichteten Margreth Himbler wähnte: 1935 wurde eine Arbeitsgruppe mit dem Decknamen H-Sonderauftrag (Hexen-Sonderauftrag) gegründet. Bis 1944 suchten die 11 Mitarbeiter, allesamt Mitglieder der SS, in über 260 Archiven und Bibliotheken nach den Spuren der Hexenprozesse, werteten dabei sowohl Akten als

Clara Siewert: *Skizze zur gebundenen Hexe auf dem Karren*, um 1910/1920
Das Aquarell gehört zum unvollendet gebliebenen Zyklus *Die Hexe* der Berliner Malerin und Grafikerin Clara Siewert, die nach 1900 als eine der ersten Künstlerinnen der ‚Berliner Secession' angehörte.

Clara Siewert: ***Die Apotheose der Hexe*****, um 1910/1920**
Zentrales Thema von Siewerts Werken ist der Tod, der auch im Hexenzyklus mit Verurteilung, Weg zum Richtplatz und Steinigung zur Geltung kommt. Die Gouache zur Apotheose der hingerichteten Hexe bildet den Abschluss der Folge.

rechts:

‚Hexentuch'

Leinen, B 40-42 cm, L 40-44 cm
um 1600
Historisches Museum der Pfalz Speyer HM 0/4473

Im ältesten gedruckten Inventar des Historischen Museums der Pfalz aus dem Jahr 1880 wird das hier gezeigte Tuch als ‚Hexentuch' bezeichnet. Es folgt der Hinweis, dass das Tuch „*bei den Gottes-Urtheilen (Ordalien) in Gebrauch war. Bei der Probe des glühenden Eisens wurde dem Angeklagten, welcher ein glühendes Eisen 9 Fuss weit tragen musste, die Hand drei Tage hindurch mit einem Tuch zugebunden und versiegelt. Wenn nach Ablauf dieser Zeit die Hand eiterte, so ward er für schuldig befunden, wenn aber die Hand rein blieb, so war er unschuldig.*" Dieser Hinweis erscheint im Hinblick auf das konkrete Tuch historisch fragwürdig und kann durch keinen Faktenbeweis gestützt werden.
Die Brandflecken lassen den Umriss einer Hand erkennen. Die Hand der malträtierten Person muss beim Anfassen des glühenden Eisens – oder allgemein einer heißen Fläche, deren Temperatur jenseits des Zündpunktes für Leinen liegt – bereits mit dem Tuch umwickelt gewesen sein. Möglich wäre auch eine Art Brand- oder Feuerfolter im Zusammenhang einer peinlichen Befragung. Ob dieses Tuch jemals im Zusammenhang eines historischen Prozesses wegen Hexerei verwendet wurde, kann nicht belegt werden. Ein ähnliches Objekt ist bisher in Mitteleuropa nicht bekannt geworden. L.T.

Dank für freundliche Hinweise geht an die Textilrestauratorinnen vom Germanischen Nationalmuseum in Nürnberg: Petra Kress, Ada Hinkel und Sabine Martius.

Lit.: Görringer (1841), Hexen und Hexenverfolgung (1994), Katalog historische Abteilung (1880)

auch Forschungsliteratur aus und füllten mehr als 33.000 Karteiblätter. Diese ganz besonderen ‚Hexenforscher' tarnten sich dabei als Heimatforscher, Studenten oder Promovenden. Hinter jener von Himmler initiierten, auf den gesamten deutschen Sprachraum ausgedehnten Sammeltätigkeit stand der Versuch, vermeintliche Beweise für die Schuld der so genannten jüdisch-christlichen Kirche an einem angeblich millionenfachen Massenmord zu finden: Die hingerichteten ‚Hexen' seien in Wirklichkeit Trägerinnen germanischen Kultur- und Rassegutes gewesen. Doch blieb der Ertrag des H-Sonderauftrages enttäuschend gering. Weder konnte ‚das Papsttum' als Drahtzieher hinter den Verfolgungen enttarnt werden, noch ließen sich irgendwelche Spuren germanischer Priesterinnen in den Hexenprozessen finden.

Nach dem Zweiten Weltkrieg erforschten zumindest in den deutschsprachigen Ländern vorwiegend Rechtshistoriker die Hexenverfolgungen. Sozialgeschichtliche Fragen und Kategorien spielten kaum eine Rolle. Wie bereits bei Thomasius, Soldan oder Hansen stand die Vorstellung im Mittelpunkt, beim ‚Hexenwahn' habe es sich um einen gelehrten Irrglauben gehandelt. Wie alle monokausalen Erklärungen mussten in der Folge jene Ansätze scheitern, welche immer wieder die Hexenverfolgungen entweder auf eine einfache Disziplinierungkampagne von Theologen und Juristen vor dem Hintergrund konfessioneller Konflikte (Hugh Trevor-Roper) oder auf eine Unterdrückung der Volks- durch eine Elitenkultur zurückführen wollten (Robert Muchembled).

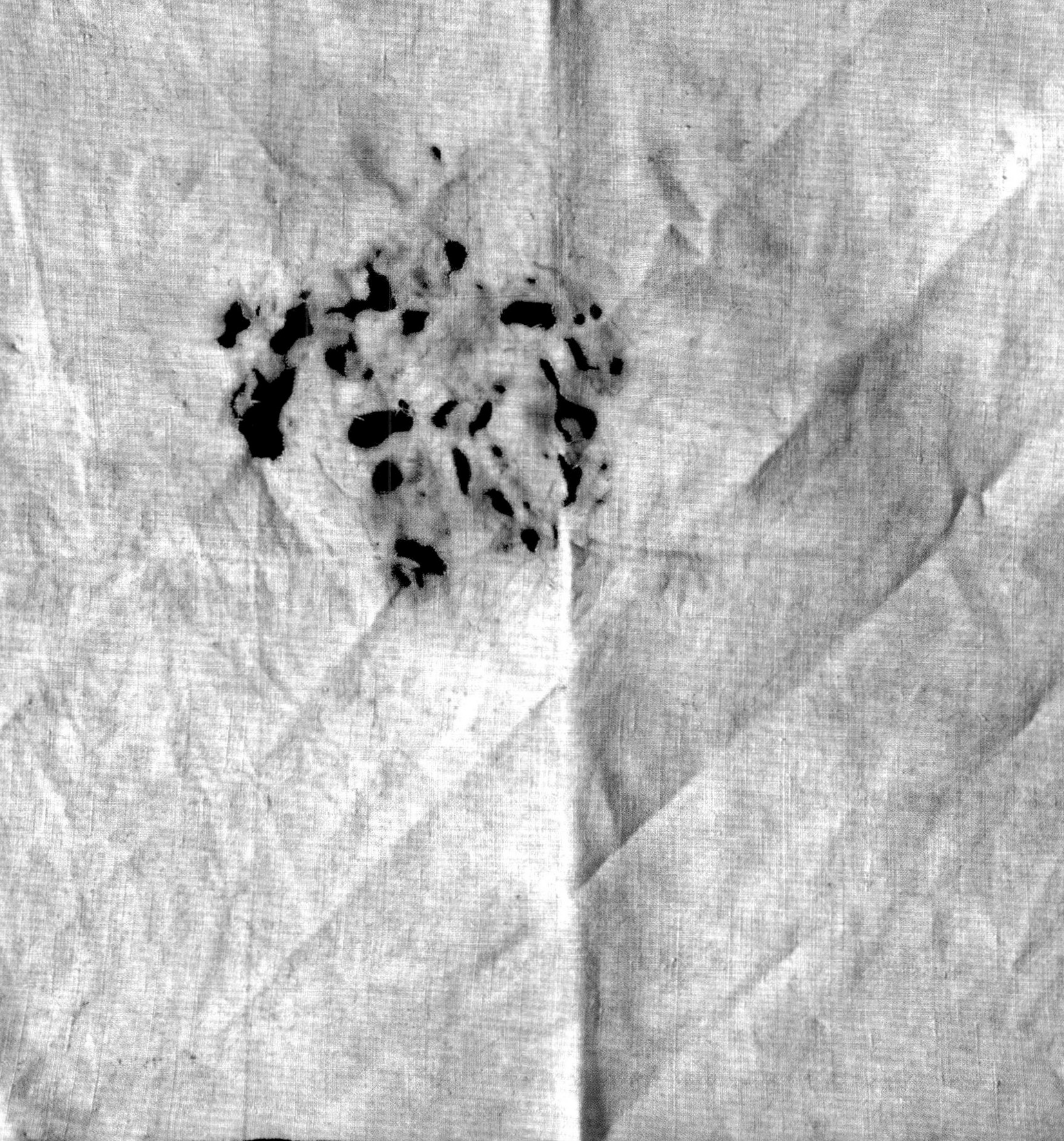

Triebkräfte für ein seit den 1960er Jahren neu entfachtes und zunehmendes Interesse an den historischen Hexenverfolgungen entfalteten sich in der Frauen- und Studentenbewegung, in der Auseinandersetzung mit dem Justizunrecht der NS-Diktatur sowie allgemein durch die Beschäftigung mit Menschenrechts- und Toleranzfragen. Gleichzeitig trugen auch die Anhänger von Esoterik und Okkultismus zur erwachten Neugier an den historischen Hexenverfolgungen bei.

Populäres Interesse und wissenschaftliche Beschäftigung mit dem Phänomen führten zu einer ambivalenten Wechselwirkung. Der schon im 19. Jh. begründete Mythos von den ‚weisen Frauen' trug 1985 neue publizistische Früchte mit von zwei Bremer Soziologen im pseudo-wissenschaftlichen Anstrich vorgetragenen Phantasien über die durch ‚Staat' und ‚Kirche' angeblich inszenierten Hexenverfolgungen. Tatsächlich trafen die Thesen über die ‚Vernichtung der weisen Frauen' punktgenau den politischen Zeitgeist. Die Hexenforschung konnte zwar alle Aussagen dieses immer noch nachgedruckten Buches als Fabelwerk abtun, doch sind diese Widerlegungen bis heute nicht hinreichend rezipiert.

Immerhin ergab sich für die Hexenforschung nun eine fast gleichzeitig in zwei Richtungen ablaufende Neuorientierung: Neben einer Hinwendung zu sozialhistorisch-ethnologischen Fragestellungen, die nicht zuletzt durch einen allgemeinen Aufstieg der Sozialwissenschaften ausgelöst worden war, mussten Vertreter der europäischen Hexenforschung gegen den Hebammenmythos zu Felde ziehen. Strittig bleibt, was das unter dem Leitstern des ‚funktionalistischen Paradigmas' stehende, neubelebte Interesse der Geschichtsforschung an den Hexenverfolgungen tatsächlich inspiriert haben soll: die Arbeiten der beiden Oxforder Sozialhistoriker Keith Thomas und Alan MacFarlane oder doch eher das gestiegene populäre Interesse. Sicher ist, dass sich nun vermehrt deutschsprachige Forscher der vergleichend arbeitenden, regionalhistorischen Analyse von Hexenverfolgungen annahmen z.B. Wolfgang Behringer für Bayern, Gerhard Schormann für Norddeutschland und Kurköln, Eva Labouvie für das Saarland, Walter Rummel für kurtrierische Kondominien (Gemeinherrschaften) und Herbert Pohl für Kurmainz. Internationale Einflüsse, z.B. durch die beiden Amerikaner William Monter und H. C. Erik Midelfort, sind ebenfalls feststellbar. Seitdem bleibt die deutsche Hexenforschung von sozial-, mentalitäts-, rechts- und landesgeschichtlichen, interdisziplinär arbeitenden Ansätzen dominiert.

Auf der anderen Seite führte die Abgrenzung gegenüber dem Mythos von der ‚Vernichtung der weisen Frauen' zu weiteren Konsequenzen. So galt es, die völlig überzogene, radikal-feministische Phantasie von einem angeblichen Gynozid, dem bis zu 13 Millionen Frauen zum Opfer gefallen sein sollen, zurückzuweisen. Gleichwohl geistert immer noch die Vorstellung durch die Medien, die Hexenjagden seien nicht nur von Staat und Kirche, sondern auch von einer sich professionalisierenden Ärzteschaft orchestriert worden, um die Konkurrenz der Hebammen und Heilerinnen aus ihrem Berufsfeld zu verdrängen, um naturverbundene, intuitive, sensible ‚weibliche' Heilkunde zu vernichten. Ähnlich dezidiert wandte sich die Hexenforschung gegen den von Gerhard Schormann propagierten obrigkeitlichen ‚Ausrottungsfeldzug' des Kölner Kurfürsten. Irritierend gewirkt hat dabei vor allem die Vorstellung, der ‚Krieg gegen die Hexen' könne analog zum Holocaust verstanden werden. Ungewollt schien Schormann überdies eine Grundannahme des Hebammenmythos zu bestätigen, dass nämlich Hexenjagden gezielt ‚von oben' einsetzbar, dem Volk aufzudrängen und zu steuern waren. Auch die Akkulturationsthese Robert Muchembleds rückte nun in gefährliche Nähe zum Bremer Verschwörungsmythos und wurde letztendlich dadurch kontaminiert. Hingegen gelang Walter Rummel der Nachweis, dass die Bevölkerung sich weit intensiver als bis dahin angenommen an der Dynamisierung der Verfolgungen aktiv beteiligt hatte. Gerade diese Erkenntnisse trugen dazu bei, die Thesen Schormanns und Muchembleds zu widerlegen.

Der Trend, den Wechsel von Vorannahmen und methodischen Herangehensweisen – so genannte Paradigmen – auch in der Hexenforschung zu markieren, bleibt bestehen. So wurden die Forschungen zu den Auswirkungen der ‚Kleinen Eiszeit', welche heftige Hexenjagden mit auslösen konnten, inzwischen auch als ‚Behringer-Paradigma' benannt. Schon 1996 konnte am Beispiel der schweren Verfolgungen im Gebiet der Reichsabtei St. Maximin die herrschaftspolitisch eingesetzte Hexenjustiz dezidiert ins Blickfeld gerückt werden (Rita Voltmer). Unterstützung erhielt das inzwischen breit akzeptierte ‚herrschaftspolitische Paradigma' durch etwa zeitgleich erfolgte Forschungen zum Fürstbistum Münster (Gudrun Gersmann), zu Mecklenburg (Katrin Moeller) sowie nachfolgend zur Westschweiz und zu Norditalien (Georg Modestin, Niklas Schatzmann und Fabienne Taric Zumsteg).

Vermehrt bleibt man heutzutage auf der Suche nach den soziokulturellen Wirklichkeiten von Magie, Zauberei und Hexerei. Den seit dem 19. Jh. von Rationalisten und Materialisten angelegten Pfaden voller Fallgruben monokausaler Erklärungen und Verallgemeinerungen scheint im 21. Jh. kaum jemand mehr zu folgen. Kein ernstzunehmender Hexenforscher wird daran zweifeln, dass es den Glauben an die Wirkmacht magischen Denkens und Handelns gegeben hat und weiter gibt, dass deren ‚tatsächliche' Wirkkraft eingebunden blieb in die jeweiligen religiösen, sozialen, politischen und ökonomischen Kontexte. Magie, Zauberei und Hexerei waren weder ein reiner ‚Wahn' der Gelehrten, noch ein tumber ‚Aberglaube' des Volkes oder gar ein rein instrumentalisierter ‚Pfaffentrug' der Kirchen. Auch können die Hexereiverfahren nicht allein als obrigkeitliche Maßnahmen sozialer, sittlicher und religiöser Disziplinierung und Akkulturation gewertet werden.

Erfahrungen, Wahrnehmungen, Deutungen, Perspektiven sind die Kategorien, mit denen die vielen unterschiedlichen Wirklichkeitsebenen von Magie und Hexerei heute beschrieben werden, Begriffe, die – um deren Komplexität hervorzuheben – stets im Plural benutzt werden. Möglicherweise einem Zeitgeist geschuldet, der sich erneut stärker Esoterik, Okkultismus, Wunder- und Engelsglaube, aber auch einem ökologisch, feministisch und spirituell determinierten Neuheidentum öffnet, scheint sich auch in der Hexenforschung einerseits ein schwacher Trend abzuzeichnen, der – wie einst die ‚Romantiker' Grimm und Michelet – die materielle Effektivität wie auch immer gedeuteten magischen Handelns behauptet (Emma Wilby, Edward Bever).

Andererseits wird immer häufiger diskutiert, ob es tatsächlich einen einheitlichen Magieglauben, eine weit verbreitete Hexenfurcht im Europa der Frühen Neuzeit gegeben habe und ob die Postulierung einer ‚finsteren' Frühen Neuzeit nicht vielleicht doch erheblich am Ziel vorbeischießt (Katrin Moeller). Immer deutlicher zeichnet sich ab, dass der Hexenglaube nur eine unter vielen Möglichkeiten war, mit denen alltägliches Missgeschick und Unglück erklärt werden konnten. Diese Richtungsänderung ist sicherlich darauf zurückzuführen, dass sich die regionalen Forschungsschwerpunkte vom Süden und Westen nach Norden und Osten des Alten Reiches verlagert haben – und damit die liebgewonnenen, an den schweren katholischen Massenverfolgungen des Südens und Westens erarbeiteten Paradigmen hinterfragt werden müssen.

Darüber hinaus beginnt man nun wieder, intensiver nach dem Einfluss der Kategorie ‚Kommunikation', nach der Rolle der Medien (Flugblätter, neue Zeitungen, Predigt etc.) zu fragen, wobei auch die persönliche Vermittlung von Verfolgungswissen, von Netzwerken (Orden, Universitäten) und Klientelsystemen (Adel) im Mittelpunkt steht (Wolfgang Behringer, Rita Voltmer). Es fehlt auch nicht an universalen Vergleicher der Phänomene Zauberei und Hexerei. Bei einer solchen globalen Perspektive fällt die Trennlinie zwischen den kontinentalen und den angloamerikanischen, den europäischen und nicht-europäischen, zwischen den antiken, mittelalterlichen, frühneuzeitlichen und zeitgenössischen Zaubereivorstellungen und einschlägigen Verfolgungen. Ob sich diese Sicht als neues ‚globales Paradigma' etablieren wird, bleibt abzuwarten.

Wie auch immer die Debatten um Mythen, Phantasien und Paradigmen ausgehen mögen, so bleibt doch festzuhalten, dass die interdisziplinär angelegten sozial-, gender-, medien-, rechts-, wirtschafts- und religionshistorischen Beschäftigungen mit Magie, Zauberei, Hexerei und Hexenverfolgung die vergangenen (und gegenwärtigen) Gesellschaften und Mentalitäten aus multiperspektivischer Sicht erkennbar und erfahrbar machen. Allein deshalb – und nicht zuletzt wegen des großen öffentlichen Interesses – hält die moderne Hexenforschung eine Schlüsselposition innerhalb der Frühneuzeitforschung. ■

Lit.: Barry / Davies (2007), Behringer (1998), Behringer (2000), Behringer (2004a), Behringer (2004b), Dillinger (2007), Encyclopedia of Witchcraft (2006), Gaskill (2008), Hexenforschung aktuell (2002), Levack (2006), Rummel / Voltmer (2008), Themenportal Hexenforschung (2009), Tschaikner (2001), Voltmer (2005), Voltmer (2006), Voltmer (2007), Voltmer (2008), Wiedemann (2007)

Vom Umgang mit Hexen-Bildern

Sigrid Schade

Antoine Wiertz: *La jeune sorcière*, 1857
Die nackte Hexe des belgischen Symbolisten Wiertz erinnert an frühneuzeitliche Hexendarstellungen z.B. David Teniers d.J., in denen unbekleidete Frauen sich auf den Abflug durch den Kamin vorbereiten.

Bilder als Objekte historischen und ästhetischen Voyeurismus'

In populären Untersuchungen zu Hexenvorstellungen und -verfolgungen in der europäischen Geschichte werden illustrativ eingesetzte Hexenbilder häufig selbst nicht zum Gegenstand der Analyse gemacht. Sie begegnen uns als ‚Zeugen' vergangener Zeiten, als wären Bilder ‚von selbst' verständlich. Damit ist die Frage der dokumentarischen Funktion von Bildern als historische Quellen berührt: das Missverständnis, sie im Nachhinein gleichsam als Indizienbeweis zu sehen. Die Bilder unterscheiden sich medial (Zeichnungen, Holzschnitte oder Gemälde, integriert in eine Textquelle oder als eigenständige künstlerische Arbeit), hinsichtlich der Adressaten und nicht zuletzt, wie die ‚Hexen' dargestellt werden und warum diese Bilder heute noch das Publikum zu faszinieren vermögen. Die Bilder bedienen einen voyeuristischen Impuls. Dieser muss nicht negativ beurteilt werden, wenn die darin enthaltene Neugier die Vielschichtigkeit der Bilder und damit auch die geschlechterspezifische Struktur der in ihnen deponierten Schaulust ernst nähme.

Die traditionelle Kunstgeschichte hat Hexenbilder dagegen nur auf künstlerisches Schaffen bezogen. So wurden Motivgeschichten und Lehrer-Schüler-Beziehungen konstruiert und die zunehmende Institutionalisierung realer Hexenverfolgungen ignoriert. Die Bilder entstanden – so gesehen – scheinbar aus purer Lust am formalen Spiel. Auch in dieser Argumentation spielt Schaulust eine zentrale Rolle. Allerdings wird sie mit der Renaissance verbunden, als ästhetischer ‚Beweis' für deren Sinnesfreudigkeit.

Neuere, interdisziplinäre Untersuchungen schlagen vor, Hexen-Bilder als Teil eines seit dem 15. Jh. anwachsenden Medienverbundes von Text- und Bildveröffentlichungen zu betrachten und ihren Anteil an der Vermittlung von Hexenvorstellungen zu analysieren. Das ist ohne die Berücksichtigung juristischer, theologischer oder medizinischer Traktate, Urkunden, Verfahrensberichte usw. nicht möglich. Die Bilder sind zunächst Teil einer Verständigung über ‚Gut und Böse' in organisierten Kreisen gelehrter Theologen, Juristen, Mediziner, Inquisitoren, >>

Holzschnitt von Hans Schäuffelein aus Ulrich Tenngler: *Der neu Layenspiegel*, Augsburg 1511
Dargestellt werden die Schadenszaubertaten der Hexen, die Anklagepunkte für das Delikt der Hexerei sind. Dazu gehören etwa das Kochen von Flugsalbe aus Leichenteilen und anderen Ingredienzien, das Melken von Milch aus einem Baumstamm und das Verhexen anderer, indem die Hexe z.B. mit Pfeil und Bogen auf den an Krücken gehenden Mann zielt (rechts unten).

Humanisten und Künstler. Die ‚Projektionsfigur' der Hexe ist deren ‚Erfindung'. In ihr überblenden sich antike, mittelalterliche und humanistische mit christlichen Traditionen, in denen das Böse, nämlich Todsünde und sinnliche Verführung, als ‚Wesensbestimmung' von Frauen verhandelt wurden – bedrohlich für eine Konzeption von ‚Vernunft', die sich spätestens ab dem 16. Jh. als ‚männliche' Identifikationskategorie herausbildete.

Das Spektakuläre des Themas wird von den Künstlern ab der Frühen Neuzeit genutzt, um sich als originelle Autoren zu präsentieren – im Rahmen des neuen Konzepts genialer Künstlerschaft, adressiert u.a. an eben jene Juristen, Theologen und Mediziner, die sich intensiv mit dem Hexenthema beschäftigten und deren sozialen Status die Künstler anstrebten. Linda Hults spricht auch von der *„Hexe als Muse"* (Linda Hults 2005). Die Phantasie der Künstler war jedoch keineswegs ‚frei' oder ‚seltsam', wie es der Katalogtitel *Hexenlust und Sündenfall. Die seltsamen Phantasien des Hans Baldung Grien* vermuten lässt (Katalog der Ausstellung Städel Museum. Frankfurt 2007). Sie verdankte sich den Kreisen, an die sie ihre Bilder adressierten.

Unter Verdacht: Schadenszaubertaten (Maleficia), Teufelspakt und die Todsünde der Wollust

Um 1500 erschienen Darstellungen zunächst in theologischen und juristischen Traktaten. In dem juristischen Handbuch für Laien, *Der neü Layenspiegel* von Ulrich Tengler (1511), findet sich ein Holzschnitt des Dürer-Schülers Hans Schäuffelein als Simultanbild der Schadenszaubertaten der Hexen. Was in anderen Traktaten wie dem des Juristen Molitor (1490/91) oder der Predigtsammlung des Geiler von Kaysersberg (1516) in Einzelszenen dargestellt wurde, ist bei Schäuffelein auf einem Bild vereint: von oben nach unten sind Hexenmotive zu sehen gegeben: auf Böcken reitende Hexen, Beischlaf mit dem Teufel, ein Magier, der Dämonen beschwört, Unwetterzauber, Milchzauber und das Lahmhexen eines Mannes. Unterhalb des Magierkreises verurteilen zwei Juristen die Hexen zum Feuertod. All dies verdichtet sich zu einer wiedererkennbaren Hexen-Ikonographie, die zu zirkulieren beginnt und von Künstlern aufgegriffen und nach Bedarf eingesetzt und verändert wird. Ein Beispiel für solche ‚Motivübernahmen' ist Dürers reitende Hexe. Sie ist das Zitat einer Invidia-Darstellung Mantegnas, also des Bildes vom Neid als eine der sieben Todsünden. Sie ist als feste Formel sowohl bei Schäuffelein als auch bei Baldung, Raimondi u.a. zu finden.

Die Bildrealität zeigt die Maleficia, als würden sie tatsächlich geschehen, während zu Beginn des 16. Jh. der Hexenglaube noch als Aberglaube und nicht als real galt. Im Zuge des späten 16. und 17. Jh. setzte sich dann die im *Hexenhammer* formulierte Doktrin durch, dass ein Sünder sei, wer nicht an Hexen glaube. Bilder trugen als Medien des kulturellen Gedächtnisses dazu bei, die Furcht vor Schadenszauber und Hexen zu verbreiten, noch bevor die systematischen

Albrecht Dürer: *Die Hexe*, um 1500
Der Kupferstich mit der rückwärts reitenden Hexe übernimmt das Motiv von einer Invidia-Darstellung des italienischen Künstlers Andrea Mantegna in seinem *Kampf der Meerwesen.*

Hans Baldung Grien: *Drei Hexen*, 1514
Mit der Feder zeichnete Grien auf diesem Neujahrsblatt drei Hexen, die sich mit Flugsalbe einreiben.

Hexenverfolgungen im deutschsprachigen Raum begannen.

Der bedeutendste Unterschied zwischen den frühen Traktatillustrationen und Gestaltungen von bekannten Renaissance-Künstlern wie Albrecht Altdorfer, Albrecht Dürer und Hans Baldung Grien ist der Naturalismus, eine Art synthetischer Realismus und das Interesse an der Gestaltung nackter Frauenkörper. Hässlich alt oder erotisch jung bilden Hexen ein Gespann, das im späten Mittelalter in der Allegorie der ‚Frau Welt' verkörpert und ebenso wie Personifikationen des Alterns als ‚weibliche' Körper gekennzeichnet war. In den sich unterschiedlich auf antike Aktbilder beziehenden Hexenbildern treten Körperfunktionen oder auf Verführungskraft bezogene Maleficia wie Liebeszauber, angehexte Impotenz und die Verführung zur Unkeuschheit in den Vordergrund, sodass die imaginierte Frauenmacht als visuell gestaltete *„Magie des Körpers"* (Sigrid Schade 1983) bezeichnet werden kann.

Hexenmacht als Weibermacht

Die Hexenikonographie verband sich in der Frühen Neuzeit zum einen mit antiken Legenden, in denen berühmte Männer von Frauen entmachtet oder verspottet wurden (z.B. Aristoteles und Phyllis, Herkules und Omphale u.a.). Zum anderen knüpfte sie an spätmittelalterliche höfische Motive der Weiberlisten an. Dürers rückwärts auf einem Bock reitende Hexe repräsentiert eine Allegorie der ‚Verkehrten Welt' als Herrschaft der Frau über den Mann. Die Planetenherrschaft des Saturn und seiner Planetenkinder sollte als eine die göttliche Ordnung nur zeitweilig auf den Kopf stellende Konstellation wahrgenommen werden, wie man sie auch aus Fasnachtsspielen kannte. Davon zeugen Purzelbaum schlagende Putti wie auch die durch ihre Beine hindurchsehende Hexe in dem Neujahrsblatt von Hans Baldung Grien. Das einem befreundeten Kleriker gewidmete Blatt mit der Inschrift *„Der CorCapen ein gut Jar"* von 1514 konfrontiert ironisch den Betrachter mit dessen eigenen Wünschen und Projektionen. Die Bewegungen der sich mit Flugsalbe einreibenden drei Hexen sind als raffinierte Konstellation des Zeigens und Verbergens der weiblichen Scham organisiert. Die Zeichnung lässt sich mit der vorreformatorischen Kritik am unkeuschen Leben der Mönche verbinden. So werden die Hexen zu Mönchshuren und umgekehrt. Das Bild stellt die voyeuristischen Impulse, an die es appelliert, selbst aus. Auch wenn Baldungs Bilder in keinem direkten Zusammenhang einer ‚Hexenpropaganda' stehen, so sind es gleichwohl die Frauen, auf deren Kosten und unter deren Ausschluss der Scherz gemacht wird und deren Kontrolle im Bild sich der Künstler aneignet.

Hexen-Schein: zwischen Teufelseinflüsterung, Melancholie und künstlerischer Invention

Über die Realität der Hexentaten waren sich die Zeitgenossen uneins. Der *Hexenhammer* von Heinrich Kramer (Institoris) und Sprenger von 1487 fokussiert den Zivilschaden, den die Hexen anrichteten, um zivilrechtliche Prozesse anzuregen. Hexen könnten ihre Zaubertaten und den Ritt auf Tieren oder Forken (unter Voraussetzung des Teufelspaktes) entweder selbst oder mithilfe des Teufels bewerkstelligen. Andere meinten, dass der Teufel in den Frauen Wahnvorstellungen erzeuge, die gleichwohl ebenfalls mit dem Tode zu bestrafen seien (Molitor, Geiler von Kaysersberg). Lucas Cranach integriert in seinen Melancholie-Gemälden den Hexenritt des ‚Wütischen Heers' oder der ‚Wilden Jagd' in humanistischer Tradition als Folge melancholischer Stimmung. Hinter der geflügelten Personifikation der Melancholie sind durch ein Fenster der in einer Wolke reitende Jäger und sein Gefolge zu sehen. Der schaukelnde Putto davor ist wie eine zwischen zwei Realitäten pendelnde Verbindungsfigur eingesetzt. Ein Kupferstich von Marcantonio Raimondi und Agostino Veneziano, *Lo stregozzo* von 1523, zeigt dagegen nur eine Realitätsebene: die Ebene der auf einem Skelett reitenden Hexe und ihres Gefolges. Die nächtliche Erscheinung ist eher als Traum zu deuten, an dessen grotesker Gestaltung sich die Erfindungskraft und zeichnerische Kompetenz des Künstlers beweisen kann. Trotz jeweils unterschiedlicher historischer und politischer Zusammenhänge lässt sich als kontinuierliches Motiv verfolgen, dass die Künstler mit monströsen Bildern potentielle Auftraggeber oder Käufer auf sich aufmerksam zu machen und künstlerische Virtuosität zu behaupten suchten.

In den Niederlanden ist ab 1600 eine Häufung von Hexenbildern zu beobachten. Die komplexen Szenen greifen die Tradition des Grotesken von Bosch und Bruegel auf und vereinen sie mit Genredarstellungen. Der in Antwerpen arbeitende Frans Francken sympathisierte mit gegenreformatorischen Vorstellungen einer sich ausweitenden Hexensekte, der Einhalt geboten werden müsse. Im *Hexensabbat* aus dem Jahr 1607 werden Frauen in an die spanische Mode angelehnter Bürger- oder Adelstracht gezeigt, ein Zeichen dafür, dass die Sekte sich bereits in reiche und adlige Kreise hinein verbreitet habe. Novizinnen werden entkleidet, die Hexenküche gleicht mehr und mehr einem Bordell mit Kupplerinnen und zahlendem Publikum. David Teniers d.J. wurde als Zeitgenosse Zeuge der zunehmenden Hexenverfolgungen in den Niederlanden, denen seine Bilder keine Skepsis entgegensetzen. Die Figur der grell beleuchteten, nackten, zum Schornstein hinaus fahrenden Hexe, die u.a. in seiner *Hexenküche* um 1650 zu sehen ist, wurde schließlich nach dem Abklingen der Verfolgungen im 19. Jh. viel zitierte Vorlage von erotischen Salonbildern des Symbolismus und des Jugendstils (etwa von Rops, Welti, Kubin, Greiner, Wiertz, u.a.), die ebenfalls an ein spezifisches zahlendes Publikum gerichtet waren. Im Verlauf des 19. Jh. wurde der ‚Hexenwahn' umgedeutet, die Kirchenvertreter und Inquisitoren nachträglich als geisteskrank und Hexen psychiatrisch als Hysterikerinnen diagnos-

Lucas Cranach d.Ä.:
***Die Melancholie*, 1532**
Als Detail in der Aussicht durch das Fenster zeigt Cranach in seinem Ölgemälde eine vom Teufel geführte Hexenschar, die auf Schwein, Bock, Kuh und Drache reitet.

Frans Francken d.J.:
***Hexensabbat*, 1607**
Franckens Hexenversammlung zeigt Frauen aller Altersstufen, zum Teil in bürgerlicher Tracht und eifrig Zauberliteratur studierend. Dazwischen tummeln sich Kröten und Dämonen.

David Teniers d.J.:
***Die Hexenküche*, um 1650**
Die nackte, zum Kamin ausfahrende Hexe diente zahlreichen Werken späterer Künstler als Vorlage.

tiziert. Die Konstruktion der Hysterie ging einher mit Hypnose-Inszenierungen und anderen medialen Experimenten. So ist Albert von Kellers verschollenes Gemälde *Hexenschlaf* von 1888 in direkter Auseinandersetzung mit Fotografien eines schlafwandelnden Mediums entstanden. Die Unterstellung der Empfindungslosigkeit der Hexe, die an einen Pfahl gefesselt auf dem bereits qualmenden Scheiterhaufen mit halb entblößter Brust scheinbar schlafend gezeigt wird – Anlass für den Vergleich mit Hypnotisierten – trägt der historischen Realität sicher keine Rechnung, spekuliert aber ebenso auf die Schaulust der Betrachter, wie die Hypnose–Inszenierungen selbst.

Dieser Überblick über Hexendarstellungen soll nicht schließen ohne den Hinweis auf die einzige bekannte Hexeninterpretation einer Künstlerin: eine Skulptur von Teresa Feodorowna Ries, die 1896 an der Wiener Akademie entstand und sich heute im Museum Wien befindet. Ein Symptom für die These, dass eine in Teilen von der neuen Frauenbewegung vorgeschlagene positive Identifikation von Frauen mit historischen Hexenbildern, die ausschließlich von Männern produziert wurden, als äußerst problematisch angesehen werden muss. ■

Lit.: Brinkmann (2007), Bott (2009), Franke / Schade (1994), Hults (2005), Schade (1983), Schade (1987), Schade (1995), Schade / Wenk (1990), Stelzl (1983), van Dülmen (1987), Zika (2003)

Teresa Feodorowna Ries: *Hexe, Toilette machend zur Walpurgisnacht*, 1896
In der Zeitschrift *Die Kunst für alle* (Jahrgang 13 von 1898) wurde die Skulptur der Bildhauerin dem zeitgenössischen Publikum vorgestellt.

links:
Albert von Keller: *Hexenschlaf*, 1888
Das verschollene Gemälde mit der an den Pfahl gebundenen Hexe orientiert sich an Fotografien eines schlafwandelnden Mediums.

Hexenwesen und Wunderglaube im Blick auf die Endzeit

Matthias Senn

„Diewyl wir all bekennen müssen, das nun mehr die zeyt der straaffen Gottes vorhanden, ... mit vilen grausamen erschrockenlichen wunderen und zeichen am himmel, in lüfften mit Cometen fheürflammen, schwären ungewitteren, mit tonder, blitzg, hagel, wulckenbrüchen, auf erden mit seltzamen wundergeburten an leüt und vych, mißgewächsen an böumen und früchten, und one zal andern warnungen ..., so haben wir durch die gnad Gottes das aller best und gewüssest mittel, der gegenwirtigen und zůkünfftiger, noch vil größerer straaff zůentfliehen, in unseren händen, das wir namlich die ursachen, umb deren willen Gott nach seiner gerechtigkeit straaffen můß, hin und abschaffen, und mit einer warhafften besserung Gott dem Herren begegnen.“ Dieses apokalyptische Zeitbild stammt aus der 1590 in Zürich gedruckten *Bättelordnung* des Zürcher Pfarrers Samuel Hochholzer. Der Autor spricht hier Gedanken aus, die für jene Zeit keineswegs neu, sondern während des ganzen 16. Jh. immer und immer wieder formuliert worden waren und die eine weitverbreitete Grundstimmung wiedergeben. Er schildert ein Lebensgefühl, das einer seiner Zeitgenossen, Johann Jakob Wick, in seiner vielbändigen Chroniksammlung in Wort und Bild ausführlich eingefangen hat. Man kann sagen, Hochholzer habe mit seinen Sätzen den Inhalt der Wickschen Sammlung von Nachrichten zur Zeitgeschichte auf engstem Raum zusammengefasst.

Bericht aus Johann Jakob Wick: *Wickiana*, Zürich 1560-1588
1570 werden in einem Genfer Prozess Hexen und Hexenmeister hingerichtet. Die Bilder illustrieren das vorgeworfene Hexen- und Teufelswerk.

Bericht aus Johann Jakob Wick: *Wickiana*, Zürich 1560-1588
Wegen Hexerei werden im November 1585 in Baden drei Frauen verbrannt.

Johann Jakob Wick war Archidiakon am Großmünster in Zürich und in dieser Stellung ein enger Mitarbeiter von Zürichs kirchlichem Oberhaupt, dem Antistes Heinrich Bullinger. Wohl auf dessen Anregung hin begann er 1559 mit der Aufzeichnung und Illustrierung von Tagesaktualitäten jeglicher Art, mit dem Zusammentragen von Flugschriften, *„nüwen zittungen“* und Einblattdrucken aus aller Welt. Hierbei kamen ihm die weitläufigen Beziehungen Bullingers zustatten. Bis zu Wicks Tod im Jahre 1588 entstand so ein 24bändiges Werk, das bis heute unter dem Namen *Wickiana* in der Handschriftenabteilung der Zentralbibliothek Zürich aufbewahrt wird. Als Quelle für den Alltag im 16. Jh. und für die Art und Weise, wie weltgeschichtliche Ereignisse jener Zeit in Zürich rezipiert wurden, sind diese Sammelbände von unschätzbarem Wert.

Die hauptsächlichen Themen, die in zahllosen Varianten wiederkehren, reichen von wundersamen Himmelszeichen, abnormen Naturerscheinungen und den Berichten über aufsehenerregende Begebenheiten des privaten Alltags bis hin zu kriegerischen Ereignissen aus nah und fern. Zwei Aspekte seien herausgegriffen, die in direktem Bezug zum Hexenwesen der damaligen Zeit stehen: Pest und Teufelsglaube. Den im 16. Jh. wiederholt auftretenden Pestepidemien mit ihren zahlreichen Todesopfern standen die Menschen hilflos gegenüber. Beim Versuch, deren Ursprung zu erklären und der Verbreitung der Seuche Einhalt zu gebieten, standen nicht so sehr medizinische, sondern vielmehr moraltheologische Überlegungen im Vordergrund. Wie viele andere Krankheiten und Katastrophen wurde die Pest als eine von Gott gesandte Mahnung zur Besserung des Lebens und zur Abkehr von Sünden und Lastern angesehen, so etwa in Ludwig Lavaters *Von der Pestilentz* (1564). Dazu kam die weit verbreitete Meinung, dass die Pest letztlich das Werk von Hexen sei, welche die Kraft, die Menschheit auf diese Weise zu verderben, vom Teufel erhalten hätten. So werden 1571 in Genf durchgeführte Hexenverbrennungen als direkte Folge einer dort grassierenden Pest dargestellt, die darauf zurückgeführt wurde, dass *„die lüth von denen schantlichen häxen iämerlich mitt dem anstrychen der salben sind getödt worden.“*

Wo der Schrecken eines Ereignisses menschliches Begreifen übersteigt, ist der Glaube an das Wirken des Teufels nicht weit. Wie allgegenwärtig er als ernstzunehmende Realität erlebt wurde, dokumentieren unzählige Berichte in der Wickiana. Wiederum waren es die im Verdacht der Hexerei stehenden Männer und Frauen, welche die erstaunlichsten Aussagen über seine Tätigkeit zu machen wussten. Laut deren Geständnis wurden sie vom Teufel zum Beischlaf gezwungen, worauf er sie verschiedene Teufelskünste lehrte, etwa das Vernichten von Feldfrüchten, das Heraufbeschwören von Gewittern oder das Zubereiten von Zaubertränken und Teufelssalben.

Druckschriften aus Wicks nächster Umgebung belegen in ganz ähnlicher Weise den verbreiteten Wunderglauben, z.B. Konrad Lykosthenes' *Prodigiorum ac ostensorum chronicon* (1557) oder Ludwig Lavaters *Von Gespänsten, unghüren, fälen und anderen wunderbaren dingen* (1578). All diesen Werken liegt die unumstößliche Gewissheit von der Zeichenhaftigkeit aller Erscheinungen zu Grunde. Auch Wick galten die zusammengetragenen Fakten als untrügliche Zeichen für die von vielen erwartete, nahe bevorstehende Endzeit. Es ging ihm beim Sammeln der verschiedensten Schreckensmeldungen vor allem darum, seine Mitmenschen auf diese Zeichen aufmerksam zu machen und sie im Blick auf das letzte Gericht zu Umkehr und Besserung ihres Lebens zu bewegen. ■

Lit.: Senn (1973), Senn (1975)

Bericht aus Johann Jakob Wick: *Wickiana*, Zürich 1560-1588
In Neuenburg beobachtete man 1583 neun Frauen angeblich beim Tanzen mit dem Teufel im Wald. Sie wurden daraufhin zum Tod durch Verbrennen verurteilt.

Vermittlung und Kommunikation – Hexerei in den Medien

Rita Voltmer

Gewalt, Kriminalität und grausame Hinrichtungen gehörten zu den Lieblingsthemen frühneuzeitlicher Publizistik. In Wort und Bild kommentierte Hexenhinrichtungen bildeten einen nicht unerheblichen Teil dieser Nachrichten. Ihnen kam eine herrschaftsstabilisierende Funktion zu, indem sie bildhaft eine obrigkeitlich garantierte Rechts- und Friedensordnung darstellten. Andererseits verliehen die ‚Neuen Zeitungen' und andere publizistische Genres den gerade gegen die Jahrhundertwende wieder propagierten Endzeitvisionen zusätzliche Wahrhaftigkeit. Das Wirken der Hexen ließ sich problemlos einsortieren in den langen Reigen anderer Prodigien (Unwetter, Seuchen, Missgeburten, Wunderzeichen, Kriege und außerordentliche Verbrechen aller Art), welche auf das baldige Kommen von Gottes letztem Strafgericht deuteten. Die multimediale Verbreitung der Schreckensnachrichten trug dazu bei, dass das ausgehende 16. Jh. als Krisenzeit und als ‚geschwinde Zeit' wahrgenommen werden konnte.

David Teniers d.J.: *Hexensabbat*, 1650
Auch Vertreter der niederländischen Bildkünste wie David Teniers d.J. oder Frans Francken d.J. beschäftigten sich intensiv mit den wirkmächtigen Hexenbildern und trugen das Ihre zu deren Verbreitung bei.

Die rechtlich-normative Konstruktion eines Verbrechens und sein ‚tatsächliches' Bedrohungspotential konnten stark von einander abweichen. Das lässt sich exemplarisch beim Hexereiverbrechen nachweisen: In seiner diabolischen Ausformung mit Teufelspakt, Teufelsbuhlschaft, Hexenflug und Hexensabbat hat ihm nie eine kriminelle Wirklichkeit entsprochen. Neben den Traktaten muss daher den Flugblättern und Flugschriften eine hohe Bedeutung bei der Schaffung und Verbreitung von Feind- und Fahndungsbildern zugeschrieben werden. Mit ihrer Hilfe konnte die Wahrnehmung des Hexereideliktes erst ausgelöst, die Furcht konkret gesteigert werden. Einschlägige Vorstellungen erhielten im Bild den Anschein von Tatsächlichkeit. Dabei war keine ‚porträthafte', sondern vielmehr eine stereotype Darstellung anonymer ‚Hexen' wie entsprechend angeklagter konkreter Personen beabsichtigt.

Die Bilder entfalteten eine besondere Wirkkraft, setzten sie doch die Hexe als luftfahrendes, Blitz, Donner, Hagel und Feuer entfachendes diabolisches Geschöpf immer wieder in Szene. Den Künstlern bot sich außerdem die Möglichkeit, den nackten weiblichen Körper in oft pornographisch anmutenden Haltungen darzustellen. Damit lieferten die Publizistik wie auch die dämonologischen Traktate mit ihren (oft vermeintlichen) Fallberichten und Exempeln keine ‚Nachrichten' in heutigem Sinne. Vielmehr handelt es sich um ‚Erzählungen', die nur eine spezifische Wahrnehmung und Blickrichtung wiedergeben. Orientiert am Absatzmarkt, publikumswirksam, manipulativ und oft subtil mit einem heute kaum zu entschlüsselnden Bildercode ausgestattet, rührten seit der ersten Hälfte des 16. Jh. Flugblätter und Flugschriften *„Ungeheuerliches, Sex und Verbrechen"* (Wolfgang Behringer 1984) zum neuen Hexenthema zusammen. Bis zum Ende des 16. Jh. erlebte dieses Genre einen wahren Boom. Während einige, nicht selten auch nachgedruckte und in andere Sprachen übersetzte Flugschriften besonders die Beschreibung der Hexereiverbrechen sowie die Aufzählung von massenhaften Verbrennungen in den Vordergrund schoben, bezogen sich andere auf herausragende Einzelverfahren. Zu nennen wären die Flugschrift über die 1587 hingerichtete Hebamme Walburga Hausmännin aus Dillingen oder das im Jahr 1600 in Augsburg erschienene Flugblatt, welches sich mit dem Schicksal der exemplarisch brutal hingerichteten Landfahrerfamilie Pappenheimer befasst. ‚Nachrichten' zum Hexereithema legten weite Strecken zurück, überschritten Länder- und Sprachgrenzen und verbanden weitentfernte Verfolgungsräume miteinander. So wurden nachweislich die Hexenjagden im neuenglischen Salem entscheidend beeinflusst durch Traktate und Flugschriften puritanischer Geistlicher, in denen von exzeptionellen Fällen aus England berichtet wurde. Nicht selten kam es zu regelrechten ‚Nachahmungen' auf Seiten angeblich Behexter.

Die obrigkeitliche Zensur wusste um die Wirkmacht solcher Massenerzeugnisse, wie das Nürnberger Verbot der 1627 entstandenen *Druten Zeitung* zeigt. Zunehmend nahmen auch die dämonologischen Traktate seit dem Ende des 15. Jh. Holzschnitte und Kupferstiche auf. Jedoch zeigt sich das Fahndungsbild ‚Hexerei' in seiner bildlichen Darstellung europaweit mehrdeutig. So sind die englischen Hexenverfolgungen mit ihrer Betonung von Schadenszauber und Teufelspakt, nicht aber des Sabbats, aufgrund mangelnder Aktenüberlieferung hauptsächlich nur über Pamphlete zu erschließen. In Frankreich hingegen blühte die Publizistik vor allen Dingen rund um die spektakulären Exorzismen und die damit ausgelösten Hexenprozesse z.B. im Fall des Urbain Grandier aus Loudun. Noch viel zu wenig untersucht sind die kommunikativen Strukturen und rezeptiven Wechselwirkungen, welche konkrete Prozesstätigkeit, Predigten, publizistische Erzeugnisse, dämonologische Traktate, Nachrichtenvermittlung (z.B. die Messrelationen) sowie Bildkünste aller Gattungen auf die Verbreitung und Ausbildung bestimmter Verfolgungsmuster in ganz Europa genommen haben. ■

Lit.: Behringer (1984), Gibson (2000), Krah (2003), Krah (2005), Voltmer (2009), Walinski-Kiehl (2002), Wiltenburg (1992)

Ausschnitt aus dem Flugblatt *New Jahr Avise ... Allen Kauffleuten und Zeitungs Liebhabern ... dediciret*, 1631/32
Kolporteure sorgten seit dem 16. Jh. für die Verbreitung von Nachrichten, indem sie Flugblätter, politische und religiöse Traktate, Erbauungsliteratur, Kalender und Almanache etc. vertrieben oder daraus vorlasen.

Warhafftige vnd Wunderbarlich / Newe zeitūng von einen pauren / der sich durch Zaůberey / des tags siben stund zu ainen wolff verwandelt hat / vnd wie er darnach gericht ist worden durch den Colnischen Nachrichter / den letzen October Im 1589 Jar

Vier Meil von Coln wolbekandt /
Ein Flecken ligt Bedbur genant.
Alda ein Baůr gericht wardt.
Der an sich het ein Teifflische ardt /
Schrecklich ist es zu heren an.
Ein Gürtel het der selbig Man /
Wan er sy vmb seinen leib det.
Verwandelt er sich an der stedt /
In eines greilichen Wolffs gestalt.
Vnd loff also hin in den waldt.
Al Tag vnd weret siben stund /
Sein verwandlung wie dan ist kundt
Nun ging eines abents auß dem walt
Ein Baur der wart dem Wolff bekant
Lieff an der Wolff fraßlich in geferdt /
Gar bald der baur zucket sein schwert
Vnd schlug dem wolff ein dapen ab'
Der wolff gar bald die flucht gab.
Der Baur hůb auff den dapen bald
Drug in bald haim sagt die gesicht /
Sein nachpārē wolten's glaubē nicht /
Den wolffs dapē wolt er ziechē rauß
War eines menschē hād wordē drauß
Der wolff kam haim zu hauß verstet.
Vnd wůr gar kranck leckt sich zu pet.
Nach dem sein nachpaur in besucht /
Was im da wer vnd der verrůcht.
Petter Stump bald zu im sprach /
O Nachpaur wist das ich den dag
Nechten der große wolff war /
Der euch hat angeloffen gar /
Vñ jr habe mir hand abgeschlagē
Ich bidt dut darvon gar nix sagē
Dem Teiffel ich mich hab ergeben /
Das ich mit zaůberey mein leben.
Nach dem der nachbaur haim kam
Sagt seiner frawen auch darvon,
Die es auch darnach offenbart.
Bis das es gar laůdt precht wart /
In seinē bet hat man in geffangen
Den Petter stūp wol mit verlange
Da man in peinlich hat gefragt.
Darauff ers solches ales sagt /
Ermörd hab dreyzechen kinder klei
Dirundert den aygnen Sune mein
Ihr Hirn geffresen vnd zerspalten /
Darnebē vmpracht auch drey altn /
Dem vich ich āch gar schedlich war
Gebůle hab Füff vnd zwantzig jar.
Mit ainer laidichen Teifflin eben /
War mein Gefaterin darneben /
Hab bschlaffē āch die Tochter meī
Vnd auff solches die vergicht sein /
Hat man in auff ein Rad gesetzt.
Zechen zwick gab man in zu letz /
Mit ainer Hacken můß ich sagen.
Det man sein hēd vñ füeß abschlagē
Dē Köpff man im abgschlagt hat
Vnd steckt in hoch auff ein Rad /
Ein wolff macht mā im drauff ebē
Weil er hat gfierd ein wolffs leben
Darnach den Korper mon verprēn
Vnd auch sein Dochter an dem end
Vnd sein Gefader auch darby /
Hat mā verprand alle drey /
Welches Jedem ein Exempel sey.
Zu Meiden solche Teiffeley /
Gottes gericht nicht schlefft Firwar
Als man schreybt 89 Jar /
Den letzen October ist geschen.
Was man hie thut vor augen sechen

Grůckt Zu Normberg bey Lucas
Mair Formschneider binder
Sand Katterinna.

Flugblatt *Warhafftige vnd Wunderbarlich / Newe zeitu(e)ng von einen pauren / der sich durch Zau(e)berey / des tags siben stund zu ainen wolff verwandelt hatt / vnd wie er darnach gericht ist worden durch den Colnischen Nachrichter / den letzen October Im 1589 Jar*, Nürnberg 1589
Das seit 1589 kursierende, oft kopierte, in verschiedene Sprachen übersetzte und auch koloriert hergestellte Flugblatt zum Fall des angeblichen Werwolfs Peter Stump aus Bedburg bei Köln ist ein Beispiel für die massenhafte Verbreitung eines Einzelschicksals.

W
O

Sagenhexen

Christa Tuczay

Die seit der Frühen Neuzeit stattfindende Hexenverfolgung hat auf das Bild der Hexe in den Sagen Einfluss genommen. Allerdings trägt ‚die Vettel', die ‚geile' bzw. ‚gierige Alte', ‚die Kupplerin' schon in der Antike Hexenzüge. Ihre Böswilligkeit und Schadenstifterei bleibt in der Sage als Charakterzug vorhanden. Die Anklagepunkte der Verfolgungszeit wie Hexentanz, Hexensabbat und Teufelsbuhlschaft sind in den Sagen wenn nicht völlig geschwunden, so doch sehr zurückgetreten und verharmlost. Der Teufel ist nicht mehr der äußere Anlass, der sichtbare Verführer und Leiter aller bösen Hexenhandlungen, sondern die Hexe wird meist von ihren eigenen Wünschen und Bedürfnissen getrieben: von Neid, Hass, Bosheit und Geldgier. Kein sichtbarer Teufel drängt und treibt die Hexe in seinen Bann. Die Sage verlegt das Böse in die Gestalt selbst oder in die Verführung von Mitmenschen. Kaum eine Sage erzählt von der Teufelsbuhlschaft, sondern von ausgelassenen Feiern, die eher an Bauernhochzeiten erinnern mit Spiel und Tanz und fröhlichem Gelage. Wenn der Teufel da noch anwesend ist, spielt er eine sehr bescheidene Rolle und tritt etwa als Gastgeber in Erscheinung, der für einen geordneten Verlauf des Festes sorgt.

>>

Hexe als Windrose, Odenthal im Rheinisch-Bergischen Kreis
Die auf Besen reitenden Hexen sind sehr präsent: ob wie hier auf dem Dach oder aber in den zahlreichen Erzählungen aus der Welt der Sagen.

Illustration zu *Die zertanzten Schuhe* von Nils Graf Stenbock aus: *Märchenschatz der Brüder Grimm* Flensburg o.J., S. 179
In der Sage wie im Märchen können zauberkundige Frauen als Helfer auftreten. Hier erhält der Soldat den Tarnmantel, mit dem er den 12 Prinzessinnen zum nächtlichen Tanz folgen kann.

Neben diesem auffallenden Wandel in Bezug auf die Mitwirkung des Teufels lässt sich auch eine Veränderung der Hexe selbst ablesen. Während die Zauberhandlungen der Hexen in den Hexenprozessen fast durchweg Handlungen sind, die ihr persönlich keinen Vorteil bringen, weiß die Hexe in den Sagen ihren Nutzen vielfach zu wahren. Zwar ist auch sie ausgesprochenem Schadenszauber jederzeit geneigt, aber daneben vergisst sie doch nicht, aus ihrem Hexentum Kapital zu schlagen. Ihre Äcker und ihr Vieh gedeihen, Milch und Butter und anderes hat sie im Überfluss, auch an Geld fehlt es ihr nicht. Dennoch können die vom Teufel verliehenen und für böse Taten gedachten Gaben auch für die Mitmenschen eingesetzt werden. Wenn die Hexe darum gebeten wird, heilt sie Kranke, gibt Schiffern guten Wind, bringt verlaufenes Vieh zurück und hilft Beleidigten. Damit nähert sie sich der Fee an.

Hexentypen

Bei den Hexensagen lassen sich zwei Gattungen von Hexen unterscheiden. In den meisten Hexensagen treten weibliche Personen auf, die ihre Macht und ihre besonderen Fähigkeiten einem Bündnis mit dem Teufel verdanken. Sie sind entweder durch Vererbung, durch die Schuld böser Taufpaten, durch Verführung oder freiwillig durch eine ordentliche Lehrzeit in den Besitz magischer Kräfte gelangt. Vom Teufel verliehen, ermöglichen diese Kräfte ungewöhnliche Leistungen. Die Hexen der zweiten Gattung sind in ihrem Ursprung eigentlich keine Hexen, sondern aus anderen Sagentraditionen abgewandelte Figuren, deren Charakteristiken auf die Hexen übertragen wurden bzw. die Züge der Hexen annahmen. Dazu gehören neben bösen Sagengeistern vor allem die Wind- und Wetterhexen, die in Wirbelwind und Gewitterwolke fahren, Blitz, Donner, Hagel und Regen bringen und deren Herkunft in den alten Gewitterdämonen zu suchen ist. Vollkommen eingegliedert in das Hexenbild hat sich auch die ehemals selbstständige Erscheinung der Trude oder Drud. Nicht nur drückt die Drude die Menschen, sondern sie verwandelt sie auch, reitet sie und fährt mit ihnen zum Versammlungsort der Hexen. Eine besondere Form der Abwandlung ist schließlich die Vermischung von Hexe und Werwolf.

Werwölfe

Lucas Cranach d.Ä.: *Der Werwolf*, um 1512
Der Holzschnitt vermittelt deutlich die Vorstellung vom Kinder fressenden Werwolf, der trotz Verwandlung noch immer ein Mensch ist.

Personen, die sich angeblich durch ein magisches Ritual in einen Wolf verwandelten, galten im volksläufigen Glauben als Werwölfe. Die christlich überformte Werwolfsvorstellung zu Beginn der Frühen Neuzeit sah vor allem einen Kinder und Vieh fressenden Teufelsdiener, dessen Verwandlung zum Menschenwolf Teil des diabolischen Wirkens war. Indem Elemente der Hexenlehre, wie z.B. der Teufelspakt, auf das Werwolfsbild angewendet wurden, boten sich in ‚Werwolfhexenverfahren' Möglichkeiten, dieses vermeintliche Übel auszurotten. In der ersten Hälfte des 16. Jh. lassen sich in Frankreich die ersten Werwolfprozesse schriftlich belegen.

1589 fand in Bedburg bei Köln der heute bekannteste Werwolfprozess statt: Der Bauer Peter Stubbe/Stump wurde hingerichtet, weil er angeblich mindestens 13 Kinder auf dem Gewissen hatte und sich wegen Vergewaltigung und Inzests schuldig gemacht hatte. Im Rheinland trug der Werwolf fortan den Namen ‚stüpp'. M. J. B.

Lit.: Schulte (2000)

Hexenplätze

Bei der Betrachtung der Hexengestalt in den deutschen und österreichischen Sagen sind zunächst die äußeren Merkmale ihrer Erscheinung, ihr Aufenthaltsort, Name, Alter, Kleidung und sonstige Charakteristika von Bedeutung. So stehen die Hexensagen wie die meisten Sagen allgemein vor einem bestimmten regionalen Hintergrund. Der Ort der Handlung ist nicht im Nirgendwo, sondern in Österreich, Bayern oder Sachsen. Dorf, Stadt, Region oder weitere Umgebung werden benannt. Manchmal reicht auch nur der Hinweis auf den Schauplatz in und zwischen einer Wegkreuzung oder an besonderen Hexentanzplätzen. Wenn der Ort der Handlung oder die nächste Umgebung dieses Ortes von Menschen besiedelt ist, so ist dieser zugleich auch Wohnort der Hexe. Die Hexe lebt in ihrer dörflichen Gemeinschaft, in der sie geboren und aufgewachsen ist, und beendet auch dort ihr Leben. Sie unterscheidet sich kaum von ihren Nachbarinnen, außer dass sie eben zu bestimmten Zeiten die Hexentanzplätze aufsucht. Diese befinden sich an schwer zugänglichen Orten wie Kirchturmspitzen, hohen Bergen oder Spukorten wie Kreuzwegen, Friedhöfen und Richtstätten. Naturerscheinungen wie Hexenringe, also graslose runde Flächen oder kreisförmig von Pilzen bewachsene Flecken, gelten ebenfalls als Tanzplätze. Beliebt sind außerdem Berggipfel wie der Brocken. Der Blocksberg ist weniger ein Eigenname als ein Gattungsname für Hexenplätze. Allen Plätzen gemeinsam ist die einsame und abgelegene Gegend, in der sie sich befinden. Damit verhindern die Hexen, mitten in der Nacht überrascht und belauscht zu werden. Denn sie begleitet die ständige Furcht vor Entdeckung, die sie zu verschiedenen Vorsichtsmaßregeln führt. So verschweigt die Ehefrau ihrem Mann die Zusammenkünfte und legt beispielsweise eine Puppe ins Bett, um ihn zu täuschen. Die Feste selbst sind ausgelassen mit Tanz und reichem Gelage. Sie dauern bis zu einer bestimmte Stunde, zum Hahnenschrei oder bis das Läuten der Kirchenglocken dem Treiben ein Ende bereitet. Der zufällige Gast erfährt meist entweder durch ein unbeabsichtigt ausgesprochenes Wort christlichen Inhalts oder aber erst am nächsten Tag, mit wem er es zu tun hatte. Wie beim Festmahl der Feen verwandeln sich das Gold und die Speisen am Morgen danach in etwas Minderwertiges.

Illustration zur Sage *Die Wetterhexe am Schöckl* aus: *Grazer Sagen und Geschichten*. Hrsg. von Annemarie Reiter, Graz 1996, S. 161
Der Wetterzauber mit Hagel und Sturm ist typisches Kennzeichen für Wind- und Wetterhexen, die in der Sagentradition ihren Ursprung oft aus Gewitterdämonen haben.

Hexengestalt

Das äußere Erscheinungsbild der Hexen bei der Fahrt zum Hexentanzplatz und beim Hexentanz ist sehr unterschiedlich. Und auch ganz allgemein gilt, dass bei der Kleidung der Hexe nur selten etwas Typisches erwähnt wird. Meist ist es ein rotes Halstuch oder ein roter Rock. Eine Wettersage aus der Schweiz erzählt von zwei Frauen in kurzen, blauen Röcken mit roten Streifen, die bis zum Knie herunterreichten, dazu je ein roter und ein schwarzer Halbstrumpf. Unter den weißen Jackenärmeln lugte eine rote Manschette hervor. Auf dem Kopf waren Lumpen umgebunden. Zum Schluss heißt es: *„So haben auch die Alten allemal die Hexen beschrieben."* Dieser Beleg bleibt vereinzelt und deutet wahrscheinlich auf Kleidung von anrüchigen Frauen hin. Und so finden sich in den verschiedenen Regionen zahlreiche Varianten zur Kleidung der Hexen. Im nördlichen deutschsprachigen Raum erscheinen die Hexen nach den sehr spärlichen Angaben durchweg mit aufgelösten Haaren und fliegenden Gewändern, im Süden dagegen in zahlreichen Sagen völlig nackt. Daneben gibt es jedoch ganz verschiedene Bekleidungsarten, die auch dem Sonntagsstaat entsprechen können. In einer Sage aus Oberhessen macht sich die Hexe mit bloßen Füßen und aufgelösten Haaren, in Luxemburg

Illustration zu *Krautesel* von Nils Graf Stenbock aus: *Märchenschatz der Brüder Grimm*, Flensburg o.J., S. 171
Während die Sagen sich eher zurückhalten in ihrer Beschreibung der Hexen, spielen Illustrationen gern mit dem Bild der kauzigen oder hässlichen Alten.

Umschlagillustration von Rolf Winkler für die Ausgabe der *Kinder- und Hausmärchen aus Tirol von Ignaz V. von Zingerle*, Innsbruck 1911
Vor Hexen sollte man sich gemäß der Volksüberlieferungen in Acht nehmen, aber unbesiegbar sind sie nicht.

nur mit einem Hemd bekleidet auf die Fahrt. In Tirol tragen die Hexen zerrissene Mäntel, in Hessen ein langes, schwarzes Kleid mit einem Strohgürtel und auf dem Kopf eine Haube, unter der ein Zopf hervorlugt. In Schwaben haben sie eine schwarze Jacke an, eine blaue Schürze, ein blaues Wams, eine schwarze Haube oder einen schwarzen Hut und ein rotes Tuch auf dem Kopf. In Uri tragen sie beim Tanz wiederum gestreifte Röcke. In Thüringen sollen sie einen Melksturz auf dem Kopf haben, der auf ihr Verbrechen des Milchstehlens hindeutet. Nach weit verbreitetem Glauben sind die Hexen beim Kirchgang durch ihre Attribute kenntlich. Außerdem lässt sich ein gewisses aus der Zeit fallen, also unmodische, nicht zeitgemäße Kleidung bemerken. Vielfach beschränkt sich die Beschreibung der Hexe auf ihre Haare, die als ungekämmt, aufgelöst oder borstig beschrieben werden. Zusammenfassend kann man sagen, dass sich die Hexe weder durch ihre Kleidung noch durch ihr Aussehen entscheidend von ihren Mitmenschen abhebt, weshalb auch immer wieder Requisiten eine Rolle spielen, mit deren Hilfe man die Hexen identifizieren kann.

Hexenalter

Eine konkrete Altersstufe für die Hexe festzulegen, ist nach den deutschen Sagen unmöglich. Sie berichten von Kindern, jungen Mädchen, Ehefrauen, und alten Frauen, die hexen können. Die äußere Erscheinung der Hexe hängt wiederum vom Ort der Handlung ab. Es gibt kein bestimmtes Aussehen, das man als hexenhaft bezeichnen könnte. Selten wird die Hexe als hässlich geschildert, meist fehlt überhaupt jede Bezeichnung ihres Aussehens. Zwar soll man die Hexen, die den bösen Blick haben, an ihren zusammengewachsenen Augenbrauen erkennen können, aber dieses Kennzeichen ist durchaus nicht einheitlich und durchgehend vorhanden, sondern nur in Einzelfällen zu finden. Auch Alb oder Trude, ursprünglich nicht zur Hexentradition gehörig, sollen nach dem Volksglauben dieses Merkmal haben.

Hexennamen

Auch einen besonderen Namen, an dem sie kenntlich wären, gibt es nicht. Die Sage berichtet in den verschiedenen Regionen von der Nachbarsfrau, der Müllerin, Wirtin, vereinzelt auch der Spinnerin und Weberin. Es ist nur ein Hinweis auf den Beruf vorhanden, was in der Zugehörigkeit der Hexe zum dörflichen Gemeinschaftsleben begründet ist. Ihr Wirkungskreis bezieht sich meist auf Bauersfrauen, in Küstengebieten auf Schiffer oder Fischer. Allerdings gibt es in den Hexensagen keine Tendenz der verschiedenen Berufsgruppen zum Zauber. Zahlreicher sind die Sagen, in denen die Hexen ihren Lebensunterhalt durch Betteln und Hausieren verdienen. In einigen Sagen sind die Hexen aber doch mit eigenen Namen genannt. Es finden sich hier sowohl Familiennamen wie die Rederin, Godern, Frau Schulz, die alte Fischer, Böker als auch Vornamen wie Barba Melne, Wicke, die schwarze Kathrin, die rote Ilse, die schwarze Bärble, die Wetterliese etc. Daneben gibt es einige Bezeichnungen, die äußerliche Kennzeichen festhalten, wie die Geißenfrau. Auch hier ist die typisierende Tendenz nicht zu übersehen. Doch sind diese Spezifikationen in der Minderzahl. Im Allgemeinen lässt sich sagen, dass die Namen der Hexen keinerlei Festlegung bedeuten. Es sind individuelle Bezeichnungen, aus denen sich weder besondere Fähigkeiten noch das Hexentum herauslesen lassen.

Teufelspakt

Die Hexen bilden im Dorf nach außen keine soziale oder gesellschaftliche Schicht: es gibt reiche und arme. Warum sich jemand dem Teufel verschreibt und eine Hexe wird, kommt eher selten zur Sprache,

Hexenattribute

Erdkröte, Gießharzpräparat des Erasmus -Widmann-Gymnasiums in Schwäbisch Hall
Kröten galten sowohl als Abwehrkraft gegen das Böse als auch selbst als Quell von Üblem. Sie konnten, wie man glaubte, von Hexen in andere Menschen hineingezaubert werden und Krankheiten verursachen. In zahlreichen Illustrationen und Darstellungen finden sie sich neben den Hexen als Verursacher von Bösem.

Kunst, Medien und Volksüberlieferung kennzeichnen die Hexen durch spezielle Attribute. Diese Hexenikonografie zieht sich durch die Jahrhunderte hindurch. In der bildlichen Darstellung sind Hexen weniger durch äußerliche Merkmale zu erkennen als durch Beigaben und Handlungen wie z.B. das Ausüben von Schadenszauber. Für das 16./17. Jh. sind die Nacktheit der Hexen sowie ihre in die verkehrte Windrichtung wehenden, offenen Haare bestimmend. Das Bild der nackten Hexe wird im 19. Jh. noch einmal aufgenommen. Typisches Hexensymbol ist der Kessel für den Unwetterzauber. Dazu gehören spezielle ‚Kochzutaten': im 15./16. Jh. Kröten, Schlangen oder Hähne, später dann Leichenteile. Für den Flug, der teilweise rückwärts erfolgt, werden traditionell Geräte wie Besen oder Ofengabel genutzt, aber genauso Tiere, besonders Ziegenböcke, die auch als Personifikation des Teufels zum Tragen kommen. Beim Hexenalter bewegt sich die Bildtradition zwischen erotischer Junghexe (17. und 19. Jh.) und hässlicher Alten (16. Jh.). A. R.

Lit.: Fiedler (1996), Hexenwahn und Hexenverfolgung (1988)

da die Streiche der Hexen zentrales Thema in den Geschichten sind. Oft wird das Hexentum vererbt oder ist angeboren. Durch die Schuld böser Taufpaten kann das Kind sogar während der Taufe in die Hexenzunft eingegliedert werden. Körperlich schwache und kränkliche Personen sind besonders den Werbungsversuchen der Hexen ausgesetzt und lassen sich leicht überreden, das Hexen zu lernen, um ihre Krankheit loszuwerden. Der Hauptanlass für eine Verschreibung ist aber das Streben nach Wohlstand. Lediglich ein kleiner Teil der Sagen erzählt von einer ‚zufälligen' Begegnung, bei der der Teufel oder andere Hexen jemanden für ihre Vorhaben zu gewinnen suchen.

Tierverwandlung

Die Verwandlung in Tiere, ein internationales Mythen,- Sagen- und Märchenmotiv, wird im Sagenkontext oft als Verschleierung der Hexenzugehörigkeit eingesetzt. Die häufigste Tiergestalt der Hexen ist die der Katze, aber auch Kröten, Vögel und Hasen kommen vor. Oft gibt es zudem Überschneidungen mit Werwolf- und anderen Dämonensagen. Die Hexe verwandelt sich durch Umlegen eines Gürtels oder durch Einsalben. Sofern sie als Schaden bringendes Tier auftritt, vertilgt sie meist Feldfrüchte oder verletzt als Haustier Menschen, stiehlt Milch und andere Lebensmittel und entzieht dem Acker des Nachbarn Dünger, den sie auf ihren eigenen überführt. Als Wetterhexe verursacht sie Überschwemmungen, in Hasen- oder Fuchsgestalt narrt sie Jäger. Wenn man einen geweihten Gegenstand über sie streift, muss sie ihre menschliche Gestalt annehmen.

Hexentod

Überhaupt gibt es in den Sagen Möglichkeiten, der Hexenkraft entgegenzutreten. Die Gegenspieler der Hexe in der Dorfgemeinschaft sind Personen, die sich auf Hexenabwehr, Hexenerkennen und Hexenvernichtung verstehen. Meist sind es Vertreter nicht besonders geachteter Berufe wie Totengräber oder Schmied, welchen man ebenfalls nachsagt, sich mit übernatürlichen Mächten zu verbünden. Wenn die Hexe dann schließlich zum Sterben kommt, erleidet sie wie auch andere Teufelsbündler den schweren Tod, da sie entweder ihre bösen Taten noch einmal durchlebt oder schon weiß, was sie im Jenseits erwartet. ■

Lit.: Biedermann (1989), Dengg (1957), Gerlach (1990), Lasnik (1996), Schmidt (2004), Tuczay (2004), Vernaleken (1993), Wittmann (1933)

Die Hexengestalt in den Märchen

Christa Tuczay

Frauengestalten mit magischen Fähigkeiten sind für alle Kulturen belegt. Für Europa ergibt sich ein äußerst vielschichtiges Bild, da sich Erzählungen über die Wirkungsbereiche der verschiedenen zauberkundigen weiblichen Gestalten überschneiden. So nimmt in den österreichischen Märchen die Fängin, ein Naturgeist bzw. eine dämonische Gestalt des Volksglaubens, die Rolle der Waldhexe in der Hänsel-und-Gretel-Geschichte ein, z.B. in „Das Büeble und das Meiggle". Hexenbeschreibungen sind eher spärlich. Allerdings kann man davon ausgehen, dass das europäische Märchen schadenstiftende Zauberfrauen meist als alt und hässlich charakterisiert. Manchmal geht das Märchen in einigen Zügen näher auf das Aussehen ein. Es ist dann von roten Augen und schleichendem Gang die Rede. Die Verbindung alte Frau und Hexe, die sich auch in der Bezeichnung ‚die Alte' widerspiegelt, ist vor allem für die deutschen Märchen im 19. Jh. in den Sammlungen der Brüder Grimm und Ludwig Bechsteins ausgeprägt.

Märlein von Hänsel und Gretel.

Knuper, knuper, kneischen,
Wer knupert an meinem Häuschen.

Holzstich nach einer Zeichnung von Ludwig Richter (1803-1884). Aus: *Fürs Haus*, Leipzig 1920
Die Märchenhexen von Ludwig Richter und anderen Künstlern der Romantik prägten stark die Vorstellung vom Aussehen der Hexen.

links:
Illustration zu *Hänsel und Gretel*, nach einem Aquarell von Ruth Koser-Michaelis aus: *Märchen der Brüder Grimm*, Berlin 1937, S. 239
Im bekannten Märchen von Hänsel und Gretel begegnet die Hexe als böse Frau, die einsam im Wald haust und für ihre Untaten mit dem Verbrennen im Ofen bestraft wird.

Die Hexenmärchen der Grimmschen Sammlung unterscheiden zwischen zwei Hexengestalten. Zum einen erscheint die Hexe als böse Frau wie z. B. in *Hänsel und Gretel*, *Jorinde und Joringel*, *Die zwei Brüder* oder *Der Trommler*. Zum anderen tritt sie in der Figur der Stief- oder Schwiegermutter auf, beispielsweise in *Schneewittchen*, *Die sechs Schwäne*, *Brüderchen und Schwesterchen* oder *Fundevogel*. In beiden Fällen ist das Handeln der Hexe in ihrem schlechten Charakter begründet und wird mit Attributen wie böse, boshaft, falsch und gottlos beschrieben. Jedoch richtet es sich bei der zweiten Variante konkret gegen bestimmte Personen wie z.B. gegen die Stiefkinder, die den Hass der Hexe zu spüren bekommen. Durch keine Blutbande mit den Stiefkindern verbunden, aber gezwungen mit ihrem Dasein zu rechnen, sucht die Hexe sie aus ihrem Leben zu entfernen und sich ihrer endgültig zu entledigen. Als Schwiegermutter verfolgt sie ihre Schwiegertochter ebenso bösartig. Neid auf die Schönheit der Hauptheldin lässt sowohl Stief- als auch Schwiegermutterhexe oft als deren Gegenspielerin auftreten wie z.B. in *Die schöne Stieftochter*. Die Stiefmutter, manchmal identisch mit der leiblichen Mutter, empfindet das junge Mädchen als persönliche Rivalin oder aber als Konkurrentin ihrer eigenen hässlichen Tochter. Insgesamt spiegelt die Stiefmutterhexe eine historische Entwicklungsstufe, die ihre Wurzeln in sozialen Gegebenheiten der Familien- und Sippenbildung haben dürfte.

Die Hexenmärchen sind an keinen bestimmten Ort geknüpft, sondern geben nur vage Beschreibungen der Umgebung, in denen sich das Geschehen abspielt. In abgelegenen, einsamen Gegenden, in oder nah bei einem großen Wald hausen die hässlichen, alten Hexen. Dagegen sind die Stief- und Schwiegermutterhexen in ein soziales Netzwerk eingebunden und leben gemeinsam mit oder in der Nähe ihrer Familie. Der Märchenhexe fehlen jedoch jegliche individuelle Merkmale. Ihr Äußeres und ihr Charakter sind als Typus konzipiert. Gier, Bosheit, Neid und Hass sowie in einigen europäischen Varianten auch kannibalistische Züge prägen ihr Bild. Sie begehrt nach dem Besitz anderer oder nach deren Schönheit. Sie ist bestrebt, ihr Ziel zu erreichen, und scheut sich nicht, mit List, Heuchelei und falscher Freundlichkeit gegen Unschuldige vorzugehen. Als Gegenspielerin des Helden bekämpft sie ihn mit ihren magischen Fertigkeiten, versenkt ihn z. B. in Zauberschlaf, verbannt ihn, verwandelt ihn in ein Tier oder einen Gegenstand oder vergiftet ihn. Ein Sieg des Helden ist nur möglich mit Hilfe ihrer ihm gut gesinnten Tochter / Stieftochter oder der von ihr verwandelten Braut, die ihm bei der Lösung der Aufgaben hilft. Die Bestrafung der Hexe kommt einem Todesurteil gleich, wobei historische Strafen wie Ertränken, Zerreißen durch wilde Tiere und vor allem Verbrennen Anwendung finden, die aber als Zauberhandlung dargestellt werden. Wird die Hexe von ihren Opfern überlistet, erfährt sie ganz nach dem Lex Talionis-Prinzip das ihren Opfern zugedachte Schicksal. Manchmal zerplatzt sie aber auch aus Wut oder weil sie bei der Verfolgung des Opfers ein Gewässer leer trinkt. ■

Lit.: Biedermann (1989), Gerlach (1990), Petzold (1991)

Illustration zu *Hänsel und Gretel* von Gustaf Tenggren aus: *Grimms Märchenschatz. Ausgewählte Kinder- und Hausmärchen von Jakob und Wilhelm Grimm*, Berlin o.J., S.17
Die dargestellte Hexe entspricht dem Bild von der hässlichen Alten, das besonders im deutschsprachigen Raum verbreitet ist.

Illustration zu *Fundevogel*, nach einem Aquarell von Ruth Koser-Michaelis aus: *Märchen der Brüder Grimm*, Berlin 1937, S. 15
Die Köchin eines Försters trachtet dem Findelkind ‚Fundevogel' nach dem Leben. Auf der Flucht vor der kannibalistischen Hexe verwandelt sich Fundevogel in einen See, in dem die Hexe ertrinkt.

Der Hexen-Sonderauftrag

Jürgen Michael Schmidt

1935, also schon bald nach der nationalsozialistischen ‚Machtergreifung' wurde innerhalb des Sicherheitsdienstes (SD) der SS ein ‚H[exen]-Sonderauftrag' eingerichtet, der später im Reichssicherheitshauptamt eine eigene Dienststelle bildete. Dabei handelte es sich um ein geschichtswissenschaftliches Großprojekt, in dem geeignet erscheinende SS-Mitglieder die Hexenverfolgung der Frühen Neuzeit historisch aufarbeiten sollten. Bis 1944 recherchierten die SS-Leute dazu in über 260 Archiven und Bibliotheken nach den Spuren der Hexenprozesse und versuchten, die Hexenprozesse zumindest innerhalb des Alten Reiches möglichst vollständig zu erfassen. Die Ergebnisse wurden auf rund 33.000 Karteiblättern der Größe DIN A4 festgehalten, die heute als ‚Hexenkartothek' bezeichnet werden. Für jede Angeklagte oder jede nicht näher auflösbare Gruppe von Angeklagten legten die SS-Forscher ein Karteiblatt an. Dieses war formulerartig gestaltet und enthielt 37 vorgedruckte Felder, in denen neben den Quellenhinweisen detaillierte Angaben zur Person der Angeklagten, zu ihren Verfolgern und zum Prozessverlauf gemacht werden sollten. Die Dokumentation war demnach primär an den Opfern der Hexenverfolgung und ihrem Schicksal orientiert. Die einzelnen Karteiblätter wurden nach den Prozessorten sortiert und in Mappen zusammen geheftet. Von den 3621 Ortschaftsmappen betrafen mehr als 85% Deutschland.

Otto Dix: *Die sieben Todsünden*, 1933
Eine Verbindung von Hexe und Nationalsozialismus ganz eigener Art ist Otto Dix' Arbeit *Die sieben Todsünden*. 1933 wurde Dix als einer der ersten Kunstprofessoren nach der Machtergreifung der Nationalsozialisten entlassen. Im selben Jahr entstand dieses Werk, das an die drastische Formensprache des christlichen Mittelalters angelehnt ist. Die sieben tanzenden Gestalten stehen für: Stolz, Habsucht, Neid, Zorn, Unkeuschheit, Unmäßigkeit, Trägheit. Ein Gnom mit Hitlermaske, dessen Bärtchen Dix 1945 ergänzte, reitet als ‚Neid' auf einer überzeichneten grimmschen Hexe, der ‚Habsucht'.

links:
Heinrich Himmler als Reichsführer SS, 1933
Heinrich Himmler setzte sich persönlich für die Nachforschungen zur Hexenverfolgung ein.

Warum aber beschäftigte sich ausgerechnet das Zentrum des nationalsozialistischen Terrors mit der historischen Hexenverfolgung? Und warum in einer Art und Weise, die sich schon in der Anlage eher mit den Opfern als mit ihren Verfolgern identifizierte? Bei der Beantwortung dieser Frage stoßen wir auf Heinrich Himmler, den ‚Reichsführer SS' selbst als treibende Kraft. Himmler interessierte sich in hohem Maße für die Hexenverfolgung. Das Motiv dafür lag, soweit wir das erkennen können, in seiner Geschichtsbetrachtung: Für ihn war die Hexenverfolgung offensichtlich ein Verbrechen, für das er zunächst das Christentum und besonders die katholische Kirche verantwortlich machen wollte. Der H-Sonderauftrag sollte, wie sich vor allem aus den Äußerungen seiner Mitarbeiter erschließen lässt, Material für die antikirchliche Propaganda in diese Richtung liefern. Dabei vermutete Himmler in historisch grotesker, aber um so eigentümlicherer Weise einmal mehr die Juden als letzten Drahtzieher hinter den Hexenverfolgungen, richtete seinen Angriff also gegen eine jüdisch-christliche Gesamtkultur und bezog Rassefragen mit ein. So äußerte er 1935: *„Wir können in vielen Fällen nur ahnen, daß hier unser aller ewiger Feind, der Jude, in irgendeinem Mantel oder durch irgendeine seiner Organisationen seine blutige Hand im Spiel hatte ... Wir sehen, wie die Scheiterhaufen aufloderten, auf denen nach ungezählten Zehntausenden die zermarterten und zerfetzten Leiber der Mütter und Mädchen unseres Volkes im Hexenprozeß zu Asche brannten."* (nach Rudolph 2000) Dass möglicherweise eine eigene Vorfahrin so zu Tode gekommen war, mag Himmler besonders in seinem Interesse bestärkt haben. Daneben hoffte man im Reichssicherheitshauptamt, bei der Untersuchung der Hexenprozesse auf die Reste jener heidnischen altgermanischen Volkskultur zu stoßen, von der man annahm, dass sie durch die Hexenverfolgung ausgerottet werden sollte.

Die Arbeit des H-Sonderauftrags ist über das Stadium des Materialsammelns, das noch nicht einmal abgeschlossen wurde, nicht wesentlich hinausgekommen. Dafür wird man nicht nur Zeitnot angesichts eines überdimensionierten Forschungsvorhabens und ungenügend qualifizierte SS-Leute verantwortlich machen können. Noch schwerer dürfte der Umstand gewogen haben, dass man das, was ideologisch vorgegeben war, aus den Quellen nicht belegen konnte: die Schuld der Kirchen und den Kampf der jüdisch-christlichen gegen die germanische Kultur.

Da die Hexenkartothek nach ihrer Evakuierung aus Berlin erhalten geblieben ist – sie befindet sich heute im polnischen Pozna –, kann sie von der modernen Forschung ausgewertet werden. Besonders die regionalgeschichtliche Forschung, der es um eine flächendeckende Analyse der Hexenverfolgung in einem bestimmten Raum geht, profitiert mitunter von der Kartei. ■

Lit.: Matthäus (2000), Rudolph (2000), Schier (2000), Schormann (2000)

unten:
Foto-Collage aus der *Lippischen Post*, Nr. 138, 16. Juni 1939
Während der NS-Zeit gab es unabhängig vom H-Sonderauftrag verschiedene Formen des Hexenfolklorismus. Während der ‚Reichsfahrt der Alten Garde' durch das östliche Westfalen und Lippe im Jahr 1939 wurden in Lemgo wie auch in anderen besuchten Orten Themen der Ortsgeschichte vorgestellt. Lemgo präsentierte sich u.a. als historisches ‚Hexennest' und ließ die ‚Alte Garde' von als Hexen verkleideten BDM-Mädchen begrüßen (Bild Mitte rechts).

„...Wicca ist uralte Kunst, Handwerk und Religion der Hexerei...“ Moderne Hexen – Wicca – Hexenreligion

Kathrin Fischer

Entstehung einer Religion

In den 1950er Jahren erschien in Großbritannien ein Buch, welches nicht nur den Schlusspunkt der Hexenverfolgung in Britannien verdeutlicht (Aufhebung des „Witchcraft Acts" 1951), sondern auch den Grundstein für die ‚Wiccabewegung' legte. Gerald B. Gardner veröffentlichte „The Meaning of Witchcraft", in dem er sich als initiierte Hexe präsentierte. Er behauptete, er habe Kontakt zu Hexen, welche die jahrtausendealte Tradition des Hexenkultes zelebrierten und dessen Überleben sicherten. Dieser Kult hätte seit der Christianisierung und während der Hexenverfolgung weitergelebt. Gardner orientierte sich an der These der Anthropologin Margaret Murray, die postulierte, dass die Hexenverfolgung dazu diente, einen real existierenden, naturmystischen Kult zu zerstören. Er bezeichnete den Hexenkult als Wicca, und diese Bezeichnung setzte sich durch. Die etymologische Ableitung, ‚Wicca' habe sich aus dem Wort ‚weise' gebildet, wird oft verwendet, ist aber nicht haltbar. ‚Wicca' heißt laut dem „Etymological Dictionary of the English Language" ursprünglich die männliche und ‚wicce' die weibliche Hexe. Der Hexenkult verbreitete sich seitdem kontinuierlich über den europäischen Kontinent und die Vereinigten Staaten. In den USA erfuhr die Bewegung eine neue politische Richtung, indem Feministinnen und Frauenrechtlerinnen sich der Religion verpflichteten (Starhawk, Budapest). In Deutschland verbreitete sich die alternative Religionsbewegung in den späten 1960er Jahren im Zuge der Hippie-Bewegung und der ökologischen und feministischen Wende. Auf der Suche nach alternativen Wegen neben dem Christentum erfährt Wicca bis heute steten Zuwachs.

>>

Foliant mit Kräutern und Kerze
Das Verständnis von modernen ‚Hexen' ist von Vorurteilen und Stereotypen geprägt und wird gern mit Satanismus und Esoterik in Verbindung gebracht.

Foto aus Janet und Stewart Farrar: *A Witches' Bible. The Complete Witches' Handbook 2: Principles, Rituals and Beliefs of Modern Witchcraft*, Blaine, London 1984, zwischen S. 84/85, Nr. 4
Gerald Gardner, der ‚Wiederentdecker' des Hexenkultes.

Die Ideengeschichte des Hexenkultes bedeutet einen Rückblick auf 250 Jahre Kultur- und Religionsgeschichte: Die Aufklärung überwand das magische Weltbild, der Mensch wurde in die Welt der Vernunft und Kategorien eingeführt. Er wurde zu einem vernunftbegabten Wesen erklärt, das unveräußerliche natürliche Rechte besitzt. Die metaphysische Instanz ging jedoch verloren. So entwickelte sich ein anti-aufklärerisches Denken, das sich mit verlorenen Traditionen, Ursprungsgedanken, Urreligion und der Suche nach mystischen und heidnischen Wurzeln beschäftigte. Geheimkulte, initiatorische Gesellschaften, okkulte und magische Systeme und Praktiken suchten nach den Alten Göttern und deren Wiederbelebung. An Stelle der Offenbarung trat die Initiation. Kulturtheorien Herders und Winckelmanns unterstützten diese Ideen.

Die Romantik und der Nationalismus schufen das Interesse an nichtchristlichen, alten Religionen. Thesen über die Göttin, die Unterdrückung der Frau und ihres Wissens gipfelten in neuartigen Deutungen historischer Geschehnisse. Die Hexenverfolgung rückte in den Mittelpunkt. Sie wurde zum Ausdruck der wahren Geschichte über die Unterdrückung und Vernichtung des angestammten Heidentums Europas. Besonders das Werk Frazers *The Golden Bough* bildete den Grundstock für den Hexenkult. Er postulierte die für die heutige Hexenbewegung ausschlaggebende Weltsicht einer Kultur mit weiblicher Gottheit und starkem Naturbezug.

Glaubensinhalte, Rituale und Magie

Wicca ist eine polytheistische Naturreligion mit einem dualen System von Gott und Göttin: beide Geschlechter sind spirituell gleich. Beider Handeln ist von gleicher Relevanz. Wicca ist ein magisches Handwerk. Seine Anhänger glauben, dass der menschliche Geist fähig ist, durch reinen Willen bzw. unterstützt durch bestimmte Rituale Einfluss auf die Umgebung zu nehmen. Wicca ist keine Offenbarungsreligion. Es besitzt weder Schriften noch Dogmen. Einzig der Leitsatz gilt: „*Wenn es niemandem schadet, tue was Du willst.*" Zufälle werden ausgeschlossen.

Im Mittelpunkt der Verehrung stehen die Dreifache Göttin und der Gehörnte Gott. Die Göttin verkörpert das Leben, die Mondphasen und die Lebensabschnitte der Frau: Die Geburt steht für den zunehmenden Mond (verkörpert durch die Jungfrau), die Reife für den Vollmond (verkörpert durch die Mutter), das Alter für den abnehmenden Mond hin zum Neumond oder Schwarzmond (dargestellt durch die Weise Alte).

Der Gehörnte Gott ist ihr Weggefährte. Er ist Geliebter, Gefährte und Sohn. Der solar orientierte Gott ist Fruchtbarkeits- und Totengott. Seine Hörner symbolisieren den zu- und abnehmenden Mond. Die Beziehung zwischen Göttin und Gott stellt den Jahreslauf dar, der in den großen Sabbatriten des Wiccas zelebriert wird. Beide verkörpern eine kosmische Polarität, die sich nach dem Glauben der Wicca in allen Menschen findet – das Weibliche und das Männliche.

Foto aus Janet und Stewart Farrar: *A Witches' Bible. The Complete Witches' Handbook 2: Principles, Rituals and Beliefs of Modern Witchcraft*, Blaine, London 1984, zwischen S. 84/85, Nr. 2
Ein Altar mit dem Buch der Schatten, Räuchergefäß und Statuen der Götter.

Foto aus Janet und Stewart Farrar: *A Witches' Bible. The Complete Witches' Handbook 1: The Sabbats*, Blaine, London 1984, zwischen S. 96/97, Nr. 5
Wicca-Anhänger zu ‚Imbolc' als Dreifache Göttin: Jungfrau, Mutter und Weise Alte.

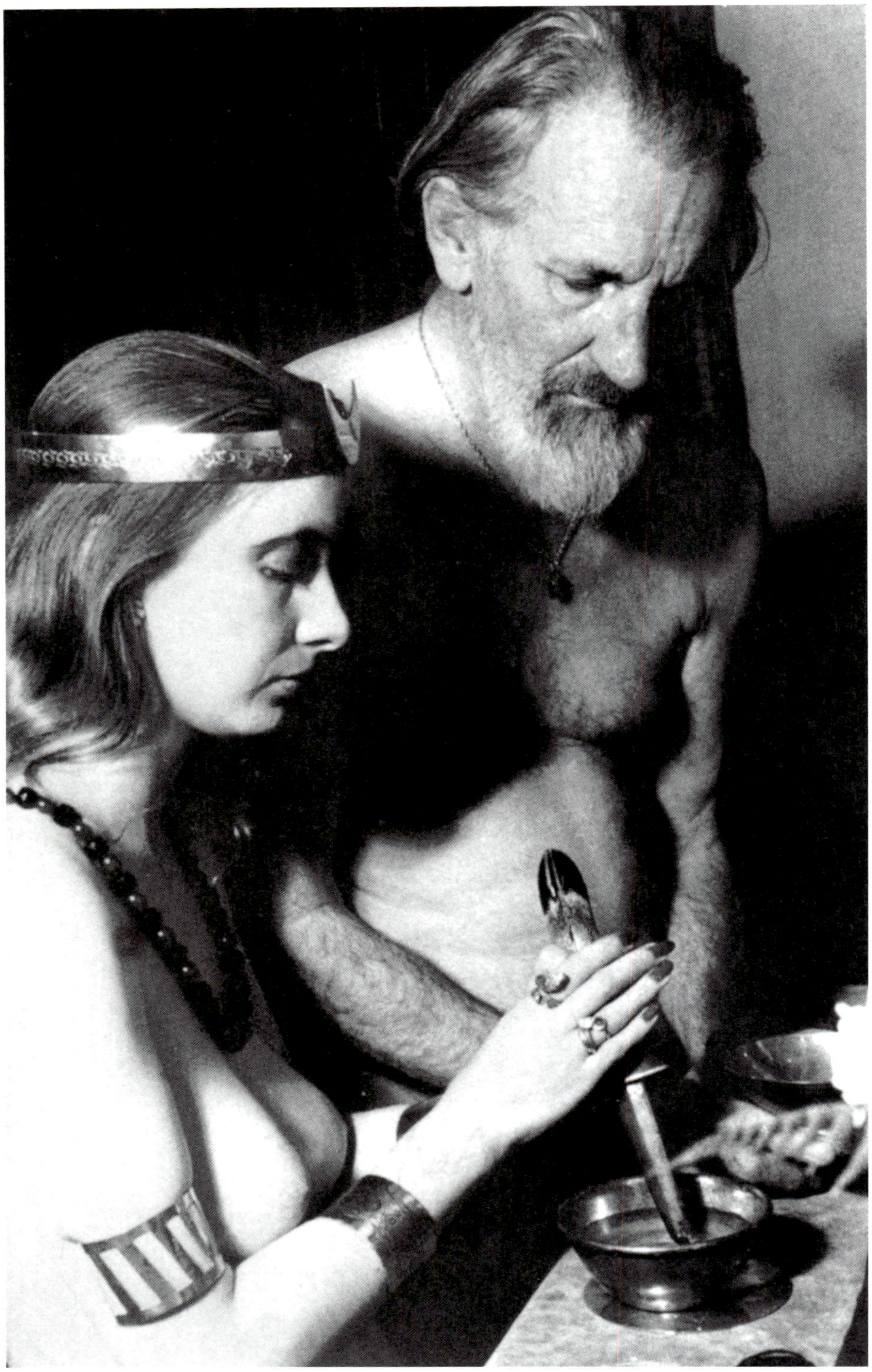

Foto aus Janet und Stewart Farrar: *A Witches' Bible. The Complete Witches' Handbook 1: The Sabbats*, Blaine, London 1984, zwischen S. 96/97, Nr. 2
Zahlreiche magische Rituale und Übungen sind Bestandteil des Wicca. Beim Eröffnungsritual werden Wasser und Salz geweiht.

Manche Wicca glauben an Wiedergeburt: die Seele wird reinkarniert, aber der Geist ist sich dessen nicht bewusst. Andere glauben an ein Leben nach dem Tod, das sie im Sommerland, dem keltischen Elysium, vor ihrer Wiedergeburt verleben werden. Wicca glauben nicht an den Teufel oder an das personifizierte Böse, für sie zählen vielmehr Gut und Böse als unabdingbar zu dem Einen (der Totalität von Welt), das ohne beide Aspekte nicht existieren kann.

Wissen und magische Kunst werden größtenteils mündlich weitergegeben. Jede Traditionslinie verfügt über einen Korpus von schriftlichen Materialien, der nicht an Außenstehende weitergegeben wird. Die meisten Wicca glauben an die Notwendigkeit, die Natur zu schützen und zu ehren, da in ihr die Göttlichkeit wohnt. Sie glauben an die Freiheit des Glaubens und akzeptieren jede andere Glaubensform, da die Göttlichkeit sich ihrer Meinung nach auf vielfältige Weise ausdrücken kann. Wicca missionieren nicht. Sie gehen davon aus, dass Menschen, die Wicca werden wollen, sich finden.

Wicca weist ein hohes Maß an Spiritualität auf. In seinen Praktiken treffen sich Trance und Ekstaseformen, Meditationstechniken und schamanistische Arbeit. Ihre spirituellen Erfahrungen nehmen die Wicca-Anhänger in der Natur als Teil des Ganzen auf. Sie gehen mit der Entwicklung und Ausbildung im Wicca selbst einher. Durch die magischen Übungen, das zyklische Jahr, die Rituale im magischen Kreis wird er/sie erst zu einem spirituellen Menschen.

Es haben sich seit der ‚Wiederentdeckung' unterschiedliche Traditionen entwickelt. Das ‚hereditäre Wicca', das sich in der Familie weitervererbt, ist die höchste Form des Hexentums. Das ‚Gardnerische Wicca' wird durch das ‚Alexandrische Wicca', benannt nach dem Begründer Alex Sanders, erweitert, und beide Richtungen bilden das ‚British Traditional Wicca'. Aus diesen beiden Traditionen entstand die Mischform des ‚Algard Wicca'. Unter Einfluss des Feminismus formte sich das ‚Dianische Wicca', das sich hauptsächlich an der Großen Göttin orientiert. Das ‚Seax Wic(c)a' ermöglicht ein solitäres Arbeiten ohne Zirkel mit Selbstinitiation. Alle Formen sind im Glaubenskern gleich. Sie unterscheiden sich lediglich in Auslegung, Ritualabläufen und inneren Strukturen.

Wicca ist ein Initiationskult, dessen Riten in kleinsten religiösen Einheiten, so genannten Coven, mit höchstens 13 Mitgliedern zelebriert werden. Der Kult weist drei Grade auf, die sich am freimaurerischen Logensystem orientieren: die Initiation in die ersten zwei Grade führen zur Verleihung der Bezeichnung Priesterin/Priester. Der dritte Grad initiiert in den Status der Hohepriesterin/des Hohepriesters. Dieser Grad befähigt, einen Coven zu führen und Mitglieder zu initiieren.

Das Hexenjahr, dem keltischen Jahresrad entliehen, besteht aus acht Sabbaten und 13 Mondfesten. Die Sabbate werden in Nächten mit besonders hoher magischer Bedeutung gefeiert. Traditionell feiern sie ihre Rituale nackt und in der freien Natur. Wenn es zu kalt ist, tragen sie Roben. Das ‚skyclad' (‚Himmelskleid') steht für die Nacktheit als Verletzlichkeit vor den Göttern und als Vertrauenszuspruch innerhalb des Covens. Für die magische Arbeit ist es von Bedeutung, da Energien unbekleidet leichter zu leiten sind. Die Rituale im magischen Kreis sind für die gemeinsame Erfahrung des Göttlichen und Kultischen angelegt.

Mit dem Neujahrsfest der Wicca, ‚Samhain' (gesprochen: ‚so-in'), beginnt am 1. November das Hexenjahr. Der Termin, auch als Halloweennacht bekannt, markiert im Wicca den symbolischen Tod des Sonnengottes. Das alte Jahr wird verabschiedet, das neue willkommen geheißen und Ratschluss mit den Ahnen gehalten. Es folgen ‚Julfest', ‚Imbolc' als Vorbote des Frühlings und als Feuerfest der jungfräulichen Göttin und das Frühlingsfest ‚Ostara'. Danach sieht der

Jahreszyklus des Wiccatums

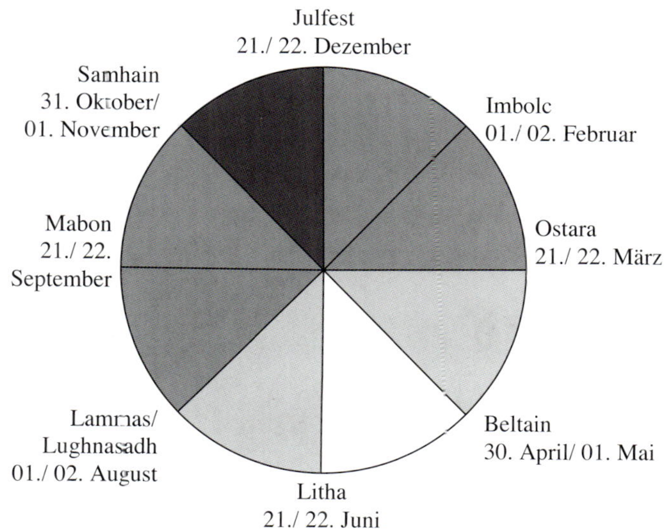

[1] In abgeänderter Form entnommen aus: Crowley (1998), S. 106.

Sabbat	Datum	Mythologie	Phasen der Götter: Göttin	Phasen der Götter: Götter	Christlicher Kontext
Samhain	31. Oktober auf 1. November	Abstieg der Göttin in die Unterwelt	Weise Frau	Dunkler Gott, Initiator, der Herr des Todes	Allerheiligen
Julfest	21. auf 22. Dezember	Geburt des Gottes	Mutter	Kind, das Sonnenkind	Wintersonnenwende Weihnachten Heiliger Stephanus
Imbolc	1. auf 2. Februar	Aufstieg der Göttin aus der Unterwelt	Mädchen	Junger Gott, der Suchende	Lichtmess Heilige Brigid
Ostara	21. auf 22. März	Hochzeit zwischen Gott und Göttin	Liebhaberin	Liebhaber, der grüne Mann	Frühlingsäquinoktium Ostern
Beltain	30. April auf 1. Mai	Sexuelle Vereinigung der Götter	Liebhaberin	Phallischer Gott	Walpurgisnacht Heilige Walpurgis
Litha	21. auf 22. Juni	Krönung des Gottes	Mutter	Ehemann, Vater, König	Sommersonnenwende Mittsommer Heiliger Johannes
Lammas/ Lughnasadh	1. auf 2. August	Erntefest – Opferung des Gottes für das Land	Großmutter	Alter Gott, Opfer	Mariä Verkündigung
Mabon	21. auf 22. September	Erntefest	Großmutter	Alter Gott	Herbstäquinoktium Erntefest Heiliger Michael

Jahreslauf das Fruchtbarkeitsfest ‚Beltain', ‚Litha' zur Sommersonnenwende und das Erntedankfest ‚Lammas' vor und schließlich ‚Mabon', für die Zeit des Ausgleichs stehend, in der Licht und Dunkelheit gleich stark sind.

Neben dem Naturzyklus des Jahres weist Wicca einen Lebenslaufzyklus auf, welcher zur Zelebrierung der Übergangsriten wie der Eheschließung (‚handfasting'), der Elternschaft und dem Loslassen der Kinder, dem Alter und dem Tod dient. Bei Kindern findet eine ‚Namensgebung' als Schutzritual statt.

Lebenslaufzyklus im Wiccatum

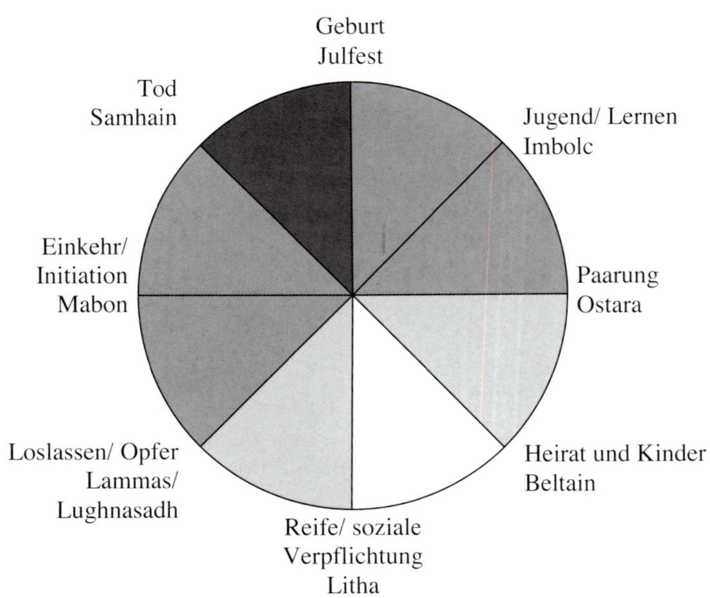

[2] In abgeänderter Form entnommen aus: Crowley (1998), S. 147.

Wicca ist die Hexenkunst, die nicht in schwarz oder weiß unterteilt wird. Sie ist reine Magie. Für die magische Arbeit benötigt man Werkzeuge (magische Waffen, Kelch, Dolch, Stab und Pentakel), die den Willen des Trägers ausdrücken. Neben diesen Werkzeugen benötigt ein Wicca den Besen für Reinigungen des Ritualkreises, einen Kessel für die Zubereitung von Tränken, ein Rauchgefäß zur Verbrennung von Räucherware und das Buch der Schatten mit Ritualen, Beschwörungsformeln, Zaubersprüchen, Runen und magischen Regeln. Hinzu kommen magische Messer (‚Athame') mit schwarzem Griff für die Energielenkung und mit weißem Griff für Schneidearbeiten im magischen Kreis sowie eine Kugel als Gegenstand der Weissagung und eine Glocke.

Ritualkelch eines Hohepriesters des Wicca
Kelche gehören zu den grundlegenden Utensilien für die magische Arbeit im Wicca.

Rezeption und Bedeutung

Anhänger des Wicca werden innerhalb der Gesellschaft mit den Vorurteilen und Stereotypen des Satanismus aufgrund des Gehörnten Gottes und des gängigen Bilds der Hexe konfrontiert. Genährt werden diese durch die Bezeichnung der Feste als ‚Sabbate' und die rituelle magische Praxis, die bevorzugt in der Nacht stattfindet. Die Nacktheit bei der Zelebrierung der Feste verstärkt den Eindruck herkömmlicher Vorstellungen eines Hexensabbats, wie man ihn von historischen Darstellungen vom Blocksberg kennt. Ebenso trägt die Verbindung Hexe und Esoterik stark zu einer stereotypen Beurteilung seitens der Gesellschaft bei. Der Aspekt, dass Wicca eine alternative pagane Religion darstellt, bleibt in der Rezeption meist außen vor. Die lunare Orientierung steht ebenfalls im auffälligen Widerspruch zu unserer Gesellschaft, die lebensweltlich wie religiös eindeutig solar orientiert ist.

Auffallend bei den Wicca ist der Anspruch, zur Natur und ihren Abläufen zurückzukehren, wobei sie sich – wie viele andere postmoderne religiöse Bewegun-

Handgefertigter Wicca-Altar von DragonOak nach Layout von Gypsy Beth, 2003
Der Leitsatz „Wenn es niemandem schadet, tue was Du willst" ist an dem Wicca-Altar noch einmal frontseitig angebracht.

gen – mit den Möglichkeiten einer Neuverzauberung der Welt auseinandersetzen. Der charakteristische Naturbezug kommt so in allen Ritualen, Bräuchen, Festen, Symbolen und Mythen zum Ausdruck. Betrachtet man den ‚Hexenkult', so ist festzustellen, dass Wicca eine Mischung von Animismus und Pantheismus aufweist, aber keine umgedeuteten Wertsysteme aufgrund des neuen Glaubenssystems. Es handelt sich um Wertvorstellungen, die auch bei Menschen zu finden sind, die nicht dem Wicca angehören. Durch die Hinwendung zu einem alternativen religiösen System und eine Suche nach der jeweiligen heimatlichen Religion, die sich mit geografischen Lagen und historischen Entwicklungen der Völker in Europa deckt, entfernen sich die Wicca nie aus dem abendländisch geprägten Kontext. Die Kultur, in der sie sich bewegen, bleibt dieselbe. Lediglich eine Um- bzw. Reinterpretation bestehender kultureller Muster und Bedingungen wird vollzogen. Das Bestreben der Religion liegt nicht in der Verneinung des dominierenden kulturellen Musters, sondern in der Assimilation alter ‚überlieferter' Muster innerhalb der europäischen Kultur. ■

Lit.: Bonewits (2001), Faivre (2001), Farrar / Farrar (1984), Fischer (2007), Frazer (1989), Gardner (1964), Hutton (1999), Murray (1921), Starhawk (1992), Valiente (1978)

Bridekreuz, geflochten zu ‚Imbolc' 2009
Das Bridekreuz schützt das Haus vor bösen Einflüssen und Energien.

Ritualstab einer Hohepriesterin des Wicca
Der Stab dient zur Energieleitung und zum Ziehen des magischen Kreises.

Von Fasnachtshex' bis Hexenbrennen
Bräuche und Traditionen rund um Hexen

Andrea Rudolph

Hexen finden sich in zahlreichen nationalen wie internationalen Bräuchen wieder. Innerhalb des Jahreslaufes treten sie besonders im Winterhalbjahr in Erscheinung. In ihrem Äußeren bewegen sie sich zwischen den Polen von hässlicher Alten und verführerischer Junghexe. Die eine erscheint in den Kostümen mit runzligem Gesicht, Hakennase und geflickten Kleidern, die andere Variante greift auf den Hexentypus mit dunklem Kleid und spitz zulaufendem, breitkrempigen Hut zurück, der oft in Verbindung mit Halloween auftaucht. ‚Brauchhexen' an sich gibt es auf drei verschiedenen Ebenen: als mythologische Grundlage eines Brauches, als symbolische Gestalt innerhalb einer Tradition und als Maskentyp.

Foto zweier Damen, für einen Kostümball als Hexen verkleidet, spätes 19. Jh.
Das Bild aus einem privaten Fotoalbum illustriert die besonders zu Halloween gebräuchliche Hexenkostümierung mit spitzem Hut und tailliertem Kleid.

Bei einem Streifzug durch das internationale Hexen-Brauchjahr begegnet am 6. Januar in Italien die Hexe Befana, deren Name sich von Epiphania, dem Fest der Erscheinung des Herrn bzw. Dreikönigsfest, ableitet. Laut Legende verpasste sie die Geburt Jesu und wurde auf der Suche nach der Herberge zur Gabenbringerin. Rußgeschwärzt nach ihrem Flug durch den Kamin füllt sie die Schuhe der Kinder mit Süßem und Geschenken.

Im Februar/März treiben die Fasnachts- und Karnevalshexen ihr Unwesen. Besonders in der schwäbisch-alemannischen Fasnacht gehören sie seit den 1930er Jahren und inflationär nach dem Zweiten Weltkrieg fest zum Figurenrepertoire der Umzüge. Bereits vor 1500 ist die Figur des ‚Alten Weibs' im Fasnachtsgeschehen nachweisbar. Erste Belege für tatsächlich als Hexen bezeichnete Gestalten gibt es jedoch erst mit den Tiroler Hexen aus dem 19. Jh. Die typische schwäbisch-alemannische Hexenlarve aus Holz orientiert sich am Prototyp der Offenburger Hexen.

Hexen im Fasnachtsmuseum Schloss Langenstein, 2008
Ikonografisch an der romantischen Märchenhexe orientiert, sind die altmodische Unterwäsche, die farbigen Ringelstrümpfe und die Strohschuhe markante Bestandteile der schwäbisch-alemannischen Hexenkostüme.

Kennzeichnend sind die hervorstechenden Augen, die Hakennase und die garstigen Eckzähne, die aus dem Mund ragen. Lokale Besonderheiten wie Sagen, Ortsnamen oder historische Ereignisse beeinflussen zusätzlich die Namensgebung und Kostümgestaltung der Hexengruppen.

Am Funkensonntag, dem 1. Sonntag nach Aschermittwoch bzw. Invocavit, werden in Tirol und im schwäbisch-alemannischen Raum große Holzscheiter entzündet, auf denen eine Hexenpuppe steht. Damit verknüpft ist das seit dem 11. Jh. belegte Scheibenschlagen, bei dem glühende Holzscheiben in die Nacht geschleudert werden. Das Hexenbrennen selbst ist Zeichen für das Ende der Fasnacht und vergleichbar mit dem Verbrennen oder Vergraben von Narrenfiguren. Auch bei anderen Angelegenheiten ist das Verbrennen von Puppen Brauchbestandteil, etwa bei Frühlingsfesten wie dem Sechseläuten in Zürich oder dem Biikebrennen in Nordfriesland sowie im Sommer bei Johannisfeuern. Hier funktionieren die Feste aber unabhängig von den Hexen.

Zu Ostern ziehen in Schweden und Finnland die Osterhexen bzw. ‚påskkärring' umher. Verkleidete Kinder gehen mit Besen und Kaffeekanne von Haus zu Haus, verteilen Selbstgebasteltes oder sagen Gedichte auf und erhalten im Gegenzug Süßes. Der Heischebrauch ist seit Mitte des 19. Jh. überliefert. Sein Termin bezieht sich auf die Vorstellung, dass die Hexen am Gründonnerstag zum Blocksberg (schwedisch: ‚Blåkulla') fliegen.

Mit der Walpurgisnacht am Abend des 30. April verabschieden sich die Brauchhexen in die ‚Sommerpause'. In zahlreichen Gegenden Deutschlands, aber auch im Ausland brennen in dieser Nacht Feuer, oft mit einer Strohpuppe obenauf. Besondere Ausprägung und touristische Züge hat der Hexentanz an diesem Tag im Harz, speziell in Brockennähe. In der Lausitz entwickelte sich der Brauch der Walpurgisfeuer aus dem ‚Walpern' oder ‚Hexenbrennen'. Bis ins 20. Jh. wurden hier alte Besen abgebrannt zur Abwehr von Hexen und von deren Schaden für Land und Vieh. Daraus wurde später eine Volksbelustigung, die trotz lodernder Hexenpuppe keine Bezüge zur Hexenverfolgung der Frühen Neuzeit hat.

Eine Ausnahme im Hexen-Festkalender ist das seit 1986 veranstaltete ‚Fête des sorcières', das zur Sommersonnenwende in der nordspanischen Region Navarre im Ort Zugarramurdi gefeiert wird. Das ‚Dorf der Hexen' verdankt seinen Ruf den ‚Hexenhöhlen', vor denen angeblich der Hexensabbat unter den Augen des ‚Akerbeltz' oder ‚Schwarzen Bocks' stattfand. In Erinnerung an die lokalen Opfer der Hexenverfolgungen von 1610 wird ein solcher Sabbat theatralisch dargestellt. ■

Lit.: Becker-Huberti (2001), Marliave (2006), Mezger (1999), Streng / Bakay (2005), Skott (2002)

Kinder als Osterhexe und Osterhase verkleidet, Finnland 1995
Traditionell als Hexe mit Kleid, Schürze und Kopftuch ausgestattet, sammeln Kinder am Gründonnerstag oder Karsamstag kleine Gaben.

Hexenhaufen in Lehn bei Obergurig
In der Lausitz ist das Hexenbrennen zur Walpurgisnacht weit verbreitet.

‚Hexennest' und ‚Hexen-Stieg' – Hexenbilder im Tourismus

Jürgen Scheffler

Hexen, Hexenverfolgung und Tourismus

„Sieh Dir im nächsten Museum Folterwerkzeuge an!" So lautete eine der Arbeitsaufgaben in einem hessischen Heimatkunde-Schulbuch aus dem Jahr 1925. Bevor die Geschichte der Hexenverfolgung in den 1980er und 1990er Jahren zum Gegenstand großer kulturhistorischer Ausstellungen wurde, gehörten ‚Hexen' und ‚Hexenwahn' zu den bevorzugten Themen der Heimat- und der Stadtmuseen. Mit ihren Objekten waren diese Museen gleichsam „lokalgeschichtliche Asservatenkammer(n)", wie Gottfried Korff es formuliert hat, in denen die funktionslos gewordenen Objekte der alten städtischen Gerichtsbarkeit ihren Aufbewahrungsort gefunden hatten. So waren in zahlreichen Museen Folterinstrumente und Richtschwerter zu sehen, wobei in den Präsentationen das populäre Bild vom ‚finsteren, grausamen Mittelalter' aufgegriffen und verstärkt wurde. Dort, wo in Verbindung mit den Folterinstrumenten die Hexenprozesse thematisiert wurden, trugen die Heimatmuseen – ähnlich wie die Heimatliteratur und die Heimatgeschichte – in nicht geringem Maße zur Entstehung und Verbreitung populärer Vorstellungen über den ‚Hexenwahn' bei. >>

Hexenmarionette in einem Prager Geschäft
Hexen erfreuen sich in vielen Bereichen wie Medien, Tourismus und Marketing großer Beliebtheit. Genau dort werden sie aber auch zu unterschiedlichen Zwecken instrumentalisiert und die Hexenthematik teils fragwürdig inszeniert.

Ansichtskarte aus der ‚Hexen-Serie', Lemgo um 1925
Das Hexenbürgermeisterhaus wird deutlich mit Hexenverbrennungen in Verbindung und in Szene gesetzt.

Ein Beispiel für die Präsentation von Folterinstrumenten im alten Heimatmuseum war über lange Jahre das Hexenbürgermeisterhaus in Lemgo. Dort wurde 1937 im Kellerraum ein Folterkeller als Museumsinszenierung eingerichtet. Das Hexenbürgermeisterhaus mit Folterkeller passte gut in ein Tourismuskonzept, das seit den 1920er Jahren unter dem Slogan *„Lemgo, das Hexennest"* stand. Im Unterschied zu anderen Städten war in Lemgo die Hexenverfolgung nicht nur Gegenstand der Heimatliteratur und der Heimatgeschichte, sondern wurde auch für die Tourismuswerbung vereinnahmt.

Nicht die Hexenverfolgung, sondern der Brocken als Ort der Hexenversammlung und die Walpurgisnacht waren die Bezugspunkte für die Verbreitung der Hexe als Werbesymbol für den Harz-Tourismus. Ende des 19. Jh. hatte sich die Walpurgisnacht vom literarischen Topos zum realen Festanlass gewandelt. Die Feier auf dem Brocken in der Nacht vom 30. April auf den 1. Mai verzeichnete stetig wachsende Besucherzahlen. Walpurgisfeiern gehören auch heute zu den publikumswirksamsten Angeboten im Harz. Die auf dem Besen reitende Hexe ist zum zentralen Symbol des Harz-Tourismus geworden.

Dem Beispiel der erfolgreichen Marketingstrategie um Hexen und Walpurgisnacht sind in den vergangenen Jahren auch andere Regionen gefolgt, wo mit Hexenmarkt und Hexenfest zum Tanz in den Mai eingeladen wird. Mit ihren Angeboten orientieren sich die Veranstalter an den kommerziellen Mittelalterinszenierungen, die seit den 1990er Jahren einen wahren Boom erlebt haben. Über Kostümfeste und Mittelaltermärkte wird dort ein populäres Bild des Mittelalters verbreitet, bei dem die wissenschaftliche Erforschung des Mittelalters keine Rolle spielt und das sich von daher als *„wissenschaftsfern"* (Valentin Groebner 2008) charakterisieren lässt. Diese Wissenschaftsferne ist auch für die populären Hexeninszenierungen kennzeichnend. Im Folgenden soll an zwei Beispielen, der touristischen Vermarktung der Stadt Lemgo als ‚Hexennest' und der Hexe als Symbol des Harz-Tourismus, die Entstehung und der Wandel populärer Hexenbilder in der Tourismuswerbung skizziert werden.

‚Lemgo, das Hexennest' – Geschichte und Tourismus in der Kleinstadt

Die lippische Stadt Lemgo, die um 1930 etwa 12.000 Einwohner aufwies, hatte sich seit dem späten 19. Jh. als Fremdenverkehrsort in der Region etabliert. Der Stolz auf die zahlreichen Baudenkmäler äußerte sich in Bezeichnungen wie ‚Rot(h)enburg des lippischen Landes' oder ‚lippisches Hildesheim'. Zu den besonderen Sehenswürdigkeiten gehörte das Hexenbürgermeisterhaus, erbaut 1568–1571 und seit 1926 Sitz des Heimatmuseums. Der Beiname für das frühere Wohnhaus des Bürgermeisters Hermann Cothmann (1629–1683), in dessen Amtszeit die letzte Phase der Hexenverfolgung in Lemgo fiel, war im Verlauf des 19. Jh. entstanden.

Ansichtskarte aus der ‚Hexen-Serie', Lemgo um 1925
Die Wasserprobe gehörte zu den berüchtigten Hexenproben, die offiziell nicht in den Rechtsbüchern verankert war.

Festwagen aus dem Historischen Festzug der Lemgoer Schützengesellschaft, Lemgo 1925
Der Scharfrichter mit Schwert sitzt vor dem Scheiterhaufen, auf dem die Hexe an einen Pfahl gebunden ist.

In den 1920er Jahren wurde der Begriff ‚Lemgo, das Hexennest', der ebenfalls aus dem 19. Jh. stammt, von der Tourismuswerbung aufgegriffen. Ein Fotograf brachte Ansichtskarten mit Motiven zu den Hexenprozessen heraus. Ein Grafiker veröffentlichte einen Stadtführer mit dem Titel *Lemgo, das Hexennest*. Im Rahmen des historischen Festzuges aus Anlass der 350-Jahrfeier der Lemgoer Schützengesellschaft im Jahr 1925 wurde auf einem Festwagen eine Szene ‚aus der Zeit der Hexenverfolgung' nachgestellt. Im Begleitheft erschien dazu folgende Beschreibung: *„Auf dem Wagen eine Hexe am Brandpfahle, daneben der Henker David Klaus, ein Geistlicher und Folterknechte, gegenüber der ‚Hexenbürgermeister' mit Sekretär und Ratsherrn. Hinter dem Wagen wurden zwei weitere Opfer zum Richtplatze geführt."* Diese Inszenierung im Festzug, der mit ca. 15.000 Besuchern das erste touristische Großereignis in der kleinen Stadt war, hat das Bild von den Hexenprozessen in der lokalen Öffentlichkeit nachhaltig geprägt.

Im Jahr 1937 wurde das Heimatmuseum im Hexenbürgermeisterhaus umgestaltet und erweitert. Im früheren Vorratskeller des Hauses, das als privates Bürgerhaus nie ein Schauplatz von Folterungen war, wurden die in der Museumssammlung überlieferten Folterinstrumente aus dem Nachlass der Lemgoer Scharfrichterfamilie so arrangiert, dass der Eindruck eines Folterkellers entstand. Diese Inszenierung entwickelte sich zu einer Touristenattraktion. In zahlreichen Artikeln wurde das Hexenbürgermeisterhaus zu einem zentralen Ort, wenn nicht gar zu einem Zentrum der Hexenverfolgung stilisiert. So hieß es in einem Reiseführer: *„Keine Angst vor Lemgo ... Anheimelnd, romantisch, zauberhaft: Die 800jährige Hansestadt Lemgo zählt zu unseren schönsten, am besten erhaltenen alten Städtchen. Grauenhaft, schaurig, widerlich: kaum zu glauben, dass hier die schlimmsten Hexenverfolgungen des Mittelalters stattfanden."* Durch die Museumsinszenierung entstand ein Lokalmythos, der die Erwartungshaltung vieler Besucherinnen und Besucher geprägt hat. Nicht die Wissensvermittlung über den historischen Kontext der Hexenprozesse, sondern die Banalisierung der in der Heimatliteratur verbreiteten Hexenwahn-Vorstellung waren Wirkungen dieser Museumspräsentation.

In den späten 1980er Jahren führte die Kritik an der Folklorisierung des Hexenthemas in Lemgo zur Infragestellung der populären Hexenbilder. Als eine Zahnpasta-Firma eine Werbe-Kampagne starten wollte, die auf das stereotype Bild von der ‚alten Hexenstadt Lemgo' zurückgriff, begann eine öffentliche Debatte über das Bild von den Hexenprozessen in der lokalen Öffentlichkeit. Daraus erwuchs nicht nur die Anregung zu einer intensiven wissenschaft-

Foto aus dem Hexenbürgermeisterhaus in Lemgo, um 1950
Aus dem Nachlass eines Lemgoer Scharfrichters wurde 1937 ein Folterkeller inszeniert.

Ansichtskarte *Lemgo, das Hexennest*, Lemgo um 1970
Hexen- und Folterthemen sind Anziehungspunkte für Touristen und werden als solche vermarktet.

lichen Erforschung der lokalen Hexenverfolgungen, sondern auch die Suche nach neuen Formen der Erinnerung an die Prozessopfer (Denkmal für Maria Rampendahl, 1994).

Walpurgisnacht und ‚Hexen-Stieg' – Hexenbilder im Harz-Tourismus

„'Verhexte Zeiten' warten auf den Harz" – so lautete die Überschrift, mit der der Harz-Pressedienst auf die Veranstaltungen zur Walpurgisnacht 2009 im Harz einstimmte. Das Angebot umfasste den *„Hexenflug im Kurpark"* von Braunlage, das *„mittelalterliche Hexentreffen"* in Schierke sowie die *„1. Schloß-Walpurgis auf dem Schloß Wernigerode"* mit *„Hexen, Gaukler(n), Spielleute(n), Ritter(n) und Fakire(n)"* sowie einem *„historischen Hexenmarkt"*. In Bad Grund wurde die *„größte Hexe der Welt"* gebaut, mit der man einen Eintrag im *Guinness-Buch der Rekorde* erreichte. In Ilsenburg gab es *„Mittelaltermusik und Erotik-Show"*, denn *„die Ilsenburger Hexen mögen es heiß"*. Mit Blick auf dieses Angebotsspektrum scheint der Begriff ‚Walpurgisspektakel', mit dem einige Orte werben, durchaus gerechtfertigt.

Werbeanzeige der Firma Dentagard, 1987
Die immer wieder aufgegriffene Verbindung von Hexen und Kräutern findet ihren Weg auch in die Reklame.

Der Brocken als Ort der Hexenversammlungen ist als Topos bereits in der dämonologischen Literatur seit dem 15. und 16. Jh. zu finden. Die Walpurgisnachtszene in Johann Wolfgang Goethes *Faust I* (1808) verfestigte dieses Bild. Im Verlauf des 19. Jh. fand die Verknüpfung von Brocken, Hexen und Walpurgisnacht Eingang in die Harz-Reiseführer. Zur Feier der Walpurgisnacht auf dem Brocken kam es aber erst im Jahr 1896 auf Initiative eines Verlagsbuchhändlers aus Bad Harzburg. Nach der Jahrhundertwende wurden Sonderzüge der Brockenbahn eingesetzt, um die Gäste zur Feier auf den Brocken zu transportieren. Auch in anderen Städten und Gemeinden wurden Walpurgisfeiern veranstaltet, wobei die Initiative einerseits von Hotel- und Gaststättenwirten und andererseits vom Harzklub und seinen Zweigvereinen ausging. Heute finden die Feiern im gesamten Harzgebiet statt, wobei jeder Ort mit seiner eigenen Variante der Walpurgisnacht wirbt. *„Von rockig bis poppig, von wild bis rustikal: Die Walpurgisfeiern sind keineswegs identisch. Jeder Ort gibt seinem Fest einen besonderen individuellen Charakter."*

Ansichtskarte *Gruss vom Hexentanzplatz*, Thale um 1900
Das Treiben der Hexen zur Walpurgisnacht fand in vielen Harzer Postkarten seinen bildlichen Niederschlag.

Kolorierte Ansichtskarte *Gruss vom Hexentanzplatz*, Thale um 1900
Auch für die Hotel-Werbung waren Hexen geeignet.

Ansichtskarte vom Brocken, Brocken-Hotel um 1960
Der Brocken, der Hexentanzplatz schlechthin, ist seit 1898/99 auch per Schmalspurbahn zu erreichen.

Ansichtskarte *Hexengrüße aus dem Harz*, Paderborn um 2000
Die Kombination von Hexen und Feuer ist beliebt, sei es in Verbindung mit Walpurgisfeuern, im Hinblick auf feurige Hexenfahrten oder mit ‚heißen', erotischen Bezügen.

oben rechts:
Reklame für den *Harzer-Hexen-Stieg*, Goslar 2009
Die auf dem Besen reitende Hexe ist zum Markenzeichen des Harztourismus geworden.

Bei den Abläufen der Walpurgisnachtfeiern wurden Elemente aus der Tradition des Karnevals bzw. der Fasnacht mit Formen aus den Frühlings- und Maifeiern verknüpft. Anknüpfungspunkte für das Hexenbild der Tourismuswerbung waren über lange Jahre Hexengestalten aus der Sage. Analogien zu den Hexenprozessen wurden weitgehend vermieden. In den vergangenen Jahren haben sich die Feiern immer stärker zu einer Mixtur aus populärer Mittelalterinszenierung und aktueller Party- und Eventkultur gewandelt. Walpurgisnacht im Harz – das ist heute gleichbedeutend mit Verkleidung, Musik, Tanz und ausgelassenem Feiern. Im Modus des Tourismus hat sich ein eigenes Hexenbild entwickelt, das mit den Inszenierungen der zeitgenössischen Partykultur mehr verbindet als mit den überkommenen Hexenbildern der Sage und des Märchens.

Aber nicht nur zur Walpurgisnacht prägen die Hexen die Tourismuswerbung im Harz. Auf vielen Tourismusprospekten, auf Souvenirs und Ansichtskarten finden sich Darstellungen der fliegenden Hexe auf dem Besen. Während Ansichtskarten mit Hexenmotiven schon im späten 19. Jh. verbreitet wurden, entstanden die Souvenirs mit Hexendarstellungen erst nach dem Zweiten Weltkrieg. Heute ist die Hexe zum Markenzeichen für den gesamten Harz-Tourismus geworden. Von daher überrascht es nicht, dass auch bei der Namensgebung für den als ‚Top-Trail' ausgewiesenen Fernwanderweg von Thale nach Osterode die Hexensymbolik herhalten musste: der Weg erhielt den Namen *Harzer-Hexen-Stieg*.

Tourismus-Marketing und Hexen-Ausstellungen

‚Hexennest' und ‚Hexenstieg' stehen für touristische Hexenbilder – zwar populär, aber wissenschaftsfern. Die kulturhistorischen Hexen-Ausstellungen der vergangenen Jahre zeichneten sich demgegenüber durch ihre Wissenschaftsorientierung aus – mit dem Ziel der Vermittlung wissenschaftlicher Erkenntnisse zur Geschichte der Hexenverfolgung und der Präsentation der Vielfältigkeit von Hexenbildern in Geschichte, Kunst, Literatur und Alltagskultur. Dort, wo wissenschaftliche Hexenforschung einerseits und Tourismus-Marketing andererseits unvermittelt aufeinander trafen, kam es nicht selten zu Irritationen. So war die steirische Landesausstellung *Hexen und Zauberer* auf der Riegersburg (1987) in eine touristische Werbestrategie einbezogen, in der mit der Vorstellung des ‚grausamen Mittelalters' für die Reise in die Südoststeiermark geworben wurde. In einer touristischen Broschüre konnte man folgenden Werbetext für die Ausstellung lesen: *„Prozeßprotokolle und die schaurigsten Folterwerkzeuge (...) lassen ein Bild finsterer Vergangenheit entstehen."*

In Dinkelsbühl wurde im Sommer 2006 eine Ausstellung unter dem Thema *Hexen, Hexer, Teufelsbanner* eröffnet, bei der das Konzept zwar von Historikern erarbeitet worden war, die Präsentation und Vermarktung aber ausschließlich in den Händen des Stadtmarketings lag, das sich mit seinen Ideen um einen Stadtmarketingpreis bewarb. Dort stand die Eröffnung der Ausstellung unter dem Motto *„Dinkelsbühl hext"* mit ‚Hexentanz' auf dem Marktplatz samt Bewirtung und dem Angebot von ‚Hexenmenüs' in der Gastronomie. Ähnlich wie auf der Riegersburg haben die Marketingexperten gerade jene Klischees aufgegriffen, von denen sich die Ausstellungsmacher und -macherinnen distanzieren wollten. ■

Lit.: Gersmann (1995), Groebner (2008), Kinzler (2006), Köhler-Zülch (1995), Scheffler (1989), Scheffler (2003)

Hexenverfolgungen im außereuropäischen Kontext: Afrika

Rolf Schulte

Ein ‚sangoma' wirft Knochen, Steine und Muscheln
‚Sangoma' oder ‚witch-doctors' sind zentrale Vermittler in Hexereifragen in Afrika.

Die Hexe – eine kulturübergreifende Figur

Die Vorstellung von im Wesen anti-sozialen Personen, die aufgrund ihnen innewohnender, vererbter oder übertragener außermenschlicher Kräfte andere Menschen schädigen, ist ein historisch wie geografisch universelles Bild in zahlreichen Kulturen. Diese personifizierende Erklärung der Ursachen von Leid, Unglück, Krankheit und Tod fand sich nicht nur in Europa, wo sie als ‚Hexenglauben' beschrieben und etikettiert wurde, sondern auch in verschiedenen Formen und Arten in Asien, Afrika und Amerika. Lediglich in einem Großraum, der sich über 1/3 der nördlichen Hemisphäre erstreckt, nämlich in Sibirien, fassten derartige Weltdeutungen keinen Fuß, weil negative Lebensumstände grundsätzlich mit den Aktionen von Naturgeistern in Verbindung gebracht wurden.

Hexenglauben im sub-saharischen Afrika

Der Glaube an Hexerei gehört nicht der Vergangenheit an, sondern bietet für große Bevölkerungsteile im heutigen sub-saharischen Afrika eine Grundlage der Denk- und Handlungsorientierung. Weitgehend unabhängig von der religiösen Ausrichtung, dem Ausbildungsstand oder der sozialen Stellung nehmen die Vorstellungen von Magie und der Wirkmächtigkeit von Hexerei sogar zu: Nicht nur Bauern, städtische Mittelschichten und Politiker, sondern auch international renommierte Wissenschaftler oder Kirchenvertreter sind überzeugt, dass magische Aggressionen eine reale Bedrohung in und für Afrika darstellen. Okkulte Kräfte gelten in nicht wenigen Regionen Afrikas zwar nicht immer, aber in manchen Fällen als verantwortlich für das Verdörren von >>

Vorbereitungen für ein Fußballspiel, Daressalam / Tansania 2005
Bei einer Zeremonie auf dem Kinondoni-Friedhof von Daressalam werden die Geister der Ahnen angerufen, um ein Fußballspiel positiv zu beeinflussen.

Ernten, für das Verenden von Vieh, für das Entstehen von Reichtum wie auch bestimmter Krankheiten, beispielsweise HIV bzw. AIDS oder sonstiger scheinbar unerklärlicher Phänomene. Reaktionen auf Sportereignisse können derartige Erklärungsmuster illustrieren: Nach einem Fußballspiel im Mai 1998 kam es zu gewalttätigen Auseinandersetzungen zwischen den Anhängern der mosambikischen ‚Ferroviario' und denen der ‚Dynamos' aus Simbabwe. Ursache: Die Fans aus Mosambik hatten den gegnerischen Torwart beschuldigt, mit seinen magisch aufgeladenen Ersatzhandschuhen Treffer verhindert zu haben. Ähnliches wiederholte sich z.B. 2001 beim Länderspiel von Ruanda gegen Uganda und zeigt somit die Verwurzelung derartiger Denkmuster an.

U 17-Nationalspieler Faim Mohamed, Daressalam / Tansania 2005
Der Fußballer ist überzeugt, dass ihn nach einer Zeremonie am heiligen Baum ‚Baobab' in Daressalam nichts mehr im Spiel aufhalten kann.

Typisch für Hexenbilder ist die Zuschreibung, dass als zentral erachtete Normen umgekehrt werden. Dies drückt sich durch die illegitime Aneignung von Erfolg, aber auch durch ein abweichendes Sexual- und Sozialverhalten und eine Nähe zu Tod und Nacht aus. Hexen agieren in dieser Sicht auch nicht individuell, sondern organisieren sich kollektiv, um ihre destruktiven Aktionen, die in Kannibalismus und rituellem Kindermord gipfeln, auszuüben.

Dennoch täuscht die scheinbare Gemeinsamkeit afrikanischer wie europäischer Merkmale. Denn der Hexenglaube stellt kein homogenes System in dem von hoher ethnisch-kultureller Vielfalt und 2.000 Sprachen geprägten Afrika dar. Afrikanische Magiebilder erweisen sich als äußerst ambivalente Denkmuster, denen die strenge Grenzziehung zwischen Gut und Böse wie in der christlichen Teufelsvorstellung fehlen. Der vielleicht wichtigste Unterschied besteht im Umgang mit vermeintlicher Hexerei: Es genügen oft symbolische Maßnahmen zur Aufhebung okkulter Aggressionen und zudem muss der angebliche Verursacher nicht zwangsläufig identifiziert oder sogar seine Existenz vernichtet werden.

‚witch-doctors'

Gerade aus dieser Denkmöglichkeit heraus haben sich in Afrika zwischen die Beziehungen von Schädiger (Hexe/r) und Geschädigtem (Verhexte/r) dritte Personen als eine Institution herausgebildet. Sie geben vor, entweder zwischen beiden Kontrahenten vermitteln oder die Hexerei neutralisieren zu können. Diese als ‚nganga' oder ‚sangoma' bezeichneten Heiler verkaufen sichtbare Amulette oder riechende Rinden zum Schutz vor Verhexungen oder versprechen, durch rituellen Gegenzauber Menschen von Hexerei befreien zu können. Als ‚witch-doctors' gehören diese Berufe inzwischen zu jedem Dorf und Stadtviertel und werden massenweise konsultiert: 200.000 ‚sangoma' praktizieren allein in Südafrika und 84% der dort ansässigen Bevölkerung erklärten, eine solche Fachkraft mindestens dreimal im Jahr aufzusuchen.

Reinigungsbewegungen

Um der Hexenangst zu begegnen, organisieren sich im sub-saharischen Afrika seit etwa 1900 immer wieder periodisch Anti-Hexerei-Bewegungen, die entweder durch einen Propheten, ein spirituelles Medium oder von traditionellen Geheimgesellschaften

Der ‚sangoma' Tuwani, Südafrika 2008
Tuwani ist seit 1971 ‚sangoma'. Er lebt und praktiziert in einer kleinen Ortschaft nahe dem Fluss Limpopo an der Grenze zu Simbabwe. Neben ganz gewöhnlichen Leuten zählen seit vielen Jahren auch Spieler und Manager großer Fußball-Clubs zu seinem Kundenkreis.

Eine als Hexe verurteilte Frau, Nigeria 1982
Der Frau aus einem Dorf in der Region von Mokwa wurden die Haare geschoren.

initiiert werden. Die Giriama-Bewegung in Kenia, die Bamucapi- oder Mchape-Bewegung in Sambia und Rhodesien, die Mpulumutsi-Bwanali-Bewegung in Malawi, die Kamcape-Bewegung in Tansania bzw. die Kabuga-benga-Bewegung im Kongo zielten allerdings nicht auf die physische Liquidierung von Hexen und Hexern. Sie beabsichtigten lediglich, magische Aggressionen in den betroffenen Regionen zu eliminieren. Derartige Reinigungsbewegungen führten daher nicht unbedingt zu massenhaften Tötungen, sondern versuchten die angeblichen magisch agierenden Kriminellen nach deren Reuebekenntnis im Sinne des traditionellen Ideals von sozialer Einheit und Harmonie wieder zu reintegrieren. Diese Anti-Hexerei-Bewegungen entsprechen daher in ihrer Zielsetzung und ihrem Verlauf nicht klassischen europäischen Mustern.

Hexenverfolgungen

Bei einem Teil dieser Kampagnen stellten sich aber – nach deren Erfolglosigkeit oder durch eine Eskalationsdynamik bedingt – neue und gewalttätige Formen heraus. Ab 1990 nahmen diese – jetzt mit europäischen Mustern ansatzweise vergleichbaren Verfolgungen – zu, besonders 1990–1998 in Südafrika, 1991–2001 in Tansania, 1992 in Kenia, 1995 in Uganda, 1999–2001 im Kongo und 2000 in Nigeria. Nach Angaben von Menschenrechtsorganisationen sollen von 1990–2008 über 23.000 Menschen wegen vermeintlicher Hexerei in afrikanischen Gesellschaften umgebracht worden sein. Diese Hexenverfolgungen sind mit Ausnahme Kameruns meistens durch Bewegungen ‚von unten' bzw. durch nicht-institutionelle Träger gekennzeichnet, d.h. Teile der Bevölkerung tragen bzw. akzeptieren sie. Inzwischen haben Provinzen in Kamerun und der Staat in Simbabwe den Straftatbestand der Hexerei wieder eingeführt, sodass in einem ordentlichen Gerichtsverfahren eine Person als Hexe verurteilt werden kann, häufig nach Befragung eines so genannten witch-doctor.

Die Vorstellung von Hexen in Afrika bezieht sich oft auf beide Geschlechter und ist deswegen häufig geschlechtsneutral. Massive Hexenverfolgungen in Afrika sind nicht immer, jedoch in der Mehrheit signifikant geschlechtsbezogen: Während sie sich in Kamerun mehrheitlich gegen Männer richteten, wendeten sie sich in zahlreichen anderen afrikanischen Ländern zu größeren Teilen gegen Frauen.

Die folgenden Fallbeispiele dienen der Veranschaulichung dessen, was Hexenverfolgungen für verdächtigte Männer und Frauen in Afrika bedeuten können.

Südafrika / Lebowa 1990: In einem Dorf begehen drei Menschen Selbstmord. Zahlreiche Einwohner führen diese Suizide auf magische Eingriffe zurück und suchen nach den angeblichen Initiatoren. Schließlich treiben sie 30 verdächtige Mitbewohnerinnen und Mitbewohner in der Ortschaft zusammen und bezichtigen sie der Hexerei. Besonders Mitglieder der Jugendorganisation des African National Congress (ANC) spielen bei dieser Aktion des Hexentreibens eine führende Rolle. Sie beschuldigen in der sich anschließenden öffentlichen Auseinandersetzung z.B. eine Frau, den Uterus der Schwiegertochter bezaubert zu haben, um damit eine erwünschte Schwangerschaft zu verhüten. Andere werden verdächtigt, schwere Erkrankungen von Nachbarn magisch initiiert zu haben. Auch an den Selbstmorden sei diese destruktive Gruppe beteiligt gewesen. Die Ankläger beginnen, die Beschuldigten zu steinigen. Als die Polizei eintrifft, haben sich bereits über 1.000 Menschen in dem Dorf eingefunden, sodass die Polizisten angesichts der aufgeheizten Stimmung erst mit Tränengas und Gummigeschossen eine mögliche Lynchung der vermeintlichen Hexen und Hexer verhin-

Reinigungsritual in Kusogi / Nigeria 1982
Verhüllt mit einer ‚ndakóg-bòyá-Maske' wird ein Ritual zur Reinigung von Hexerei vollzogen.

dern können. Als ältere ANC-Mitglieder schließlich in das Geschehen eingreifen, die Lage beschwichtigen und für den Schutz der Angeklagten eintreten, beruhigt sich die Lage wieder. Die vermeintlichen Hexen und Hexer finden in einer Polizeistation Unterschlupf und entgehen so einer möglichen Ermordung. Auch wenn in diesem Dorf die Hexenverfolgungen keinen tödlichen Ausgang nahmen, wurden in anderen Ortschaften der Region zum selben Zeitpunkt zahlreiche Menschen, insbesondere Frauen, von einer aufgebrachten Menge umgebracht, da staatlicher Schutz nicht erreichbar war oder zu spät kam.

Genauere Studien in der Provinz Shinyanga in Tansania belegen, dass die Verfolgten in den neunziger Jahren zu 96% dem weiblichen Geschlecht angehörten, sich zu 2/3 aus der unteren sozialen Unterschicht rekrutierten und zu 98% Verwandte im gleichen Dorf hatten. Im Nordosten Südafrikas entstammten die Beschuldigten überrepräsentativ älteren Generationen (mit einem deutlichen Übergewicht bei Männern), waren arbeitslos oder mit Gelegenheitstätigkeiten beschäftigt, und stammten überdurchschnittlich aus dem Milieu der traditionellen Heilerinnen und Heiler. Die Ankläger hingegen kamen oft aus den Milieus von männlichen Jugendlichen oder männlichen jungen Erwachsenen im Alter von 16–25 Jahren. In Kamerun dagegen richteten sich die Verfolgungen auffällig gegen allein stehende Männer mittleren und höheren Alters, die zu den so genannten ökonomischen Gewinnern des Landes zählen. Die Ergebnisse zeigen, dass die Kategorie des Geschlechts nur eine unter anderen Faktoren – wie beispielsweise Generations- und Schichtzugehörigkeit – ist, die eine Rolle in der Hexenverfolgung spielen.

Politische und soziale Krisen und magische Vorstellungswelten

Die soziologische Forschung hat seit langem herausgearbeitet, dass gerade in Afrika Hexerei zur dunklen Seite der Verwandtschaft gehört. Mitglieder einer Verwandtschaftsgruppe, dem vorwiegenden Strukturprinzip gesellschaftlicher Organisation in weiten Teilen des Kontinents, kommen unter Bedingungen ökologischer als auch ökonomischer Krisen häufig in ‚Verwandtschaftsstress'. Auf der einen Seite bestehen Normen von Harmonie und Einheit, auf der anderen Seite treten gerade in schwierigen Zeiten Spannungen auf, die aber aufgrund der gesetzten Idealnorm nicht ausgedrückt werden dürfen.

Kinderprotestzug in Eket / Nigeria am 26. Februar 2009
Kinder protestieren für ihre Unschuld, nachdem sie als Hexen denunziert wurden. In Eket existiert ein eigenes Kinderheim des CRARN (Child Rights and Rehabilitation Network) für ‚Hexen-Waisen', die von ihren Eltern wegen Hexereiverdächtigung ausgesetzt wurden. Fast ein Dutzend so genannter christlicher ‚religiöser Führer' wurde verhaftet, einer davon wegen Mordes, nachdem er in einem Dokumentarfilm gestand, über 100 Kinder – angeblich Hexen – getötet zu haben. Noch im Juli 2009 erfolgte ein Übergriff auf das Heim, bei dem mehrere Kinder verletzt wurden. Daraufhin organisierten mehr als 300 Kinder einen Protestmarsch, um für ihre Rechte und ihren Schutz zu demonstrieren.

Schließlich äußern sich Konflikte auf indirekte Art: Aggressionen münden in Hexenbeschuldigungen. Einprägsam formuliert lassen sich derartige soziale Beziehungen mit folgendem Satz charakterisieren: *„Hexen und ihre Beschuldiger sind Individuen, die sich mögen sollen, es aber tatsächlich nicht tun."*

Hexenglaube und Hexenverfolgungen hat es in Afrika schon vor kolonialen Zeiten gegeben. Die Wiederkehr dieser Denkmuster und Aktionen hängt mit politischen wie ökonomischen und sozialen Umbruchprozessen seit dem Ende der 1980er Jahre zusammen. Ein wachsender Staatsverfall in nicht wenigen Ländern Afrikas, der sich in der Ohnmacht staatlicher Behörden äußert, Recht und Sicherheit zu garantieren, löst Angstzustände in der Bevölkerung auf dem Lande wie in den Städten aus. Boten in kolonialer Zeit noch Verwandtschaftsgruppen Schutz, so haben diese durch einen wirtschaftlichen Wandel ihre traditionelle Protektionsfunktion eingebüßt und bieten nur noch geringere soziale Fürsorge an. Um sich nun nicht den bedrohlichen okkulten Kräften anderer auszuliefern, versichern sich viele Afrikaner entweder des individuellen Schutzes durch magische Abwehrmaßnahmen von Spezialisten oder schließen sich vielmehr Geheimkulten bzw. religiösen Gemeinschaften mit ihrer Bindung an besonders durchsetzungsfähig scheinende spirituelle Mächte an.

‚Witch-doctor' in einem Dorf in Sierra Leone
Der ‚witch-doctor' hat für eine Zeremonie eine Teufelsmaske angelegt.

Afrika ist wie kein anderer Kontinent bis auf wenige Länder ein Verlierer der wirtschaftlichen Globalisierung. Die weltweite ökonomische Vernetzung äußert sich allerdings in einer Spaltung einer Minderheit von äußerst reichen und einer sehr großen Mehrheit von verarmten Bevölkerungsschichten: 80% der Bevölkerung leben unterhalb der Armutsgrenze und jeder zweite Afrikaner lebt von weniger als einem Dollar pro Tag. Die Lebenserwartung übersteigt im Durchschnitt nicht 46 Jahre. Die dadurch entstandenen Konflikte förderten eine moralische Debatte, die häufig auf der Ebene der okkulten Glaubenssysteme ausgetragen wird. Die gegenseitige spirituelle Aufrüstung der Menschen verstärkt sich dadurch spiralförmig und es entstehen spirituelle Märkte mit Aggression und Gegenreaktion und damit freie Gewaltmärkte: Der Glaube an Hexerei ist in Afrika Symptomträger tiefliegender gesellschaftlicher und politischer Spannungen. ■

Literatur: Behringer (2004), Geschiere (1995), Harnischfeger (1997), Kohnert (2002), Mayer (1970/1982), Multhaupt (1989), Niehaus (2001), Schmidt / Schulte (2007), Schönhuth (1992)

‚Witch-doctors' in Gemsbokspruit / Südafrika 1997
Die Frauen in ihren traditionellen Kleidern sagen mit Hilfe der geworfenen Knochen die Zukunft voraus.

‚Witch-doctor' und eine Kundin, KwaZulu-Natal-Provinz / Südafrika um 1990
Mit einem ‚muti' genannten Trank versucht der ‚witch-doctor' seine Patientin zu heilen.

‚Witch-doctor' in Johannesburg / Südafrika 1999
Der traditionelle Heiler wirft Knochen für seinen Kunden, um ihm die Zukunft vorherzusagen.

Anhang

Wir danken den Leihgebern für ihre freundliche Kooperation und großzügige Unterstützung

Thüringisches Staatsarchiv Altenburg
Hexenmuseum Schweiz, Wicca Meier-Spring, Auenstein
Römisches Museum der Kunstsammlungen und Museen Augsburg
Staats- und Stadtbibliothek Augsburg
Pfalzmuseum für Naturkunde, Bad Dürkheim
Städtisches Museum im Kornhaus, Bad Waldsee
Staatsbibliothek Bamberg
Historisches Museum Basel
Pharmazie-Historisches Museum der Universität Basel
Stiftung Deutsches Historisches Museum, Berlin
Bernisches Historisches Museum
Haus zum Dolder, Sammlung Dr. Edmund Müller, Beromünster
Bludenz Kultur gGmbH (Stadtmuseum Bludenz)
Schwäbisches Schnapsmuseum Bönnigheim
Städtische Galerie Delmenhorst
Minervas Hexenladen Trudimonia, Hexe Minerva, Dortmund
Gemäldegalerie Alte Meister, Staatliche Kunstsammlungen Dresden
Stadtarchiv Duderstadt
Hessische Hausstiftung, Museum Schloss Fasanerie, Eichenzell bei Fulda
Stadtarchiv Esslingen am Neckar
Stadtmuseum im Gelben Haus, Esslingen am Neckar
Museum Ettlingen
Esterházy Privatstiftungen, Burg Forchtenstein - Esterházy-Schatzkammer
Erkenbert-Museum, Frankenthal
Heimatmuseum Frankfurt – Bergen-Enkheim
Historisches Museum Frankfurt
Augustinermuseum Freiburg i.Br.
Kathrin Fischer, Freiburg i.Br.
Stadtarchäologie Göttingen, Fachdienst Bauordnung, Denkmalschutz und Archäologie der Stadt Göttingen
Landesmuseum Joanneum/Alte Galerie Graz
Landesmuseum Joanneum/Volkskunde Graz
Schwarzwälder Freilichtmuseum Vogtsbauernhof, Gutach
Martin-Luther-Universität Halle-Wittenberg, Universitäts- und Landesbibliothek Sachsen-Anhalt in Halle (Saale)
Hamburger Kunsthalle
Deutsches Apotheken-Museum, Heidelberg
Universitätsbibliothek Heidelberg
Kommunalarchiv Herford/Stadtarchiv Herford
Heimatmuseum Hergensweiler
Badisches Landesmuseum, Karlsruhe
Generallandesarchiv Karlsruhe
Staatliche Kunsthalle Karlsruhe
Museum Kurhaus Kleve - Ewald Mataré-Sammlung
Landeshauptarchiv Koblenz
Dombauverwaltung Köln
Kölner Gymnasial- und Stiftungsfonds
Kölnisches Stadtmuseum
Sammlung Ansgar Fütterer, Köln
Archäologisches Landesmuseum Baden-Württemberg, Konstanz
Museum Hexenbürgermeisterhaus Lemgo
Stadtarchiv Lemgo
Bibliothèque générale de Philosophie et Lettres, Université de Liège
Museum am Burghof, Lörrach
Archäologie und Denkmalpflege Lübeck
Staatsarchiv Ludwigsburg
Musée National d'Histoire et d'Art, Luxembourg
Gutenberg-Museum der Stadt Mainz
Römisch-Germanisches Zentralmuseum Mainz
Reiss-Engelhorn-Museen Mannheim
Bayerische Staatsbibliothek München
Bayerisches Nationalmuseum, München
Château-Musée de Nemours
Stadtarchiv Nördlingen
Germanisches Nationalmuseum, Nürnberg
Staatsarchiv Nürnberg
Archiv und Museum im Ritterhaus, Offenburg
Sammlung Enzkreis
Historische Bibliothek der Stadt Rastatt im Ludwig-Wilhelm-Gymnasium
Museen der Stadt Regensburg – Historisches Museum
Soprintendenza Archeologica di Roma
Universitätsbibliothek Rostock
Mittelalterliches Kriminalmuseum Rothenburg o.d.T.
Stiftung Schleswig-Holsteinische Landesmuseen Schloß Gottorf, Schleswig
Museum im Prediger Schwäbisch Gmünd
Erasmus-Widmann-Gymnasium, Schwäbisch Hall
Hällisch-Fränkisches Museum, Schwäbisch Hall
Stadt- und Hospitalarchiv, Schwäbisch Hall
Castanea & La petite Sorciere – der kleine Hexenladen, Günter Biernoth, Sontra
Landesbibliothekszentrum/Pfälzische Landesbibliothek Speyer
Hauptstaatsarchiv Stuttgart
Landesmuseum Württemberg, Stuttgart
Württembergische Landesbibliothek Stuttgart
Musée de la Tour aux Puces – Thionville (France)
Rheinisches Landesmuseum Trier
Stadtbibliothek/Stadtarchiv Trier
Stadtmuseum Simeonstift Trier
Institut für Geowissenschaften der Universität Tübingen
Universitätsbibliothek Tübingen
Stadt Veringenstadt
Museum Waldenburg
Staatsarchiv Wertheim
Kunsthistorisches Museum, Kunstkammer, Wien
Österreichisches Museum für Volkskunde, Wien
Wien Museum
Kloster Wienhausen
Museum der Stadt Worms im Andreasstift
Mainfränkisches Museum Würzburg
Städtische Museen Zittau

Darüber hinaus sind wir den Mitgliedern des wissenschaftlichen Beirats zu großem Dank für ihre vielfältige Unterstützung verpflichtet

Prof. Dr. Christoph Daxelmüller, Würzburg
Dr. Walter Rummel, Speyer
Jürgen Scheffler, Lemgo
Prof. Dr. Wolfgang Schild, Bielefeld
Dr. Rita Voltmer, Trier

sowie allen weiteren an dieser Stelle nicht namentlich genannten Einrichtungen und Personen

Autoren der Katalogtexte

A. R.	Andrea Rudolph
G. D.	Günter Dippold
H.J.K.	Hans J. Kaschner
L. B.	Lars Börner
L. T.	Ludger Tekampe
M. B.	Miriam Blümel
R. V.	Rita Voltmer
U. B.	Ulrike Budig
W. L.	Wolfgang Leitmeyer

Literaturverzeichnis

Ahrendt-Schulte (1995) | Ahrendt-Schulte, I., Weise Frauen – böse Frauen. Die Geschichte der Hexen in der frühen Neuzeit, Freiburg 1995

Ammann (1889) | Ammann, H., Ein Mordversuch durch Zauberei im Jahre 1371, in: Mitteilungen des Instituts für Österreichische Geschichtsforschung 10 (1889), 135-138

Ankarloo / Clarke (2002) | Ankarloo, B. / S. Clarke (Hrsg.), Witchcraft and Magic in Europe 4: The Period of the Witch Trials, Philadelphia 2002

Bailey (2003) | Bailey, M. D., Battling Demons. Witchcraft, Heresy, and Reform in the Late Middle Ages, Philadelphia 2003

Barock in Baden-Württemberg (1981) | Barock in Baden-Württemberg. Vom Ende des Dreißigjährigen Krieges bis zur Französischen Revolution. Katalogband zur Ausstellung des Landes Baden-Württemberg in Schloß Bruchsal, Karlsruhe 1981

Barry / Davies (2007) | Barry, J. / O. Davies (Hrsg.), Witchcraft Historiography, Basingstoke u.a. 2007

Becker-Huberti (2001) | Becker-Huberti, M., Lexikon der Bräuche und Feste. 3000 Stichwörter mit Infos, Tipps und Hintergründen, Freiburg ²2001

Behringer (1984) | Behringer, W., Hexenverfolgungen im Spiegel zeitgenössischer Publizistik. Die „Erweytterte Unholden Zeyttung" von 1590, in: Oberbayrisches Archiv 109 (1984), 339-360

Behringer (1987) | Behringer, W., Hexenverfolgung in Bayern. Volksmagie, Glaubenseifer und Staatsräson in der Frühen Neuzeit, München 1987

Behringer (1988) | Behringer, W., Hexen und Hexenprozesse. Dokumente, München 1988

Behringer (1996) | Behringer, W., Das "Reichskhündig Exempel" von Trier. Zur paradigmatischen Rolle einer Hexenverfolgung in Deutschland, in: Franz, G. / F. Irsigler (Hrsg.), Hexenglaube und Hexenprozesse im Raum Rhein-Mosel-Saar, Trier ²1996, 435-447

Behringer (1997) | Behringer, W., Hexenverfolgung in Bayern. Volksmagie, Glaubenseifer und Staatsräson in der Frühen Neuzeit, München ³1997

Behringer (1998) | Behringer, W., Neun Millionen Hexen. Entstehung, Tradition und Kritik eines populären Mythos, in: Geschichte in Wissenschaft und Unterricht 49 (1998), 664-685

Behringer (2000) | Behringer, W., Hexen – Glaube, Verfolgung, Vermarktung, München ²2000

Behringer (2004a) | Behringer, W., Witches and Witch-Hunts. A Global History, Cambridge 2004

Behringer (2004b) | Behringer, W., Geschichte der Hexenforschung, in: Lorenz, S. / J. M. Schmidt (Hrsg.), Wider alle Hexerei und Teufelswerk. Die europäische Hexenverfolgung und ihre Auswirkungen auf Südwestdeutschland, Ostfildern 2004, 485-688

Behringer (2006) | Behringer, W. (Hrsg.), Hexen- und Hexenprozesse in Deutschland, München ⁶2006

Behringer (2009) | Behringer, W., Kulturgeschichte des Klimas. Von der Eiszeit bis zur globalen Erwärmung, München ⁴2009

Betz (1995) | Betz, H. D., Magic and Mystery in the Greek Magical Papyri, in: Faraone, Ch. A. / D. Obbink (Hrsg.), Magika Hiera. Ancient Greek Magic and Religion, Oxford, New York 1991, 244-259

Bever (2008) | Bever, E., The Realities of Witchcraft and Popular Magic in Early Modern Europe, Basingstoke u.a. 2008

Biedermann (1989) | Biedermann, H., Dämonen, Geister, dunkle Götter. Lexikon der furchterregenden mythischen Gestalten, Graz 1989

Blauert (1989) | Blauert, A., Frühe Hexenverfolgungen. Ketzer-, Zauberei- und Hexenprozesse des 15. Jahrhunderts, Hamburg 1989

Blauert (1990) | Blauert, A. (Hrsg.), Ketzer, Zauberer, Hexen. Die Anfänge der europäischen Hexenverfolgungen, Frankfurt 1990

Bonewits (2001) | Bonewits, I., Witchcraft. A Concise Guide, o.O. ²2001

Bott (2009) | Bott, G. C., Salons, Séancen, Session. Albert von Keller zwischen Tradition und Aufbruch, in: Albert von Keller. Katalog zur Ausstellung im Kunsthaus Zürich, München 2009, 9-188

Boureau (2006) | Boureau, A., Satan the Heretic. The Birth of Demonology in the Medieval West, Chicago 2006

Boyer / Nissenbaum (1974) | Boyer, P. / S. Nissenbaum, Salem Possessed. The Social Origins of Witchcraft, Cambridge 1974

Brauneck (1978) | Brauneck, M., Religiöse Volkskunst. Votivgaben, Andachtsbilder, Hinterglas, Rosenkranz, Amulette, Köln 1978

Brinkmann (2007) | Brinkmann, B., Hexenlust und Sündenfall, in: Hexenlust und Sündenfall. Die seltsamen Phantasien des Hans Baldung Grien. Katalog der Ausstellung Städel Museum, Frankfurt 2007, 13-202

Brückner (1978) | Brückner, W., Überlegungen zur Magietheorie. Vom Zauber mit Bildern, in: Petzold, L. (Hrsg.), Magie und Religion, Darmstadt 1978, 404-419

Bull (1991) | Bull, S., An Historical Guide to Arms and Armor, New York u.a. 1991

Catalli (2002) | Catalli, F., L'offerta di moneta nei santuari e le monete del lacus di Anna Perenna, in: Piranomonte, M. (Hrsg.), Il santuario della musica e il bosco sacro di Anna Perenna, Mailand 2002, 34-37

David Teniers d.J. (2005) | David Teniers der Jüngere. 1610 – 1690. Alltag und Vergnügen in Flandern. Katalog zur Sonderausstellung des Landes Baden-Württemberg in der Staatlichen Kunsthalle Karlsruhe, Karlsruhe 2005

Daxelmüller (1982) | Daxelmüller, C., Heil- und Volksglaube, in: Aus dem Alltag der mittelalterlichen Stadt. Handbuch zur Sonderausstellung im Bremer Landesmuseum für Kunst- und Kulturgeschichte (Focke-Museum), Bremen 1982, 181-192

Daxelmüller (1993) | Daxelmüller, C., Zauberpraktiken. Eine Ideengeschichte der Magie, Zürich 1993

Daxelmüller (1995) | Daxelmüller, C., Teufelspakt. Gestalt und Gestaltungen einer Idee, in: Möbus, F. / F. Schmidt-Möbus / G. Unverfehrt (Hrsg.), Faust. Annäherung an einen Mythos, Göttingen 1995, 11-20

Daxelmüller (2008) | Daxelmüller, C., Von Vorhäuten Christi, phallischen Heiligen und anderen Ungereimtheiten, in: Stolle, W. (Hrsg.), Liebe, Lust & Frust, Darmstadt 2008, 118-131

Daxelmüller / Thomsen (1982) | Daxelmüller, C. / M.-L. Thomsen, Bildzauber im Alten Mesopotamien, in: Anthropos 77 (1982), 27-64

Decker (2003) | Decker, R., Die Päpste und die Hexen. Aus den geheimen Akten der Inquisition, Darmstadt 2003

Dengg (1957) | Dengg, M. (Hrsg.), Lungauer Volksleben. Schilderungen und Volksbräuche, Geschichten und Sagen aus dem Lungau, Salzburg 1957

Deutsch (2004) | Deutsch, A., Der Klagspiegel und sein Autor Conrad Heyden, Köln 2004

Dillinger (2007) | Dillinger, J., Hexen und Magie, Frankfurt 2007

Dillinger / Schmidt / Bauer (2008) | Dillinger, J. / J. M. Schmidt / D. R. Bauer (Hrsg.), Hexenprozess und Staatsbildung. Witch-Trials and State-Building, Bielefeld 2008

van Dülmen (1987) | van Dülmen, R. (Hrsg.), Hexenwelten. Magie und Imagination, Frankfurt 1987

van Dülmen (1999a) | van Dülmen, R., Kultur und Alltag in der Frühen Neuzeit 2: Dorf und Stadt 16.–18. Jahrhundert, München ²1999

van Dülmen (1999b) | van Dülmen, R., Kultur und Alltag in der Frühen Neuzeit 3: Religion, Magie, Aufklärung 16.–18. Jahrhundert, München ²1999

Düwel (2001) | Düwel, K., Mittelalterliche Amulette aus Holz und Blei mit lateinischen und runischen Inschriften, in: Ausgrabungen in Schleswig. Berichte und Studien 15, Neumünster 2001, 227-302

Durrant (2007) | Durrant, J. B., Witchcraft, Gender and Society in Early Modern Germany, Leiden 2007

Eckerlein (2008) | Eckerlein, M., Die bürgerliche politische Führungsgruppe in Bamberg zu Beginn der Frühen Neuzeit, in: Häberlein, M. / K. Kech / J. Staudenmaier (Hrsg.), Bamberg in der Frühen Neuzeit. Neue Beiträge zur Geschichte von Stadt und Hochstift, Bamberg 2008, 77-112

Embach (1998) | Embach, M., Spee, Friedrich (von Langenfeld), in: Biographisch-Bibliographisches Kirchenlexikon 14, Herzberg 1998, 1497-1506

Encyclopedia of Witchcraft (2006) | The Encyclopedia of Witchcraft. The Western Tradition 1-4, St. Barbara 2006

Faivre (2001) | Faivre, A., Esoterik im Überblick. Geheime Geschichte des abendländischen Denkens, Freiburg 2001

Farrar / Farrar (1984) | Farrar, J. / S. Farrar, A Witches' Bible. The Complete Witches' Handbook 1-2, Blaine, London 1984

Fauser (1967) | Fauser, A., Die Welt in Händen. Kurze Kulturgeschichte des Globus, Stuttgart 1967

Fiedler (1996) | Fiedler A. B., Hexenbilder. Materialien und Untersuchungen zur Ikonographie der abendländischen Hexe, Ungedr. Magisterarbeit, Würzburg 1996

Fischer (2007) | Fischer, K., Das Wiccatum. Volkskundliche Nachforschungen zu neuheidnischen Hexen im deutschsprachigen Raum, Würzburg 2007

Focus Behaim Globus (1992) | Focus Behaim Globus. Aufsatzband zur Ausstellung des Germanischen Nationalmuseums, Nürnberg 1992

Franke / Schade (1994) | Franke, B. / S. Schade, Weiberregiment, Weibermacht, Weiberlisten, in: Olbrich, H. (Hrsg.), Lexikon der Kunst 7, Leipzig 1994, 739-740

Franz (1960) | Franz, A., Die kirchlichen Benediktionen im Mittelalter 1-2., Nachdruck der Ausgabe Freiburg 1909, Graz 1960

Frazer (1989) | Frazer, G., Der goldene Zweig. Das Geheimnis von Glauben und Sitten der Völker, Nachdruck der Ausgabe The Golden Bough 1922, Hamburg 1989

Fuchs (1994) | Fuchs, R.-P., Hexerei und Zauberei vor dem Reichskammergericht. Nichtigkeiten und Injurien, Wetzlar 1994

Fütterer (1996) | Fütterer, A., Amulette. Talisman – Fetisch – Maskottchen / Rosenkränze / Spitzenbilder / Klosterarbeiten und Reliquiare, in: Religiöse Volkskunst aus drei Jahrhunderten. Die Sammlung Fütterer, Offenburg 1996, 15-43

Gardner (1965) | Gardner, G. B., Ursprung und Wirklichkeit der Hexen. Einführung von Dr. M. Murray, München 1965

Gaskill (2008) | Gaskill, M., The Pursuit of Reality. Recent Research into the History of Witchcraft, in: The Historical Journal 4 (2008), 1069-1088

Gehm (2000) | Gehm, B., Die Hexenverfolgung im Hochstift Bamberg und das Eingreifen des Reichshofrates zu ihrer Beendigung, Hildesheim 2000

Gerlach (1990) | Gerlach, H., Hexe, in: Enzyklopädie des Märchens 6, Berlin, New York 1990, 960-991

Gersmann (1995) | Gersmann, G., Die Hexe als Heimatheldin. Die Hexenverfolgungen der Frühen Neuzeit im Visier der Heimathistoriker, in: Westfälische Forschungen 45 (1995), 102-133

Geschiere (1995) | Geschiere, P., Sorcellerie et politique. La viande des autres, Paris 1995

Gibson (2000) | Gibson, M., Early Modern Witches. Witchcraft Cases in Contemporary Writing, London 2000

Godbeer (1992) | Godbeer, R., The Devil's Dominion. Magic and Religion in Early New England, New York 1992

Görringer (1841) | Görringer, M., Pirminius. Geschichte des linken Rheinufers vorzüglich der bayerischen Pfalz, Zweibrücken 1841

von Greyerz (2000) | von Greyerz, K., Religion und Kultur. Europa 1500–1800, Darmstadt 2000

Groebner (2008) | Groebner, V., Das Mittelalter hört nicht auf. Über historisches Erzählen, München 2008

Güntert (2006) | Güntert, H., Koralle, in: Handwörterbuch des deutschen Aberglaubens 5, digitale Lizenzausgabe der Ausgabe Berlin 1933/1986, Berlin 2006, 239-241

Haage (1996) | Haage, B. D., Alchemie im Mittelalter. Ideen und Bilder von Zosimos bis Paracelsus, Zürich 1996

Hampp (1961) | Hampp, I., Beschwörung, Segen, Gebet. Untersuchungen zum Zauberspruch aus dem Bereich der Volksheilkunde, Stuttgart 1961

Hansmann / Kriss-Rettenbeck (1977) | Hansmann, L. / L. Kriss-Rettenbeck, Amulett und Talisman. Erscheinungsform und Geschichte, München ^{2}1977

Hansmann / Kriss-Rettenbeck (1999) | Hansmann, L. / L. Kriss-Rettenbeck, Amulett und Talisman. Erscheinungsform und Geschichte. Neudruck der Ausgabe München 1966, Hamburg 1999

Harmening (1979) | Harmening, D., Superstitio, Berlin 1979

Harmening (1987) | Harmening, D., Superstition – „Aberglaube", in: Harvolk, E. (Hrsg.), Wege der Volkskunde in Bayern, München, Würzburg 1987, 261-292

Harnischfeger (1997) | Harnischfeger, J., Unverdienter Reichtum. Über Hexerei und Ritualmorde in Nigeria, in: Sociologus 47 (1997), 129-156

Harster (1900) | Harster, T., Das Strafrecht der freien Reichsstadt Speier in Theorie und Praxis, Breslau 1900

Haustein (1990) | Haustein, J., Luthers Stellung zum Zauber- und Hexenwesen, Mainz 1990

Hexen und Hexenverfolgung (1994) | Hexen und Hexenverfolgung im deutschen Südwesten. Katalogband zur Ausstellung im Badischen Landesmuseum Karlsruhe, Ostfildern 1994

Hexenforschung aktuell (2002) | Hexenforschung aktuell, Themenheft in: Zeitenblicke 1,1 (2002), URL: <http://www.zeitenblicke.de/2002/01/inhalt.html>, 30.07.2009

Hexenregister (2005) | Hexenregister des Claudius Musiel. Hexenverfolgungen im Trierer Land zwischen 1586 und 1594, elektron. Ausg., R. Voltmer (Hrsg.), Trier 2005, URL: <http://urts96.uni-trier.de/cgi-bin/RMnetIndex.tcl?hea=qf&for=qfhxmusiel>, 20.07.2009

Hexenwahn. Ängste der Neuzeit (2002) | Hexenwahn. Ängste der Neuzeit. Begleitband zur gleichnamigen Ausstellung des Deutschen Historischen Museums, Berlin, Wolfratshausen 2002

Hexenwahn und Hexenverfolgung (1988) | Hexenwahn und Hexenverfolgung in und um Schwäbisch Hall. Katalog zur Ausstellung im Hällisch-Fränkischen Museum, Schwäbisch Hall 1988

Hinckeldey (2005) | Hinckeldey, C. (Hrsg.), Justiz in alter Zeit, Wesentl. erw. Aufl. von 1984, Rothenburg 2005

Hults (2005) | Hults, L. C., The Witch as Muse. Art, Gender and Power in Early Modern Europe, Philadelphia 2005

Hutton (1999) | Hutton, R., The Triumph of the Moon. A History of Modern Pagan Witchcraft, Oxford 1999

Jahrhundertwenden (1999) | Jahrhundertwenden 1000–2000. Rückblicke in die Zukunft. Katalog zur Landesausstellung im Karlsruher Schloss, Baden-Baden 1999

Katalog historische Abteilung (1880) | Katalog der historischen Abteilung des Museums in Speier, Speyer 1880

Kerrigan (2007) | Kerrigan, M., Instrumente der Folter, Erfstadt 2007

Kieckhefer (1992) | Kieckhefer, R., Magie im Mittelalter, München 1992

Kieckhefer (1995) | Kieckhefer, R., Magie im Mittelalter, München 1995

Kinzler (2005) | Kinzler, S., Zwischen Fortschrittsglaube und Fatalismus. Die Rezeption der Nördlinger Hexenprozesse im 19. Jh., Nördlingen 2005

Köhler-Zülch (1995) | Köhler-Zülch, I., Zur Phänomenologie der Hexe im Tourismus. Souvenir – Sage – Fest, Frankfurt 1995

Kohnert (2002) | Kohnert, D., Occult Beliefs, Globalization and the Quest for Development in African Societies. The Example of South Africa, in: Mitchell, G. / E. Mullen (Hrsg.), Religion and the Political Imagination in a Changing South Africa, New York 2002, 169-188

Krah (2003) | Krah, U.-M., Fiktionalität und Faktizität in frühneuzeitlichen Kleinschriften (Einblattdrucken und Flugschriften), in: Moeller, K. / B. Schmidt (Hrsg.), Realität und Mythos. Hexenverfolgung und Rezeptionsgeschichte, Hamburg 2003, 77-87

Krah (2005) | Krah, U.-M., „Vom boesen feindt / dem teuffel / eingenommen ..." Das Motiv der Besessenheit in Flugschriften der Frühen Neuzeit, in: de Waardt, H. u.a. (Hrsg.), Dämonische Besessenheit. Zur Interpretation eines kulturhistorischen Phänomens, Bielefeld 2005, 163-176

Kramer (1961) | Kramer, K.-S., Volksleben im Fürstentum Ansbach und seinen Nachbargebieten (1500-1800), Würzburg 1961

Kunst des Heilens (1991) | Kunst des Heilens. Aus der Geschichte der Medizin und Pharmazie. Katalog zur Niederösterreichischen Landesausstellung in der Kartause Gaming, Wien 1991

Labouvie (1992) | Labouvie, E., Verbotene Künste. Volksmagie und ländlicher Aberglaube in den Dorfgemeinden des Saarraumes (16.–19. Jahrhundert), St. Ingbert 1992

Lasnik (1996) | Lasnik, E. (Hrsg.), Von der Trud, der Wilden Jagd und Geschäften mit dem Teufel. Geschichten und Sagen aus der Weststeiermark, Graz 1996

Lehmann / Ulbricht (1992) | Lehmann, H. / O. Ulbricht (Hrsg.), „Vom Unfug der Hexenprozesse". Gegner der Hexenverfolgung von Johann Weyer bis Friedrich von Spee, Wiesbaden 1992

Levack (2006) | Levack, B. P., The Witch-Hunt in Early Modern Europe, London ^{3}2006

Linck (1783) | Linck, J. H., Index Musaei Linckiani oder kurzes systematisches Verzeichniß der vornehmsten Stücke der Linckischen Naturaliensammlung zu Leipzig 1, Leipzig 1783

Lorenz (2004) | Lorenz, S., Der Hexenprozess, in: Lorenz, S. / J. M. Schmidt (Hrsg.), Wider alle Hexerei und Teufelswerk. Die europäische Hexenverfolgung und ihre Auswirkungen auf Südwestdeutschland, Ostfildern 2004, 131-154

Lussi (1988) | Lussi, K., Wetterhexen und Schauerkreuze. Ein Beitrag zur Geschichte der doppelbalkigen Kreuze in der Luzerner Landschaft, in: Heimatkunde des Wiggertals 46 (1988), 99-116

Lussi (2002) | Lussi, K., Im Reich der Geister und tanzenden Hexen. Jenseitsvorstellungen, Dämonen und Zauberglaube, Aarau 2002

Lütolf (1862) | Lütolf, A., Sagen, Bräuche, Legenden aus den fünf Orten Lucern, Uri, Schwiz, Unterwalden und Zug, Luzern 1862

Mährle (1998) | Mährle, W., „O wehe der armen seelen". Hexenverfolgungen in der Fürstpropstei Ellwangen (1588–1694), in: Zum Feuer verdammt. Die Hexenverfolgungen in der Grafschaft Hohenberg, der Reichsstadt Reutlingen und der Fürstpropstei Ellwangen, Stuttgart 1998, 325-500

Marliave (2006) | Marliave, O., Dictionnaire de magie et de sorcellerie dans les Pyrénées. Devins, sorciers et guérisseurs. Exorcismes et conjurations. Plantes et animaux magiques. Monts et sites ensorcelés, Bordeaux 2006

Martels (1990) | van Martels, Z. R. W. M. (Hrsg.), Alchemy Revisited, Proceedings of the International Conference in the History of Alchemy at the University of Groningen 17–19 April 1989, Leiden 1990

Martin (1997) | Martin, P., Pèlerins de Lorraine, Metz 1997

Mastrocinque (2007) | Mastrocinque, A., Late Antique Lamps with Defixiones, in: Greek, Roman and Byzantine Studies 47 (2007), 87-99

Matthäus (2000) | Matthäus, J., Kameraden im Geiste. Himmlers Hexenforscher im Kontext des nationalsozialistischen Wissenschaftsbetriebs, in: Lorenz, S. u.a. (Hrsg.), Himmlers Hexenkartothek. Das Interesse des Nationalsozialismus an der Hexenverfolgung, Bielefeld ^{2}2000, 99-107

Mayer (1970/1982) | Mayer, P., Witches, in: Marwick, M. (Hrsg.), Witchcraft and Sorcery, Harmondsworth 1970/1982, 45-64

Meinel (1986) | Meinel, C. (Hrsg.), Die Alchemie in der europäischen Kultur- und Wissenschaftsgeschichte, Wolfenbüttel 1986

Merkel (1976) | Merkel, E., Hexenwahn in Frankenthal, in: Frankenthal. Einst und jetzt 1 (1976), 5-8

Merzbacher (1957) | Merzbacher, F., Die Hexenprozesse in Franken, München 1957

Mezger (1999) | Mezger, W., Das große Buch der schwäbisch-alemannischen Fasnet. Ursprünge, Entwicklungen und Erscheinungsformen organisierter Narretei in Südwestdeutschland, Stuttgart 1999

Michel (2007) | Michel, K., Richtschwerter und Scharfrichter in Schwyz, in: Mitteilungen des Historischen Vereins des Kantons Schwyz 99 (2007), 183-189

Midelfort (1972) | Midelfort, H. C. E., Witch Hunting in Southwestern Germany 1562–1684. The Social and Intellectual Foundations, Stanford 1972

Mittel zum Heil (2005) | Mittel zum Heil. Religiöse Segens- und Schutzzeichen in der Sammlung Dr. Edmund Müller, Beromünster 2005

Modestin (1999) | Modestin, G., Le diable chez l'évêque. Chasse aux sorciers dans le diocèse de Lausanne (vers 1460), Lausanne 1999

Moeller (2007) | Moeller, K., Dass Willkür über Recht ginge. Hexenverfolgung in Mecklenburg im 16. und 17. Jahrhundert, Bielefeld 2007

Møller-Christensen (1982) | Møller-Christensen, V., Æbelholt kloster, Kopenhagen ^{2}1982

Moser-Rath (1991) | Moser-Rath, E., Dem Kirchenvolk die Leviten gelesen. Alltag im Spiegel süddeutscher Barockpredigten, Stuttgart 1991

Multhauf (1966) | Multhauf, R. P., The Origins of Chemistry, London 1966

Multhaupt (1989) | Multhaupt, T., Hexerei und Antihexerei in Afrika, München 1989

Münch (1998) | Münch, P., Lebensformen in der Frühen Neuzeit. 1500–1800, Berlin 1998

Murray (1921) | Murray, M. A., The Witch-Cult in Western Europe. A Study in Anthropology, London 1921

Notburga-Museum (2009) | Notburga-Museum. Homepage von Museum und Pfarre der Hl. Notburga in Eben, URL: <http://www.notburga-museum.at/index.html>, 03.08.2009

Niehaus (2001) | Niehaus, I., Witchcraft, Power and Politics, London 2001

Norton (2002) | Norton, M. B., In the Devil's Snare. The Salem Witchcraft Crisis of 1692, New York 2002

Nowosadtko (1994) | Nowosadtko, J., Scharfrichter und Abdecker. Der Alltag zweier „unehrlicher Berufe" in der Frühen Neuzeit, Paderborn u.a. 1994

Oestmann (1997) | Oestmann, P., Hexenprozesse am Reichskammergericht, Köln 1997

Ohrt (1917) | Ohrt, F., Danmarks Trylleformler, Kopenhagen, Kristiania 1917

Orač-Stipperger (2009) | Orač-Stipperger, R., Messer – nicht nur zum Schneiden, in: VOKULT 1 (2009), 3-4

Pesch (2007) | Pesch, A., Die Goldbrakteaten der Völkerwanderungszeit. Thema und Variation. Ergänzungsband zum Reallexikon der Germanischen Altertumskunde 36, Berlin 2007

Petzold (1991) | Petzold, L. (Hrsg.), Märchen aus Österreich, München 1991

Piranomonte (2001) | Piranomonte, M., Annae Perennae nemus, in: Lexicon topographicum urbis Romae. Suburbium 1, Rom 2001, 48

Prag um 1600 (1988) | Prag um 1600. Kunst und Kultur am Hofe Kaiser Rudolfs II. Katalog zur Ausstellung des Kunsthistorischen Museums Wien, Freren 1988

Preisendanz (1928) | Preisendanz, K., Papyri graecae magicae. Die griechischen Zauberpapyri 1, Leipzig, Berlin 1928

Priesner (2008) | Priesner, C., Grenzwelten. Schamanen, Magier, Geisterseher, Hamburg 2008

Priesner / Figala (1998) | Priesner, C. / K. Figala (Hrsg.), Alchemie. Lexikon einer hermetischen Wissenschaft, München 1998

Raudvere (2002) | Raudvere, C.,Trolldómr in Early Medieval Scandinavia, in: Jolly, K. / C. Raudvere / E. Peters (Hrsg.), Witchcraft and Magic in Europe 3: The Middle Ages, London 2002, 73-172

Rebiger / Schäfer (2009) | Rebiger, B. / P. Schäfer (Hrsg.), Sefer ha-Razim I und II – Das Buch der Geheimnisse I und II, Tübingen 2009

Reichhold (1981) | Reichhold, A., Das heilige Kreuz von Scheyern, Scheyern 1981

Richter (2004) | Richter, S., Werwölfe und Zaubertänze. Vorchristliche Glaubensvorstellungen in Hexenprozessen der frühen Neuzeit, Frankfurt 2004

Riegler (2006) | Riegler, R., Maulwurf, in: Handwörterbuch des deutschen Aberglaubens 6, digitale Lizenzausgabe der Ausgabe Berlin 1935/1986, Berlin 2006, 5-23

Rowlands (2001) | Rowlands, A., Witchcraft and Old Women in Early Modern Germany, in: Past and Present 173 (2001), 50-89

Rudolph (2000) | Rudolph, J., „Geheime Reichskommando-Sache!" Hexenjäger im Schwarzen Orden. Der H-Sonderauftrag des Reichsführers-SS, 1935-1944, in: Lorenz, S. u.a. (Hrsg.), Himmlers Hexenkartothek. Das Interesse des Nationalsozialismus an der Hexenverfolgung, Bielefeld ^{2}2000, 47-97

Rudolph / Schnabel-Schüle (2003) | Rudolph, H. / H. Schnabel-Schüle, Justiz = Justice = Justicia? Rahmenbedingungen von Strafjustiz im frühneuzeitlichen Europa, Trier 2003

Rummel (1990) | Rummel, W., Gutenberg, der Teufel und die Muttergottes von Eberhardsklausen. Erste Hexenverfolgung im Trierer Land, in: Blauert (1990), 91-117

Rummel (1991) | Rummel, W., Bauern, Herren und Hexen. Studien zur Sozialgeschichte sponheimischer und kurtrierischer Hexenprozesse 1574–1664, Göttingen 1991

Rummel / Voltmer (2008) | Rummel, W. / R. Voltmer, Hexen und Hexenverfolgung in der Frühen Neuzeit, Darmstadt 2008

Sammlung PHM 1 (1974) | Die Sammlung des Pharmazie-Historischen Museums 1. Darstellungen alter Arztinstrumente, Apotheker-Gefäße, Mikroskope, Einnehmelöffel, Terra sigillata, Amulette und anderer interessanter Gegenstände und Kuriositäten, Basel 1974

Sauter (2009) | Sauter, M., Hexenprozess und Folter. Die strafrechtliche Spruchpraxis der Juristenfakultät Tübingen im 17. und beginnenden 18. Jahrhundert, Bielefeld 2009

Schacher (1947) | Schacher, J., Das Hexenwesen im Kanton Luzern nach den Prozessen von Luzern und Sursee 1400–1675, Luzern 1947

Schade (1983) | Schade, S., Schadenzauber und die Magie des Körpers. Hexenbilder der frühen Neuzeit, Worms 1983

Schade (1987) | Schade, S., Kunsthexen – Hexenkünste. Hexen in der bildenden Kunst vom 16. bis 20. Jahrhundert, in: van Dülmen (1987), 170-218 und 391-415

Schade (1995) | Schade, S., Charcot and the Spectacle of the Hysterical Body. „The Pathos Formula" as Aesthetic Staging of Psychiatric Discourse, in: Art History 3 (1995), 499-517

Schade / Wenk (1990) | Schade, S. / S. Wenk, Strategien des ‚Zu-Sehen-Gebens'. Geschlechterpositionen in Kunst und Kunstgeschichte, in: Bussmann, H. / R. Hof (Hrsg.), Genus. Geschlechterforschung und Gender Studies in den Kultur- und Sozialwissenschaften, Stuttgart 2005, 144-184

Schatzmann (2003) | Schatzmann, N., Verdorrende Bäume und Brote wie Kuhfladen. Hexenprozesse in der Leventina 1431–1459 und die Anfänge der Hexenverfolgung auf der Alpensüdseite, Zürich 2003

Scheffler (1989) | Scheffler, J., Lemgo, das Hexennest. Folklorismus, NS-Vermarktung und lokale Geschichtsdarstellung, in: Jahrbuch für Volkskunde 12 (1989), 113-132

Scheffler (2003) | Scheffler, J., Der „Hexenbürgermeister“ als Trachtenpuppe. Hexenverfolgung und lokale Erinnerungskultur, in: Moeller, K. / B. Schmidt (Hrsg.), Realität und Mythos. Hexenverfolgung und Rezeptionsgeschichte, Hamburg 2003, 313–330

Schicklberger (2003) | Schicklberger, F., Aus der Geschichte der Juden in Eibelstadt, Eibelstadt 2003

Schier (2000) | Schier, B., Hexenwahn-Interpretationen im „Dritten Reich“, in: Lorenz, S. u.a. (Hrsg.), Himmlers Hexenkartothek. Das Interesse des Nationalsozialismus an der Hexenverfolgung, Bielefeld ²2000, 1-17

Schild (1980) | Schild, W., Alte Gerichtsbarkeit. Vom Gottesurteil bis zum Beginn der modernen Rechtsprechung, München 1980

Schild (1985) | Schild, W., Alte Gerichtsbarkeit. Vom Gottesurteil bis zum Beginn der modernen Rechtsprechung, München ²1985

Schild (1997) | Schild, W., Die Maleficia der Hexenleut', Rothenburg 1997

Schild (2000) | Schild, W., „Von peinlicher Frag“. Die Folter als rechtliches Beweisverfahren, Rothenburg 2000

Schild (2004) | Schild, W., Die Dimensionen der Hexerei. Vorstellung – Begriff – Verbrechen – Phantasie, in: Lorenz, S. / J. M. Schmidt (Hrsg.), Wider alle Hexerei und Teufelswerk. Die europäische Hexenverfolgung und ihre Auswirkungen auf Südwestdeutschland, Ostfildern 2004, 1-104

Schmidt (2004) | Schmidt, B., Ludwig Bechstein und die literarische Rezeption frühneuzeitlicher Hexenverfolgung im 19. Jahrhundert, Hamburg 2004

Schmidt / Schulte (2007) | Schmidt, B. / R. Schulte (Hrsg.), Witchcraft in Modern Africa – Witches, Witch-Hunts and Magical Imagineries / Hexenglauben im modernen Afrika – Hexen, Hexenverfolgung und magische Vorstellungswelten, Hamburg 2007

Schmidt (2000) | Schmidt, J. M., Glaube und Skepsis. Die Kurpfalz und die abendländische Hexenverfolgung 1446–1685, Bielefeld 2000

Schmidt (2004) | Schmidt, J. M., Die Kurpfalz, in: Lorenz, S. / J. M. Schmidt (Hrsg.), Wider alle Hexerei und Teufelswerk. Die europäische Hexenverfolgung und ihre Auswirkungen auf Südwestdeutschland, Ostfildern 2004, 237-252

Schmidt (2008) | Schmidt, J. M., Die Hexenverfolgung im weltlichen Territorialstaat des Alten Reiches. Das Beispiel Südwestdeutschland, in: Dillinger, J. / J. M. Schmidt / D. R. Bauer (Hrsg.) Hexenprozess und Staatsbildung. Witch-Trials and State-Building, Bielefeld 2008, 149-180

Schmidtchen (1990) | Schmidtchen, V., Kriegswesen im späten Mittelalter. Technik, Taktik, Theorie, Weinheim 1990

Scholer (1998) | Scholer, O., „O Kehricht des Aberglaubens, o leerer Wahn der Täuschungen und Gespenster der Nacht!“ Der Angriff des Cornelius Loos auf Petrus Binsfeld, in: G. Franz / F. Irsigler (Hrsg.), Methoden und Konzepte der historischen Hexenforschung, Trier 1998, 255-276

Schönhuth (1992) | Schönhuth, M., Das Einsetzen der Nacht in das Recht des Tages. Hexerei im symbolischen Kontext afrikanischer und europäischer Weltbilder, Münster, Hamburg 1992

Schormann (1991) | Schormann, G., Der Krieg gegen die Hexen. Das Ausrottungsprogramm des Kurfürsten von Köln, Göttingen 1991

Schormann (2000) | Schormann, G., Wie entstand die Kartothek, und wem war sie bekannt? in: Lorenz, S. u.a. (Hrsg.), Himmlers Hexenkartothek. Das Interesse des Nationalsozialismus an der Hexenverfolgung, Bielefeld ²2000, 135-142

Schulte (2000) | Schulte, R., Hexenmeister. Die Verfolgung von Männern im Rahmen der Hexenverfolgung 1530–1730 im Alten Reich, Frankfurt 2000, zugl.: Kiel, Univ., Diss., 1999

Schulte (2009) | Schulte, R., Man as Witch. Male Witches in Central Europe, Basingstoke 2009

Schütt (2000) | Schütt, H. W., Auf der Suche nach dem Stein der Weisen. Die Geschichte der Alchemie, München 2000

Schutz & Zauber (1999) | Schutz & Zauber. Amulette und Talismane in der Sammlung Dr. Edmund Müller, Beromünster 1999

Schwillus (1989) | Schwillus, H., Die Hexenprozesse gegen Würzburger Geistliche unter Fürstbischof Philipp Adolf von Ehrenberg (1623–1631), Würzburg 1989

Senn (1973) | Senn, M., Johann Jakob Wick (1522–1588) und seine Sammlung von Nachrichten zur Zeitgeschichte, Zürich 1973, zugl.: Zürich, Univ., Diss.

Senn (1975) | Senn, M. (Hrsg.), Die Wickiana. Johann Jakob Wicks Nachrichtensammlung aus dem 16. Jahrhundert. Texte und Bilder zu den Jahren 1560 bis 1571, Küsnacht-Zürich 1975

Simek (2005) | Simek, R., Der Glaube der Germanen, Kevelaer 2005

Simon (2007) | Simon, S., „Si je le veux, il mourra! “ Maléfice et sorcellerie dans la campagne genevoise (1497-1530), Lausanne 2007

di Simplicio (2006) | di Simplicio, O., Social and Economic Status of Witches, in: Encyclopedia of Witchcraft 4 (2006), 1054-1059

Skott (2002) | Skott, F., „Först ska vi till Blåkulla och sen ska vi till McDonald's“ Påskkäringar i Sverige 1850-2000, in: Svenska landsmål och svenskt folkliv 125 (2002), 187-216

Spamer (1950) | Spamer, A., Zur Aberglaubensbekämpfung des Barock. Ein Handwörterbuch deutschen Aberglaubens von 1721 und sein Verfasser (Georg Christoph Zimmermann), in: Miscellanea Academica Berolinensia 2,1 (1950), 133-159

Spamer (1958) | Spamer, A., Romanusbüchlein. Historisch-philologischer Kommentar zu einem deutschen Zauberbuch, Berlin 1958

Starhawk (1992) | Starhawk, Der Hexenkult als Ur-Religion der Großen Göttin. Magische Übungen, Rituale und Anrufungen, München 1992

Steiof (1995) | Steiof, H. G., Alltag in Frankenthal, in: Hürkey, J. (Hrsg.), Kunst, Kommerz, Glaubenskampf. Frankenthal um 1600, Worms 1995

Stelz (1983) | Stelzl, U., Hexenwelt. Hexendarstellungen in der Kunst um 1900, Berlin 1983

Stephens (2002) | Stephens, W., Demon Lovers. Witchcraft, Sex and the Crisis of Belief, Chicago 2002

Streng / Bakay (2005) | Streng, P. / G. Bakay, Wilde, Hexen, Heilige. Lebendige Tiroler Bräuche im Jahreslauf, Innsbruck 2005

Themenportal Hexenforschung (2009) | Themenportal Hexenforschung, elektron. Ausg., K. Moeller (Hrsg.) in: Historicum.net 2009 , URL: <http://www.historicum.net/themen/hexenforschung/>, 24.06.2009

Thieser (1987) | Thieser, B., Die Oberpfalz im Zusammenhang des Hexenprozeßgeschehens im süddeutschen Raum während des 16. und 17. Jahrhunderts, Bayreuth 1987

Thieser (1992) | Thieser, B., Die Oberpfalz im Zusammenhang des Hexenprozeßgeschehens im süddeutschen Raum während des 16. und 17. Jahrhunderts, Bayreuth ²1992

Thomsen (1982) | Thomsen, M.-L., Die Vorläufer der abendländischen Magie, in: Kindlers Enzyklopädie „Der Mensch“ 4, Zürich 1983, 688-690

Thomsen (1987) | Thomsen, M.-L., Zauberdiagnose und Schwarze Magie in Mesopotamien, Kopenhagen 1987

Thomsen (1988) | Thomsen, M.-L., The Wisdom of the Chaldaeans. Mesopotamian Magic as Conceived by Classical Authors, in: Fischer-Hansen, T. (Hrsg.), East and West. Cultural Relations in the Ancient World, Kopenhagen 1988, 93-101

Thomsen (1992) | Thomsen, M.-L., The Evil Eye in Mesopotamia, in: Journal of the Near Eastern Society 51 (1992), 19-32

Thomsen (2001) | Thomsen, M.-L., Witchcraft and Magic in Ancient Mesopotamia, in: Cryer, F. H. / M.-L. Thomsen, Witchcraft and Magic in Europe 1: Biblical and Pagan Societies, London 2001, 1-95

Tschacher (2000) | Tschacher, W., Der Formicarius des Johannes Nider von 1437/38. Studien zu den Anfängen der europäischen Hexenverfolgungen im Spätmittelalter, Aachen 2000

Tschaikner (2001) | Tschaikner, M., Grundzüge der Geschichte und Methodik der Hexenforschung veranschaulicht anhand von Beispielen aus Vorarlberg und Liechtenstein, in: Forschungen zur Rechtsarchäologie und rechtlichen Volks-kunde 19 (2001), 127-148

Tuczay (2004) | Tuczay, C., Die Darstellung der Hexe in den österreichischen Sagen, in: George, M., / A. Rudolph (Hrsg.), Hexen. Historische Faktizität und fiktive Bildlichkeit, Dettelbach 2004, 91-121

Valiente (1978) | Valiente, D., Witchcraft of Tomorrow, London 1978

Vernaleken (1993) | Vernaleken, T. (Hrsg.), Alpensagen. Volksüberlieferungen aus der Schweiz, aus Vorarlberg, Kärnten, Steiermark, Salzburg, Ober- und Niederösterreich, Graz 1993

Voltmer (2002) | Voltmer, R., Hochgerichte und Hexenprozesse. Zur herrschaftlich-politischen Instrumentalisierung von Hexenverfolgungen, in: Eiden, H., / R. Voltmer, Hexenprozesse und Gerichtspraxis, Trier 2002, 475-525

Voltmer (2003) | Voltmer, R., „Germany's first ‚superhunt'?" – Rezeption und Konstruktion der so genannten Trierer Verfolgungen (16.–21. Jahrhundert), in: Moeller, K. / B. Schmidt (Hrsg.), Realität und Mythos. Hexenverfolgung und Rezeptionsgeschichte, Hamburg 2003, 225-258

Voltmer (2005) | Voltmer, R. (Hrsg.), Hexenverfolgung und Herrschaftspraxis, Trier 2005

Voltmer (2006) | Voltmer, R., Vom getrübten Blick auf die frühneuzeitlichen Hexenverfolgungen – Versuch einer Klärung, in: Gnostika. Zeitschrift für Wissenschaft und Esoterik 11 (2006), 45-58

Voltmer (2007) | Voltmer, R., Netzwerk, Denkkollektiv oder Dschungel? Moderne Hexenforschung zwischen „global history" und Regionalgeschichte, Populärhistorie und Grundlagenforschung, in: Zeitschrift für Historische Forschung 34 (2007), 467-508

Voltmer (2008) | Voltmer, R., Hexen. Wissen was stimmt, Freiburg 2008

Voltmer (2009) | Voltmer, R., „Hört an neu schrecklich abentheuer / von den unholden ungeheuer" – Zur multimedialen Vermittlung des Fahndungsbildes „Hexerei" im Kontext konfessioneller Polemik, in: Härter, K. u.a. (Hrsg.), Sicherheitsdiskurse – Kriminalität, Sicherheit und Strafe in der Repräsentation öffentlicher Diskurse (15.–20. Jahrhundert), Frankfurt 2009 (im Druck)

Walinski-Kiehl (2002) | Walinski-Kiehl, R., Pamphlets, Propaganda and Witch-Hunting in Germany c. 1560 – c. 1630, in: Reformation 6 (2002), 49-74

Walinski-Kiehl (2008) | Walinski-Kiehl, R., Witch-Hunting and State Building in the Bishoprics of Bamberg and Würzburg: c. 1570–1630, in: Dillinger / Schmidt / Bauer (2008), 245-263

Walz (1993) | Walz, R., Hexenglaube und magische Kommunikation im Dorf der Frühen Neuzeit. Die Verfolgungen in der Grafschaft Lippe, Paderborn 1993

Wider Hexerey (2000) | „Wider Hexerey und Teufelswerk ..." Von Hexen und ihrer Verfolgung. Begleitbuch zur Ausstellung im Kreismuseum Prinzeßhof Itzehoe, Itzehoe 2000

Wiedemann (2007) | Wiedemann, F., Rassenmutter und Rebellin. Hexenbilder in Romantik, völkischer Bewegung, Neuheidentum und Feminismus, Würzburg 2007

Wilbertz (2005) | Wilbertz, G., „... ein überaus listiges Weib ..." Maria Rampendahl (1645–1705) und das Ende der Hexenverfolgungen in Lemgo, Bielefeld 2005

Wiltenburg (1992) | Wiltenburg, J., Disorderly Women and Female Power in the Street Literature of Early Modern England and Germany, University Press of Virginia 1992

Wittmann (1933) | Wittmann, A., Die Gestalt der Hexe in der deutschen Sage, Mannheim 1933

Zagolla (2006) | Zagolla, R., Im Namen der Wahrheit. Folter in Deutschland vom Mittelalter bis heute, Berlin-Brandenburg 2006

Zagolla (2007) | Zagolla, R., Folter und Hexenprozess. Die strafrechtliche Spruchpraxis der Juristenfakultät Rostock im 17. Jahrhundert, Bielefeld 2007

Zihlmann (1989) | Zihlmann, J., Volkserzählungen und Bräuche. Handbuch luzernischer Volkskunde, Hitzkirch 1989

Zika (2003) | Zika, Ch., Exorcising our Demons. Magic, Witchcraft and Visual Culture in Early Modern Europe, Leiden 2003

Abbildungsnachweis

2/3: Foto Uwe Eggert
4/5: picture-alliance / OKAPIA KG, Germany
13: picture-alliance / Helga Lade Fotoagentur GmbH, Ger
14: akg-images / Alfons Rath
16/17, 19: akg-images / Erich Lessing
20/21: Yvan Travert / akg-images
22, 24: akg-images
25: akg-images / Electa
26, 27, 29: akg-images
30: Württembergische Landesbibliothek Stuttgart: Inc. fol. 11832
31: Deutsches Historisches Museum – Bildarchiv
32, 34: akg-images
35: akg-images / Erich Lessing
36: akg-images / Jürgen Raible
38 o: akg-images
38 u: akg-images / Erich Lessing
39 o: picture-alliance / akg-images / Erich Lessing
39 u, 40: akg-images / Erich Lessing
41: akg-images
42: picture-alliance / imagestate / HIP
43: akg-images
44, 45: Soprintendenza Archeologica di Roma
46 o.r: Foto Svein Skare, Bergen Museum
46 o.l: Foto Bengt Almgren, LUHM
47: Stiftung Schleswig-Holsteinische Landesmuseen Schloß Gottorf, Schleswig
48 o: Zentralbibliothek Zürich Ms. F 31, f. 84v
48 u: Museum Waldenburg
49 o: Institut für Geowissenschaften der Universität Tübingen
49 u.r: Deutsches Apothekenmuseum, Heidelberg
49 u.l, 50 o.r: Kunsthistorisches Museum, Wien
50 o.l: Historisches Museum der Pfalz, Foto: Peter Haag-Kirchner
50 u: akg-images / Erich Lessing
51 o: © Badische Landesbibliothek Karlsruhe, Foto: Beate Ehlig
51 u, 52: Historisches Museum der Pfalz, Foto: Peter Haag-Kirchner
53 o: Herzog August Bibliothek Wolfenbüttel: Hr 72
53 u: Historisches Museum der Pfalz, Foto: Peter Haag-Kirchner
54: Rheinisches Bildarchiv Köln
55: © Musée National d'Histoire et d'Art / Tom Lucas
56 o: Germanisches Nationalmuseum, Nürnberg
56 u: Leihgabe: Museum am Burghof, Lörrach, Inventar-Nr. AOW 70
57: Badisches Landesmuseum, Karlsruhe
58: Deutsches Historisches Museum – Bildarchiv
59 o: Badisches Landesmuseum, Karlsruhe
59 u: © Musée National d'Histoire et d'Art / Tom Lucas
60: akg-images / Erich Lessing
61: akg-images
62 o: Ryan Andrew Mihalyi
62 l: akg-images / PictureContact
62 u: Roland Henz
63: Universitäts- und Landesbibliothek Sachsen-Anhalt in Halle (Saale)
64: akg-images / Erich Lessing
65: Kunsthistorisches Museum, Wien
66: © bpk, Berlin, 2009 / Kupferstichkabinett, SMB / Jörg P. Anders
67: Zentralbibliothek Zürich Ms. F 35, f. 338r
68 o: Foto Deutsches Museum
68 u: akg-images
69 o: Landesbibliothekszentrum / Pfälzische Landesbibliothek Speyer: Sign. 37.1599 Rara
69 u: Badische Landesbibliothek, Karlsruhe
70: Stadtarchäologie Göttingen, Fachdienst Bauordnung, Denkmalschutz und Archäologie der Stadt Göttingen
71 o: Deutsches Historisches Museum – Bildarchiv
71 u: nach Kunst des Heilens (1991), 430
72 o: Pharmazie-Historisches Museum der Universität Basel
72 u: Deutsches Historisches Museum – Bildarchiv
73: Reiss-Engelhorn-Museen Mannheim, Jean Christen
74: akg-images / Erich Lessing
75-78: Kurt Lussi
79: Foto Deutsches Museum
80, 81: Kurt Lussi
82 o: Germanisches Nationalmuseum, Nürnberg
82 u: Haus zum Dolder, Beromünster
83 o + r: Germanisches Nationalmuseum, Nürnberg
83 u: Haus zum Dolder, Beromünster
84 o: Germanisches Nationalmuseum, Nürnberg
84 u: Rolf Schlosser
85 o. l + r: Germanisches Nationalmuseum, Nürnberg
85 u. l + r: Rolf Schlosser
86: akg-images / David Borland
87: Historisches Museum der Pfalz, Foto: Peter Haag-Kirchner
88: Haus zum Dolder, Beromünster
89 o: Landesmuseum Joanneum/Volkskunde Graz
89 u: Historisches Museum der Pfalz, Foto: Peter Haag-Kirchner
90: Haus zum Dolder, Beromünster
91: Oberösterreichisches Landesmuseum / Volkskundeabteilung, Linz
93: Stadtmuseum im Gelben Haus, Esslingen
94 o + u: Rolf Schlosser
94 l, 95, 96: Haus zum Dolder, Beromünster
97: Kunsthistorisches Museum, Wien
98/99: akg-images / PictureContact
100: akg-images / Bildarchiv Steffen
101: British Library, London
102, 103: akg-images
104/105: Rijksmuseum Amsterdam
106: akg-images
107: Stadt Weingarten
108: akg-images
109: akg-images / British Library
110 o: akg-images

110 m: Kunsthistorisches Museum, Wien
110 u: akg-images / Visioars
111: Wellcome Library, London
112 o: akg-images / Bildarchiv Monheim
112 u: akg-images
113 o: akg-images
113 m + u: akg-images / Erich Lessing
114, 115: Historisches Museum der Pfalz, Foto: Peter Haag-Kirchner
116: akg-images / Gerard Degeorge
118 o: Zentralbibliothek Zürich, Ms. F 24, S. 56
118 u: Zentralbibliothek Zürich, Ms. F 18, f. 146v
119: Zentralbibliothek Zürich, Ms. F 23, S. 399-400
120: Zentralbibliothek Zürich, Ms. F 29a, f. 181r
121: Herzog August Bibliothek Wolfenbüttel: Cod. Guelf. 3.1 Aug. 2°, fol. 29v
122: Keip Verlag (c/o) Keip & von Delft GmbH, Stockstadt am Main
123: Übersicht zu Todesurteilen in Zürich und Luzern in abgeänderter Form entnommen aus: Burghartz, S., Kriminalität, Kap. 1: Mittelalter und frühe Neuzeit, in: Historisches Lexikon der Schweiz (HLS), Version vom 22.07.2009, URL: http://www.hls-dhs-dss.ch/textes/d/D16556-1-1.php
124 o: Jürgen Matschie
124 u: Germanisches Nationalmuseum, Nürnberg
125, 126 o. l + u: Mittelalterliches Kriminalmuseum, Rothenburg o.d.T.
126 o. r: Jürgen Matschie
127 o: Museen der Stadt Regensburg - Historisches Museum
127 u: Foto: Yvonne Hurni, Bernisches Historisches Museum
128: akg-images / Erich Lessing
130: Anja Runkel, Stadtbibliothek/Stadtarchiv Trier
131: akg-images
132: Anja Runkel, Stadtbibliothek/Stadtarchiv Trier
133: Kölner Gymnasial- und Stiftungsfonds
134 o: Historisches Museum der Pfalz, Foto: Peter Haag-Kirchner
134 u: akg-images / Erich Lessing
135 o: Anja Runkel, Stadtbibliothek/Stadtarchiv Trier
135 u: Deutsches Historisches Museum – Bildarchiv
136: akg-images / Erich Lessing
137: Historisches Museum der Pfalz, Foto: Peter Haag-Kirchner
138: © Badische Landesbibliothek Karlsruhe, Foto: Beate Ehlig
139 o: Anja Runkel, Stadtbibliothek/Stadtarchiv Trier
139 u: Stadtarchiv Volkach
140: Historisches Museum der Pfalz, Foto: Peter Haag-Kirchner
141: Museen der Stadt Regensburg - Historisches Museum
142: Zentralbibliothek Zürich, Ms. F 26, f. 226r
143: Württembergische Landesbibliothek Stuttgart: HBF 2944
144: Getty Images / Todd Gipstein
146: Bürgermeister der Stadt Bad Münstereifel, Marktstraße 11, 53902 Bad Münstereifel
147, 148: akg-images
149: Badisches Landesmuseum, Karlsruhe
150: akg-images
151 o: Wissenschaftliche Stadtbibliothek Mainz, Sign.: 555/7 (Rarasammlung)
151 u: © Badische Landesbibliothek Karlsruhe, Foto: Beate Ehlig
152 o: akg-images
152 u: Städtisches Museum im Kornhaus, Bad Waldsee
153: Historisches Museum der Pfalz, Foto: Peter Haag-Kirchner
154: Jürgen Matschie
155: Städtisches Museum im Kornhaus, Bad Waldsee
156: Landeshauptarchiv Koblenz: LHA Ko Best. 702 Nr. 395
157: Historisches Museum der Pfalz, Foto: Peter Haag-Kirchner
158: akg-images / Bildarchiv Monheim
160, 161: Anja Runkel, Stadtbibliothek/Stadtarchiv Trier
162: akg-images / historic-maps
163, 164: Staatsbibliothek Bamberg: V B 211m, RB. Msc. 148, Nr. 299, fol. 1r, RB. Msc. 148, Nr. 300, 1r, Foto: Gerald Raab
165: Staatsarchiv Nürnberg, Sign. Rs. N Bildersammlung Nr. 107.1
166: Württembergische Landesbibliothek Stuttgart: 36 C 173
167: Übersicht zu den fränkischen Verfolgungen zusammengestellt von Rita Voltmer
168: © Heidelberg Marketing GmbH
170 o: akg-images
170 u: Würth & Winderoll, Seefeld
171: Herzog August Bibliothek Wolfenbüttel: HAB: 26 Phys.
172, 173: akg-images
175: Historisches Museum der Pfalz, Foto: Peter Haag-Kirchner
176: Staatsarchiv Wertheim
177 o: Vorlage und Aufnahme: Hauptstaatsarchiv Stuttgart, A 209 Bü 1055
177 u: Stadtarchiv Lemgo
178, 179: akg / North Wind Picture Archiv
180/181: Karte: Peter Palm, Berlin, in abgeänderter Form nach Hexenwahn. Ängste der Neuzeit (2002), 45
182-185: Übersicht zu den europäischen Verfolgungen zusammengestellt von Rita Voltmer
186/187: picture-alliance / ZB
188: akg-images / Erich Lessing
190: Historisches Museum der Pfalz, Foto: Peter Haag-Kirchner
191: Museum de Heksenwaag, Oudewater in Holland
192: © bpk, Berlin, 2009 / Hamburger Kunsthalle / Elke Walford
193: akg-images
194: Oberösterreichisches Landesmuseum / Graphische Sammlung, Linz / VG Bild-Kunst
195, 196: Kunstforum Ostdeutsche Galerie Regensburg
197: Historisches Museum der Pfalz, Foto: Peter Haag-Kirchner
200: Musées royaux des Beaux-Arts de Belgique, Bruxelles
202: Bayerische Staatsbibliothek München
203: © bpk, Berlin, 2009 / Kupferstichkabinett, SMB / Jörg P. Anders
204: akg-images / Erich Lessing
205: akg-images
206/207: akg-images / Erich Lessing
208, 209 l: akg-images
209 r: © bpk, Berlin, 2009 / Kunstbibliothek, SMB / Dietmar Katz
210, 211: Zentralbibliothek Zürich, Ms. F 19, f. 147v-148r, Ms. F 33, f. 276v-277r, Ms. F 31, f. 84v-85r
212: akg-images / Erich Lessing
213 o: akg-images
213 u: © bpk, Berlin, 2009 / Kupferstichkabinett, SMB / Volker-H. Schneider
214: akg-images / Rainer Hackenberg
216 l: nach Märchenschatz der Brüder Grimm, Flensburg o.J., 179
216 r: akg-images
217 o: nach Reiter, A. (Hrsg.), Grazer Sagen und Geschichten, Graz 1996, 161
217 u: nach Märchenschatz der Brüder Grimm, Flensburg o.J., 171
218: nach Kinder- und Hausmärchen aus Tirol von Ignaz V. von Zingerle, Innsbruck 1911, Tbl.
219: Erasmus–Widmann–Gymnasium, Schwäbisch Hall
220: akg-images
221 o. l: nach Märchen der Brüder Grimm, Berlin 1937, 239
221 o. r: nach Grimms Märchenschatz. Ausgewählte Kinder- und Hausmärchen von Jakob und Wilhelm Grimm, Berlin o.J., 17
221 u: nach Märchen der Brüder Grimm, Berlin 1937, 15
222: akg-images / Erich Lessing / VG Bild-Kunst
223 o: akg-images
223 u: Stadtarchiv Lemgo
224: akg-images
226-228: nach Farrar, J. / S. Farrar, A Witches' Bible. The Complete Witches' Handbook, Blaine, London 1984, Teil 2, zw. 84/85, Nr. 4, Nr. 2, Teil 1, zw. 96/97, Nr. 5, Nr. 2
229 o: Grafik zum Jahreszyklus im Wicca in abgeänderter Form entnommen aus: Crowley, V., Naturreligion. Was Sie wirklich darüber wissen müssen, München 1998, 106
229 u: Übersicht zu den Sabbaten zusammengestellt von Kathrin Fischer
230 o: Historisches Museum der Pfalz, Foto: Peter Haag-Kirchner
230 l: Grafik zum Lebenszyklus im Wicca in abgeänderter Form entnommen aus: Crowley, V., Naturreligion. Was Sie wirklich darüber wissen müssen, München 1998, 147
231 o: DragonOak, www.dragonoak.com c2003
231 u: Historisches Museum der Pfalz, Foto: Peter Haag-Kirchner
232: akg-images
233 o: Peter Filz, Fasnachtsmuseum Schloss Langenstein
233 m: picture-alliance / dpa
233 u: Jürgen Matschie
234: akg-images / Gerard Degeorge
236-238: Museum Hexenbürgermeisterhaus Lemgo
239, 240: Sammlung Hartmut Walter, Lemgo
241: Privatbesitz des Autors
242: Getty Images / Heinrich van den Berg
244, 245: Occasione Documentaries
246, 247: Dirk Kohnert
248 o: Getty Images
248 u: Christine Osborne / CORBIS
249 o: Earl & Nazima Kowall / CORBIS
249 m: David Turnley / CORBIS
249 u: africanpictures / akg-images

Umschlag:
picture-alliance / Helga Lade Fotoagentur GmbH, Ger
Umschlag Rückseite:
Kunsthistorisches Museum, Wien
Bronzeplastik "Hexe auf Ziegenbock", süddeutsch, um 1500

Wir danken den aufgeführten Institutionen und Personen für die freundliche Bereitstellung des Bildmaterials. Leider war es uns nicht in allen Fällen möglich, die Inhaber der Abbildungsrechte eindeutig zu ermitteln. Berechtigte Ansprüche werden selbstverständlich im Rahmen der üblichen Vereinbarungen abgegolten.